KB149876

철학의 외부

철학의 외부

초판1쇄 펴냄 2002년 02월 28일 개정증보1판1쇄 펴냄 2003년 08월 25일
개정증보2판1쇄 펴냄 2006년 09월 05일 개정증보2판6쇄 펴냄 2022년 10월 24일

지은이 이진경
펴낸이 유재건
펴낸곳 (주)그린비출판사
주소 서울시 마포구 와우산로 180, 4층
대표전화 02-702-2717 | **팩스** 02-703-0272
홈페이지 www.greenbee.co.kr
원고투고 및 문의 editor@greenbee.co.kr

편집 신효섭, 구세주, 송예진 | **디자인** 권희원, 이은솔
마케팅 육소연 | **물류유통** 유재영, 유연식 | **경영관리** 유수진

ISBN 89-7682-965-4 04160

學問思辨行: 배우고 묻고 생각하고 판단하고 행동하고
───────────────────────────────────────
독자의 학문사변행을 돕는 든든한 가이드 _그린비 출판그룹

그린비 철학, 예술, 고전, 인문교양 브랜드
엑스북스 책읽기, 글쓰기에 대한 거의 모든 것
곰세마리 책으로 크는 아이들, 온가족이 함께 읽는 책

철학의 외부

이진경 지음

g B
그린비

0

책머리에

"나무가 메마르고 잎새가 질 때면 어떠합니까?"(樹凋葉落時如何)

"가을바람에 완전히 드러났느니라."(體露金風)

— 『雲門錄』

이 책은 맑스주의의 외부를, 아니 그 외부를 통해 맑스주의를 사유하고자 했던 여정의 한 흔적을 담고 있다. 그것은 사회주의 붕괴라는 명확한 '사건'을 통해서 시작되었던 것이다. 그것은 모든 것을 설명하고자 했고, 모든 것을 이해하게 해주었던 하나의 사상에 외부가 존재한다는 것을 알려준 사건이었다. 그것은 내가 아는 한 기존의 맑스주의로서는 결코 자신 안에 담을 수 없는 외부였고, 그렇다고 결코 눈감거나 외면할 수도 없는 외부였다. 외부, 그것은 그것을 상대하는 자가 자신의 뜻대로 할 수 없는 조건이고, 그런 의미에서 딜타이(W. Dilthey) 말을 빌리면 의지나 의식에 하나의 '저항'으로 다가오는 것이다. 그런 한에서 그것은 관념론의 절대적 한계를 표시하는 지대인 셈이다. 어떤 사상도 그 외부를 가지며, 그 외부를 통해 형성되고 작동한다. 아니, 어떤 사상도 그 외부를 나름대로 수용하고 사용하는 방식으로 형성되고 이해된다. 그런 의미에서 이 외부는 모든 사상의 내부에 자리잡고 있다. 외부는 모든 사상, 모든 철학의 내적인 조건이다.

하지만 철학은 자신의 모든 사유에 내부성을, 형식을 부여하고자한다. 즉 특정한 조건과 결부된 사유로 다루기보다는 보편적이고 일반적인 것으로, 사유 자체의 내적 성질로, 혹은 인간이나 주체 자체의 보편적 양상으로 서술하고자 한다. 마치 어떤 조건과도 무관한 보편적 진리를 자신이 설파하고 있는 것처럼 말하고자 한다. 아마도 바로 이 순간이 철학이 세계와 분리되고 이별하는 시점일 것이다. 바로 여기가 관념론이 시작되는 지점이다.

반면 외부를 통해 사유하고자 하며, 외부에 의해 사유하고자 하려는 시도들 또한 반복하여 존재한 바 있다. 맑스가 사용했던 '유물론'이라는 말에 다시금 어떤 신뢰를 부여할 수 있다면, 이는 가령 자본주의라는 조건 속에서만 인간을, 노동을, 삶을 사유할 수 있다는 원칙, 그런 조건에 의해 형성되는 관계의 변화만이 사태를 적절하게 설명해 주리라는 신념 때문일 것이다. 이런 점에서 나는 맑스주의나 유물론을 외부를 통한 사유, 혹은 외부에 의한 사유로 정의하고자 한다.

이 책에서 나는 라캉과 푸코, 들뢰즈와 가타리, 그리고 포스트모더니즘의 사상가들에 대해 다룬다. 이전에 '철학의 탈주'라고 불렀던 것이, 내부성과 보편성의 형이상학에서 철학이 벗어나려는 시도를 요약하고자 했던 것이라면, '탈주의 철학'이라고 불렀던 것은 이처럼 내적인 보편성의 형식조차 그 외부를 통해 사유하려는 철학을 지칭하고자했던 것이다. 따라서 나는 혁명을 꿈꾸는 어떤 철학도 철학에서 외부를 제거하려는 모든 시도와 거리가 멀다고 생각한다. 외부와 무관한 보편성의 사유형식, 그것은 필경 법적인 형식의 정치학을 포함하는 국가적사유로 귀착될 것이 분명하기 때문이다. 혁명을 꿈꾸는 철학, 혹은 다른 종류의 삶을 창안하고자 하는 사유, 그것은 따라서 반드시 외부를 통해 사유하는 철학이며, 철학의 외부를 긍정하는 철학일 것이다.

나는 이 책에서 푸코와 들뢰즈의 사유가 바로 외부를 사유하려는 노력임을 보여주고자 했으며, 그들을 통해 외부를 통해 사유하는 법을 배우고자 했다. 그리고 '사건'이라는 개념을 통해 철학이 자신의 외부를, 가령 자본주의, 근대적 권력, 착취와 포획을 다루는 방식을 배우고자 했고, 그것이 맑스주의와 연결되는 지점을, 그리고 맑스주의와 갈라지는 지점을 발견하고자 했다. 또한 내부성의 형식을 취하는 사유와, 외부마저 끊임없이 내부화하는 사유와 스스로를 구분하고 싶었다. 외부를 단지 절대정신의 외화로 보는 사유만큼이나, 주체나 무의식, 혹은 삶으로 하여금 '동일성'(identity)과 동일화(identification) 주위를 맴돌게 하는 사유와 거리를 두고 싶었던 것 또한 이와 다르지 않은 이유일 것이다. 아마도 이것이 일찍, 어쩌면 지나치게 일찍 라캉이나 프로이트와 거리를 두게 되었던 요인일 것이다. 라캉에 대한 글은 여러 가지 의미에서 '너무 일찍' 씌어진 것인데, 그렇기에 혹자는 라캉 자체에 대한 글로선 충분하지 못하다고 비난할지도 모르지만(사실 라캉에 대해 충분한 글이 과연 있을 수 있는 건지 하는 의문은 접어둔다고 해도), 적어도 내가 갖고 있는 이런 태도의 알리바이로선 충분히 유효하리라는 생각에서 함께, 그것도 푸코와 들뢰즈에 대한 글 앞에 게재했다.

반면 포스트모더니즘이나 탈근대적 정치철학에 대한 글은, '이해하기 쉬운 소개'의 형식으로 씌어진 것이지만, 실제적인 내용과 무관하게 '포스트'(post)라는 단어만으로도 히스테리를 일으키는 사태의 부적절함을 드러내는 효과를 가질 수 있다고 생각해서 부록으로 실었다. 나는 스스로를 '포스트모더니스트'로 생각하지 않았고, '포스트모더니즘'에 대해서도 별다른 호감을 갖고 있진 않았지만, 적어도 그들의 문제의식이나 그들이 하고자 했던 것에 대한 아무런 이해나 고려 없이 똑같은 어구의 비난이 반복되는 사태가, 그리고 포스트모더니즘에 대해 비판적이었던 푸코나 들뢰즈조차도 '포스트주의자'란 이름으로, 포스트모더니스트의 일종으로 싸잡아 비난하는 사태가 쉽사리 통용될 수 있는 것은 그에 대한 무지를 근거로 한다는 것이 분명했기 때문이다.

2002년 1월 31일

이진경

:: 차 례

1부

라캉
주체와 무의식

1

도둑맞은 편지, 도둑맞은 무의식

1. "프로이트로 돌아가자!"

현대 프랑스의 다양한 사상적 흐름을 이해하는 데서 라캉(1901~1981)을 빼놓는 것은, 라이터를 설계하면서 부싯돌을 빼놓는 것만큼이나 곤란하다. 이는 라캉의 작업에 동의하는지의 여부와는 무관한 것이다. 정신분석학과 철학, 문학과 예술, 페미니즘 이론이나 포스트모더니즘에 이르기까지 그 영향력은 직접 걸쳐 있다. 그는 1960년대 이래, 적어도 1970년대 초반에 이르기까지 프랑스를 지배하던 하나의 사상적 흐름을 대변한다.

라캉이 자신의 입장을 요약하는 것으로 내건 슬로건은 알다시피 "프로이트로 돌아가자!"였다. 그가 특히 중요하게 생각하고 애착을 가졌던 것은 『꿈의 해석』(1898) 이후부터 1910년경까지의 프로이트로서, 한마디로 그 시기 프로이트의 정신으로 돌아가자는 생각을 담고 있다. 이는 어쩌면 정신분석학자인 라캉으로서는 당연한 주장이어서, 슬로건으로까지 내세운 것이 오히려 새삼스러워 보인다. 그러나 당연한 것이고창(高唱)될 때는 언제나 뭔가 사연이 있게 마련이다. 이는 라캉에 대해서 각별한 의미를 갖는 것이었다.

당시 정신분석학의 주류는 프로이트 이론을 '자아심리학'으로 해석하는 것이었다. 그것에 따르면 오이디푸스 콤플렉스를 통해서, 그리고 구순기·항문기·성기기 등 성적인 발달의 여러 단계를 거치면서 인간의 자아가 형성된다는 프로이트의 주장을 근거로, 정신분석학을 어떤 '정상적인' 자아(ego)를 구성해내는 이론으로 해석한다. 여기에서 정신병이나 신경증은 이런 정상적인 자아를 벗어난 '일탈'이요, 정신분석학은 이런 일탈자를 '치료'해서 정상으로 되돌리는 심리과학으로 정의된다.

하지만 라캉이 보기에 이는 미국식의 심리학, 정신분석학에 포섭된 것으로, 프로이트 사상의 비판적인 성격을 보수적인 규범과학으로 뒤집어 놓은 것을 의미했다. 그가 "프로이트로 돌아가자"고 주장하는 것은 이처럼 자아심리학이 되어버린 정신분석학에서 벗어나 본래의 프로이트가 갖고 있던 비판적이고 혁명적인 정신으로 돌아가자는 주장인 셈이다.

한편 이러한 맥락에서 그는 '자아'의 가상성과 허구성을 비판적으로 사고하려는 작업으로 자신의 길을 열기 시작한다. 그는 편집증과 인성(personality) 간의 관계에 대한 논문으로 박사학위를 받았다. 이후 그는 '거울단계'에 관한 개념을 통해서 국제 정신분석학계에서 명성을 얻는다. 그것은 '자아'라는 것이 자신의 거울상에 대한 동일시를 통해 얻어지며, 이를 통해 '정체감'을 획득한다는 것이다. 이런 점에서 자아는 거울상이라는 '소외'된 상에 자신을 상상을 통해 동일시함으로써 얻어진 오인인 셈이다. 이를 라캉은 '상상적인 것'(the imaginary; 흔히

'상상계'라고 한다)이라고 한다. '거울단계'라는 개념으로 더 유명한 '상상계' 이론은 1940년대 말에 이르기까지 라캉의 주된 관심사였다.

1953년 로마에서 개최된 '국제정신분석협회'에서 라캉은 이른바 「로마보고서」라고 불리는 장문의 논문 「정신분석학에서 발화(parole)와 언어(language)의 기능과 영역(champ)」을 발표한다. 이 보고서는 구조언어학과 레비-스트로스(C. Lévi-Strauss)의 구조주의 영향이 두드러진 논문인데, 기존의 정신분석학에 대한 전면적인 비판을 의미하는 것이어서 일대 파문을 일으킨다. 이는 그 이전에 있던 '정통파' 정신분석학자와의 갈등과 대립이 전면화된 것이기도 했으며, 다른 한편에선 라캉 자신의 관심이 언어학과 구조주의를 향해 커다란 전환을 하고 있음을 보여주는 것이다. 이 시기 이후 언어를 통해 형성되는 질서, 즉 '상징적인 것'(the symbol ; 흔히 '상징계'라고 번역한다)이 그의 주요한 관심사가 되며, 이론적으로도 중심적인 자리를 차지하게 된다.

이후 라캉은 '정통파' 정신분석학자들을 설득하려는 시도를 중지하고 직접적인 공격과 비판을 개시하는 한편, '파리 정신분석학회'에서 탈퇴하여 라가슈(D. Lagache)와 함께 '프랑스 정신분석학회'(SFP)를 창설한다. 이때부터 생트-안 병원에서 공개 세미나를 시작한다. 이 세미나는 1953년 이래 26년간 계속되었는데(1964년 이래 알튀세르의 초청으로 파리 고등사범학교로 옮겨져 행해지는데, 이는 68년 혁명 때까지 계속된다), 이 세미나는 당시 프랑스의 중요한 지식인들이 모이는 곳이 되었다. 이 세미나를 통해 라캉의 영향력은 정신분석학계나 의학계를 넘어 인문, 사회과학 및 수학 등에 이르기까지 다양한 영역으로 확대된다. 특히 그의 선집이자 활동의 기록(écrit)인 『에크리』Écrits가 출판된 1966년 이후 그 영향력은 두드러지게 된다.

1963년 말, 국제정신분석협회에서의 축출을 계기로 '프랑스 정신 분석학회' 및 생트-안 병원과 결별한 라캉은 1964년 '파리 프로이트 학회'(EFP)를 창설한다. 이곳을 중심으로 한 라캉의 활동은 1968년 5월혁명을 전후하여 절정에 달한다. 이 시기 그의 사상은 '실재적인 것'(the real ; 흔히 '실재계', '현실계'라고 번역한다)으로 그 중심을 옮겨간다. 이는 외상(trauma)과 같이, '상징적인 것'으로 표현될 수 없지만 환자의 반복적인 증상을 만들어내는 어떤 것을 뜻한다. 하지만 이런 해석은 라캉의 제자들 내부에서도 많은 이견과 반론을 갖고 있으며, 그의 사위인 자크-알랭 밀레르(Jacque-Alain Miller)나 지젝(S. Žižek)처럼 이를 강조하는 사람조차 '최후의 라캉'에 한정해서 이런 주장을 할 뿐임을 유의할 필요가 있다.

68년 혁명의 여파로 만들어진 뱅센(Vincennes) 대학에 정신분석 학과가 만들어지는데, 라캉은 그곳의 학과장으로 취임한다. 1981년, 라캉은 사망하지만, 그가 25년간 행한 세미나는 밀레르의 주관 아래 『세미나』라는 제목으로 지금까지 계속해서 출간되고 있다. 그것이 정말 라캉의 강의록인지, 밀레르에 의해 변조된 것인지를 두고 적지 않은 —— 법적 소송까지 포함하는 —— 스캔들이 있었음에도 불구하고. 물론 결과는 유언집행인인 밀레르의 '법적인' 승리였다.

2. 사상형성의 요소들

정신분석학자요 의사였던 라캉에게 프로이트가 미친 영향력은 언급하는 것이 오히려 새삼스럽다. 그런데 그가 "프로이트로 돌아가자"고 외치면서 돌아가고자 한 프로이트는, '거시기'(id)라는 성적 충동에 일차성을 부여했던 후기의 프로이트가 아니라 의식과 다른 차원에서 무의식의 존재와 작용을 밝혀낸 전기의 프로이트였다. 그는 후기의 프로이트가 말하는 '거시기'나 본능(instinct)이라는 말을 생물학주의적 요소라고 보아 거부한다. 즉 '거시기/초자아/자아'라는 후기 프로이트의 범주가 아니라 '의식/무의식'이란 초기의 범주를 받아들이며, 그것이 프로이트 사상의 진정한 정신을 담고 있다고 본다.

다른 한편 "프로이트로 돌아가자"는 말은 단순히 예전에 있었던 '진정한' 프로이트로 돌아가자는 의미보다는, 프로이트의 정신을 살려 프로이트 자신의 저작을 새롭게 읽어 프로이트적 정신에 따라 해석된 프로이트를 프로이트에게 되돌려주는 것이라고 한다. 이를 위해 라캉은 프로이트로선 참조할 수 없었던 소쉬르(F. Saussure)와 구조언어학의 성과를 바탕으로 프로이트적 의미를 프로이트에게 되찾아주려 한다. 이로써 라캉은 정신분석학과 구조언어학을 접합시키는 '라캉적 영역'을 확보하게 된다.

이전에 '의미'는 사고하고 판단하는 주체가 부여하는 것으로 간주되었다. 이는 전후 프랑스를 지배한 현상학과 실존주의에서 더욱 두드러진다. 예컨대 후설(E. Husserl)은 숫자 이전에 수를 세는 능력을 가정한다. 즉 수를 세는 능력이란 주관이 없다면 숫자는 있을 수 없다는 것이다. 원환운동을 하는 물체란 사실 어떤 물체를 과거 및 미래와 연관지우는 주관의 작용에 의해 파악된 것이라고 한다. 실존주의자에게 존재란 그 자체 부조리한 것이고 무의미한 것이다. 왜냐하면 우리는 일단 세계 속에 내던져진 존재이기 때문이다. 중요한 것은 삶을 걸고서(기투;企投, Entwurf) 그 부조리한 존재의 의미를 만들어내는 것이다. 이런 의미에서 사르트르는 "역사는 인간이 만드는 것이다"라고 한다. 이 모두에 공통된 것은 의미란 '내'가, '주체'가 부여하는 것이란 점이다.

소쉬르의 언어학은 이와 정반대로 나아갈 길을 연다. 그에 따르면 발음이나 발화(파롤)는 개인에 따라, 또 말하는 시기가 달라짐에 따라 변화하기 때문에 개별적이다. 그러나 소쉬르가 언어학의 대상으로 정의하는 랑그(langue)는 개개인이 어떻게 말하고 발음하는가와 무관하게 기호를 사용하려면 따라야 하는 보편적인 규칙이다. 그것은 사회적으로 약속되고 정의된 것이다. 의사소통은 물론 사고하고 판단하며 해석하는 일체의 의미작용이 모두 언어를 통해 가능하다. 모든 의미작용이나 판단은 언어의 규칙 속에서 행해지는 것이라고 할 수 있다. 기호의 의미는 기표들 간의 관계에 의해(차이를 통해) 정해진다고 한다. 의미작용이나 판단이 그처럼 언어적인 것이며 언어적 규칙으로 존재한다면, 그것은 더이상 주관적인 것이 아니라 객관적인 것이라는 것이다.

여기서 하나의 결정적인 전환점이 마련된다. 왜냐하면 의미나 판단은 언어를 통해서 행할 수밖에 없는데, 의미가 언어들의 망 속에서 정의되고 있다면 결국 언어를 통한 어떠한 판단이나 사고 역시 언어적인 의미체계 안에서 행해질 수밖에 없기 때문이다. 언어체계가 갖는 이러한 근본적 규정성을 라캉은 무의식이란 차원으로까지 확장한다. 라캉에게서 가장 중심적인 모티브는 "무의식은 언어처럼 구조화되어 있다"는 명제에 응축되어 있다. 여기서 우리는 프로이트와 언어학이 결합되고 있음을 확인할 수 있다. 그런데 이러한 사고방식, 언어학과 정신분석학을 결합시키려는 사고방식 자체는 레비-스트로스에게서 결정적으로 영향받은 것이다.

레비-스트로스는 인류학적인 연구를 통해서 모든 부족이나 민족에 공통된 규칙이 있음을 발견한다. 그것은 '근친상간 금지'라는 금기다.

그는 이 금기가 있음으로 해서 가족관계와 친족관계가 질서지어질 수 있으며, 이런 점에서 인간의 모든 질서에서 가장 근본적인 규칙이라고 본다. 그리고 이런 점에서 이것이야말로 자연과 문화가 갈라지는 지점이며, 인간이 단순한 동물적 질서에서 문화적 질서로 편입되는 문턱이라고 본다. 예를 들어 어머니와 결혼한 오이디푸스 왕이 자식을 낳았다면, 그는 오이디푸스의 자식이기도 하고, 어머니의 아들이므로 형제이기도 하다. 이렇게 되면 오이디푸스 왕은 자신의 자식을 부를 호칭을 정할 수 없게 되고, 인간관계의 기본적인 질서도 만들어지지 않는다. 따라서 근친상간 금지야말로 모든 인간들을 질서지우는 공통된 규칙이며, 그것을 통해서만 인간관계가 가능해지는 무의식적 조건이라는 것이다.

레비-스트로스는 망명지 미국에서 야콥슨(R. Jacobson)과 함께 강의한 바 있으며, 거기서 구조언어학에 대해 소상히 알게 되고, 공동작업을 하기도 한다. 언어학의 영향 아래 그는 친족관계의 질서란 바로 호칭의 체계로 이해한다. 그 호칭의 체계 근저에는 바로 프로이트가 인간적 질서의 축임을 발견한 '오이디푸스 콤플렉스'가 있었던 것이다.

1949년에 출간된 레비-스트로스의 책 『친족관계의 기본구조』는 바로 이런 맥락에서 쓰여진 것이었다. 나아가 레비-스트로스는 인간에게 공통된 무의식적 사고방식을 연구한다. 이를 위한 재료로 다양한 신화들을 선택하며, 분석의 방법으로 언어학적 방법을 도입한다. 이후 '구조주의'라는 이름으로 불리는 사조를 만들어내며, 이는 멀게는 1970년대까지도 그 영향력을 찾아볼 수 있는 것이었다. 사르트르와 메를로-퐁티(Merlo-Ponty)가 대표하던 실존주의와 현상학이 전후 프랑스를 지배하던 거대한 흐름이었다면, 레비-스트로스의 구조주의는 이러한 거대 사조 전체를 뒤집는 역할을 한 것이었다. 라캉과 알튀세르, 푸코는 물론 프랑스의 어떠한 지식인도 이 새로운 흐름 속에서 자유롭지 못했다.

이런 점에 비추어 볼 때, '오이디푸스 기(期)'라는 개념이 라캉의 이론에서 갖는 결정적인 지위는 단지 프로이트만으로 환원될 수 있는 것은 분명 아니다. 그것은 레비-스트로스가 보여주었듯이 모든 인간적 질서의 '동형성'(isomorphism)을 요약하는 것이었고, 따라서 어떠한 개인도 '인간'의 범주에 들어가기 위해선, 즉 인간의 자식이 되기 위해선 통과해야만 하는 문턱이었다.

오이디푸스 콤플렉스로 요약되는, 인간적 질서를 창출하는 억압을 라캉은 기호의 사용과 연관지우며, 그것을 통해 형성되는 무의식을 언어적인 것으로 파악한다. 언어화된 무의식을 획득함으로써 개인은 상징적인 질서, 언어적으로 조직된 질서 속에 편입된다는 것이다. 그 근본적인 규칙을 통해 개인은 비로소 '인간'이 되며, 이런 점에서 그 규칙은 모든 인간의 무의식 깊숙이 있는 '심층구조'인 것이다.

그러나 라캉이 단순히 레비-스트로스의 정신분석학적 번역은 아니다. 그에게는 구조주의와는 전혀 다른 요소가 공존하고 있으며, 적극적인 이론적 역할을 하고 있다. 대표적인 것은 헤겔이다. 헤겔은 현상학과 실존주의가 지배하던 시기에, 후설 및 하이데거와 더불어 많은 사람들이 기대고 있던 언덕이었다. 특히 코제브(A. Kojève)의 헤겔 강의는 사르트르와 바타이유(G. Bataille) 및 라캉 등의 수강생을 갖고 있었는데, 코제브는 주인과 노예의 변증법을 중심으로 헤겔, 특히 『정신현상학』을 해석했다. 두 개체가 서로로부터 인정받고자 하는 인정욕망, 그리고 죽음을 무릅쓰고 생을 기투하면서 벌이는 인정투쟁, 그로 인한 주인과 노예의 분화, 하지만 주인이 얻은 인정은 동등한 인간의 그것이 아니라 노예의 그것이라는 점에서 소외된 인정이라는 것 등등.[1]

라캉의 주요 저작이 구조주의의 영향 아래 있으며, 실존주의와 현상학에 반하는 것으로 역할하고 있음에도 불구하고 끊임없이 반복적으로 나타나는 '소외'라는 개념은 어쩌면 반헤겔적인 메시지 속에 여전히 남아 있는 헤겔의 목소리인 셈이다. 다른 한편 라캉이 무의식적 사유과정에서 결정적이라고 보는 '욕망의 변증법'은, 모든 욕망이 '인정욕망'이라는 헤겔적인 테제 주위를 맴돌고 있다. 그리고 거울상이라는 소외된 이미지에 의해 지배당하는 자아의 개념은 동물의 의태에 대한 카이와(R. Caillois)의 영향을 받은 것이라고 한다. 이런 요소들은 라캉의 사상을 한층 풍요롭게 만드는 것인 동시에, 그에 대한 이해를 어렵게 만드는 요소이기도 하다.

3. 언어학적 정신분석학

1) 기표의 물질성

앞서 말했듯이, 소쉬르의 언어학에 따르면 의미란 내가 부여하는 것이 아니라 나 이전에 항상-이미 존재하는 것이다. 나는 항상-이미 존재하는 그 언어의 망 속으로 들어갈 뿐이며, 거기 이미 존재하는 기호를 거기 이미 존재하는 규칙에 따라 사용할 뿐이다. 요컨대 의미란 기호들 간에 만들어지는 의미작용(signification)의 소산이다.

---

1) A. Kojève, *Kommentar zur Phänomenologie des Geistes*, 설헌영 역, 『역사와 현실변증법』, 한벗, 1981 참조.

이것이 소쉬르에 의해 시작된 '언어학적 전환'의 요체다. 레비-스 트로스도, 라캉도 모두 이러한 '전환'의 효과 아래 있다. 이것은 근대적 인 주체철학에 대한 근본적 비판을 포함하는 것이기도 하다. 왜냐하면 의미란 어떤 식으로든 이미 주어진 '주체'가 갖거나 만드는 것이란 발 상을 뒤집고, 반대로 의미란 이미 기호들의 망 속에 주어진 것이고, 주 체란 이 주어진 기호와 의미 속에서 판단하는 것으로 보기 때문이다. 이런 이유에서 레비-스트로스는 사르트르를 비판하면서 '반인간주의', '반주체철학'의 기치를 내걸 수 있었다.[2] 이는 라캉이나 알튀세르는 물 론 많은 사상가들이 반복한 슬로건이기도 하다.

그렇다면 무의식은 어떨까? 무의식에서도 어떤 식으로든 의미작 용이 행해지고, 어떤 메시지가 만들어지며, 비록 억압의 기제를 통해 크게 변형되어 나타난다고 해도 어떤 식으로든 판단을 하는 것이 분명 하다면, 무의식 역시 언어적인 방식으로 이루어지는 것은 아닐까? 그 렇다면 무의식 역시 언어에 의해 조직되고 만들어지는 거라고 생각할 수는 없는 것일까?

이 질문에 라캉은 "그렇다"고 대답한다. "무의식이란 의식으로 환 원될 수 없는, 거기에 존재하는 의미작용 기제들"이기 때문이다.[3] 따라 서 무의식 역시 마찬가지로 항상-이미 존재하는 언어적인 구조 속에서 작동한다. 이런 의미에서 "무의식은 언어처럼 구조화되어 있다". 이런 한에서 그것은 판단과 생각을 교환할 수 있게 해주는 질서인 셈이다. "담론의 전통은 그 옛날 역사가 시작되기 이전부터 이미 문화를 규정하

---

2) C. Lévi-Strauss, *La pensée sauvage*, 안정남 역, 『야생의 사고』, 한길사, 1996.
3) 권택영 편, 『욕망이론』, 문예출판사, 1994, 79쪽.

는 근본구조로서 자리잡고 있었다. 바로 이 구조가 교환을 가능케 한다. 주체에게 무의식적으로 작용하는 이 질서는 언어의 심급에 의존하지 않고서는, 언어가 초래하는 변화를 참조하지 않고서는 생각할 수 없는 것이다."[4] 이처럼 언어가 갖는 물질적인 힘, 기표가 갖는 힘을 '기표의 물질성'이라고 한다.

따라서 라캉은 언어야말로 무의식이 존재하기 위한 조건이라고 주장한다. 언어가 없다면 무의식도 있을 수 없다. 따라서 언어가 없는 동물에게는 무의식이 없다. 무의식은 인간에게 고유한, 사회와 자연을 본질적으로 구별하는 근거다. 이제 무의식은 언어를 통해, 언어적인 방식으로 구성되는 특정한 형태의 질서를 의미한다. "프로이트의 위대성은 무의식적 현상이 갖는 질서를 처음으로 인식한 점에 있다."[5] 무의식적 과정에 대한 연구란 바로 생물학적 존재로서 태어난 하나의 개체가 어떻게 인간의 자식이 되어가는가를 연구하는 것이다. 이제 라캉은 문화라는 말을 언어구조로 대체한다.[6]

2) 무의식의 기호학

소쉬르는 기호가 대상과 어떤 상응관계도 갖지 않으며 자의적이라고 한다. 예컨대 '나무'라는 기호는 실제의 나무와 아무런 상응관계가 없다는 것이다. 이를 기표(signifiant ; '나무'라고 표시되는 기호)와 기의(signifié ; 그 기호를 듣고 떠올리는 의미)의 자의성이라고 한다. 기표들

---

4) 권택영 편, 앞의 책, 53쪽.
5) J. Lacan, "La signification du phallus", 「남근의 의미작용」, 권택영 편, 『욕망이론』, 258쪽 이하 참조.
6) 권택영 편, 앞의 책, 53쪽.

은 문장을 만드는 가로축(결합관계syntagme)과 단어들을 대체하는 세로축(계열관계paradigme)의 두 축을 중심으로 조직되며, 기호의 가치(의미)는 그 기표와 다른 기표의 차이에 의해 정의되는 것이라고 본다.

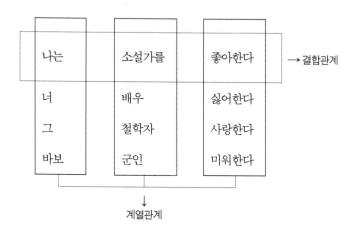

여기에서 결합관계는 서로 연관성이 있는 단어들이 결합되는 축이다. 야콥슨(R. Jacobson)은 이 단어들 사이에서 '인접성'이란 관계를 볼 수 있다고 한다. 예를 들어 '나-소설가-좋아한다'는 단어들 사이에 서로 인접성을 갖고 있다. 그러나 '나-소설가-먹는다'는 인접성이 없기 때문에 문장으로 만들어지지(결합되지) 않는다. 반면 계열관계는 대립적이건 아니건 간에 형태가 유사한 단어들이 서로 대체되는 ── 하나가 들어서면 다른 하나는 나와야 하는 ── 관계에 있다고 한다. 이것을 야콥슨은 유사성이라는 말로 요약한다. '좋아한다' '싫어한다' 등은 형태상이나 기능상 유사성을 갖는 단어들이다. 여기서 야콥슨은 인접성 연관에 의한 기호의 '결합'을 '환유'(metonymy)라 하며, 유사성 연관에 의한 기호의 '대체'를 '은유'(metaphor)라고 한다.

그러나 라캉은 소쉬르나 야콥슨의 언어학적 발상법에 강력한 영향을 받지만, 그들의 명제를 그대로 받아들이지는 않는다. 소쉬르는 기표(Sa, S)와 기의(Sé, s) 간 관계가 자의적이라고 했지만, 그것이 일단 정해지면 기표는 기의를 '표시' 한다고 보며, 따라서 기표를 통해서 기의에 도달한다고 본다. 그러나 라캉은 기표와 기의 간에 단절과 장벽이 있다고 하며, 이를 $\frac{S}{s}$ 처럼 나타낸다. S와 s 사이에 있는 바(bar;-)는 바로 이 장벽을 표시한다는 것이다. 일례로 라캉은 신경증이나 꿈 등을 무의식을 드러내는 징후요 기표라고 보는데, 이것을 통해서 무의식에 접근할 수 있지만, 그것은 사실 억압되고 변형되어 있어서 기의에 도달할 수 없다는 것이다. 다만 그것의 의미에 접근할 수 있는 것은 꿈이나 증상이 보여주는 다양한 기표들이 어떻게 조직되었나를 살펴봄으로써만 가능하다고 한다. 그러나 그것은 오직 하나의 기의에 고착되지 않으며, 끊임없이 미끄러진다고 한다.

　　이는 언어적인 현상 모두에 해당된다고 본다. 예를 들면 '계산' 이란 말의 의미는 '수를 셈하는 것' 이다. 그러나 이것은 계산이란 말의 기의가 아니라 다른 기표들의 결합일 뿐이다. 이 기표들의 의미를 알려면 수란 무언지, 셈하는 것이란 무언지를 알아야 한다. 그 경우에도 우리는 다른 기표를 통해서 말할 수밖에 없다. 이런 식으로 기표들의 연쇄만이 나타날 뿐이다. 이런 점에서 기표와 기의는 전혀 다른 차원의 것이고, 기표의 연쇄를 통해 기의를 표시할 수 있지만, 그것은 '기의' 가 아닌 것이다. 이를 라캉은 '기표의 미끄러짐' 이라고 말한다. 따라서 기표와 기의 사이에 있는 바는 의미작용의 축인 동시에 기의와 기표를 가르는 장벽인 셈이다.

　　'은유'와 '환유'라는 개념 역시 라캉에게 매우 중요하고 자주 사용되는 것이다. 꿈을 예로 들면 엄마의 형상과 애인의 형상, 누이의 형상 등 유사성을 갖는 여러 가지 이미지들이 하나로 결합되어 나타나는 것을 프로이트는 '응축'이라고 했는데, 이를 라캉은 '은유'와 연관짓는다. 반면 성교가 출혈이나 사다리 오르기로 대체되어 나타나는 것을 프로이트는 '치환'이라고 했는데, 이를 라캉은 '환유'와 연관짓는다.[7)]

라캉은 과학적인 것은 모두 수학적으로 표현될 수 있어야 한다고 보는데, 그래서인지 이해하기 힘든(!) 수학적 기호를 즐겨 사용한다. 후기에 가서는 정신분석학 자체를 수학적으로 정리하려고 하는데, 그다지 좋은 평가를 받진 못했다. 이 역시 다양한 부족들의 '동형성'을 위상학과 대수학(군이론)적 차원에서 분석한 레비-스트로스의 영향일 것 같다. 그는 은유와 환유를 수학적인 기호로 정식화한다.[8)] 환유의 구조는 다음과 같다.

$$f(S \cdots S')S \cong S(-)s$$

여기서 $f(S \cdots S')$는 인접성을 갖는 기표들의 치환이 갖는 효과— f—를 뜻한다. 이러한 효과를 통해 사용되는 기표—S—는 기의 s를 드러내지 못하고, 그것을 드러내는 데 대한 끊임없는 저항에 부딪친다. 예컨대 성교나 성적 충동이 그대로 드러나지 못하고 인접되어 있는 다른 기표로 계속 치환되는 것이 그렇다. (–)는 이처럼 치환을 야기하는

---

7) 야콥슨에게 은유는 기호의 '대체'였고 환유는 기호의 '결합'이었음을 상기한다면, 은유와 환유가 다른 방식으로 정의되고 있음을 알 수 있을 것이다.

8) J. Lacan, "L'instance de la lettre dans l'inconscient ou la raison depuis Freud", *Écrits*, 1957, 권택영 편, 『욕망이론』, 50쪽 이하 참조.

이 저항을 표시한다. 그것은 기표와 기의 사이의 거리요 공백이며, 이런 점에서 결핍이다. 바로 이 결핍으로 인해 기표의 치환은 계속된다. 이는 나중에 말한 '욕망'의 연쇄와 동형적이다. 한편 은유의 구조는 다음과 같다.

$$f(\frac{S'}{S})S \cong S(+)s$$

여기서 $f(\frac{S'}{S})$는 하나의 기표를 다른 기표가 대체함으로써 만들어지는 창조적이고 시적인 의미작용의 효과다. 예컨대 페니스가 칼이나 막대로 대체되어 나타나는 게 그것이다. 여기서 은유는 환유와 달리 의미작용에 저항하는 저항선을 뚫고 의미가 만들어지는 과정을 보여준다. 이를 라캉은 (+)로 표시한 것이다. 무의식의 기표인 증상, 징후를 이런 의미에서 은유라고 한다. 따라서 라캉이 보기에 꿈이란 이처럼 은유와 환유에 의해 다양한 이미지—기표—들이 만들어지고 조직된 텍스트다. 그것은 의미작용을 만들어내는 동시에 의미작용에 저항하는 무의식의 특징을 잘 보여준다. 이런 점에서 프로이트는 꿈이야말로 무의식에 이르는 왕도라고 한 것이다. 증상 역시 마찬가지다. 무의식을 드러내지만 있는 그대로 드러내진 않는다. 결국 은유와 환유는 무의식이 조직되는 기호학적 원리인 셈이다.

3) 기표의 분열

언어는 기표들에 의해 구조화된 질서다. 언어를 사용한다는 것은 실재하는 사물을 대신해 기표가 들어선다는 것을 의미하며, 바꿔 말하면 기표를 통해서만 사물이 존재함을 의미한다. 예컨대 '국수'라는 기표의

의미는 다른 기표들과의 관계 속에서 형성되는 것이기에, 그 말을 하기 위해 국수가락을 들어보일 필요는 없다. 기표가 사물을 대신한다. 국수가 없어도 얼마든지 국수에 대해 이야기할 수 있다. 그러나 이럼으로써 국수는 사라지고 '국수' 라는 기표만 남는다. 일본인에게 '국수' 란 '소바'(そば)나 '우동'(うどん)이라고 말해준다면, 그 기표를 통해 본래의 국수를 상기하는 것조차 곤란하게 된다.

이는 사람의 경우도 마찬가지다. 내가 부모와 대화하는 것은 부모에게 어떤 이름(기표)으로 불림으로써 가능해진다. 즉 이름을 갖지 않으면 대화에 끼어들 수 없다. 그런데 "고길동"이란 이름을 사용하는 순간, 나는 그 기표를 둘러싸고 있는 기표들의 질서 속에 포섭된다. 즉 '고길동' 은 '고등어' 의 아들이며, 고등어에게 '아버지' 란 기표를 사용해야 할 뿐 아니라, 그가 아무리 미워도 "당신을 죽이고 싶어"라고 한다든지 욕을 하는 것은 금지된다. '고길동' 이란 기표, '고등어의 아들' 이란 기표가 나를 대신한다. 이런 점에서 "기표란 다른 기표에 의해 주체를 나타내는 것"이다. 고길동이란 기표를 규제하는 규칙과 질서 속으로 나는 들어간다.

이는 나와 '고길동' 이란 기표 사이의 '분열' (Spaltung)을, 혹은 말하는 나와 문장 안에서 '나' 라고 표시된 것 간의 분열을 보여준다. 이 분열은 불가피하다. 왜냐하면 내가 갖는 어떤 의사도 기표를 통해서만, 그리고 그 기표를 조직하는 규칙이 허용하는 범위 안에서만 표현될 수 있기 때문이다. 기표를 사용한다는 것은 기표들을 조직하는 특정한 상징적 질서(상징계)로 들어가는 것이다. 이처럼 기표를 사용함으로써 발생하는 근본적인 분열을 라캉은 '1차억압' 이라고 부른다. 그것은 한편에선 주체가 기표를 사용한다는 사실에서 발생하는 분열이자, 다른 한편에선 주체가 기표에 불과하다는 사실에서 발생하는 분열이다.

이런 분열을 두고 라캉은 헤겔의 용어를 써서 "담론 속에서 주체의 소외"라고 부른다. 왜냐하면 내가 타자인 기표를 통해 존재하게 되었기 때문이며, 그 기표의 법칙에 종속되기 때문이고, 이로써 '있는 그대로의 나'는 소실되고 말기 때문이다. 그러나 라캉이 헤겔과 다른 것은 이런 소외가 언젠가 극복되고 '자기' 내 복귀할 어떤 것이 아니라, 하나의 개체가 '인간' '주체'로서 살아가기 위해서는 결코 벗어날 수 없는 질서요, 그것으로 인해 사회와 문화가 가능해지는 기초라는 점이다. 즉 라캉의 주체는 되돌아가지 않는다. 그러나 분열과 소외는 주체로 하여금 어느 한 자리에 머물지 못하고 끊임없이 다른 자리, 다른 기표로 옮겨가게 한다. 이런 의미에서 라캉은 분열로 인해 비로소 주체 내부에는 무의식이 만들어진다고 한다.

4) 주체와 타자

분열을 통해 알 수 있는 것은 무의식이 '있는 그대로의 나'와 언어라는 상징적 질서에 포섭된 나 사이에서 형성된다는 것이다. 마치 기표의 연쇄운동이 기의와 기표 사이에서, 그 통합될 수 없는 두 세계 사이에서 이루어지듯이.

기표는 타자다. 그것은 내가 말하려는 것이 아니라 상징계의 질서가 말하려는 것을 전달한다. 무의식은 기표와 나 사이에서 형성되고, 나와 기표가, 나와 상징적 질서가 교차하는 장소지만, 동시에 그것은 나에게 기표를 전달하고 나에게 상징적 질서를 전달하는 배달부다. "무의식은 타자 속에서 말한다. …… 중요한 것은 지시가 타자에 의해 이루어지고, 발화도 타자가 개입해서 그것과 관련을 맺을 때만 가능하다는 것이다. 주체가 들을 수 있는가의 여부와 무관하게 무의식이 타자 속에서 말한다면, 그것은 주체가 바로 그 타자 속에서 자신의 의미를 실행하기 때문이다."[9]

그러나 기표가 타자 속에서 주어지는 한, 즉 타자의 의미를 내게 전달하는 한, 그것은 '결핍'(manque)이다. 그것은 나를 대신하지만, 거기에는 내가 없는 것이다. 이를 라캉은 '존재의 결핍'(manque-à-être)이라고 한다. 이 결핍으로 인해 나는 하나의 기표에 고정되지 않으며, 새로운 기표를 계속 찾는다. 이런 점에서 무의식은 "언어를 형성하는 매우 불안정한 요소들의 연쇄 속에서 발견되는 효과"[10]인 것이다. 그런데 이는, 내가 주어진 결핍의 기표가 아니라 말 그대로 나로서 존재하고자 하는 욕망을 낳는다. 이런 점에서 그것은 '존재하려는 결핍/욕망'(manque-à-être)이요 '(~이) 되고자 하는 욕망'(want-to-be)이다.[11]

결국 무의식이란 내가 결정하는 기표나 담론이 아니며, 내가 그 중심에 서서 운용하는 어떤 규칙이 아니다. 그것은 나의 외부에 있는, 하지만 내가 인간적인 질서 속에서 존재하기 위해서는 그에 준거해야 할 상징적 질서다. 그것은 내 안에서 기표를 통해 상징적 질서를 전달하고, 그것을 대변하여 발언하는, 내 안의 타자다(이것이 '타자'라는 말의 가장 기본적인 의미다). 무의식이란 타자가 결정하고, 지시하며, 발언하는 것이다. 이런 의미에서 "무의식은 타자의 담론(discours de l'Autre)"

---

9) 권택영 편, 『욕망이론』, 264쪽.
10) 권택영 편, 위의 책, 264쪽.
11) want-to-be는 라캉이 manque-à-être의 영문번역으로 직접 제안한 것이다. manque-à-être의 manque를 무조건 결핍(lack)으로 번역해서는 안 된다고 영역자는 주를 달고 있다. *Écrits: A Selection*, xi쪽.

이다. 여기에서 de는 라틴어의 어원 그대로 '객관적 결정'이란 의미라고 한다. 즉 무의식이란 상징적 질서인 타자가, 주관적이 아닌 객관적으로 결정하는 것이란 말이다. 따라서 내가 생각하고, 내가 판단의 중심에 있으며, 내가 사고의 중심에 있다고 생각한다면 그것은 자신을 속이는 일이다. 여기서 라캉은 "나는 생각한다, 고로 존재한다"라는 명제를 전복한다. "나는 내가 존재하지 않는 곳에서 생각한다. 고로 나는 내가 생각하지 않는 곳에서 존재한다."

무의식이 전달하는 문자/편지(lettre)를 통해 나는 주체의 자리를 획득한다. 즉 기표는 상징적 질서 안에서, 인간관계 속에서 내가 서 있는 지점을 지시한다. 내가 태어나기 이전부터 항상-이미 존재해 왔던 자리를. 예를 들어 '고길동'이란 문자를 통해 그는 자신이 태어나기 이전부터 존재해 왔던, 고등어의 아들이란 위치를, 혹은 한국인이란 위치 등등을 전달받는다. 따라서 주체는 바로 이 무의식이란 장소에서 형성되며, 분열이란 그러한 주체가 형성되기 위해 지불하는 대가인 셈이다. 즉 기표의 질서라는 '타자'를 통해서 개체는 인간의 질서로 들어간다. "무의식은 주체를 형성하는 결정적인 효과"다. 그것은 인간의 조건인 셈이다.

5) 오이디푸스와 '아버지의 이름'

프로이트는 인간의 가장 근본적인, 그러나 결코 현재화될 수 없으며 실현될 수 없는 욕망을 오이디푸스적 욕망이라고 보았다. 아버지를 죽이고, 어머니와 동침하려는 욕망. 그것은 계속될 경우 거세당할 것이라는 위협을 통해 통제되고 의식의 뒤안 깊숙이 갇히게 된다. 알다시피 이를 오이디푸스 콤플렉스라고 한다. 이것으로 인해 인간은 자연적 충동의 세계로부터 벗어나 문화적인 질서를 이루게 된다고 본다. 프로이트 자신은 문명의 발생을 이처럼 여자/어머니를 차지하기 위해서 아버지를 죽이는 행위를 통해 설명할 수 있다고 보았다. 『토템과 터부』에서 다루어지고 있는 것이 바로 그것이다.

라캉에게 오이디푸스 콤플렉스는 프로이트에게서보다 훨씬 더 중심적인 자리를 차지한다. 그것은 어린아이가 모체로부터 독립하여 하나의 주체가 되기 위해 반드시 통과해야 할 문이며, 인간의 자식으로 인정받기 위해 반드시 넘어야 할 문턱이다. 라캉은 바로 이것을 통해 무의식이 형성된다고 본다. 그래서 그는 어린아이의 발달과정에 오이디푸스기(期)라는 시기를 설정하며, 그것을 세 단계로 나누어 설명한다.

첫째, 어머니와 아이의 이자(二者)관계. 아이는 어머니와 자신이 하나라고 간주한다. 그는 어머니의 연장이다. 그는 어머니의 모든 것이 되고자 하며, 어머니에게 필수적인 존재이고자 한다. 아이는 어머니의 욕망을 충족시키기 위하여 어머니의 욕망의 대상인 남근(phallus)과 자신을 동일시한다. 아이는 상상적인 이미지를 통해, 어머니와의 상상적인 이자관계 속에 존재한다.

둘째, 오이디푸스를 통한 상징계로의 진입. 어머니와 아이의 이자관계에 아버지가 개입한다. 그는 아이에게 어머니의 남근이 될 수 없으며, 계속 그러려고 하다간 거세당하리란 위협을 통해 어머니와 아이를 분리시킨다. 어머니의 남근이 되고자 하는 욕망은 용납될 수 없는 것이며, 그런 욕망이 있(었)다는 사실조차 용납되지 않는다. 이로 인해 욕망은 더이상 의식으로 표면에 떠오르지 못하게 되고, 아이는 어머니로부터 독립한다. 그리고 자신이 더이상 어머니의 남근이 아님을 받아들여야 한다. 이미 상징적인 거세가 일어난 것이다.

셋째, 그러나 남근이 되고자 하는 욕망은 표면에 떠오르진 못한다 해도 사라지는 것은 아니다. 그로 인해 이제 아이는 어머니가 인정하는 남근인 아버지에 대해 동일시하게 된다.

그런데 여기서 아버지의 개입은 아이가 아버지임을 인정하는 것을 전제로 한다. 그것은 아버지의 말이 어머니에게 인정받음으로써 이루어진다. 아버지는 어떤 생물학적 개체가 아니라 '아버지'라는 기표로서 개입한다. 그래서 라캉은 이를 '아버지의 이름'(nom-du-père)이라고 한다. 아버지의 이름은 아이에게 가해지는 "안돼"(non)라는 금지다. 즉 non-du-père(발음은 nom-du-père와 같다)다. 이런 점에서 그것은 법을 상징하는 기표며, 문화적인 질서를 대리하는 은유다. 이제 아이는 아버지의 이름을 통해 상징계로, 문화적 질서로 진입한다. 이는 아이가 주체가 되기 위해 불가피한 과정이다. "프로이트에 의하면 아버지의 이름 덕분에 인간은 어머니에게 성적으로 계속 봉사하지 않아도 된다. 아버지에 대한 공격성은 이제 법에 따르게 된다."[12]

아버지의 이름이 아이에게 작용하지 못하는 경우, 아이는 상상계에 고착하게 되며, 성년이 된 이후에도 끊임없이 고착된 상상계로 되돌아가려 한다. 기표를 자신의 상상과 혼동하게 되며, 상상을 실재하는 것으로 착각하게 된다. 아이의 내부에는 상징적 질서가 만들어지지 않으며, 기표의 물질성이 아니라 상상적인 것의 우월성이 지배하게 된다. 이를 '배제'(forclusion)라고 한다.[13] 라캉은 이러한 배제가 정신병과 신경증을 구별해 주는 지점이라고 본다.

---

12) A. Lemaire, *Jacques Lacan*, tr. by D. Macey, Routledge & Kegan Paul, 1977, 이미선 역, 『자크 라캉』, 문예출판사, 1994, 241쪽에서 재인용.
13) forclusion은 무엇을 하지 못하게 저지당함을, 법적인 효력이 상실됨을 의미한다.

6) 욕망의 변증법

라캉은 욕망을 결핍으로 정의한다. 아이는 어머니의 남근이 되고자 하지만, 오이디푸스 기를 거치면서 상징적 거세를 통해 남근이 결여된 존재가 된다. 이처럼 일차적인 억압을 통해 생겨난 결핍을 '근원적 결핍'이라 한다. 그런 점에서 '남근'은 근원적인 결핍의 기표(-∅)다. 근원적인 결핍의 대상을 라캉은 '오브제 프티 아'objet petit (a)라고 한다.[14]

그러나 남근이 되고자 하는 욕망은 무의식에 갇히지만 결코 소멸하지 않으며, 반대로 금지된 것을 대신하는 다른 대상에 대한 욕망이 발생한다. 이를 라캉은 이렇게 요약한다. "거세가 가정됨으로써 결핍이 발생하고, 이 결핍을 통해서 욕망이 발생한다."

여기서 욕망은 "타자의 욕망에 대한 욕망"이다. 예컨대 상징적으로 거세된 아이는 어머니의 욕망의 대상이 되고자 한다. 즉 어머니의 욕망을 욕망한다. 다시 말하면 어머니로부터 "너는 내가 바라던 아이다"라고, 욕망의 대상으로서 인정을 받고자 한다. 이런 점에서 욕망은 타자로부터 인정받고자 하는 '인정욕망'이다.

욕망을 통해 인간은 자신이 선망하는 타자(예를 들면 어머니), 혹은 자기를 인정해 주길 바라는 타자가 욕망하리라고 생각하는 대상으로 스스로를 정립하려 한다. 즉 타자의 욕망의 대상이 되려고 한다. '착한 아이' '열심히 공부하는 아이' 등등. 이를 두고 라캉은 '타자의 욕망을 욕망한다'고 말한다. 이런 의미에서 욕망의 대상이란 사실 근원적 결핍으로 인해 발생하는 욕망을 대신하는 것이고, 이런 점에서 근원적 결핍

---

14) 이를 objet (a)라고 줄여 쓰기도 한다. 여기서 petit는 타자(autre)의 첫 자가 소문자란 뜻으로, Autre와 대비해서 작은 타자라고도 한다.

의 (환유적인) 기표라고 할 수 있다. 이 역시 라캉은 '오브제 프티 아' 라고 한다. 요컨대 objet (a)는 근원적 결핍의 기표인 동시에, 그것을 메우려는, 그러나 결코 메울 수 없는 욕망의 기표이기도 한 셈이다.

그러나 중요한 것은 욕망의 기표 역시 상징적 질서가 허용하는 한계 안에서만 표시되고 선택될 수 있다는 것이다. 따라서 욕망은 결코 남근이라는 근원적인 결핍을 메울 수 없다. 따라서 이 욕망의 대상은 영원히 머물 지점을 찾지 못한다. 어떤 대상에서 다른 대상으로의 끊임없는 치환이 일어난다. 다시 말해서 욕망은 근원적 결핍의 산물이기에, 결코 완전한 충족에 이를 수 없다. 따라서 욕망에는 끝이 없다. 이런 점에서 라캉은 "욕망은 환유"라고 한다. 그것은 표면에 드러나기 거부하는(의미작용에 저항하는) 근원적 결핍으로 인해 야기되는, 욕망 대상(기표)의 끝없는 치환이요 연쇄다.

아이는 끊임없이 "당신이 원하는 게 뭐요?"(Che vuoi?)라고 타자에게 질문한다. 이런 점에서 욕망은 타자의 욕망이다. 이러한 질문을 통해서, 다시 말해 인정욕망을 통해서 개인은 주체가 된다. 이제 무의식은 결코 실현될 수 없는 근원적인 결핍과 그것이 야기하는 욕망의 기표들 사이에서 정의된다. 그것은 타자의 자리에서 욕망하며, 무한한 욕망의 치환을 야기한다. 이런 의미에서 라캉은 "무의식은 타자의 욕망"이라고 말한다.

7) 동일시와 주체화

거울에 비친 자신의 모습을 자기라고 동일시하는 것이나, 어머니와 자신을 하나라고 동일시하는 것을 라캉은 상상적 동일시, 혹은 일차적 동일시라고 한다. 그것은 상상이나 거울상을 통해 얻은 '이상적인 자아'

(idéal-ego)가 자신이라고 오인(méconnaissance)하는 것이다.

반면 상징적인 동일시는 상징적 질서 속에서 주어지는 이미지에 자신을 동일시하는 것으로 이차적 동일시라고도 한다. 예를 들어 '고길동'이란 기표를 통해 주어지는 이미지, 혹은 인정욕망이 만들어내는 욕망의 대상을 '자아의 이상'(ego-idéal)으로 삼는 것을 말한다. 이것이 상상적 동일시와 다른 것은, 상상적 동일시가 나(I;je)라는 관점에서 나(me;moi)를 보는 것이고, I와 me가 일치한다고 상상하는 것이라면, 상징적 동일시는 타자(Autre)의 관점에서, 상징적 질서의 관점에서 나(me)를 보는 것이며, 그처럼 타자의 관점에서 정의되는 나(me)를 자신의 자아–이상으로 삼는 것이다. 즉 타자의 담론, 타자의 욕망이 정의하는 이미지를 받아들이는 것이다. 이러한 이중적인 동일시를 통해 개인이 주체화되는 과정을 라캉은 다음과 같은 도식으로 요약한다.

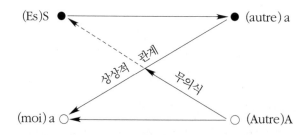

'나'라는 기표의 자리는 상징적 질서를 뜻하는 타자에 의해, 타자 안에서 정의된다. 즉 내가 태어나기 이전부터 항상–이미 존재하는 상징적 질서 속에서 나의 자리는 정의되어 있다. '나'라는 기표(moi)는 항상–이미 타자(Autre) 속에서 정의되어 있다. 이는 도식적으로 말하면 A →moi라고 요약할 수 있겠다.

다른 한편 주체는 타자에 의해서 정의된다. 라캉은 이를 무의식이

형성되는 경로로 이해한다. A에서 S에 이르는 선에서 실선 부분은 타자 안에서 정의되는 주체의 경로일 것이다. 이런 뜻에서 그는 "S가 있던 곳에 가는 것은 나의 의무다", 즉 나는 S가 있던 곳에 가야 한다고 말한다. S가 있던 곳, 바로 거기가 주체로서 정의되는 지점이다.[15] 그런데 그것은 의식 뒷편에 자리잡고 있는 주체다. 이처럼 타자를 통해 주체의 자리가 정의되는 것은 드러난 동시에 은폐된 과정이다. 점선은 이 은폐된 채 진행되는 경로를 표시한다.

그러나 기표를 통해 정의되는 S는 앞서 말했듯이 언제나 '나'의 근본적 의도·욕구와 일치할 수 없으며, 오히려 그것은 근본적 결핍을 야기한다. 즉 타자의 담론, 타자의 욕망 속에서 주체가 정의된다는 사실에서 그것은 근원적 결핍을 야기한다. 그것은 앞서 본 것처럼 욕망의 환유연쇄를 낳는다. 작은 타자(a)는 이처럼 S를 통해 야기되는 근본적 결핍의 대상이자 그것을 메우는 욕망의 대상이다.

'나'는 이 지점에서 끊임없이 질문한다 : "원하는 게 뭐야?" objet (a)의 근원적 결핍으로 인해 만들어지는 다양한 대상 ── 작은 타자 (a) ── 의 환유연쇄가 대답으로 떠오른다. 결국 이는 상징적 질서 속에서 구체적인 형태로 주어지는 '자아의 이상'인 셈이다. 그런데 이제 이 자아의 이상이 바로 자신의 진정한 모습이라는 상상적 동일시를 통해 (a)는 '내'가 된다. 즉 상상적 관계 속에서 a =moi인 것이다. 이로써 무의식은 하나의 개체를 상징적인 질서 속으로, 법적이고 문화적인 질서 속으로 포섭한다. 주체화된다는 것은 타자의 담론에 의해 항상-이미

---

15) 여기서 S는 id(거시기)라고 영역되던 어떤 생물학적 힘이 아니라, 주체의 약자를 뜻할 뿐이다. 결국 S는 타자의 욕망이 내 안에 정의해 놓는 나의 자리인 셈이다.

주어져 있는 주체의 자리를, 인정욕망을 통해 구체화하고, 상상적 동일시를 통해 그것이야말로 내가 선택한 나의 자리라는 '오인'에 빠지는 것이다.

4. 도둑맞은 편지, 도둑맞은 무의식

『에크리』의 첫번째 글은 「'도둑맞은 편지'에 관한 세미나」다. 에드가 앨런 포의 소설 「도둑맞은 편지」The purloined letter의 주 내용은 다음과 같다. 파리 경찰청장이 탐정 뒤팽에게 전하는 바에 따르면, 고귀하신 분(왕비)이 어떤 편지를 받아 읽고 있을 때, 왕이 들어왔다. 그 편지는 왕이 봐선 안 될 것이었는데, 왕비는 읽던 편지를 대강 가린 채 아무것도 아닌 서류처럼 책상 위에 펼쳐 둔다. 그때 D장관이 들어왔는데, 교활하고 눈치빠른 그는 당황한 왕비의 표정을 통해 그 편지에 무슨 비밀이 있음을 알아차린다. 평상시처럼 왕과 일을 마친 그는 문제의 편지와 비슷하게 생긴 편지를 꺼내어 그 편지 옆에 놓는다. 잠시 후 그는 자신이 둔 편지 대신 문제의 편지를 가지고 유유히 나가 버린다. 왕이 눈치채선 안 될 것이었기에 왕비는 그를 저지할 수 없었다.

　　그후 편지를 갖고 있는 D장관은 자신의 권력을 키우는 데 왕비를 이용한다. 편지를 그가 갖고 있음을 아는 왕비는 할 수 없이 이용당하는 한편 경찰청장에게 몰래 그 편지를 찾아올 것을 부탁한다. 장관이 없는 사이에 그는 장관의 집을 샅샅이 뒤지지만 결국은 편지를 찾지 못하고 뒤팽에게 도움을 청한다. 마침내 뒤팽은 장관을 방문하고, 색안경을 낀 두 눈으로 방안을 샅샅이 살펴본다. 뒤팽은 구석의 편지함에 아무렇게나 꽂혀 있는 더럽게 구겨진 편지를 보고서, 그것이 문제의 편지임을 알아챈다. 다음날 담배갑을 놓고 갔다는 핑계로 다시 장관을 방문한 뒤팽은, 미리 준비한 거리의 총격소동에 장관이 정신이 팔린 틈을 타 문제의 편지를 가짜 편지로 바꾼 뒤 아무 일 없었던 듯이 집을 나온다.

라캉은 이 소설을 궁중과 장관의 집에서 벌어진 두 개의 장면으로 요약하면서, 그것이 두 개의 유사한 관계임을 보여준다.

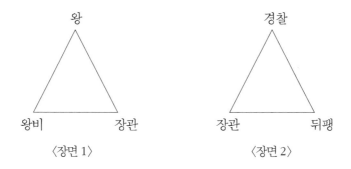

〈장면 1〉　　　　　　〈장면 2〉

여기에는 세 가지 자리가 있다. 첫째, 왕이나 경찰처럼 중요한 편지가 있는데, 눈이 있으면서도 보지 못하는 자리. 둘째, 〈장면1〉의 왕비나 〈장면2〉의 장관처럼 편지를 갖고 있는데, 왕이나 경찰이 아무것도 볼 수 없으니 자신이 숨겨놓은 것이 드러나지 않으리라고 스스로를 기만하는 자리. 셋째, 〈장면1〉의 장관이나 〈장면2〉의 뒤팽처럼 누구나 볼 수 있게 방치하는 것이 진정으로 숨기는 것임을 알고, 숨기려는 편지를 찾아내는 자리. 두 장면 각각에서, 약간의 차이가 있긴 하지만 동일한 관계가 반복되고 있다.[16] 상이한 사람들이 반복되는 그 동일한 관계 속

---

16) 바로 이런 의미에서 라캉은 이 소설을 반복강박(Wiederholungszwang)에 대한 알레고리로 읽는다.

에 배치된다. 누가 그 자리에 각각 배치되는가 하는 것은 편지에 의해서 정해진다. 즉 여기서 편지는 사람들의 관계를 구조화하는 요인이다. 다시 말해 사람들의 자리바꿈을 야기하고 주체를 교체하는 것은 편지라는 것이다. 이때 편지가 letter며, 이 말은 '문자'를 뜻하기도 한다는 점을 유의하자. 문자가 사람들의 관계를 구조화하는 요인임을 말하기 위해, 문자의 물질성을 말하기 위해 라캉은 의도적으로 이런 중의(重意)를 사용하고 있는 것이다.

하지만 편지의 내용이 무엇인지는 소설 전체를 통해서 전혀 언급되지 않는다. 오히려 편지/문자의 '의미'는 그것을 가지려는 사람이 누구인지, 그것을 갖고 있는 사람이 누구인지에 따라 달라진다. 그것이 왕비에게 갖는 의미는 그것이 왕이나 장관에게 갖는 의미와 전혀 다르며, 경찰이나 뒤팽에게 갖는 의미도 마찬가지다. 이처럼 편지의 의미가 달라진다는 점 때문에 사고와 소동이 일어난 것이다. 결국 이것이 편지의 의미이기에, 편지는 계속 자리바꾸기만을 할 뿐, 편지의 내용은 드러나지 않는다. 이러한 편지의 자리바꿈(치환)을 라캉은 환유라고 할 것이다.

여기서 편지는 또한 욕망의 기표다. 편지는 어떤 탁월한 성능을 가진 탐나는 물건이 아니다. 거꾸로 그것은 왕비로서는 없어야만 했던, 그래서 없는 듯이 감추어야만 했던 문자고, 바로 그렇기 때문에 자기에게 없어서 문제인 편지다. 이런 의미에서 편지는 결핍의 기표다. 없기 때문에 어떻게든 찾아내고자 하는, 다시 말해 결핍으로 인해 욕망을 야기하는 기표다(objet (a)). 그것은 장관은 물론 경찰이나 뒤팽이 갖고자 욕망했던 대상(이는 두번째 의미에서 objet (a)인데)이었다. 한편 장관으로선 왕비에게 그녀의 편지를 자신이 갖고 있음을 알림으로써, 즉 왕비의 욕망의 대상을 자신이 갖고 있음을 알림으로써, 그녀의 '인정'을 얻고자 하는 것이다. 이런 의미에서 편지는 인정욕망의 기표다.

마지막으로 라캉은, 뒤팽이 그것을 성공적으로— 눈치채지 않게—훔치지만, 사실은 장관에게 그가 편지를 갖고 있지 않음을 알려주었을 것이라고 본다. 즉 장관에게 욕망의 대상을 갖고 있지 않음을, 자신이 갖고 있는 것은 아무짝에도 쓸모없는 편지임을 알림으로써 그의 욕망을 좌절시켜야 한다고 본다. 이를 위해 라캉은 "너무도 치명적인 이 운명이 아트레에게 마땅한 것이 아니라면, 차라리 디에스트에게 마땅한 것이리라"라는 문구를 뒤팽이 남긴 거짓편지에다 적어 둔다. 장관은 거세된 것이다.

여기서 보듯이 편지는 사람들을 특정한 관계 속에서 주체화하는 문자요, 그들로 하여금 그 관계 속에서 행동하게 하는 욕망의 기표다. 이를 라캉이 무의식과 연결짓고 있음을 다시 언급할 필요는 없을 것이다. 다만 하나 추가할 것이 있다면 '도둑맞은 편지'라는 제목에 관한 것이다. 라캉은 포의 원제(The Purloined Letter)를 보들레르가 La lettre volée(도둑맞은 편지)라고 번역한 것에 대해 불평한다. purloined의 pur은 라틴어의 pro에 해당하는 것으로 근거나 징표, 담보나 보증을 뜻하며 항상 배후에 있는 것을 가리킨다고 한다. 그리고 loin은 고대 불어 loigner에서 나온 것으로 '~와 나란히 있다', '제껴놓다'는 뜻이라고 한다. 즉 purloined letter는 어떤 현상의 근거나 담보로서 배후에 숨어 있지만, 그렇다고 멀리 떨어져 있는 것은 아닌 오히려 그것과 나란히 있는, 하지만 그것을 제껴놓는 letter인 셈이다. 편지는 쉽게 눈에 띄는, 그러나 바로 그렇기에 오히려 시선이 미치지 않는 곳에 아무것도 아니란 듯이 놓여 있는 것이다. 그것은 은폐되는 동시에 드러난다. 결국 라캉은 포의 원래 제목을 통해 무의식과 징후의 관계를 요약하고자 하는 것이다. "진리는 스스로를 숨길 때 가장 진실하게 드러난다"는 것이다. 따라서 '도둑맞은(purloined) 편지'는 스스로를 숨김으로써 오히려 진실하게 드러나는 무의식의 편지요, 정확히 그런 의미에서 '도둑맞은(purloined) 무의식'인 셈이다.

2

무의식의 이중구조와 주체화

1. 머리말

"프로이트로 돌아가자!"는 슬로건으로 시작했던 라캉의 '새로운' 정신분석학의 결론은 프로이트에게 언어학을 선물하는 것이었다. 다시 말해 언어학적으로 재구성된 무의식 개념을 프로이트에게 '돌려주는' 것이 바로 "프로이트로 돌아가자"는 슬로건의 실제 내용이었다. 그 결과 프로이트는 "무의식은 언어처럼 구조화되어" 있으며 "언어야말로 무의식의 조건"임을 명확하게 깨닫게 되었을 것 같다.

　프로이트에게 언어적이고 상징적인 것에 대한 이론적 요소가 있음은 분명하다. 꿈이나 착오, 신경증에 대한 그의 분석은 대부분 언어적인 응축과 치환의 분석이며, 정신분석은 그것을 통해 증상을 야기하는 어떤 미지수(x)에 접근하려 한다. 이런 점에서 상징적인 것을 개념화할 수 있는 이론적 요소를, 프로이트 이후의 작업에서 발견하여 그같은 분석을 발전시키는 것은 라캉 말대로 프로이트의 정신에 잇닿아 있는 것이라고도 할 수 있겠다.

그러나 언제나 그렇듯이 대상을 새로이 파악할 수 있는 어떤 개념적 요소를 추가한다는 것은 개념들의 구성과 지위, 효과에 변화를 야기할 뿐만 아니라, 대상의 정의 자체를 변형시키며, 그것을 통해 대상의 인식에서 커다란 변환을 야기한다. 이 점에서 "무의식은 언어처럼 구조화되어 있다"는 라캉의 중심테제는 분명 정신분석에 대해 특정한 변화와 효과를 야기했으리라고 짐작해도 좋을 것이다. 그렇다면 그 변화는 무엇인가? 같은 말이지만, 언어학을 정신분석에 도입하고 무의식 개념 자체를 상징적인 것으로 정의함으로써 발생하는 효과는 무엇인가? 언어학이란 새 엔진을 돌려서 정신분석이 새로이 개척한 땅은 어떤 토양을 갖고 있는가?

라캉의 이론에서 가장 빈번하게 사용되며 가장 중심적인 지위를 갖는 개념들로서 '무의식' '타자' '주체' 등을 들 수 있다. '언어' / '언어적 구조'나 '상징적인 것' 등은 이 개념들의 구조를 정의하고 분석하는 또 하나의 축이다. 요컨대 라캉의 이론은 정신분석이 대상으로 하고 있는 '무의식'과 그것을 구조화하고 있는, '언어'라는 두 개의 축을 중심으로 구성되어 있다고 할 수 있으며, 이 두 축이 만나는 지점을 미리 이야기하자면 대문자로 시작하는 '타자'(l'Autre)라고 말할 수 있을 것이다.[1] 그리고 타자로 요약되는 언어학적 무의식 개념을 통하여 결국은 '인간'이라는 주체가 어떻게 구성되는지, 좀더 정확하게 말하면 개개의 생물학적 개체가 어떻게 인간세계에서 용납되는 '주체'가 되는지를 연구한다.

따라서 '타자'와 '주체'는 라캉의 새로운 사고가 집중되는 초점이며, 그의 새로운 이론이 가지는 의미가 분명하게 드러나는 지점이기도 하다. 이하에서 우리는 '타자'와 '주체'에 대한 라캉의 이론을 통해서 그의 이론이 야기한 변화와 그 의미를 추적할 것이다. 그리고 이를 위해 라캉이 『에크리』의 「주체의 전복과 욕망의 변증법」[2]에서 제시한 일련의 도식이 매우 유용하다고 보아, 그것을 '나름대로' 해석함으로써 라캉의 이론을 요약할 것이다.

2. 정신분석의 대상

정신분석의 대상은 알다시피 '무의식'이다. 그런데 무의식이란 무엇인가? 무의식은 어떻게 정의되어야 하는가? 즉 대상으로서 무의식이 정의될 수 있는지, 그렇다면 그것은 어떻게 정의되는지를 분명히 하는 것은 정신분석이 출발하기 위한 전제처럼 보인다. 그러나 정신분석적인

---

1) 타자라는 개념은 라캉 외에도 (프랑스의) 여러 저자들의 글에서 자주 접하는 개념인데, 예컨대 데콩브는 동일자와 타자란 개념을 중심으로 프랑스 현대 철학사를 정리한다(V. Descombes, *Le Même et l'Autre : quarante-cinq ans de philosophie française(1933~1978)*, Minuit, 1979, 박성창 역, 『동일자와 타자』, 인간사랑, 1990). 그러나 타자(l'Autre)의 개념은 저자에 따라서 매우 다르게 사용된다. 특히 라캉과 푸코의 경우는 정반대로 사용된다. 푸코에게 그것은 동일자(le même)와 반대되는 것으로서, 동일자가 대상들의 차이를 부정함으로써, 혹은 자신의 경계 안으로 포섭하여 '동일화'하는 것이라면, '타자'는 그것에 의해 배제되거나 억압된 것을 뜻한다. 예컨대 광기는 이성이란 '동일자'에 의해 배제되고 억압되어 침묵에 갇힌 '타자'다. 반면 라캉에게 타자란 개개인의 외부에 있는 것으로서 언어 혹은 기표의 자리요 상징계며, 주체의 타자인 무의식이다. 즉 그것은 개개의 개체가 포섭됨으로써 사회적으로 용납될 수 있는 주체—— 인간의 자식——가 될 수 있는 질서라는 점에서, 푸코가 말하는 동일자의 일종이다.

2) J. Lacan, "Subversion du sujet et la dialectique du désir dans l'inconscient freudien", *Écrits*, Seuil, 1966; "Subversion of Subject and the Dialectics of Desire in Freudian Inconscience", *Écrits: A Selection*, tr. by A. Sheridan, W. W. Norton, 1977. 영역본은 셰리던(A. Sheridan)이 프랑스어 원본에서 일부 논문만 선별하여 편역한 것이다. 이하에서 영역본이 있는 것은 모두 영역본으로 인용하겠으며, ES로 표시하겠다. 국역은 권택영 편, 『욕망이론』, 문예출판사, 1994에 일부 번역되어 있는데, 영역본에는 없고 국역본에 있는 경우에 한해 인용할 것이며, 번역은 국역본을 따르지 않았다. 라캉 저작 이외의 다른 인용문 역시 대개는 다시 번역한 것인데, 이를 따로 언급하지는 않을 것이다.

연구가 없다면 무의식이 무엇인지를 명확히 정의하는 것이 대체 어떻게 가능할까? 여기에는 역설이 포함되어 있다. 연구는 대상을 전제하지만, 대상은 연구를 전제한다는 역설이.[3] 연구와 대상이 갖는 이러한 역설과 순환성이야말로 새로운 대상을 발견하고 새로운 연구가 시작되는 데 근본적인 장애인 셈이다.

사실 프로이트의 경우도 처음부터 무의식을 대상으로 연구하지 않았고, 그렇게 할 수도 없었다. 오히려 프로이트는 최면이나 신경학, 히스테리 등에 대한 연구를 통해서 기존의 심리학적 개념으로는 설명하기 힘든 징후들을 찾아냈고,[4] 그 징후를 일관되게 설명할 수 있는 이론적 장치를 사고하려 했다. 무의식은 이러한 우회로를 통해서 '발견'된 것이고 정의된 것이다. 따라서 무의식에 대한 정의는 물론 그것을 파악하는 위상학적(topological) 틀 자체가 고정되지 않고 계속 변한다. 흔히 말하듯, 의식/무의식에서[5] 거시기/초자아/자아로[6] 프로이트의 위상학이 변화되어 온 것[7]도 이런 곤란과 무관하지 않을 것이다.

---

3) 알튀세르가 "새로이 발견할 것을 나타낼 개념의 부재"로 파악한 것이 이와 동일한 역설이었을 것이다(L. Althusser, "Marx et Freud", 「맑스와 프로이트에 대하여」, 윤소영 편역, 『맑스주의의 역사』, 민맥, 1991).

4) J. Breuer/S. Freud, "Studies on Histeria"(1893~1895), *The Standard Edition of the Complete Psychological Works of Sigmund Freud*, vol. II, Hogarth Press, 1974. 이하에서 Standard Edition은 SE 뒤에 권수를 로마 숫자로 표시한다.

5) *The Interpretation of Dreams(1900)*, SE, IV-V; *The Psychopathology of Everyday Life(1901)*, SE, VI; *Three Essays on the Theory of Sexuality(1905)*, SE, VII; *Jokes and Their Relation to the Unconscious(1905)*, SE, VIII.

6) 거시기(id) 등의 용어가 나타나는 것은 초기부터지만, 초자아(Super-ego) 등과 짝을 이루며 개념어로 사용되는 것은 후기에 와서다. 이는 특히 "Beyond the Pleasure Principle"(1920), SE, XVIII과 "The Ego and the Id"(1923), SE, XIV 이후 명확하게 된다.

7) M. Bachtin/V. N. Voloshinov, *Freudianism : A Critical Sketch(1927)*, 송기한 역, 『프로이트주의』, 예문, 1987, 47~52쪽, 63~80쪽 참조.

그러면 그러한 발견을 통해서 프로이트는 정신분석의 대상을 어떻게 정의하려고 했는가? 프로이트는 인간의 정신이 단지 의식으로 환원되지 않는다고 한다. 의식되지 않는 어떤 영역, 그렇지만 의식에 결정적 영향을 미친다는 점에서 의식과 별 세계를 이룬다고는 할 수 없는 그런 영역을 그는 무의식이라고 부른다. 한편 무의식에는 의식되지 않으면서 의식과 사고에 결정적인 영향을 미치는, 주로 성적인 욕구와 에너지에 기인하는 어떤 힘이 있으며, 동시에 그러나 그 힘이 의식 표면에 떠오르는 것을 저지하고 억압하는 힘이 있다. '거시기'(Es/id)라고 불리는 전자는 '쾌락원칙'에 따라 움직이고, '초자아'(supre-ego)라고 불리는 후자는 인간의 내면에서 사회적 질서를 대변하여 거시기의 욕구가 드러나는 것을 억압한다. 무의식 내부에 있는 이러한 갈등과 대립으로 인해 무의식은 다양한 양상으로 작용하게 된다. '자아'(ego)는 무의식 내의 이러한 갈등과 대립을 '현실원칙'에 따라 조정하는 역할을 한다.

한편 라캉은 무의식을 어떤 심리적인 것이나 의식적인 것으로 환원되지 않는,[8] "'거기'에 존재하는 의미화(signfying) 메커니즘"(ES, 165)이라고 정의한다. 그것은 의식과는 다른 차원에서 존재하며, 의식 및 사고, 행동이 그 위에서 조직되는 기초다. 다시 말하면 의식이나 사고, 행동이 그 위에서 가능하게 되는 조건이다. 라캉은 '에스'를 이드(id)로 번역하는 데 반대한다. 에스(Es)는 주체(subject)의 약자를 뜻하는 S일 뿐이라는 것이다. 이는 '이드'라고 불리는 생물학적이고 성적인

---

8) J. Lacan, *Écrits : A Selection*, tr. by A. Sheridan, W. W. Norton, 1977, p.163. 이후 *Écrits : A Selection*의 인용은 ES라는 약자와 쪽수만으로 본문 중에 괄호로 표시한다.

충동을 무의식의 영역에서 추방하는 것을 뜻한다. 따라서 '거시기'의 짝인 '초자아'의 의미도 변화한다. 이전과 달리 그것은 더이상 '거시기'라는 어떤 충동적인 본능을 억제하는 것으로 정의되지 않는다. 여기서 자아의 운명도 달라지는 것은 당연하다. 자아는 대립과 갈등을 조정하고 조절하는 매개가 아니라, 개인들이 자신의 모습이라고 착각하고 오인하는 이미지다.

이런 점에서 라캉은 거시기/초자아/자아라는 후기 프로이트의 위상학을 받아들이지 않는다. 그에게는 의식/무의식이란 위상학이면 충분하다. 그러나 당장에 근본적인 문제가 제기될 수 있다. 즉 무의식을 구성하는 요소, 그리고 그것들 간의 갈등과 대립으로 설명되던 무의식의 작용방식이 거시기에 대한 거부를 통해 제거되는 셈인데, 그렇다면 무의식은 대체 무엇으로 이루어지는지, 또 어떻게 작동하는지 하는 것이다. 이에 대한 라캉의 대답은 우선 무의식은 언어처럼 구조화되어 있으며, 상징적인 것을 통해 이루어진다는 것이다. 따라서 "무의식은 언어처럼 구조화되어 있다"는 주장은 프로이트에게 돌아가는 라캉만의 고유한 길인 셈이며, 이런 점에서 라캉에게 가장 근본적이고 중요한 테제라고 하겠다.

다음으로 무의식의 형성과 작동은 오이디푸스 콤플렉스를 중심으로 욕망을 새로이 정의함으로써 설명된다. 레비-스트로스에게 '근친상간 금지'는 인간적인 질서를 이루는 데 필요한 최소한의 전제조건이었으며, 따라서 모든 인간사회에서 공통적으로 발견되는 규칙이었다.[9] 이

---

9) C. Lévi-Strauss, *Les structures élémentaires de la parenté*, PUF, 1949, tr. by Bell et al., *The Elementary Structures of Kinship*, Beacon Press, 1969, pp.3~11.

는 라캉에게도 마찬가지여서, 언어의 사용과 함께 오이디푸스 기(期)는 정상적인 인간이라면 누구나 통과해야만 하는 조건이었다. 그런데 오이디푸스적인 금지와 억압을 통해 욕망은 결핍으로서 새로이 정의되고, 이것이 무의식의 형성과 작동에서 결정적인 또 하나의 지점을 이루게 된다.

요컨대 라캉에게 무의식이란 어떠한 개인이 '인간의 자식' 이 되기 위해 반드시 거쳐야만 하는 통과점에서 형성되며, 그로 하여금 인간의 질서 아래 하나의 '주체' 로서 살아갈 수 있게 해주는 최소한의 조건인 셈이다. 그는 생물학적 존재로서 태어난 하나의 유기체가 하나의 인간으로, 다시 말해 '인간주체' 로 되어가는 과정을 주목하는 것이다. 결국 라캉에 따르면 정신분석이 무의식을 대상으로 한다고 할 때, 그것은 하나의 생물체가 인간이란 이름에 걸맞은 주체로 변화됨으로써 만들어지는 결과물인 것이다. 이에 대해 알튀세르는 다음과 같이 요약한다. "정신분석의 대상이란 무엇인가? …… 인간의 분만으로부터 생겨난 조그만 생물체가 인간으로 변화한 결과들 중의 하나, 무의식이란 간단한 이름을 가지고 있는 (것이) 정신분석의 대상이다.[10]

하지만 그것은 어떤 개인이나 '주체' 가 언어와 오이디푸스 콤플렉스라는 '인간조건' 을 어떻게 받아들이는 것인가에 대한 연구라기보다는 차라리 이 조건들이 어떻게 개인들의 내면에 자리잡게 되는지, 그리하여 그들이 어떻게 그 '조건' 들 속에서 사고하고 행동하게 되는지에 대한 연구라고 하는 것이 좀더 정확할 것이다. 다시 말해 라캉은 주체

---

10) L. Althusser, "Freud et Lacan", *Position, 1964~1975*, Editions Sociales, 1976, 김동수 역, 「프로이트와 라캉」, 『아미엥에서의 주장』, 솔, 1998, 30쪽.

와 무의식, 주체와 무의식적 질서의 관계를 설정한다기보다는 무의식
과 타자 그리고 상징적 질서 **안에서** 주체가 어떻게 구성되는지를 설명
하려고 한다고 할 수 있다. 이런 점에서 라캉의 이론을 **'주체'에 대한 이
론, 하나의 개체가 '주체화'하는 과정에 대한 이론**이라고 요약할 수 있을
것이다.[11]

　잠정적으로 비교해 본다면 라캉에게 무의식이란 인간적 주체를 만
들어내는 상징적 질서의 메커니즘이며, 주체로서 사고하고 표상하는
것을 가능하게 해주는 지반이요 조건(이런 의미에서 '의식'이 아니라 의
식의 전제조건이고 '무의식'이다)이다. 한편 이와 달리 프로이트에게 무
의식이란 단지 질서의 메커니즘만을 의미하지는 않는다. 그것은 차라
리 무질서한 충동과 그것을 통제하려는 질서 간의 갈등과 대립이 이루
어지는 장(場)이며, 이런 이유에서 의식의 표면 아래로 억압되어 진행
되는 과정이다(이런 의미에서 '무의식'이 '의식'이 아닌 것으로 정의되는
이유도 다르다). 또한 라캉에게 있어 무의식은 생물학적인 요소를 배제
한 채 상징적인 것으로서 정의되지만, 프로이트가 보기에는 차라리 생
물학적이고 성적인 에너지가 좀더 근원적이고 일차적인 것처럼 보였을
것이다.

　결국 라캉은 언어학이란 우체국을 경유하여 정신분석을 프로이트
에게 되돌려 준 셈이다. 그런데 그걸 받아본 프로이트가 그것이 본래
자기가 보낸 우편물이었다고 생각할 가능성은 그다지 크지 않을 것 같
다. 물론 그것이 라캉에게는 그다지 중요하지 않았겠지만. 그리고 우리

---

11) E. Balibar, "Discussion", *Lacan avec les philosophes*, Bibliothèque du Collège
Internationale de Philosophie, Albin Michel, 1991, 윤소영 역, 「라캉과 철학 : 주체성
과 상징성의 이론이라는 쟁점」, 『이론』 10호, 1994년 겨울, 198쪽.

에게도 결코 중심적인 문제는 아니지만. 왜냐하면 '되돌려준다' 는 것은 언제나 그렇게 마련이기 때문이다.

3. 언어와 무의식

1) 기표의 물질성

라캉의 이론에서 가장 중심적인 것은 알다시피 무의식이 언어적인 구조를 갖고 있다는 것이다. 그에 따르면, "정신분석의 경험이 무의식 속에서 발견해낸 것은 언어의 구조다. 인간이 지니고 있는 진실의 모든 효과는 정신과 아무 상관없이 문자에 의해서 생겨난다. 이 사실이 밝혀짐으로써 정신의 허세가 사라지게 되었다." 예컨대 프로이트의 『꿈의 해석』에 이르면 모든 쪽에서 문자에 관한 언급이 나오며, 담론이나 텍스트 구조 속에서 또는 관용어법 속에서 문자가 차지하는 위치가 거론되고 있다고 한다.

소쉬르가 분명히 한 것처럼, 언어의 구조는 그것을 사용하는 어떤 개인과도 무관하게 사회적 규약으로서, 객관적 구조로서 존재한다.[12] 다시 말해 언어적인 기호가 특정한 의미를 갖게 되는 것은 기호들 간의 관계에 의해서, 기호들을 조직해내는 고유한 규칙에 의해서며, 이러한 규칙을 우리는 흔히 언어구조라고 부른다. 여기서 이를 언어가 발화주체에게 봉사하는 다양한 심리적, 육체적 기능과 혼동해선 안 된다. 왜냐하면 "언어와 그 구조는 각각의 주체가 그 정신적 발전에서 언어를

---

12) F. de Saussure, *Cours de linguistique générale*, publié. par Ch. Bally et A. Sechehaye, 최승언 역, 『일반언어학 강의』, 민음사, 1990, 20~26쪽.

습득하는 순간보다 앞서 존재하기 때문이다"(ES, 148).

언어를 사용하려는 어떠한 개인도 그 기호들이 조직되는 그 규칙 속으로 들어가야 하며, 그 규칙이 정하는 바에 따라 사용해야 한다. 기호의 의미 역시 마찬가지로 그것을 사용하려는 사람의 의도가 아니라 언어적인 규칙들에 의해 정의된다. 따라서 발화하는 주체는 언어의 노예로 나타나고, 나아가 "주체는 그 자신의 고유한 이름(기표)을 통해서만 자신의 지위를 획득할 수 있다"(ES, 148)는 점에서 기표를 조직해내는 언어구조에 종속되어 있다고 말할 수 있다.

이를 달리 말한다면 **인간이 언어를 사용할 수밖에 없는 한 언어적인 구조에, 즉 기표를 조직해내는 규칙에 종속될 수밖에 없다**는 것이고, 기표들은 주체를 복속시키는 물질적 힘을 갖고 있다고 할 수 있다. 기표들의 구조가 주체에 대해서 갖는 이러한 물질적 힘을 라캉은 **기표의 물질성**이라고 부른다. 이런 의미에서 그는 "내가 말하는 것이 아니라 말이 나를 통해 행해지고 있다"고 말한다. 유의할 것은 여기서 '물질성'이란 말이 실증주의적 실체를 지시하는 게 아니라, 개인의 주관적인 어떤 관념들과 달리 다양한 개인들에 대해 기표의 구조가 갖는 강제성과 구속성을 뜻한다는 점이다.[13]

라캉 말대로 무의식이 언어적인 구조를 갖고 있다면, 이제 무의식

---

13) 이런 점에서 이는 뒤르켐이 말하는 '사회적 사실'이란 개념과 유사하다. 이는 아마도 소쉬르의 구조주의 자체가 뒤르켐의 영향을 받은 것이라는 점에서, 그리고 그것이 레비-스트로스나 라캉을 포함하여, 표상체계조차도 강제성과 구속성을 갖는 객관적인 어떤 것으로 보는 프랑스적 전통과 밀접하게 잇닿아 있다는 점에서 단순한 유사성을 넘는 것이다. 이런 의미에서 듀스는 뒤르켐의 '집합표상'(représentation collective)이 레비-스트로스 이래 프랑스 사상가들의 이론적 전통에 강력한 영향을 미쳤다는 것을 지적한다(P. Dews, *Logics of Disintegration*, Verso, 1987, p.3). 이는 바슐라르(G. Bachelard)나 캉길렘(G. Canguilheim)에 대해서도 마찬가지라고까지 말한다(같은 책, 244쪽).

에 대한 연구 역시 무의식의 기호들이 조직되는 규칙에 대한 언어학적 연구가 필요하다고 할 수 있다. 라캉이 소쉬르와 야콥슨의 언어학 이론을 정신분석에 끌어들이는 것은 이런 이유에서이다. 그는 담론의 영역에서 사용되는 언어적 규칙과 무의식의 영역에서 사용되는 언어적 규칙의 차이는 '재현 가능성'(Darstellbarkeit)에 대한 고려를 제외하고는 없다고 한다(ES, 160~161).

따라서 기호가 부재하는 어떤 대상을 대신하여 표상하는 것처럼 무의식에서 증상이나 꿈은 직접적으로는 현전하지 않는 어떤 것의 현전이며, 언어와 담론에서 은유와 환유가 표상을 만들어내기 위해 기호들이 조직되는 방식인 것처럼, 무의식에서 은유와 환유 역시 증상이나 꿈이 조직되는 기본적인 방식이다. 또한 기호의 의미는 기표들 간 차이에 의해서 구별되고 그 기표들의 결합을 통해 정해지듯이, 증상이나 꿈의 의미 역시 마찬가지 방식으로 정해진다. 결국 라캉은 "언어야말로 무의식의 조건"이라고 한다.[14] "언어가 없다면 무의식도 없기 때문이다." 이는 언어를 통해서 무의식이 만들어지고 작동하게 됨을 분명히 해주고 있다. 이는 라캉의 무의식 개념을 이해하는 데 중요한 통로며, 타자와 주체 개념에 이르는 중심적인 테제이기도 하다.

2) 기표의 고정점

라캉은 기표(S)와 기의(s)가 서로 다른 차원의 세계를 이루고 있다고 본다. $\frac{S}{s}$에서 바(-)는 이 양자를 가르는 구분선이며 기표가 기의에 이르

---

14) J. Lacan, "Preface by Jacques Lacan", A. Lemaire, *Jacques Lacan*, 1970, tr. by D. Macey, Routledge & Kegan Paul, 1977, 이미선 역, 『자크 라캉』, 문예출판사, 1994, 20~21쪽.

는 것에 저항하는 저항선이라고 한다.[15] 이 말은 그의 기호학을 이해하는 데 보기보다 중요하다. 그것은 무엇을 뜻하는 것인가? 여기서 기의란 기호(기표)를 사용하려는 사람이 본래 말하고 싶었던 '의도' 요 '본래 생각' 이다. 그러나 앞서 말했듯이 기표는 기표를 조직하는 고유한 규칙과 구조가 있으며, 그 규칙과 법칙을 벗어나 '의도' 를 전달할 수는 없다. '본래 의도' 라는 것을 그대로 담아 전달해 주는 기표는 없으며, 기표를 사용하는 순간 본래의 의도는 기호가 갖는 고유한 가치로 인해 억압된다는 것이다.

이처럼 기의란 일종의 '신화적 실체' 다. 지젝(S. Žižek)의 표현을 빌리면, 전–상징적인 의도(pre-symbolic intention)요 실체(entity)다.[16] 그러나 이 신화적 실체(전–상징적 의도)는 그 자체만으론 단지 말하려는 사람 안에 머물러 있을 뿐이며, 누구든 그것을 전달하고 표현하기 위해서는 기표를 사용할 수밖에 없다. 그러나 특정한 기표를 사용하는

---

15) 소쉬르는 '기표의 자의성' 에 대해 말한다. 그것은 달리 말하면 기표와 기의 간의 관계는 자의적이란 것이다(소쉬르, 『일반언어학 강의』, 85~87쪽). '나무' 란 기표는 실제 나무와 어떤 필연적 관계도 없다는 것이다. 그런데 이는 기표가 처음 채택된 것이 자의적이란 말이며, 일단 채택된 후라면 그것은 특정한 청각영상을 통해 지정된 기의를 떠올리게 한다고 본다. 이런 점에서 소쉬르에게 기표와 기의는 일정한 상응관계를 갖는다. 반면 라캉은 그런 상응관계의 선을 저항선으로 바꾸어 놓는다. 이 점에서 라캉은 소쉬르의 개념을 빌리지만 분명히 그와 다르다. 좀더 부연하자면, 소쉬르는 기호의 의미(기의)와 다른 차원에서 기호의 가치(value)에 대해서 언급한다(같은 책, 136~140쪽). 즉 한 기호의 가치는 그것과 다른 기호와의 차이(différence)에 의해 규정되며, 이를 달리 표현하면, 그것과 교환될 수 있는, 즉 등가의 관계를 갖는 다른 기호를 통해 정의된다는 것이다. 이런 점에서 소쉬르는 언어학과 경제학이 유사하다고 말한다(같은 책, 98~100쪽). 이는 기호의 가치가 미리 정해지지 않으며, 기호들 간의 관계에 의해 가변적일 수 있음을 의미한다. 이는 기표와 기의의 관계를 일의적으로 대응시키는 앞의 명제와 대립된다. 이런 점에서 우리는 소쉬르 언어학의 '내적인 모순' 에 대해 언급할 수 있다. 이에 대해서는 데리다(J. Derrida)가 비슷한 맥락에서 지적한 바 있다(데리다, 「기호학과 그라마톨로지:줄리아 크리스테바와의 대담」, 박성창 편역, 『입장들』, 솔, 1992, 40~45쪽을 참조).

16) S. Žižek, *The Sublime Object of Ideology*, Verso, 1989, p.101.

순간 그 의도(기의, 신화적 실체)는 기표의 가치와 다른 것임이 드러난다. 즉 전–상징적인 의도와 그것을 상징화하려는 기표 간에, 다시 말해 신화적 실체로서의 '나'와 기호를 통해 드러난 나 사이에 '분열'(Spaltung)이 발생한다.[17] 이 분열은 곧 그 기표를 사용함으로써 본래 의도가 '소외'되고 '억압'되는 것을 뜻한다. 기표를 사용하는 데서 야기되는 이 불가피한 억압을 라캉은 '1차억압'이라고 한다.

기표가 기의에 이르지 못하는 것을 두고 라캉은 "기표가 기의 위에서 미끄러진다"고 말한다. 어떤 기표들의 연쇄를 선택한다 함은 그것을 통해 끝없는 미끄러짐(glissement)을 잠정적으로 중단시키는 것이다. 이처럼 기표의 미끄러짐을 잠정적으로 중단시키면서 기표를 잠정적으로 고정시키는 지점을 그는 '고정점'(point de capiton)이라고 한다.[18]

---

17) 라캉이 말하는 언표행위(énonciation)의 주체와 언표(énoncé)의 주체 간의 분열도 주체와 기표 간의 관계라는 점에서, 일단 같은 맥락으로 이해할 수 있을 것이다. 예를 들어 "나는 내가 죽었다는 것을 알았다"에서 앞의 '나'는 언표행위의 주체고, 뒤의 '나'는 언표(된 것)의 주체다. 이 역설적 문장은 언표행위의 주체와 언표 주체 사이에 존재하는 분열로 인해 차라리 가능하게 된 것이다. 이를 라캉은 '부재의 존재'(être de non-étant)라고 하는데, 이것은 지식(언표된 것)에 의해 폐기된 존재가 실제로는 (언표행위상에서) 생존하고 있다는 이중적인 아포리를 통해, 주체로서의 '나'가 무대에 등장하는 방식을 보여준다고 한다(ES, 300).

18) point de capiton은 쿠션(capiton)에 있는, 그 표면이 움직이거나 쏠리지 않게 고정하는 단추를 가리킨다. 이런 뜻에서 이를 '고정점'이라고 번역하겠다. 한편 『에크리』의 영역자 A. Sheridan은 이를 '정박점'(anchoring point)으로 번역한다(ES, 303). 이는 의미의 '고정'이 닻(anchor)을 내리는 것처럼 가변화될 수 있는 것임을 강조하려는 뜻에서 나온 것 같다. 지젝은 이를 '누빔점'(quilting point)이라고 번역하는데, 이는 point de capiton의 개념을 확대하여, 단지 기표의 의미 차원이 아니라 실재계와 상징계 간의 관계를 정의하는 것으로서 '봉합'(suture)이란 개념을 만들어낸 밀레르(J-A. Miller)의 연속선상에 있는 것이다. 즉 그들은 상징계를 '가변화'시키는 실재계의 기능을 봉합과 누빔이란 개념을 통해 강조하려는 것이고, 고정의 잠정성을 강조하려는 것이다. 이는 상징계보다는 실재계를 강조하는, 그리고 그에 따라 라캉을 해석하는 그들의 입장과 연관된 것으로 보인다. 하지만 상징계 내부에서 정의되는 기의와 기표 관계를, 실재계와 상징계 간의 관계로 확대하는 것이 그대로 정당화될 수는 없다.

이러한 과정을 라캉은 다음과 같은 그래프로 요약한다.

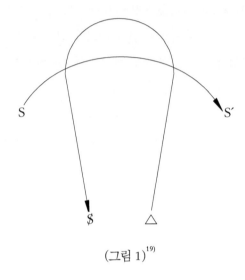

(그림 1)[19]

(그림1)에서 △는 기호를 통해 상징화되기 이전의 의도, 즉 신화적 상태를 표시한다. S→S′의 벡터는 기표들의 집합이다. 주체는 자신의 의도를 표현하기 위해서 이 기표들의 집합 속에서 고기를 잡듯이 기표를 낚는다. 이런 뜻에서 라캉은 의미화 연쇄의 벡터(△→ $)를 마치 낚 싯바늘처럼 구부려 놓았다. 두 벡터 S→S′와 △→ $ 가 만나는 교점이 바로 기표들의 미끄러짐이 (잠정적으로) 중단되고 기표가 고정되는 '고 정점'이다.[20] "이 고정점의 통시적(diachronic) 기능은 문장에서 발견 되는데, 비록 문장의 의미작용은 마지막 항에 의해서만 완성된다고 하

19) ES, p.303. 이 글에서 제시되는 그래프는 라캉의 그래프에 의거한 것이지만, 모두가 라 캉 자신의 것은 아니다. 오히려 라캉의 그래프를 논리적으로 분해함으로써 그 의미를 좀 더 쉽게 이해할 수 있으리란 생각에서 우리가 추론한 것이다. 이하에서 라캉 자신의 그 래프는 모두 인용주로 표시한다. 인용 표시가 없는 것은 우리가 추리해 그린 것이다.

더라도, 각각의 항은 다른 항들의 구성을 예정(anticipation)한다. 반대로 문장의 의미는 소급적인(retroactive) 효과를 통해 봉인된다"(ES, 303).[21] 간단한 예를 들어보자.

> 벌 蜂에 일어날 起
> 봉기라, 참 좋은 말이다.
> ― 김남주, 「한자풀이」

여기서 이 문장의 의미는 '좋은 말이다'라는 말에 의해, 그리하여 단적으로 말하자면 문장에 마침표를 찍음으로써 봉인된다. 그 이전이

---

20) 여기서 고정점이 미끄러짐을 중지시킨다는 점을 강조하는 경우, 그것은 당연히 기표의 효과에 대한 주장이 중심에 서게 된다. 이를 확대하여 상징계나 그것의 효과를 강조하는 명제를 중심에 세우는 입장, 더 나아가 그것을 구조주의적으로 정의하고 이해하는 입장은 이런 해석과 연결시킬 수 있다. 그런데 이러한 '고정'은 기표가 기의에 이르지 못하기 때문에, 다시 말해 신화적 실체라고 할 수 있는 어떤 의미나 의도를 그대로 표현하지 못하고 소외시키기 때문에 잠정적이다. 그 고정의 잠정성을 강조하는 입장이라면, 당연히 기표를 통해 배제된 어떤 의미나 실체를 강조하게 된다. 이를 확대하면 '실재계'를 강조하는 입장과 연결되는데, 흔히 미지수 x에 비유되는 '실재계'는 이처럼 상징계에 들어설 수 없었던 어떤 미지의 실체를 지시한다. 한편, 이 입장은 기표나 상징계를 통해 소외되는 어떤 것을 강조하기 때문에 헤겔적인 입장과 친화성을 갖는다. 그것이 '부정의 부정' 혹은 '자기 내 복귀' 없는 소외라는 점에서 다르다고는 해도, 실재계를 강조하는 논자(특히 지젝)들이 종종 "헤겔로 돌아가자"고 주장하는 것은 이런 맥락에서 본다면 이해할 수 없는 것도 아니다(지젝, 앞의 책, 6~7쪽). 이종영은 여기서 좀더 나아가 주체 회복의 도정을 헤겔의 『정신현상학』에 의거해 다시 구성하여 라캉에게 돌려주려고 하고 있다(이종영, 『지배양식과 주체형식』, 백의, 1994). 이제 라캉의 소외는 '자기 내 복귀'할 공간도 마련한 셈이다. 하지만 라캉이 그것을 받아주리라고 상상하는 것보다는 그 선물에 놀라 크게 당황하리라고 상상하는 것이 훨씬 더 그럴 듯해 보인다. 마치 라클라우가 지젝의 우편물을 받아들일 수 없었던 것처럼(Laclau, "Preface by Ernesto Laclau", 지젝, 앞의 책, 12쪽).

21) 한편 고정점의 공시적(synchronic) 기능은, 잠정적인 고정을 통해 한 기표에서 (등가적이리라 생각되는) 다른 기표로, 또 한 은유에서 다른 은유로 대체하고 이동하는 것을 가능하게 해주는 것이다. 이는 기표에 의한 분열과 연관된 것이다(ES, 303).

라면 '벌 봉에 일어날 기' 라는 말의 의미는 고정되지 않는다. 일례로 "참 좋은 말이다" 대신 "당치도 않은 소리다"라는 말을 결합시켜 보자. '봉기' 라는 동일한 기표는 앞서의 것과 전혀 다른 의미로 고정된다. 문장의 의미나 그것을 통해 말하려는 것도 전혀 다른 것이 된다. 이처럼 문장의 의미는 고정점의 통시적 기능에 의해 소급적인 방향으로 고정된다. 그러나 기표들이 순차적으로 결합되면서 순차적으로 출현할 때, 각각의 기표는 다른 항들의 '구성' 을 어느 정도 예정한다. 그것은 통사론적 규칙에 의해 제한되며, 의미론적 공간 안에서 결합된다. 그러나 그 공간 안에서 문장이 특정한 의미론적 지위를 갖게 되는 것은 고정점의 소급적 효과를 통해서다. 그러나 '좋은 말이다' 란 기표만으론 발화자의 '의도' 를 제대로 표현하지 못한다. 이를 위해서 그는 다른 기표를 추가하지만, 그 역시 마찬가지다. 기표가 주체의 의도를 제대로 표현하지 못하며, 반쪼가리로만 표현할 뿐이라는 의미에서 라캉은 S에 빗금을 친 것이다(\$).

요컨대 S→S′의 방향이 통사론적 법칙에 따라 기표들이 다른 기표를 이어나가는 (문장/텍스트) '구성' (construction)의 방향을 표시한다면, 그와 반대로 향해 있는 △→\$ 의 방향은 의미작용의 이러한 소급적 효과를 표시한다. 즉 오른쪽의 교점을 통해 문장의 의미는 봉인된다(따라서 왼쪽의 교점이 정해진다). 그리고 그러한 기표들의 연쇄를 통해 도달한 지점 \$는 △와 일치하지 않으며, 따라서 그것은 분열된 주체요 분열된 주체의 기표다. △는 미지의 것(x)으로 남는다. \$ 와 △만큼의 거리는 기표를 사용하는 한 피할 수 없는 '분열' 의 거리며, '소외' 의 폭이고, 분열된 기표(\$)에 결핍되어 있는 것을 표시한다.

3) 타자의 메시지

앞의 그림에 이어서 곧바로 아래의 (그림 2)와 같은 그래프를 그릴 수 있다. 우선 (그림 2)에서 오른쪽 교점은 사실 발화하는 주체가 기표들의 구조 속으로 들어가는 지점을 뜻한다. 즉 여기서 '주체'가 기표를 사용하기 위해선 기표의 구조에 따라야 하며, 문장이나 언표의 의미가 봉인되는 지점은 바로 이 언어구조에 의해 정해진다. 예를 들어 앞서의 시를 "좋은 참 봉기라 말이다" 식으로 쓸 수는 없다는 것이다. 이렇듯 주체가 그 규칙에 따라야만 하는 이 법칙은 분명 주체의 외부에 있으며 주체의 기표를 규제하는 타자(l'Autre(A))다. 그리고 의미의 봉인이 이 타자에 의해 이루어지는 한, 의미는 사실 '타자로서 의미'다. 이를 라캉은 s(A)로 표시한다. 그런데 이 의미는 타자가 방출하는 의미요, 타자에 의해 코드화된 언표며, 결국 타자가 주체에게 방사하는 '타자의 메시지'다(ES, 305). 다시 말하면 기표의 사용을 특정한 형태로 제한하는

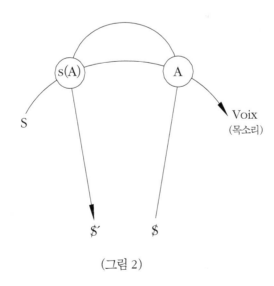

(그림 2)

'타자'를 통해 의미내용은 제한되고 정해진다는 것이다.

예컨대 "우리는 무슨 적(敵)이든 적을 갖고 있다"고 김수영이 말할 때(「적 (1)」), 적이란 게 마치 우리가 갖고 있는, 그래서 경우에 따라서는 안 갖고 있을 수도 있는 것처럼 보인다. 또 적을 갖고 말고 하는 것은 '우리가' 하는 일이란 메시지가 이미 통사론적 규칙 안에 내포되어 있다. "비가 온다"라는 문장 뒤에는 '비'라는 것이 어떤 동작('온다')의 주체라고 보는 메시지가 포함되어 있다. 사실은 주어도, 그 주어의 동작도 아닌, 비 내리는 현상이 그 자체로 있을 뿐임에도 불구하고. 문장에는 직접 나타나지 않는 이러한 메시지를 통해 우리는 모든 동작에는 주체가 있다는 판단을 자연스럽게 하게 된다. 그리고 그 동작에 대해 주체가 언제나 책임을 져야 한다는 판단도 함께. 봉기란 말에 대해서 우리는 "참 좋은 말이다" 혹은 "당치도 않은 소리다"라고 말할 수 있다. 그러나 봉기란 말에 대해 "참 길다란 말이다" "뾰족한 말이다"라고 말할 수 있을까? 아니 근본적으로 우리는 왜 봉기에 대해 그런 말을 추가하기만 하고 있는 것일까? "고양이는 봉기를 먹었다"라든지 "시계가 봉기를 찔렀다"라고 하는 말은 왜 할 수 없는 것일까?

적은 누군가가 갖고 있는 것이고, '갖고 있다'는 것은 갖고 있는 주체를 전제한다. 마치 데카르트에게 "나는 생각한다"는 것이 생각하는 나(주체)를 전제하듯이. 바로 이것이 '타자'에 의해 규정되는, 언표의 한계다. 아니 사실은 언표된 것의 이면에서 은폐된 채——마치 무의식이 그렇듯이——우리에게 전달되는 타자의 메시지다. 이처럼 발화자의 의도는 타자를 통과함으로써 비로소 목소리(voix)로 되어 나오게 된다. 그것은 아마 내 입을 빈 '타자'의 목소리일 것이다. 그래서 라캉은 말한다. "내가 말하는 것이 아니라 말이 나를 통해 행해지는 것이다."

위 그래프에서 s(A)→A는 그러한 의미가 타자에 회귀하며, 그럼으로써 사실은 타자에 종속됨을 보여준다. 나아가 라캉은 s(A)→A로 가고 A→s(A)로 되돌아가는 이러한 순환을 통해 기표에 주체가 종속되는 것을 보여준다(ES, 304).

앞에서 김남주는 "봉기라, 참 좋은 말이다"라는 말을 하기 위해 "벌 봉에 일어날 기"라는 '한자풀이'를 한다. 이로써 그는 말의 의미가 타자에 의거/종속되고 있는 것임을 상기시켜 준다. 김남주의 이 시는 사실 이러한 눈에 안 보이던 '의미의 회귀'를 표면에 드러냄으로써, 효과적으로 독자를 장악한다! 그는 봉기라는 말의 뜻이 마치 언어 자체에 내재해 있는 것처럼 말함으로써, "참 좋은 말이다"라는 생각이 자신의 생각이 아니라 언어 자체의 힘에 의거하고 있는 것처럼 보이게 한다는 것이다. 이로써 이 문장은 주관적인 '시인의 말'이 아니라, 객관적인 '타자의 말'인 것처럼, 그것을 화자가 대신해서 말하고 있는 것처럼 보이게 된다. 이로써 시인이란 주체는 단지 기표의 질서에, 즉 언어라는 '타자'에 종속되어 있는 존재로서 나타난다.

여기서 '타자'의 의미가 분명해진다. 타자는 주체 외부에 있는 언어적 구조며, 그것을 통해 구성되는 상징적 질서고, 나아가 기호를 사용함으로써 주체가 그 속에 포섭되는 질서요 세계다. 또한 그것은 주체의 타자로서, 언어에 의해 형성되는 무의식이기도 하다.[22]

한편 앞에서 의미작용이 소급적 효과로서 이루어진다고 했는데,

---

22) A. 르메르는 문맥에 따라 다르게 사용되는 '타자'의 의미를 다음과 같이 정리하고 있다. 타자는 i) 언어, 기표의 자리, 상징계고, ii) 환자와 분석가의 상호주관적인 자리, 즉 분석적인 대화의 자리며, iii) 의미의 요소에 의해 형성되고 주체의 타자인 무의식이고, iv) 분석이 진실을 보여주는 문제로 되자마자, 분석 안에 있어 달라고 요청받는 제3의 증인이며, v) 아버지 혹은 어머니다(르메르, 『자크 라캉』, 233~234쪽).

소급적으로 만들어지는 이 의미작용의 결과물은 마치 문장이 '구성'되는 과정의 처음부터 있었던 것처럼 간주된다. 예를 들면 "참 좋은 말이다"라는 (분열된) 기표가 '벌 봉에 일어날 기'로 문장을 시작하자마자 이미 있었던 것으로 간주되는 것처럼. 이런 점에서 의미화 벡터의 종점에 있던 $'는 출발점으로 이전된다. "적을 갖고 있다"나 "생각한다"라는 말의 전제가 되는, 출발점을 이루는 자명한 주체가 마치 애시당초 있었던 것처럼 간주되듯이.

의미화 벡터의 종점은 또 다른 분열된 주체, 분열된 주체의 기표($')인데, 그것은 타자(A)에서 방사된 메시지(s(A))에 의해 정해지는 것임을 이 그림은 보여주고 있다. 달리 말하면 의미작용(signification)의 결과가 분열된 주체요 분열된 주체의 기표임을 뜻하고 있는 것이다.

4) 동일시와 주체

의미작용을 통해 타자의 메시지가 반복(Wiederholung)됨으로써[23] 반복적인 의미와 반복적인 주체의 기표를 만들어낸다. 이 반복적인 주체의 의미와 기표는 개인의 반복적인 사고와 행동의 준거가 된다. 이러한 준거에 주체가 자신을 일치시키고 그것이 바로 자신의 모습이라고 간주하는 것을 라캉은 동일화 혹은 동일시(identification)라고 하며, 이를 대문자 I로 표시한다. 그런데 이는 사실 타자의 메시지에 대한 동일시를 야기하는 것이므로, 타자에 대한 동일시인 셈이다. 그는 이를 I(A)로

---

23) 이와 관련해서 라캉은 포의 소설 「도둑맞은 편지」에서 편지(lettre, 문자)를 동일한 행동과 동일한 주체가 반복되도록 하는 반복강박(Wiederholungszwang)의 기표로 읽는다 (「도둑맞은 편지에 관한 세미나」, 권택영 편, 『욕망이론』, 102~103쪽; "Le séminaire sur 'la lettre volée'", Écrits, pp.15~16). 이러한 반복의 의미에 대해서는 이 책 『철학의 외부』 1장 「도둑맞은 편지, 도둑맞은 무의식」 참조.

표시한다. 이제 의미화 벡터는 분열된 주체, 그러나 자명한 출발점으로 간주되는 주체에서 시작해서 이같은 동일시/동일성으로 귀착된다. 그것은 이제 동일시를 통해서 이루어지는 '주체화'의 과정을 보여준다.[24]

이전에 $가 그랬듯이, I(A)는 소급적 효과에 의해 다시 벡터의 출발선상으로 이전된다. 즉 주체는 처음부터 어떤 자명한 동일성(identité)을 갖고 있다고 생각한다. 의미화 벡터의 출발선상에 있는 i(a)는 그런 동일시의 대상으로서, 주체가 갖게 되는 이미지(image)다. 그것은 '나'라는 이미지를 이루지만, 사실상 타자로서의 이미지요 타자가 제공하는 이미지란 점에서 i(a)라고 표시한 것이다.

라캉은 동일시를 "주체가 어떤 이미지를 가정함으로써 주체 안에 발생하는 변화"(ES, 2)라고 본다. 즉 그것은 주체가 자신이 가정하는 이미지의 지배와 효과 아래 포섭되는 것이다. 이러한 동일시는 두 가지 차원에서 진행된다.

첫째, 관념적인 자신(Ideal-Ich, je-idéal)의 이미지와 자신이 동일

---

24) 여기서 우리는 '주체화'가 '동일시'라는 개념과 긴밀하게 연결되어 있음을 언급할 필요가 있다. 개인을 특정한 형태의 주체로 만들어내는 방식은 상이한 경로와 양상으로 진행될 수 있다. 그런데 라캉은 물론, 프로이트를 포함해서 정신분석을 통해 주체의 형성을 설명하는 이론의 중심에는 '동일시'라는 개념이 자리하고 있다. 이러한 내적인 동일시를 통해 개인은 '주체화'(subjectification)하는 것이고, 이는 곧 초자아 혹은 상징적 질서 아래 '신민화'(subjectification)하는 것을 뜻하기도 한다. 반면 동일시보다는 차라리 금지와 강제, 규율과 감시 등을 통해 주체의 형성을 설명하는 방식도 있을 수 있다. 이 경우 개인이 '주체화'하는 양상은 차라리 부차적이다. 개인들은 특정한 형태의 주체로 '생산' 되는 것이고, 주체란 그러한 외적이고 규율적인 생산과정의 산물로 생산되는 것이다. 동일시란 이러한 강제적이고 규율적인 과정이 효과적으로 작용하기 위해 개인의 내면을 공략하는 것이며, 또한 그것이 성공적으로 이루어진 결과라고 하겠나(이러한 우리의 관점은 박태호, 「근대적 주체와 합리성」, 『경제와 사회』 1994년 겨울호, 한울 참조). 이는 동일시와 표상체계와 주체를 환원하는 데 대한 반대를 뜻한다. 이것은 주체의 형성을 이해하는 데서 근본적인 차이를 보여주는 논점이라고 생각하는데, 이 논문과 푸코에 대한 필자의 논문은 이러한 논점을 염두에 두고 쓴 것이다.

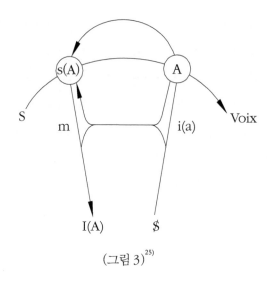

(그림 3)²⁵⁾

하다고 간주하는 '상상적 동일시' 다. 이것은 이전에 라캉이 거울에 비친 모습이 (주격의) 나(je/I)라는 상상과 착각을 통해 에고를 정의하던 분석²⁶⁾에서 이어지는 것이다. 그 일인칭은 출발점에 있는 발화자로서의 '나' 요 아직 타자를 통과하기 이전부터 있다고 가정되는 '나' 며, 동일시 벡터/의미화 벡터의 출발선상에 있는 '나' 의 동일성에 관한 이미지다. 상상적 동일시란 이 동일성의 이미지에 자신을 '직접적으로' 동일시하는 것이고, 위 그림에서는 i(a)→m의 직접적 동일시다. 이를 '일차적 동일시' 라고도 한다. 이렇게 형성된 에고는 사회적 규정성 이전이라면 허구적인 방향을 가질 수 있다. 이래서 이는 이차적 동일시를 야기하는 원천이다(ES, 2).

---

25) ES, p.306.

26) J. Lacan, "Le Stade du miroir comme formatuer de la fonction du Je", *Écrits*, pp.93~100 ; ES, pp.1~7.

둘째, 타자라는 상징적인 것을 통해 형성되는 '자아의 이상'(idéal-du-moi)에 자신을 동일시하는 것이다. 이를 '상징적 동일시'라고 한다. 여기서 자아는 목적격의 '나'다. 즉 타자가 보는 '나'요, 타자가 요구하는 '나'의 이미지다. 따라서 그것은 타자를 거쳐서, 타자의 메시지를 통해 형성되며, 동일시 벡터/의미화 벡터의 종지선상에서 형성되는 나의 이미지다. 상징적 동일시란 이처럼 타자를 통해, 상징적인 것을 통해 형성된 '나'의 이미지와 자신이 동일하다고 가정하는 것이고, 결국은 타자의 메시지를 그 이미지를 통해 받아들이고 그 이미지의 지배하에 포섭되는 것이다. 이를 '이차적 동일시'라고도 한다. 이렇게 형성된 에고는 사회적 규정성 이후의 것이며, 주체 안에서 그러한 질서를 대변한다. 의미화 벡터/동일시 벡터 $\$ \to I(A)$ 전체는 이런 점에서 상징적 동일시의 벡터라고 할 수 있겠다.

그런데 상상적 동일시의 벡터(이는 동시에 이미지의 지배 경로인데) $i(a) \to m$은 두 개의 회로가 이중으로 접합된 것이다. (그림 3)에서 보듯이 그것은 한편에서는 작은 순환 $\$ \to I(A)$이며, 다른 한편에서는 $A \to s(A)$다. 여기에서 $A \to i(a) \to m \to s(A)$는 타자가 보내는 메시지에 대한 동일시를 뜻하며, 그 메시지의 회로 속에 에고가 자리잡는 것을 뜻한다. $\$ \to i(a) \to m \to I(A)$는 동일시가 자명한(그러나 사실은 허구적인) 주체에서 시작한 것이며, 따라서 동일성은 내 자신의 것이라는 '인정'(reconnaissance)/ '오인'(méconnaissance)의 경로다. 이런 점에서 에고는 오인의 산물이다.

여기서 상상적 동일시는 두 가지 차원에서 정의된다는 것을 분명히 할 필요가 있다. 우선 발생적으로 그것은 개체가 타자에 포섭되기 이전에, 상징계 속에 진입하기 이전에 행해진다. 오이디푸스 기 이전의 시기, 즉 라캉이 '거울단계'라고 부르는 시기에 유아가 획득하는 동일성이 바로 그것이다. 그것은 위의 (그림 3)에서 $\mathcal{S} \rightarrow i(a) \rightarrow m \rightarrow I(A)$와 '대략적으로'(왜냐하면 I(A)를 그대로 적어 두었기 때문에) 상응한다. 여기에서 i(a)는, 즉 자신의 이미지는 '거울놀이'를 통해 획득된다는 것이, 따라서 에고는 이러한 거울놀이의 결과로서 만들어진다는 것이, '거울단계'에 관한 라캉의 이론의 요체였다. 그리고 이러한 상상적 동일시는 유아에게 파편화된 신체의 이미지를 극복하고 신체적 통일성의 이미지를 제공한다. 그것이 상상적으로 구성된 '나'의 기능이다(ES, 3~5).

라캉은 거울단계가 끝나는 순간에 '나'(je/I)를 사회적 상황과 연결짓는 변증법이 시작된다고 한다(ES, 5). 하지만 이후 상상적 동일시는 사라지지 않으며, 타자를 통해 이루어지는 이 '변증법' **내부에서** 행해진다. 즉 상징적 동일시의 과정 내부에서 상상적 동일시가 이루어진다. 이것이 상상적 동일시가 정의되는 또 다른 하나의 차원이다. 도식적으로 말하자면, 상상적 동일시의 이중적 벡터는 **상징적 동일시의 커다란 벡터 내부에서** 작용한다는 것이다. 이때 상상적 동일시는 사회적 관계 속에서 자아가 정의되고 그것을 자신의 것으로 인정/오인하게 하여 개인을 '주체화'하는 기능을 한다.

따라서 위 그림은 이중의 '동일시를 통해서' 어떻게 주체가 형성되는지, 좀더 정확하게 말하자면 어떻게 개인이 '주체화'되는지를 보여준다고 할 수 있을 것이다. 다시 말해 언어를 통해 정의되는 무의식의 이론은 결국 그것을 통해 주체가 형성되는 과정을 보여준다는 것이고, 언어적 무의식을 통해 주체의 형성을 설명한다는 것이다.

4. 욕망과 무의식

1) 욕망과 결핍

라캉은 '본능'이나 충동이 있는 그대로 순수하게 존재하지는 않는다고 보아, 욕망과 무의식을 생물학적 힘으로 환원하는 데 반대한다. 즉 이 충동의 영역에도 언어와 상징이 개입한다는 것이 라캉의 생각이고, 이렇게 충동의 영역에 언어가 개입함으로써 야기하는 효과가 바로 라캉의 주 관심사다.

이런 점에서 라캉은 생물학주의적 요소를 제거하려 하지만, 동시에 그의 출발점은 생물학적 소여(the given)로서 '욕구'(besoin/need)다.[27] 욕구란 특정한 대상을 지향하며 그것을 통해 만족을 얻으려 한다. 욕구는 그 자체로 추구되거나 충족될 수 있는 것이 아니다. '주체'는 그것의 충족을 위해 특정한 것을 '요구'(demande/demand)하게 된다. 요구란 다른 사람에 대해서 정식화되고 제시된다.[28] 배가 고프지 않아도, 잠잘 때면 엄마젖이나 우유병을, 혹은 '젖꼭지'를 찾는 아기의 요구가 그렇다. 아기의 성적인 욕구는 언제나 이런 식으로 특정한 형태의 요구로 제시된다.

그것은 여전히 대상의 충족을 목표하고 있지만, 그것은 본질적인 것이 아니다. 왜냐하면 요구는 본질적으로 (타자의) 사랑에 대한 요구이기 때문이다.[29] 만약 젖이나 '젖꼭지'를 주지 않는다면, 아이는 자신

---

27) A. Juranville, *Lacan et la philosophie*, PUF, 1984 ; 高橋哲哉 外 譯, 『ラカンと哲學』, 産業圖書, 1991, p.84.

28) J. Laplanche/J.-B. Pontalis, *Vocabulaire de la psychanalyse*, PUF, 1967, *The Language of Psycho-Analysis*, The Hogarth Press, 1973, p.214.

29) J. Lacan, "Signification of the Phallus", ES, p.286.

을 사랑하지 않아서라고 생각할 것이다. 장난감을 사달라는 요구가 거절되었을 때 아이들이 그렇게 생각하듯이. 요구는 언어를 통해 이루어지며, 언어를 통해 욕구의 대상을 고정하는 것이다. 그것은 기표를 통해 작용하는 상징적 질서 안에서 이루어진다. 즉 상징적 질서가 요구의 한계인 셈이다. 따라서 욕구가 기표를 통해 요구로 되는 순간, 다시 말해 욕구가 요구에 흡수되는 순간 소외가 발생한다. 마치 의도가 기표에 흡수되는 순간 소외가 발생하는 것처럼. 아이의 욕구는 그가 요구한 우유병이나 '젖꼭지'라는 대상에 흡수되고, 그 이상이 아닌 것으로 되고 만다. '사실은 그게 아니었는데 ……' 하지만 아이의 성적인 욕구는 말로 되어 나올 수 없다. 그것은 소외되는 것이다. 여기서 우리는 의도/기표와 욕구/요구의 동형성의 일단을 찾아볼 수 있다. 이를 다음과 같은 그래프로 요약할 수 있겠다.

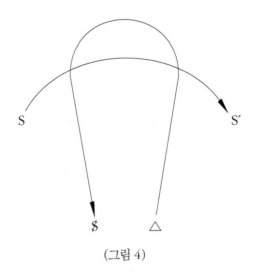

(그림 4)

△는 생물학적 소여로서 욕구다. 이것은 기표의 벡터를 통과하면서 요구로 제시된다. 두 벡터가 만나는 교점은 기표를 통해 욕구를 고정하는 고정점으로서의 역할을 한다. 이 요구 역시 통시적으로 소급적 효과를 통해 작용하기 때문에, 오른쪽의 교점이 (앞쪽인) 왼쪽의 교점을 정한다. 그리고 그것을 통해 도달한 지점은 사실 욕구가 요구에 흡수됨으로써 소외된 욕구의 주체이고, 분열된 주체이며, 분열된 주체의 기표다.

그런데 여기서 유의할 것은 S→S′가 사실은 '향유'(jouissance)와 관련된다는 점이다. 대상을 통해 욕구는 합일과 충만이 주는 기쁨과 만족을 '향유'하려고 한다. 이러한 향유의 원형적 모델은 아마도 '분리'된 상태를 넘어서, 어머니와 하나된 상태로 되돌아가려는 아기의 소망에 이어져 있을 것이다. 그러나 그런 향유는 그것에 대해 말하는 사람에게는 금지되어 있다(ES, 319 ; E, 820). 즉 말로 되어나온 요구를 통해서는 향유에 도달하지 못한다. 반대로 말 혹은 요구를 통과하면서 향유는 금지된 것이 되고, 그것을 계속 추구하려는 한 '거세'(castration)에 직면하게 된다.

이로 인해 주체는 향유에 접근하지 못한다. "법은 'Jouir!'(향유하라!)고 하지만, 그에 대해 주체는 단지 'J'ouïs!'(들었다/알았다!)라고만 대답할 수 있을 뿐이다. 거기서 향유는 이해된 것/들린 것 이상이 아니다. 하지만 이러한 장애를 만들어내는 것이 단지 법 그 자체는 아니며, 오히려 법은 자연적인 장애에서 빗금친/분열된(barred) 주체를 만들어낸다"(ES, 319 ; E, 820). 따라서 향유가 있어야 할 곳은 텅 빈 자리로, 결핍으로 남아 있을 뿐이다. 라캉은 이러한 향유의 부재야말로 우주를 공허한 것으로 만든다고 한다(ES, 317 ; E, 819). 빗금친 주체, 분열된 주체는 이 공허한 자리에서 발생한다.

    욕구는, 마치 의도라는 신화적 실체가 그랬듯이 상징과 향유의 벡터를 통과해서는 분열된 주체(의 기표)에 도달한다. 따라서 위의 그래프는 옆 페이지의 (그림 5)처럼 고쳐 그릴 수 있다.

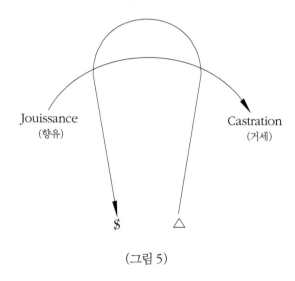

(그림 5)

    욕망(désir/desire)이 정의되는 것은 바로 이 지점이다. 욕망은 욕구와 요구의 차로 정의된다. 도식적으로 말하자면, 욕망이란 △와 $ 간의 차(△ - $)인 셈이다. 욕망은 이런 점에서 충족되지 못하며, 결핍(manque)이다. 우유병이나 '젖꼭지' 만으론 결코 충족될 수 없는 결핍이 바로 욕망이다. 그것은 결코 충족될 수 없는 것이지만, 동시에 충족시키고자 하는 욕망이기에, 그 결핍을 메우리라 생각되는 대상이 무한히 치환되는 '욕망의 환유연쇄' 가 나타난다.

2) 결핍의 기표들

위의 그림에서도 앞서처럼 종착점의 $ 는 마치 처음부터 있던 자명한
주체인 양 벡터의 출발점으로 이전하고, 벡터 자체는 이제 이 주체가
갖는 욕망(d)의 벡터로 된다. 그런데 그 자체가 결핍인 이 욕망의 벡터
는 다양한 결핍의 기표를 만들어낸다. 이제 위의 그래프를 욕망의 벡터
로 바꾸어 다음 페이지의 (그림 6)처럼 그릴 수 있다.

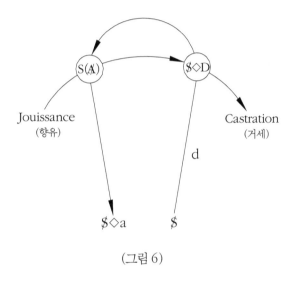

(그림 6)

　$ ◇D에서 D는 요구를 표시한다. ◇는 상상적 동일시를 뜻하는
데, 동시에 그것에 내재된 '구멍' 혹은 결핍을 표시한다. 예컨대 어머니
에게 옷을 사달라는 아이의 요구는, 그 요구 대상이 바로 자신의 결핍
을 충족시켜 주리라고 상상적으로 동일시하는 것이다. 욕망은 이러한
상상적 동일시 속에서 요구에 일시적으로 고정된다. 이렇듯 $ ◇D는
주체가 말로 제시되는 요구 속으로 동일시되고 흡수되는 것을 표시한
다. 주체가 요구 속으로 소멸되는 것이다.

요구는 결국 욕망의 대상을 고정하는 기표라고 할 수 있겠다. 그러나 욕망이 충족을 추구하지만 결코 근원적으로 충족될 수 없는 결핍이라면, 이 기표는 욕망을 충족시킬 수 있는 대상이 아니며, 따라서 분열된 기표며, 동시에 분열된 주체의 기표다($\mathcal{S}$). 따라서 요구 대상에 대한 상상적 동일시는 결핍과 부재로서 구멍을 내포하는 동일시다.[30]

S($\mathcal{A}$)는 반쪽짜리 의미를 갖는 기표, 그래서 사실은 의미를 갖지 않는 기표며, 의미에 도달하는 것이 불가능함을 표시하는 기표고,[31] 타자 속에 존재하는 결핍의 기표다(ES, 316 ; E, 818). 동시에 그것은 향유에 이르지 못하는, 그것의 결핍으로 인해 야기되는 고통의 자리다. '대상 (a)'(objet petit (a))는 바로 이 결핍을 메워야 할, 그러나 그것이 근본적으로 획득될 수 없는 대상이요, 그런 점에서 부재하는 대상이다. 비유하자면 이런 점에서 근원적인 부재로서 '대상 (a)'는 일차기표의 '기의'인 셈이다. 그러나 근원적 결핍의 대상이라고 해서 그것이 단순히 무는 아니다. 그것은 부재와 결핍이 있음으로써 그것을 채울 무언가를 끊임없이 욕망하게 하는 요소다. 라캉이 보기에 그것은 마치 수학에서 허수인 $\sqrt{-1}$ = i가 존재하지 않는 수임에도 불구하고 복소수 전체를 사고하게 하는 '근본적인' 수와 같은 지위를 갖는 것이다.[32] 이 근원적 결핍의 대상은 거세를 통해 제거된 것이다. 그것은 남근(phallus)과 관

---

30) 기표란 본래 부재하는 대상을 대신한다. 예컨대 실패를 가지고 Fort/Da 놀이를 하는 아이에게 실패는 부재하는 어머니를 대신하는 것이다. '나무'라는 기표가 실제 나무라는 대상을 대신하듯이(덕분에 우리는 걸리버 여행기의 한 나라에서처럼 대화를 하기 위해 한 무더기의 물건을 싸가지고 다닐 필요가 없다). 특히 타자 안에 존재하는 이러한 근원적 부재와 결핍을 표시하는 기표를 라캉은 '일차기표'(signifiant premier)라고 한다(Juranville, 앞의 책, 76쪽).
31) 라캉, 「사랑의 편지」, 권택영 편, 『욕망이론』, 292쪽.

런된 것이지만, 상징화되지 못한 근원적 결핍의 대상이다. 이를 라캉은 $(-\varphi)$(petit phi)라 표시한다. 반면 이것이 상징적으로 나타난 게 바로 남근이며, 이를 Φ (grand phi)라고 표시한다.[33] $(-\varphi)$가 Φ라는 기표로 변환됨에 따라, 근본적으로 결핍된 대상에 대한 상상적 이미지는 상징화된다. 즉 남근은 거세에 의해 만들어지는 타자 안의 결핍의 기표며, 그 결핍을 메우리라고 생각되는 중심 '대상'이다. 남근이 욕망의 '중심적 기표'로 된다.[34] 결국 거세가 욕망을 지배하는 것이다(ES, 323).

---

32) 이와 관련해 라캉은 기표는 결핍이고 부재라는 점에서 S=-I로 표시하고, 기의는 s=√-1 로 표시한다(ES, 317:E, 819). 여기에는 『에크리』에서 그가 즐겨 사용하는 약간의 수학적 장난이 개재한다.

$$\frac{S(기표)}{s(기의)} = s(언표), \ S=-I, \ s=\sqrt{-1}, \ (ES, 317)$$

이런 식의 장난은 나중에 라플랑슈(Laplanche)를 비난하면서, 하나의 상징일 뿐이며 현학적 목적에 사용된다고 하면서 스스로 포기한다(이에 대해서는 르메르, 앞의 책, 「자크 라캉의 서문」과 190쪽을 참조).

33) 이래서 라캉은 생물학적 기관으로서 음경(penis)과 상징적 기표로서 남근(phallus)을 구분한다. 욕망이 문제가 되는 것도 음경의 차원이 아니라 남근의 차원에서다.

34) 이를 들뢰즈/가타리는 남근이라는 완전하고 전체적인 대상을 초월한 일자(the one)로서 정립하는 것이란 점에서 외주설정(外挂設定, extrapolation)의 오류추리(paralogism)라고 비판한다(G. Deleuze/F. Guattari, *L'Anti-Oedipe:capitalisme et schizophrénie*, Minuit, 1972, tr. by R.Hurley et, al., *Anti-Oedipus:capitalism and schizophrenia*, Univ. of Minnesota Press, 1983, pp.72~73). 이는 남근중심주의를 구성함으로써 모든 것을 가족이란 소우주(microcosm) 속으로 몰아넣는다고 한다(같은 책, p.103). 데리다 역시 이를 '남근중심주의'(phallocentrisme)라고 비판한다(J. Derrida, "Le facteur de la vérité", *La carte postale:de Socrate à Freud et au-delà*, Flammarion, 1980, tr. by A. Bass, *The Post Card:From Socrates to Freud and Beyond*, University of Chicago Press, 1987, pp.476~483). 또한 라캉의 제자였던 이리가레(L. Irigaray) 역시 이러한 데리다의 관점을 빌려, 라캉의 남근 개념이 '보이는 사물'로서의 음경을 특권화한 것이며, 남성이란 동일자를 통해 여성을 정의하는 것이라고 비판한다. 이로써 여성은 남근의 '부재'라는 방식으로 정의되고, 남근이 결여되었다는 의미에서 남성의 부정적 이미지로서, 대칭적 거울상으로서 간주되게 된다는 것이다. 이런 점에서 서구 사상에 전통적으로 지속되는 현전의 형이상학을 보여준다고 한다(L. Irigaray, *Speculum de l'autre femme*, Minuit, 1974, tr. by G. Gill, *Speculum of the Other Woman*, Cornell University Press, 1985, pp.46~60 참조. 이리가레의 이론에 대한 간단한 요약으로는 M. Sarup, *Jacques Lacan*, Harvester, 1992, 김해수 역, 『알기 쉬운 자크 라캉』, 백의, 1994, 200~205쪽 참조).

그리하여 결핍의 기표이자 동시에 욕망하게 하는 기표인 S($\cancel{A}$)는 '환상의 구조'를 형성한다. 기표로 인해 분열된 주체와 '욕망하게 하는' 대상 (a)의 상상적 동일시, 그러나 근원적인 결핍으로 인해 결코 메워질 수 없는 구멍을 사이에 둔 동일시가 환상의 구조를 보여준다고 한다.[35] 이 구멍을, 그 결핍을 메우는 것이 바로 남근이라는 기표라고 하는데, 사실상 남근은 부재의 기표이기 때문에 욕망은 그것을 대신할 대상들을 추구한다. 욕망의 대상이 무한히 치환되는 욕망의 환유연쇄가 나타난다.

이렇게 욕망의 대상으로서 고정된 대상들을 라캉은 또 다시 '대상 (a)' (objet petit (a))라고 한다. $\cancel{S}$◇a에서 a가 바로 그것이다. 따라서 $\cancel{S}$◇a는 그렇게 잠정적으로 고정된 대상을 남근과 상상적으로 동일시하는 '환상'을 표시한다고 한다. 이를 라캉은 '환상의 공식'이라고 한다. 이 상상적 동일시를 통해 주체는 대상 속으로 소멸된다.

이상의 얘기를 라캉의 말로 요약하면, "거세가 가정됨으로써 결핍이 생겨나고, 이 결핍을 통해 욕망이 생겨난다. 욕망이란 욕망에 대한 욕망이다. 욕망은 타자의 욕망이다. 그리고 욕망은 법에 종속된다."[36]

3) "원하는 게 뭐지?"

"욕망은 요구가 욕구로부터 분리되는 그 한계지점에서 형태를 취하기 시작한다"(ES, 311). 사랑에 대한 요구 속에서 주체는 타자에 종속된 채

---

35) ES, p.313. 이에 관해서는 좀 다른 관점에서의 설명이긴 하지만 「욕망, 그리고 햄릿에 나타난 욕망의 해석」, 권택영 편, 『욕망이론』, 157쪽을 참조.
36) J. Lacan, "Du Trieb de Freud et du désir du psychanalyste", *Écrits* ; A. Lemaire, *Jacques Lacan*, 이미선 역, 『자크 라캉』, 241쪽에서 재인용.

머물러 있으며, 이런 한에서 욕구와 요구가 분리되는 지점에서 주체는 분열된다. 그 지점에서 나타나는 욕망은 명확한 직선의 형태가 아니라 구부러진 곡선의 형태를 취하게 되고, (타자가 변덕을 부리지 않는다고 가정할 때조차도) 주체는 '자신'이 원하는 것이 무엇인지 명확하게 알지 못하고 어지럼증(vertige)에 빠지게 된다. 그리하여 주체는 '자신'에게 질문한다. "원하는 게 뭐지(Che vuoi)?"

그런데 "사람이 그의 욕망과 어떤 관계에 있는지 모른다는 것은 그가 요구하는 것이 무언지를 모른다는 것보다는 …… 그가 욕망하는 곳이 어디인지 모른다는 것이다"(ES, 312). '자신'의 욕망은 사실 타자가 나를 욕망했으면 하는 것이고, 따라서 "타자의 욕망을 욕망하는 것"이며, 한마디로 '타자의 욕망'(désir de l'Autre)이다. 예컨대 어머니에게 남근으로서 인정받고 싶어하는 아이의 욕망이 그렇다. 그러한 욕망으로 인해 아이는 어머니의 시선으로 자신을 보고, 어머니의 욕망의 대상이 되고자 하는 것이며, 결국은 어머니의 욕망을 자신의 욕망으로 간주한다. 그가 욕망하는 것은 바로 타자로서의 그가 욕망하는 것이다. 따라서 '자신'의 욕망으로 이끄는 가장 확실한 길은 타자에 대해 질문하는 것이다. "그가 나에 대해 원하는 게 뭐지?"라고. 이 말은 결국 "타자가 나에게 원하는 것은 뭐지?"란 질문일 뿐이다. 요컨대 "원하는 게 뭐지?"의 물음표는 타자의 공간 안에 자리잡고 있는 것이다(ES, 312). 라캉이 그린 다음 페이지의 그래프는 이런 질문에 관한 것이다(그림 7).

여기서 물음표의 머리처럼 구부러진 '곡선'은 욕망(d)의 벡터인데, 라캉은 "욕망은 타자의 욕망"이란 명제를 그 물음표가 타자의 원에서 시작하는 것으로 표시한다. 그 욕망의 곡선은 "원하는 게 뭐지?"라는 질문의 곡선인 셈이다. 그 곡선의 끝에 있는 공식은 이 질문에 대한

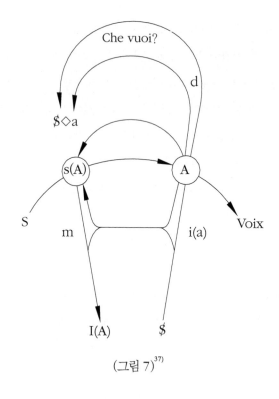

(그림 7)[37]

대답이 '환상의 구조'라고 부르는 것임을 표시한다. 주체로 하여금 욕망하게끔 만드는 대상, 그리하여 ◇의 구멍을 메울 기표를 찾아내고 그것과 자신의 욕망을 동일시하게 하는 대상, 그리고 그 결과 찾아낸 욕망의 대상, 이것이 바로 '대상 (a)'인 것이다. 라캉은 이 환상의 공식은 주체가 스스로를 타자의 향유(jouissance)를 위한 도구로 만들고 있음을 보여준다고 한다(ES, 320). 즉 자신을 타자로 하여금 타자 안의 결핍을 메우는 대상으로 향유하게 하고자 한다는 것이다.

---

37) ES, p.315.

여기서 도착(perversion)과 신경증의 차이는 환상의 구조를 통해 설명된다. 도착에서는 a가 특권화된다. 그것은 특정한 대상으로서 a에 쏠리는 것이며, "환상의 대상 a로써 $\cancel{A}$를, 즉 타자 안의 결핍을 대체하는 것이다"(ES, 320). 예컨대 구두 뒤축만 보아도 오르가즘을 느낀다는 페티시즘은 타자의 결핍——남근의 결핍——을 대체하는 것으로서, 구두 뒤축이라는 대상 a가 유독 특권화되는 것이다.

반면 신경증(neurotic)에서는 $\cancel{S}$가 강조된다. 예컨대 멀쩡한 테이블보에 잉크를 뿌리고 하녀에게 빨래를 시키는 반복적인 행위를 통해, '실패한 첫날밤'——남근의 결핍——을 메우려 하는 것이고, 이는 하녀에게 빨래를 하라고 시키는 자신의 요구와 자신의 남근을 동일시하는 것이다. 라캉의 공식과 연관지어 말하자면, 신경증은 타자의 결핍($\cancel{A}$)과 자신의 요구를 동일시하는 것이고, Φ와 D를 동일시하는 것이며(ES, 321), "(-φ)가 환상의 $\cancel{S}$ 아래로 미끄러져 들어가는 것"이라고 한다(ES, 323). 다시 말해 '주체'가 자신의 요구를 자신의 근원적 결핍을 메워줄 수 있는 대상(남근)이라고 상상하는 것이 신경증이라는 것이다.

4) 무의식의 이중적 구조

이상의 과정 전체를 라캉은 다음과 같은 그림으로 총괄한다(그림 8).

다음 페이지의 그림에서 욕망의 벡터는 타자에서 시작해 ($\cancel{S} \diamond$D)를 거쳐 S($\cancel{A}$)에 이르며, 일단은 s(A)로 나아간다. 여기서 S($\cancel{A}$)→s(A)는 타자의 결핍의 기표가 환상의 구조($\cancel{S} \diamond$a)를 통해 결국은 타자의 메시지 s(A)에 이르는 과정을 그리고 있다. 즉 남근이라는 중심기표가 환상의 구조에 있는 구멍의 자리를 차지함으로써, (-φ)(objet a)는 상징적인 것으로 전환되며, 이 중심기표를 경유해 나타나는 욕망의 대

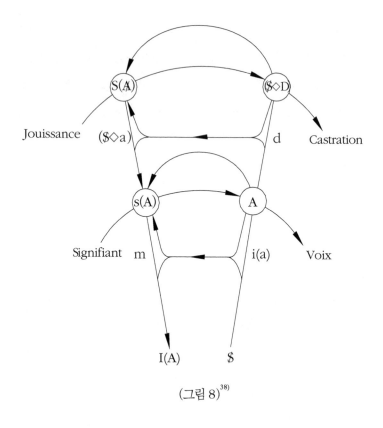

(그림 8)[38]

상은 마치 그것이 기의인 양 고정된다. 결핍으로서 욕망이 마치 그것을 메울 진정한 대상을 찾아내기라도 한 것처럼. 그러나 앞서 보았듯이, 그 경우에도 그것은 단지 타자로서의 의미, 즉 타자의 메시지일 뿐이다. 이는 타자에서 시작된 욕망의 벡터가 타자의 메시지를 전달하는 것으로 끝난다는 것을 보여준다. 그것은 욕망을 통해 주체가 타자에 종속되는 경로를 다시 한번 보여주는 것이다.

---

38) ES, p.315.

한편 욕망의 벡터 내부에서 이루어지는 상상적 동일시의 벡터 d→($ ◇a$)는, 앞서 나(moi)의 경우와 마찬가지로, 욕망과 환상의, 욕망의 대상과 환상으로서 대상의 상상적 동일시를 표시한다. 이는 아마 환상의 벡터라고도 할 수 있을 것인데, 자크-알랭 밀레르는 '충동(the drive)의 벡터'라고 부른다. 그것은 아마도 상상적 동일시 속에서 대상을 남근으로 동일시함으로써 그 대상을 추구하는 힘(충동)이 만들어지고 작용한다는 의미일 것이다.[39]

그리고 놓쳐서는 안 될 것은 이 그림의 최종적 종착지가 타자의 메시지를 통해서 구성되는 동일성(I(A))이라는 점이다. 방금 언급한 욕망의 벡터는 주체가 남근이라는 상징을 통해, 타자 속의 근원적 결핍이 결국은 타자의 메시지를 받아들임으로써 동일성이 형성되는 전체 과정의 일부임을 이 총괄적인 그림을 통해 살펴볼 수 있다. 그것은 하나의 개체가 자명한 주체의 자리에 서게 되는 과정과 기표와 욕망이라는 이중적 경로를 통해서 주체화되는 메커니즘을 정교하게 요약하고 있는 셈이다.[40]

---

39) J.-A. Miller, "Commentary on the Graphs", ES, p.335.

40) 지젝은 앞서의 책 3장에서 「주체의 전복과 욕망의 변증법」에 나오는 라캉의 그래프를 해설하고 있다. 그러나 실재계를 강조하여 해석하는 그의 입장이 그 해석에는 매우 강하게 개입해 있다. 예컨대 지젝은 빗금친 타자의 기표 S(Ⱥ)에서 Ⱥ를 (실재계로 인한) "근본적 불가능성 때문에 삭제된 상징적 질서로서의 타자"라고 해석한다(지젝, 앞의 책, 122쪽). 나아가 그래프의 상층에 대해 "동일시를 넘어선 욕망의 과정"을 보여주는 것으로 해석한다. 그러나 이는 그가 말하는 "최후의 라캉"에 대해서는 타당할지 몰라도, 『에크리』에 실린 그 논문에 관한 한 라캉의 발언과 부합한다고 하기에는 너무나 거리가 멀다. 거기서 라캉의 글은 제목이 지시하는 것처럼 주체화 과정과 거기서 타자와 주체 관계의 전복, 그 전복 속에서 욕망의 변증법을 다루고 있을 뿐이며, 욕망 역시 동일시의 메커니즘 안에서 정의되고 있다는 점을 상기할 필요가 있다. 더불어 지젝은 S(Ⱥ)가 s(A)로, 그리하여 결국 I(A)로 귀착된다는 점을, 결국 이 모든 과정이 상징적 질서라는 타자에 동일시하는 것으로 끝난다는 것을 무시하고 있으며, 사실은 설명할 수 없다는 난점이 있다는 것도 지적해 두자(같은 책, 121~123쪽 참조).

이는 동시에 개인을 주체화하는 무의식의 구조를 뜻하는 것이기도 하다. 그것은 앞서 (그림 8)에서 보듯이 기표와 욕망에 의해 구성되는 이층구조를 이루고 있다. "무의식은 타자의 담론"이라는 말로 요약되는 일층과 "무의식은 타자의 욕망"이란 말로 요약되는 두 층이 접합되어 있는 구조로서, 그 내부에서 이중적인 동일시가 각각 행해지며 그 결과 타자의 담론을 자신의 담론으로, 타자의 욕망을 자신의 욕망으로 받아들임으로써 동일성이 형성되는 이중의 메커니즘이 작동한다.

그런데 특이한 것은 이층구조를 이루고 있는 각각의 층이 동형적인 구조를 이루고 있다는 점이다. 그것은 상층의 그래프와 하층의 그래프가 동형성을 갖는다는 것으로 표시되어 있다. 이는 기표를 통해 무의식이 조직되는 메커니즘과 욕망의 변증법을 통해 무의식이 조직되는 메커니즘이 동일한 구조를 이루고 있음을 뜻한다. 따라서 무의식이란 이러한 동형성을 갖는 이중적인 메커니즘을 통해 구조화된다고 할 수 있다. 다시 말해 무의식은 단지 기표나 언어적 구조만으로 환원되지 않으며, 또한 단지 욕망과 충동의 동력학만으로 환원되지도 않는다는 것이다. 언어적인 구조화와 욕망의 동력학이 동시에 고려될 때 비로소 무의식에 올바로 접근할 수 있다는 것이다. 라캉이 프로이트와 소쉬르를, 언어와 욕망을 접합하려 한 것은 무의식의 이러한 이중구조를 통해 거꾸로 (소급적으로!) 정당화되는 셈이다.

다른 한편 이 총괄적인 그림이 보여주는 또 하나의 중요한 점은 욕망에 대한 기표의 우위성이다. 그림에서 쉽게 알 수 있듯이 욕망의 그래프 전체는 언어적 구조의 그래프에 의존하고 있으며, 이런 점에서 언어는 욕망의 '하부구조'다. 이는 언어적 구조가 욕구/요구/욕망의 변증법을 조직하는 데 근본적인 구성요소라는 점, 다시 말해 욕망과 남근은 언어적 상징을 통해 조직되는 것이라는 점을 통해 확인되는 것이기도 하다. 이런 점에서 욕망은 언어적 구조를 벗어나지 않으며, 상징계를 통해 작용한다고 할 수 있다. 따라서 "무의식은 언어처럼 구조화되어 있다"는 명제가 정신분석과 언어학의 동맹을 위한 공동선언문의 제1조인 셈이다.

5. 무의식과 주체

라캉의 문제설정의 요체는 '인간'이란 이름으로 불리는 주체가 어떻게 만들어지는가이다. 이는 달리 말하면 하나의 개체가 어떻게 해서 '인간'이라 불리는 주체로 되는가 하는 것이며, 마찬가지 말이지만 그 개체가 '인간'을 둘러싼 문화적 질서 속에 어떻게 포섭되어 가는가 하는 것이다. 한마디로 말하면 '타자'는 주체를 어떻게 만들어내는가 하는 것이다.

이에 대한 라캉의 대답은 앞서 말했던 것처럼, '타자'의 메시지를 받아들임으로써, 그리고 그것에 자신을 동일시함으로써 개인은 주체가 된다는 것이었다. 알튀세르 식으로 표현하면 대문자 타자(대문자 주체)의 '호명'(interpellation)에 대답함으로써 개인은 (소문자) 주체가 된다는 것이다.[41] 개인이 '인간'으로서, 아니 특정한 주체로서 어떤 동일성(정체성, identité)을 획득한다는 것, 그리고 그것을 유지한다는 것은 바로 이런 의미에서 주체가 되었음을 의미하는 결과물인 셈이다. 다시 말해 개개의 주체가 갖는 동일성은 이처럼 타자에 의해 형성된 것이란 말

---

41) 알튀세르, 「이데올로기와 이데올로기적 국가장치」, 김동수 역, 앞의 책, 118~119쪽.

이다. 앞의 그림은 타자에 의해서 이러한 동일성(I(A))이 형성되는 복합적인 과정의 도해였다는 점에서, 라캉 이론의 개념적 구조를 이러한 관점에서 잘 보여주고 있다고 할 수 있다. 나아가 그렇게 형성된 동일성이 주체 자신의 이미지(i(a))로서 동일시되며, 결국은 그것이 상상적 동일시라는 오인을 통해 개인을 지배한다는 것 또한 보여준다. 이런 점에서는 동일성이 개인을 지배하게 되는 것이고, 그 지배의 효과가 바로 주체라고 할 수 있을 것이다.

　개인을 '인간' 이란 이름의 주체로 만들어내는 이 타자의 메시지는 어떻게 개인에게 전달되는가? 그것은 무의식을 통해 전달된다는 것이 라캉의 대답이다. 즉 무의식은 타자의 편지(lettre)를 배달하는 배달부인 셈이다. 무의식은 주체가 사고하고 욕망하는 자리며, 사고와 욕망이 행해지는 메커니즘이고, 따라서 사고와 욕망을 구성하는 구조다. 사고와 욕망은 이러한 무의식의 구조 안에서 이루어지며, 따라서 그것을 벗어나지 못한다. 사고와 욕망이 행해지는 무의식의 이중적 구조를 통해서, 그리고 그 이중구조의 작용과 효과를 고정하는 고정점을 통해서 타자는 주체에게 말한다. 말 그대로 무의식은 타자의 담론인 것이다. 주체가 말하는 것이 아니라, 말이 주체의 입을 통해 나가는 것일 뿐이다. 결국 앞의 그림은 무의식이 타자의 메시지를 배달하는 이중구조를 보여주는 것이며, 주체란 결코 발신인이 아니라 수신인임을 보여주고 있는 것이다.

　"무의식은 타자의 담론(discours de l'Autre)"에서 de가 '객관적 결정' 이란 뜻이라고 할 때(ES, 312), 무의식은 개인의 사고를 객관적으로 결정하는 요인임을 뜻한다. "무의식은 타자의 욕망(désir de l'Autre)"에서 de는 주체적 결정이란 의미라고 할 때(ES, 312), 무의식은 개인의 욕망을 객관적으로 결정하는 요인임을 뜻한다. 이런 의미에서 라캉은 프로이트의 "Wo es war, soll ich werden"[42]을 다시 번역하여, "에스 (Es)가 있던 곳에 내가 존재하게 되는 것은 나의 의무다"라고 말한다. 에스란 타자의 담론이요 욕망으로서 무의식이 전달하는 타자의 메시지 며, 개인에게 전달되는 동일성이다. 이제 개인은 그 '에스'의 자리에 가야 한다. 따라서 "무의식은 주체의 설립(institution)을 위한 결정적 효과"(ES, 285)이고, "주체가 자신의 의미화 장소(sa place signifiante)를 발견하는 곳 역시 바로 그곳(무의식)"(ES, 285)인 것이다. 하나의 주체가 된 개인은 이제 그와 동시에 타자의 질서 속에 포섭되고 그에 복종하는 신민(臣民, sujet)이 된다. 이를 '주체화'라고 할 수 있을 것이다.

결국 무의식이란 개인의 사고와 욕망이 그 안에서 이루어지는 지반이요 공간이며, 동시에 사고와 욕망이 그 안에 제한되는 공간이다. 그것은 사고와 욕망에 의해 짜여지는 표상(représentation)들을 가능하게 해주는 조건이다. 즉 다양한 표상들이 얽히고 연출되는 무대(Schauplatz)인 것이다. 무의식은 표상을 가능하게 해주는 '표상체계'다. 따라서 이렇게 말할 수 있다. "인간은 말한다. 상징이 그를 인간으로 만들어주는 경우에 한해서만."[43] 요컨대 무의식의 이중구조는 인간

---

42) 이를 전집 영역자들은 "Where the id was, there the ego shall be"라고, 즉 "이드가 있던 곳에 에고가 있게 될 것이다"라고 번역한다. 라캉은 프로이트가 es를 id라는 의미로 사용하는 것은 언제나 정관사와 함께(das Es)였음을 상기시키면서, 원래의 문장에 das가 없음을 들어 그것을 id로 번역하는 데 반대한다. 거기서 es는 단지 ça(it)를 뜻할 뿐이라고 본다. 그리고 es의 발음이 주체(sujet)의 첫자(에스)와 발음이 같음을 들어 "주체가 있던 곳에……"로 바꾼다. 즉 타자의 메시지가 정하는 '주체'가 있던 곳에 내가 가야 한다는 것이다. 이에 대해서는 ES, pp.128~129;E, pp.416~417 참조.
43) 이는 라캉 자신의 말이다. R. Coward/J. Ellis, *Language and Materialism : Developments in Semiology and the Theory of the Subject*, Routledge & Kegan Paul, 1977, p.107에서 재인용.

의 사고와 욕망을, 일반적으로 말해서 표상을 가능하게 해주는 조건이 자, 동시에 표상을 가두는 질서다. 무의식을 통해 이제 개인은 그 사회의 표상체계 속으로, 그 질서 속으로 들어간다. 결국 무의식의 이중구조는 주체의 자리에 개인을 묶어주는 이중의 끈인 셈이다.

이러한 라캉의 이론은, 어떤 개인이 질서를 받아들이고 그에 따르는 것을 상징화된 표상체계를 통해 파악하는 것이란 점에서 우리는 '표상체계의 패러다임' 이라고 본다. 라캉의 영향 아래 형성된 다양한 개념은 이러한 표상체계의 패러다임에 속한다. 예컨대 알튀세르가 이데올로기를 무의식으로 "대중적인 표상체계"로 정의할 때,[44] 푸코가 무의식으로 표상가능성의 조건으로 에피스테메(épistémè)를 정의할 때,[45] 라클라우가 담론구성체를 접합에 의해 의미가 항상 타협되고 구성되는 구조로 정의할 때,[46] 심지어 보드리야르(J. Baudrillard)가 거울에 비친 '상상계' (라캉과는 다른 뜻이다)의 거울 속에 모든 것을 쑤셔넣을 때, 결정적인 것은 공통된다. 그것은 표상을 조직하고 구성하는 표상체계로, 그리고 그 속에서 이루어지는 의미작용으로 사고와 행동의 주체화/종속화를 환원한다는 것이다. 물론 앞서 말한 논자들이 그러한 공통성만큼이나 상이한 문제설정 및 이탈적 요소들을 가지고 있다는 점을 간과해선 안 된다는 점은 분명하지만.[47]

앞서 보았듯이 라캉에게 욕망은 기표의 개입에 의해 발생하고 정의된다. 타자로서 무의식은 상징을 통해 욕망을 질서지운다. 욕망의 중

---

44) L. Althusser, *Pour Marx*, Maspéro, 1965, p.239.
45) M. Foucault, *Les mots et les choses*, Gallimard, 1966, 이광래 역, 『말과 사물』, 민음사, 1986, 18~19쪽.
46) 라클라우, 「은유와 사회적 적대」, 김성기 외 역, 『사회변혁과 헤게모니』, 터, 270쪽.

심 또한 (음경penis이 아닌) 남근(phallus)이라는 기표로 정의된다. 요컨대 의식적/무의식적 사고와 욕망은 표상으로 환원되고, 표상은 기표로 환원된다. 타자라는 질서 역시 기표와 상징적 질서로 환원된다. 기표들이 조직되어 만들어내는 의미작용의 질서가 주체를 지배한다. 한마디로 '기표의 물질성'이 이제 모든 것의 지배자임이 드러난 것이다! '기표의 물질성'이 '기표의 전제정'으로 귀결된 것이다. "무의식의 언어적 구조"가 라캉의 이론에서 가장 근본적인 명제인 것처럼, 기표의 물질성/기표의 전제정이야말로 '표상체계의 패러다임'의 가장 근본적인 명제인 것이다. 그러나 물질적 힘이 과연 기표로 환원될 수 있는 것일까? 오히려 그것은 주체를 표상으로 환원하는 문제설정 자체에서 나오는 동어반복적 결론 아닐까?

다른 한편 라캉의 이론이나 표상체계의 패러다임 전체를 특징짓는

---

47) 특히 알튀세르에게 이데올로기는 "대중의 무의식적 표상체계"로서 정의되지만, 그가 파악하는 '이데올로기의 물질성'은 단지 라캉이 말하는 기표의 물질성으로 환원되지 않는다는 점에서 크게 다르다. 이데올로기적 실천을 통해 작동하는 물질성, 혹은 이데올로기적 국가장치와 같은 물질적 장치가 그러한 '물질성'의 중요한 요소로서 위치지어지고 있다는 점은 라캉과 관련해 크게 다른 점이다(「이데올로기와 이데올로기적 국가장치」, 앞의 책, 111~114쪽). 하지만 이데올로기가 개인을 주체화하는 효과를 개념적으로 설명하는 지점에 가서 나타나는 '호명'이란 중심적 개념은 명확하게 라캉적인 특징을 보여준다(같은 책, 114~121쪽). 이러한 이중성과 이질성이 알튀세르의 이데올로기 개념을 이해하는 데 중요한 것 같다.
한편 푸코는 인식을 가능하게 해주는 무의식적 조건에 주목하는 한(『말과 사물』), 그리하여 가시적인 것과 비가시적인 것을 분할하는 메커니즘으로서 담론에 주목하는 한(『임상의학의 탄생』), 표상체계의 패러다임에 속한다고 할 수 있다. 그러나 뒤의 글에서 보여주는 것처럼, 푸코는 이러한 표상체계 패러다임으로부터 이탈한다. 담론적 실천이란 개념을 통해 담론형성체를 재정의할 때(『지식의 고고학』, 『담론의 질서』), 그리고 거기서 담론적인 것과 비담론적인 것의 존재를 긍정할 때, 나아가 그 양자의 복합효과를 사건과 실증성 개념을 통해 다시 사고하려 할 때, 그는 사실 표상체계 패러다임에 대한 근본적 비판을 (일종의 자기비판 형태로) 수행하고 있는 셈이다. 이에 대해서는 이 책의 「미셸 푸코와 담론이론:표상으로부터의 탈주」를 참조.

또 하나의 중요한 요소는 '동일시'에 의해 주체의 형성을 설명한다는 것이다. '소외'와 '분열'이 있지만, 모든 주체는 기표의 질서를 받아들이며, 타자의 메시지에 자신을 동일시한다. 상징적으로, 상상적으로. '오인'은 피할 수 없는 현상이다. 한마디로 주체는 동일시의 결과물인 것이고, 이런 점에서 주체의 형성은 '주체화'하는 것이고, '신민화'하는 것이다. 여기에 '저항'이 사고될 수 없지 않느냐고 묻는 것은 차라리 부차적이다. 오히려 중요한 것은 동일시를 특권화시킴으로써 잊혀지는 것들이 있다는 점이다. 즉 기존의 질서는 동일시 없이도 주체로 만들어내려(내야) 하며, 그러기 위해 (기표보다는 차라리) 폭력과 감금, 공포와 협박, 감시와 강제 등이 동원된다는 사실이 동일시라는 말에 가려 은폐되고 잊혀진다는 것이다. 이것이 표상체계의 패러다임으로서 라캉의 주체 이론을 받아들일 수 없는 또 하나의 중요한 이유다.[48]

이러한 두 가지 특징은 서로 긴밀하게 이어져 있다. 동일시는 기표의 물질성이 가능하기 위한 전제조건이며, 기표의 물질성은 동일성에 의해 주체가 구성되는 것을 사회적, 객관적 수준에서 가능하게 해주는 물질적 조건이다. 이런 점에서 우리는 다음과 같은 푸코의 발언에 눈길을 돌리는 것이 유효하리라고 본다.

---

48) 라캉의 이론이 갖는 또 다른 중요한 특징으로서, 욕망이 결핍으로서 정의된다는 것, 무의식이 오직 가족관계의 삼각형 안에서 정의된다는 것, 따라서 무의식과 주체에서 오이디푸스 기가 절대적 위치를 차지하게 된다는 점 등이다. 이 역시 라캉의 주체이론을 받아들이기 어렵게 하는 근본적 쟁점인 셈인데, 이에 관한 것과 앞서 말한 기표와 표상으로 환원하는 이론에 대한 비판으로는 G. Deleuze, *Pourparler : 1972~1990*, Minuit, 1990, 김정호 역, 『대담 : 1972~1990』, 솔, 1993, 1부 ; G. Deleuze/F. Guattari, *L'Anti-Oedipe : capitalisme et schizophrénie*, 1, 2장 참조.

여기서 우리가 분석의 근거로 마련할 수 있는 것은 언어나 기호라는 진부한 모델이 아니라 전투나 전쟁 같은 역동적인 모델이어야 한다고 믿습니다. 왜냐하면 지금 우리의 모습을 규정했던 힘은 언어라기보다는 전쟁에서 나왔기 때문입니다. 즉 의미의 관계가 아니라 권력관계를 주목해야 한다는 뜻이지요. …… 기호학은 갈등을 언어와 대화라는 고요한 플라톤 식의 형태로 환원시킴으로써 광포하고 피에 물들어 있으며 치명적인 성격을 띠는 갈등의 참모습을 역시 외면하고 있습니다.[49]

---

49) M.Foucault, "Truth and Power", ed. by C.Gordon, *Power/Knowledge : Selected Interviews and Other Writings 1972~1977*; 홍성민 역, 『권력과 지식 : 미셸 푸코와의 대담』, 나남, 1991, 147쪽.

2부

푸코
담론과 권력

3

푸코의 담론이론 : 표상으로부터의 탈주

1. 맑스주의와 '담론' 개념

우리는 이 장에서 푸코의 '담론이론'과 그 변화를 살펴볼 것이다. 푸코의 담론이론은 특히 맑스주의 붕괴 이후에 매우 자주 언급되고 사용되었는데, 이는 아마도 '담론'(discourse) 혹은 '담론형성체'(discoursive formation)의 개념을 기존 맑스주의 전통의 유물론과 대비되는 맥락에서 사용했던 몇몇 사람들[1]의 영향 때문일 것이다. 여기서 특히 두드러진 것은 라클라우(E. Laclau)와 무페(Ch. Mouffe)이다. 그들에 따르면 담론형성체 외부에는 아무것도 없으며, 모든 것은 담론형성체를 통해

---

1) 라클라우/무페와 힌디스, 허스트 등이 대표적이다. E. Laclau/Ch. Mouffe, *Hegemony and Socialist Strategy : Toward a Radical Democratic Politics*, Verso, 1985, 김성기 외 역, 『헤게모니와 사회변혁』, 터, 1990 ; B. Hindess/P. Hirst, *Mode of Production and Social Formation*, Macmillan, 1977 ; *Philosophy and Methodology in Social Science*, Harvester Press, 1977. 라클라우/무페의 discursive formation을 국역자들은 '담론구성체'라고 번역했지만, 우리는 이 개념이나 푸코의 formation discoursive 모두를 '담론형성체'나 '담론적 형성체'라고 번역했다.

서만 존재하며, 이런 의미에서 담론형성체만이 존재한다고 한다.[2] 이런 점에서 본다면 '담론'이란 개념 자체를 반맑스적인 관념론으로 간주하고 비판하는 것[3]은 차라리 자연스러워 보인다.

맑스주의와 연관해서 담론의 개념이 문제가 되는 지점은 여기다. 대개 맑스주의에 대한 비판이 담론이론의 '혁신성'으로 유물론의 고식성을 비판하는 양상으로 진행되기 때문이다. 푸코가 문제되는 것은 여러 가지 지점에서이지만, 이 지점에서 그의 이름을 에둘러 가는 것은 거의 불가능해 보인다. 알다시피 그의 전반부 작업 전체를 특징짓는 단어를 들라면 그 중 하나로 '담론'이 들어갈 것이 분명하기 때문이다. 나아가 라클라우가 '담론형성체'에 대해 언급하는 부분에서 인용하고 있는 것이 바로 푸코이기 때문에 더욱 그렇다.[4] 그러나 존재하는 것은 오직 담론형성체뿐이라는 주장에 대해 푸코가 그대로 동의할 것 같지는 않다. 그는 라클라우와는 달리 모든 것을 담론이나 담론형성체 내부로 환원하는 데 반대하며, 오히려 담론 외적인 것을 강조하기 때문이다.[5]

---

2) 라클라우/무페, 『헤게모니와 사회변혁』, 131~139쪽.

3) 예컨대 T. Eagleton, *Ideology:An Introduction*, Verso, 1991 ; 강내희, 「언어와 변혁 : 변혁의 언어모델 비판과 주체의 '역동일시'」, 『문화과학』 제2호, 1992.

4) 라클라우/무페, 앞의 책, 132~134쪽. 이는 나중에 보겠지만, 근거가 전혀 없다고는 할 수 없는 것이다. 그것은 적어도 푸코에게 그런 시기가 있었다는 사실에서 기인한다. 이것이 특히 두드러진 저작으로 M. Foucault, *Naissance de la clinique:une archéologie du regard médical*, PUF, 1963(홍성민 역, 『임상의학의 탄생』, 인간사랑, 1993)과 *Les mots et les choses:une archéologie des sciences humaines*, Gallimard, 1966(이광래 역, 『말과 사물』, 민음사, 1986)이 있다.

5) 예컨대 담론형성체 개념을 정식화하고 있는 『지식의 고고학』과 『담론의 질서』가 그렇다. M. Foucault, *L'archéologie du savoir*, Gallimard, 1969(이정우 역, 『지식의 고고학』, 민음사, 1992) ; M. Foucault, *L'ordre du discours*, Gallimard, 1971(이정우 역, 『담론의 질서』, 새길, 1993)을 참조. 이하에서 본문 중에 푸코의 저작을 인용할 때는 괄호 안에 책 이름과 쪽수만 명기한다. 그리고 인용은 국역된 것은 국역본을 따른다. 단 번역어나 번역문은 국역본 그대로 따르지 않으며, 상이한 경우에도 따로 언급하지 않는다.

이런 이유에서인지, 실제로 라클라우는 푸코의 이런 관점을 비판하며,[6] 자신의 '담론' 개념은 데리다의 그것과 가장 친근하다는 것을 분명히 밝히고 있다.[7] 담론형성체의 의미는 다른 담론형성체와의 관계 속에서 결정된다는 라클라우의 테제[8]는 한 텍스트의 의미가 다른 텍스트들에 의해 결정된다는 데리다의 테제와 이어져 있음은 분명하다.

담론이론의 문제설정에 충실한 다른 저자와 달리, 푸코는 담론개념 자체에 대해서 지속적으로 긴장을 유지하며, 자신이 이룬 이론적 성과를 파괴하며 나아간다. 따라서 푸코의 담론개념 그 자체가 지속적으로 변화된다는 점을 잊어선 안 된다. 한편 우리가 보기에 중요한 것은 푸코의 담론개념이 변화한다는 사실이며, 그 변화가 담론개념을 넘어선다는 것이다. 그가 '고고학'이라고 불렀던 작업에서 '계보학'이라 불렀던 작업으로 옮겨간 것이 바로 그것이다. 이 변화의 도정은 달리 말하면 담론으로 모든 것을 환원하는 입장 자체에 대한 매우 근본적인 비판이기도 하다.

이런 이유에서 우리는 푸코의 담론개념이 그처럼 변화해 간 과정을 추적하고 그 변화의 의미를 읽어내는 것이, 차라리 그의 담론개념을 평면적으로 설명하는 것보다 훨씬 효과적이며 중요하다고 생각한다.

---

6) 라클라우/무페, 앞의 책, 134쪽.
7) 라클라우/무페, 같은 책, 139~140쪽, 270쪽. 푸코와 데리다의 담론개념이 갖는 이러한 차이는 데리다에게는 역사의 차원이 결여되어 있다는 푸코의 비판과 관련된 것이기도 하다 (이에 대해서는 나중에 다시 언급하겠다). 하지만 더욱 근본적인 차이는 데리다(의 텍스트 개념)와 달리 푸코의 담론개념은 다른 텍스트나 담론들에 의해서 결정되는, 개방적이고 연속적인 것이 아니라, 자기 고유의 주체와 대상, 개념과 전략을 갖는 불연속적인 것이라는 점이다. 즉 푸코가 보기에 특정한 형태의 담론형성체는 다른 담론형성체에 대해 개방되어 있지 않으며, 자기 고유의 전략과 지배효과를 가지고 있다는 것이다. 물론 그것이 담론의 폐쇄성과 내적 통일성을 의미하는 것은 아니지만.
8) 라클라우/무페, 같은 책, 140~141쪽 참조.

그것을 통해 구조주의 이후의 철학적 흐름에 대해 '판단' 할 수 있는 준거점을 마련할 수 있으리라고 생각한다. 나아가 푸코의 변화된 담론개념의 기초에서 우리는 맑스의 근대 비판을 가능하게 했던 '실천' 이라는 근본적 범주[9]를 다시 발견할 수 있을 것이다. 이것이 담론이론의 문제설정을 맑스적인 지반 위에서 다시 사고할 수 있는 기초를 제공하리라고 생각하는 것은 자의적인 것이거나 '전통적인 것' 일까?

2. '언어학적 전환' 과 표상체계 패러다임

알다시피 '담론' 의 개념이 확산되고 중심적인 개념적 지위를 획득하는 것은 이른바 '언어학적 전환' 을 통해서였고, 그것은 무엇보다도 소쉬르의 구조주의 언어학을 통해서 마련된 것이었다. 소쉬르 식의 언어로 그 중심 테제를 간단히 요약해 보면 다음과 같다.

첫째, 기호는 자의적이다.[10] 예컨대 '나무' 라는 기호는 실제 나무와 아무런 관련이 없다. 이를 '대상 없는 기호' 라는 말로 요약해 두자. 둘째, 기호의 의미는 다른 기호들과의 차이에 의해 정의된다.[11] 바꿔서 말하면 의미란 차이에 의해 정의되는 기호들의 관계 속에서, 기호들의 망 속에서 정의된다. 이를 '대상 없는 의미' 라고 요약해 두자. 셋째, 의미들을 조직해내는 언어는 객관적 실재다. 즉 랑그라고 불리는 언어적 법칙의 망은 그것을 개별적으로 사용하는가에 의해 정의되지 않으며,

---

9) 이에 대해서는 이진경, 『철학과 굴뚝청소부』, 그린비, 2002, 4장 1절 참조.
10) F. de Saussure, *Cours de linguistique générale*, 최승언 역, 『일반언어학 강의』, 민음사, 1990, 85~87쪽.
11) 소쉬르, 위의 책, 136~140쪽.

반대로 사회적 약속, '사회적 사실'로서 존재하는 랑그가 개인들의 사용을 규정한다.[12] 이를 '의미의 객관성'이라고 요약해 두자.

구조주의 언어학의 관점에서 의미론에 관한 문제를 본다면 우선, 사고란 외부의 대상을 모사한 것이라는 실증주의적·반영론적 관념은 소박한 것이다. 사고와 판단, 의식은 의미들로 조직되며, 그 의미들은 기호들의 망 속에서 정의되는 것이기 때문이다. 오히려 어떤 대상도 사실은 언어를 통해 의미로 전환되는 것이고, 따라서 언어의 망이야말로 대상을 분절하여 사고하게 하는 선험적 조건인 셈이다. 경험은 이러한 분절 속에서 행해지며, 그 분절의 체계 속에 있다. 이로써 세계는 오직 기호들의 망 속에, 혹은 그것의 특정한 형태인 '담론' 속에 존재하며, 따라서 기호, 또는 담론만이 존재할 뿐이라는 주장이 가능하게 된다.

다른 한편으로 의미란 주체가 부여하는 것이라고 보는 생각[13] 역시 소박한 것이다. 왜냐하면 의미란 주체와 무관하게 객관적으로 존재하는 기호들의 망 속에서 정의되며, 개인들은 그처럼 존재하고 있는 의미를 취해서 사용할 수 있을 뿐이기 때문이다. 기호학적 관점에서 볼 때, 의미는 더이상 주관적인 것이 아니며, 기호들 간의 관계에 의해, 그것들의 의미작용(signification)에 의해 이루어지는 객관적인 것이다.[14] 그렇다면 의미라는 주관적 현상조차 이제는 의미작용을 통해서, '대상

---

12) 소쉬르, 앞의 책, 20~26쪽. 소쉬르의 이런 언어적 실재관은, 사회적 사실을 '외재성과 강제성, 구속성'을 갖는 실재로 취급하라는 뒤르켐 방법론의 영향을 매우 강하게 받은 것이다.
13) 이는 신칸트주의자들이나 현상학에 의해, 좀더 근본적으로는 칸트에 의해, 근대의 지배적인 사상적 흐름의 하나를 형성하고 있다.
14) 이런 점에서 주관의 작용으로서 '의도'를 표현한다고 간주되는 현상학적 차원의 의미와, 기호 간의 상호작용(signification)에 의해 형성되는 기호학적 차원의 의미를 구별할 필요가 있다. 프레게(G. Frege)가 의미를 Sinn과 Bedeutung으로 구별했던 것을 우리는 이런 맥락에서 재정의할 수도 있을 것이다.

없는 기호'를 통해서 이해해야 하는 셈이다. 누구든 의미를 부여하려는 사람은 그 기호들의 망 속으로 들어가야 한다. 마치 대상이 그 속으로 들어가야 했던 것처럼. 이제 주체는 담론 속에 존재하며, 따라서 담론만이 존재한다는 주장이 더욱 강한 의미에서 제기될 수 있다.[15] 이러한 '전환'을 흔히 '언어학적 전환'이라고 하는데, 이것은 종종 '코페르니쿠스적 전환'에 비유되기도 한다.[16] 이 '거대한 전환'은 '구조주의'라고 불리는 하나의 흐름으로 가시화되었는데, 여기서 언어학과 인문 사회과학을 연결하는 결정적인 역할을 한 사람이 바로 레비-스트로스(C. Lévi-strauss)였다. 야콥슨을 통해 구조언어학의 성과를 직접 흡수할 수 있었던 그는 언어학적 방법론을 인문 사회과학의 일반적인 것으로 승격시키고, 인류학적 연구를 통해 그것의 유효성을 탁월하게 과시했다.

레비-스트로스의 관심사는 문화라는 말을 정의할 수 있게 해주는 보편적 질서, 혹은 인간의 삶을 특정한 방식으로 규정해 주는 보편적

---

15) 흔히 사회적 구조와 행위주체 간의 관계를 중심주제로 삼는 이론(예를 들면 사회학)의 경우, 행위주체인 개인들이 어떻게 특정한 방식으로 행동하는가를 설명하려고 한다. 그런데 예전에 가지고 있던 모델은 의미를 행위주체가 부여하는 주관적인 것으로 간주하기 때문에 객관적 구조와의 관계 속에서 그것을 설명하기가 곤란하다는 난점이 있었다. 의미와 행위를 이런 식으로 정의하는 한, 가장 멀리까지 간다 해도 '유형화'를 통한 '이해 사회학'(베버) 이상으로 나아가기는 어려웠다. 그러나 유형화를 통하여 포괄할 수 있는 범위는 얼마나 제한된 것이고, 이해라는 방법 자체는 또 얼마나 주관적인 것인지(베버가 말하는 사회적 행위의 '의미' 개념에 대해서는 M. Weber, "Gesammelte Aufsätze zur Sozialwissenschaft", 양회수 역, 「사회과학의 기초개념」, 『사회과학논총』, 을유문화사, 1983, 76쪽 이하 참조). 따라서 의미란 동감(sympathy)을 통해 이해할 수 있는 것이 아니라 그 자체로 존재하는 것이며, 개개인의 행위주체가 사회적으로 용인되려면 항상-이미 존재하는 이 의미의 망 속으로 들어올 수밖에 없다는 발상은 '사회'라고 불리는 거시적 구조와 행위주체 간의 관계를 '객관적으로' 설명해 줄 수 있는 길로 간주되었다. 이로 인해 구조주의 언어학과 언어학적 패러다임은 인문 사회과학 전역으로 확장되며, 나아가 언어가 그 자체로 중요한 하나의 변수가 되었다.

16) C. Lévi-Strauss, *Anthropologie structurale*, Plon, 1958, 김진욱 역, 『구조 인류학』, 종로서적, 1983, 82쪽.

규칙의 문제였다. 이러한 보편적 규칙이나 질서가 과연 존재하는가? 존재한다면 그것이 존재할 수 있게끔 해주는 조건(가능성의 조건)은 대체 무엇인가? 만약 존재한다면, 이것은 다양한 사회의 밑바탕을 이루는 심층구조를 이해하는 통로가 될 수 있지 않을까? 그것은 모든 인간의 삶이 그 위에서 이루어지는 기초란 의미에서 일종의 '인간 조건'을 드러내는 것은 아닐까?

레비-스트로스가 구조언어학의 효과를 철학적이고 방법론적 차원에서 좀더 '확장'해 가는 지점이 바로 여기다. 우선 첫째로, 그는 의미의 객관화에 머물지 않는다. 오히려 의미가 객관적인 것이라면, 개개인의 삶이 항상-이미 존재하는 객관적 의미의 네트워크 속에 존재하는 것이라면, 이제 이들 개인이 사회적 '주체'가 될 수 있는 것은 이 의미의 네트워크를 자신의 것으로 함으로써 가능한 것이다. 즉 주체는 구조의 효과며, 주체의 행동이나 사고는 구조로 환원될 수 있게 된다.

둘째로 의미가 객관적이라면 그것은 주체가 갖고 있는 의식의 차원을 넘어서야 한다. 즉 그것은 의식에 의해 좌우되는 것이 아니라 거꾸로 의식을 좌우할 수 있는 층위의 것이다. 그렇다면 그것은 무의식이란 차원에서 연구되어야 한다. 이는 직접적으로는 트루베츠코이 등에 의해 체계화된 음운론이 음운현상을 무의식적인 것으로 정의한 데서 나온 발상이지만, 레비-스트로스는 프로이트를 통해 이를 한층 일반화한다. 즉 음운현상뿐만 아니라 사회적 질서를 가능하게 하는 의미의 네트워크는 무의식적인 것이며, 따라서 연구대상 역시 무의식적 하부구조로 옮겨가야 한다는 것이다.[17]

---

17) 레비-스트로스, 「언어학과 인류학에서 구조분석」, 앞의 책, 33쪽.

셋째로, 음운론에서 보여준 것처럼 어떤 소리가 음운현상 속에 포섭될 수 있는 것은 다른 소리와의 관계 속에서이며, 구조란 이 요소들의 체계화된 관계로 정의된다. 이를 레비-스트로스는 사회·문화적 현상이나 사실들에 대해서까지 확대한다. 즉 어떤 개별적인 사실이나 현상이 뜻하는 바는 그 자체로 정해지는 게 아니라 다른 것과의 관계 속에서 정해지며, 따라서 현상이나 사실들 간에 성립되어 있는 관계는 경험적으로 인식되지 않는다. 중요한 것은 경험적 사실들을 체계화하는 그 본질적 관계를 연역적으로 찾아내는 것이다. 여기서 레비-스트로스는 대수학(군群이론)과 위상수학의 개념을 끌어들인다. 결국 그가 찾으려는 보편적 질서란, 다양한 문화들 내에 존재하는 관계들의 수학적 동형성(isomorphism)으로 정의된다.

한편 그는 사회관계를 형성하는 보편적 질서를 친족관계 연구를 통해서 보여주려 한다. 그가 보기에 친족관계란 여자를 교환함으로써 만들어지는 교환관계다.[18] 따라서 여자의 교환을 축으로 하여 만들어지는 무의식적인 질서를 연구하며, 나아가 그러한 교환관계의 '하부구조'에 있는 지반을 찾으려 한다. 그는 가족이나 친족이란 형태로 존재하는 모든 문화에 공통된 규칙이 있으리라고 보는데, 이는 인류학적 연구에 의하면 '근친상간금지'다. 이것이 바로 모든 인간관계의 지반을 형성한다. 무의식적 질서의 연구를 위해 프로이트를 끌어들인 것은 이로써 거꾸로 정당화되기도 한다. 이것이 보편적 사회질서의 지반이다.

---

18) 그는 세 가지의 기본적인 사회관계를 교환관계로 설정한다. 첫째는 의미의 교환관계로 정의되는 언어적인 관계, 둘째는 상품교환관계로 정의되는 경제적인 관계, 그리고 셋째가 바로 여자의 교환관계로 정의되는 친족관계이다. 레비-스트로스, 「민족학에서 구조의 개념」, 앞의 책, 281쪽 ; 3, 4장의 「후기」, 같은 책, 82쪽.

다른 한편, 사회관계의 이 같은 무의식적 지반은 또한 인간이 벗어날 수 없는 무의식적인 사고구조와 연관된다. 그것은 무의식적으로 대상을 분절하는 체계로서, 인식과 지각을 가능하게 하는 사고의 무의식적 기초를 이룰 것이다. 다시 말해 그것은 '인식가능성의 무의식적 조건'이며, 보편적인 '표상체계'다. 이를 뒤르켐(É. Durkheim) 식으로 표현하자면 일종의 '집합표상'(représentation collective)이라 할 수 있다. 이처럼 보편성을 갖는 이 무의식적 표상체계를 그는 '야성적 사고'(la pensée sauvage)라고 부른다.

　　레비-스트로스와 뒤르켐은 표면적인 유사성을 넘어서 개념적 '동형성'을 보여준다. 즉 그것은 개개인이 좌우할 수 없는 '사회적 사실'이며, 그 안에 포섭된 개인들의 사고와 의식을 규정하는 무의식적 지반이다. 개인의 차원을 넘어서 사회적 사실로서 존재하는 무의식적 표상체계를 통해 개인들의 행위나 사고를 연구하려는 흐름은 이후 지배적인 것이 된다. 그것을 '타자'(l'Autre)란 차원에서 도입하든(라캉), 담론이나 에피스테메 차원에서 도입하든(푸코), 혹은 이데올로기란 차원에서 도입하든(알튀세르) 말이다. 이런 의미에서 뒤르켐적 방법론에 기초하고 있는 표상 패러다임은 레비-스트로스를 통해 일반화되고 확산되었던 셈이다.[19]

　　요컨대 레비-스트로스는 근친상간금지라는 보편적인 규칙을 통해

---

19) 여기서 레비-스트로스 이후 프랑스 학계를 지배한 흐름이 뒤르켐으로 대표되는 프랑스적 전통과 긴밀히 연결되어 있음을 확인할 수 있다. 소쉬르 언어학이 뒤르켐 영향을 크게 받은 것을 염두에 둔다면, 뒤르켐은 언어학적 전환을 통해 인문 사회과학으로 되돌아온 것이라 할 수 있겠다. 이런 의미에서 구조주의가 프랑스에서 발흥한 것이 우연만은 아닌 듯하다.

보편성을 갖는 무의식적 표상체계와 무의식적 사회질서를 동시에 찾아낼 수 있었던 셈이고, 이런 점에서 프로이트의 정신분석학은 언어학과 함께 이후 막강한 영향력을 갖는 패러다임으로서 자리를 굳히게 된다. 이는 "무의식은 언어처럼 구조화되어 있다"고 함으로써 정신분석학을 구조언어학과 결합하려 했던 라캉에 의해 더욱더 확고한 지위를 획득하게 된다.[20]

3. 푸코의 담론이론

1) 표상체계로서의 담론

『임상의학의 탄생』에서 푸코는 18세기 말엽을 전후한 의학적 담론의 변화를 추적한다.

> 18세기 중엽 폼이라는 의사는 히스테리 환자를 치료하기 위해 10개월 동안 10~12시간 동안 목욕을 시켰다. 신경조직이 마르지 않은 채로 환자의 열을 내리기 위해 목욕을 하게 하는 동안 그는 물기에 젖은 양피지 조직을 관찰할 수 있었고, 오른쪽 요관의 일부가 점차 허물을 벗는 것을 알 수 있었다(『임상의학의 탄생』, 15쪽).

> 그런데 폼이 '발견한' '물기에 젖은 양피지 조직'을 발견하거나 언급하는 의사들을 19세기에 와서는 다시 찾을 수 없었다. 그것은 지나치게 상징적이고 주관적인 것이어서 과학에 요구되는 객관성과 합리성을

---

20) 이에 대해서는 라캉에 대한 앞의 장을 참조.

결여한 것으로 간주된다. 그러나 18세기 중엽에 나타나는 '물기젖은 양피지 조직'이란 표현과 19세기 의사들이 사용했던 '뇌 주위를 감싸고 있는 황간막'이란 표현을 두고 "한쪽은 지나치게 상징적이고 주관적인데 반해, 다른 한쪽은 좀더 객관적인 서술이라고 구분할 수 있는 근거는 도대체 무엇인가?"라고 푸코는 질문한다(같은 책, 18쪽).

이러한 질문은 단지 부분적인 표현만이 아니라 의학적 담론 전체에 해당되며, 질병의 체계에도 해당된다. 질병을 정의하는 방식이나 치료하는 방식, 질병을 설명하는 방식상에 커다란 단절이 19세기에 들어와 나타났다는 것이다. 그 단절로 인해 예전에는 질병으로 간주되지 않던 것이 질병으로 간주되고, 그 반대의 경우도 나타난다. 이런 의미에서 "질병은 중립적인 언어 아래 묻혀 있는 것이 아니라 인간의 몸과 새로운 의학적 시선이 마주치는 곳으로 끌려나와 재편성되어야만 했다. 그러나 진정으로 변한 것이 있다면 그것은 주체와 말해지는 대상 사이에 맺고 있던 지식의 태도와 그곳에서 재주를 피우게 된 언어의 새로운 모습일 뿐이다"(같은 책, 17~18쪽).

이처럼 어떤 시대에는 보이지 않던 질병을 다른 시대에는 보이게 만드는 것, 또 전에는 보이던 질병을 더이상 보이지 않게 하는 것은 무엇인가를 푸코는 묻고 있는 것이다. "의학상에 나타난 돌연한 태도 변화는 '보이는 것'과 '보이지 않는 것'을 나누던 지식의 경계가 변화했다는 데 기인하며, 그리하여 지금까지는 의학적 지식의 영역으로 포섭되지 못하던 대상들이 의사들의 시선과 언어에 포착되기에 이른 것이라고 말하는 것이 올바른 해석일 것이다"(같은 책, 20쪽).

따라서 푸코가 주목하려는 것은 "인식된 대상을 일정한 방법으로 구조화하는 언어의 분절화 현상"(같은 책, 19쪽)이며, 이것이 바로 "언어와 질병의 관계를 특정한 방법으로만 분절하는 담론구성의 법칙"(『임상의학의 탄생』, 19쪽)이다.

푸코에 따르면, '말할 수 있는 것'과 '말할 수 없는 것'은 물론 '볼 수 있는 것'과 '볼 수 없는 것'은 대상을 특정한 방식으로 재단하고 분절하는 '분절의 방식'에 의해서 결정된다. 다시 말해 특정한 분절의 법칙에 따라 구성되는 담론 속에서 대상이 정의되고 보이게 된다는 것이다. 따라서 담론이란 **볼 수 있는 것과 볼 수 없는 것을 분할하는 분절의 체계**이며, 그 위에서 대상을 정의하고 설명하게 하는 규칙의 체계다. 이는 푸코 말을 빌리면, '말과 사물을 이어주는 고리'(같은 책, 20쪽)요 '사물과 언어를 재단하는 방법'(같은 책, 28쪽)인 셈이다.

그렇다면 '물기에 젖은 양피지 조직'이라는 표현이 19세기 이후에 합리적이지도 객관적이지도 못한 것으로 간주되고, 그 결과 사실은 의학적 담론 안에서 더이상 사용될 수 없게 된 것은 이러한 '말과 사물을 이어주는 고리'의 변화를 통해 이해될 수 있다. 그것을 합리적이지 못한 것으로 판단할 어떤 절대적 기준이 있는 것이 아니라, 단지 오늘날의 의학적 담론에 의해서 배제되었을 따름이다.

담론은 이렇듯이 '시대감각에 맞는 언표는 포함하고 그렇지 않은 것은 배제하는' 분절의 규칙이다. 다시 말해 어떠한 대상도 담론이 허용하는 한에서만 볼 수 있고, 언표될 수 있으며, 설명될 수 있다. 따라서 푸코가 보기에 "언어적 표상과 대상 사이의 관계에서 가장 중요한 것은 …… 언어가 사물을 포착하려는 순간부터 그 대상을 마음대로 주무르려고 하는 언어의 음흉한 계략, 즉 끊임없이 새로운 담론 속으로 대상을 끌어들여서 그 모습을 변질시키려 하는 언어적 횡포이다"(같은 책, 30쪽).

이상에서 살펴본 것처럼『임상의학의 탄생』에서 정의되고 있는 담론의 개념은, 대상은 언어적 의미의 고유한 망 속에서 파악되며, 그것을 통해 보이게 되거나 보이지 않게 된다고 보는 점에서 표상을 가능하게 해주는 조건을 의미한다. 즉 특정한 방식으로 대상을 분절하여 표상하게 해주는 특정한 '표상체계'인 셈이다. 따라서 이러한 관점에서 정의되는 담론의 개념은 정확하게 언어학적 전환의 효과 아래 있는 셈이다. 물론 그러한 대상의 분절이 단일한 어떤 랑그나 언어의 차원에서 정의되는 것이 아니라 다양한 담론들 사이에 존재하는 불연속성 속에서 정의된다는 점에서 소쉬르나 레비-스트로스와 다르다고는 해도 말이다.

『임상의학의 탄생』에서 푸코가 추적한 것은 의학적 담론이 19세기를 중심으로 보여주었던 불연속과 단절이었다. 그런데 그러한 불연속과 단절이 단지 의학적 담론 안에만 있었던 것일까? 이에 대한 푸코의 대답은 그렇지 않다는 것이다. 그러한 단절은 의학은 물론 생물학과 언어학, 정치경제학 등 다양한 영역에서 발견된다. 더욱이 그러한 단절의 시기가 거의 동일하고, 단절의 양상이 동형성을 보여준다면, 차라리 **다양한 담론들의 불연속과 단절을 규정하는 인식틀 자체의 불연속과 단절을** 생각할 수는 없을까? 그리고 그것이 가능하다면, 특정한 시기에 모든 사람들에 대해 '볼 수 있는 것'과 '볼 수 없는 것'을 분할하고 특정한 방식으로만 표상할 수 있게 하는 그러한 분절의 체계를 정의할 수도 있지 않을까?

이런 문제설정에서 푸코는 '동일자'의 역사를 쓴다(『말과 사물』, 22쪽). 다양한 영역에서 존재하는 다양한 사람들의 인식을 특정한 형태로 질서지우며, 이런 점에서 그 시기 사람들의 사고방식을 '동일한 형태로' 방향지우는 보편적인 표상체계의 역사를. 그것은 심지어 다양한 형태의 담론들조차 제약하고 특정한 방향으로 조직해내는 인식의 조건이다. 그것은 인식 이전에 존재하며, '인식할 수 있는 것'과 '인식할 수 없는 것'을 분할하고, 사물을 특정한 방식으로 분절해 주는 무의식적 조건이다. 이런 의미에서 '인식가능성의 조건'이라고 할 수 있다. 또한 그것은 특정한 형태의 담론들이 출현할 수 있거나 출현할 수 없게 해주는 조건이며, 특정한 방식으로 담론을 조직하고 질서지우는 조건이기도 하다.

『말과 사물』에서 푸코는 이를 에피스테메(épistémè)[21]라고 부르는데, 이는 '말과 사물'을 분절하는 가장 일반적인 구조인 셈이다. 그것은 사물을 특정한 방식으로 인식하게 해주는 '인식의 질서'이고, 결국은 사물들을 특정한 방식으로 질서지우는 '사물의 질서'(The Order of Things)[22]이다. 푸코는 에피스테메의 분석을 통해서 서구의 역사를 크게 세 개의 시기로 나눈다.

첫째, 르네상스 시대. 사물을 유사성에 의해 질서지우던 시기다.

---

21) 에피스테메를 '인식소'(認識素)라고 번역하는 경우가 있는데, 이는 잘못된 것이다. 아마도 그것은 레비-스트로스가 음운론의 기본단위인 '음소'(phonème)라는 개념의 접미사인 ème을 이용하여, '신화소'(mythème), '요리소' 등의 단어를 만든 것을 따라 번역한 것 같은데, phonème의 -ème과 épistémè의 -émè는 전혀 다른 것이다. 또한 '음소'가 언어학에서 가장 기본 단위인 일종의 '원소' 같은 것이라면, 신화소나 요리소 역시 신화나 요리분석에서 일종의 '원소'적인 지위를 갖는 것이다. 그러나 에피스테메는 인식의 어떤 원소가 아니라, 특정한 방식으로 인식을 가능하게 방향짓고 그것을 구성하는 요소들을 '구조화'하는 조건이요 지반이다. 따라서 번역한다면 이런 점에서 차라리 '인식틀'이 더 정확할 것이다.

22) 이 말은 이미 『말과 사물』이란 제목의 책이 있었기 때문에 제목을 변경시켜 달라는 영역본 출판사측의 요청에 따라 푸코가 『말과 사물』이란 이름을 대신하는 것으로 직접 고른 제목이기도 하다. M. Foucault, "Publisher's Note", *The Order of Things: An Archaeology of the Human Science*, Vintage Books, 1994, p.13.

예를 들면, 호두를 먹으면 머리가 좋아질 것이란 생각은 호두와 뇌의 유사성 때문에 가능한 판단이다. 거대한 풍차와 거인을 '거대한 몸집'이라는 유사성으로 동일시한 돈키호테의 사고방식도 마찬가지다. 이 시기의 '인식가능성의 조건'을 푸코는 '유사성의 에피스테메'라고 부른다.

둘째, 고전주의 시대. 16세기를 전후해서 시작되는 고전주의 시대에는 사물을 표상으로 환원하는 사고방식이 두드러진다. 예를 들면, "나는 생각한다, 고로 존재한다"라고 말한 데카르트가 그렇고, "존재하는 것은 모두 지각된 것이다"라고 말한 버클리가 그러하며, 표상을 질서지우는 언어의 일반법칙을 연구함으로써 진리의 기초를 확보할 수 있다고 생각한 『포르-루아얄(Port-Royal) 논리학』의 이념이 그렇다. 이 것을 '표상의 에피스테메'라고 부른다. 그런데 이렇게 표상의 질서를 정립하기 위해서는 '동일성과 차이'를 분명히 하는 것이 중요하며, 유사성을 동일성으로 착각해서는 안 된다. 즉 돈키호테의 사고방식은 결코 용납될 수 없는 것인 셈이다. 그리하여 동일성과 차이를 분별해서 사물을 질서지우는 '이성'이 인식의 중심에 자리잡게 되며, 린네의 분류학이 보여주듯이 동일성과 차이의 체계는 하나의 분류표로 귀착된다. 이런 점에서 표(tableau)가 고전주의 시대의 에피스테메를 요약해 준다고 한다.

셋째, 근대. 18세기 말부터 나타나는데, 표상으로 환원되지 않는 실체가 인식의 중심에 자리잡는다. 예컨대 표상 외부에 있으며 표상을 가능하게 해주는 실체로서 칸트의 '물 자체'가 그렇고, 부의 표상으로 환원되지 않는 '노동'이 그러하다. 생명이나 언어(의 굴절) 역시 개인의 표상으로 환원되지 않는 객관적 실체로 간주된다. 이런 의미에서 '실체의 에피스테메'라고 부를 수 있겠다.[23] 이 시기에 중요한 것은 노동, 생명, 언어라는 실체의 집약점이 '인간'이라는 인식이며, 그 결과 인간이 사고의 중심에 들어서게 된다. '인간'은 이런 점에서 근대의 산물이며, 동시에 근대의 에피스테메를 집약해 주는 집약점이다.

푸코는 이러한 에피스테메의 단절을 통해서 생물학이나 언어학, 정치경제학 등의 담론에 나타나는 근본적 단절을 설명한다. 즉 사물을 분절하는 담론의 규칙과 특성을 인식가능성의 조건으로서 에피스테메로 환원하는 것이다. 이러한 에피스테메는 각각의 역사적 시기마다 서구인 전체의 사고방식을 기초짓던 일종의 보편적 사고구조요, 사고의 심층적 구조이다. 이런 점에서 담론이론이 갖고 있는 표상체계로서의 특징을 가장 심층적인 구조로까지 환원한 것이며, 서구인 전체의 가장 심층적인 표상체계인 셈이다.

이런 의미에서 에피스테메를 추적하는 푸코의 작업은 모든 인식을 가능하게 해주는 심층구조('야성적 사고')를 찾아내려는 레비-스트로스의 구조주의적 작업과 유사하다. 다른 것이 있다면, 레비-스트로스는 그것을 모든 사람들에게 공통된 심층구조로 가정하고 그것을 도출하려한 반면, 푸코는 그것이 역사적으로 (그리고 공간적으로) 상이한 형태를 취한다는 점을 전제한다는 점이다. 이런 까닭에 우리는 이러한 푸코의 작업을 '역사적 구조주의'라고 부를 것을 제안한 바 있다.[24] 레비-스트

---

23) 물론 푸코가 이런 말을 직접 사용하지는 않았다. 그리고 '실체'라는 말이 서양 형이상학의 역사에서 사용되는 여러 가지 맥락이 있기 때문에 이 말의 사용에 신중할 필요가 있지만, '표상의 에피스테메'나 '유사성의 에피스테메'에 대비하여 편의상 '실체의 에피스테메'라는 말을 사용하기로 한다.
24) 이진경, 『철학과 굴뚝청소부』, 339~346쪽.

로스와 분석의 방법이나 분석대상이 다르다는 특징을 갖지만, 그럼에
도 불구하고 의식으로 환원되지 않는 인식가능성의 조건을, 표상을 가
능하게 하는 무의식적 구조를 찾으려 한다는 점에서 '표상체계 패러다
임'이란 연속성을 갖는다. 더욱이 이것은 이전에 푸코가 가지고 있던[25]
담론이론의 문제설정이 갖는, 표상체계 패러다임으로서의 특성을 오히
려 좀더 명확하게 드러내 준다고 할 수 있다.

2) 담론을 벗어난 담론이론

이러한 담론의 개념은 사물의 질서나 사고의 질서를 언어라는 분절의
체계 안에서 정의한다는 점에서 '언어학적 전환'의 효과 아래 있다고
하겠다.[26] 그러나 1968년 혁명을 거치면서, 아마도 그 혁명의 영향일
텐데, 푸코는 담론에 대한 문제설정을 변환시킨다. 이는 이전의 자기
저작에 대한 방법론적 해설이자 일종의 자기비판이기도[27] 한 『지식의
고고학』(1969)과 '콜레주 드 프랑스'(Collége de France)의 취임강연
인 『담론의 질서』(1971)에서 명시적인 형태로 나타난다. 이 두 저작은

---

25) 『임상의학의 탄생』에서 푸코는, 어떤 것에 대한 언표(énoncé)는 "시대감각에 맞는 것은
포함하고 그렇지 않은 것은 배제하는, 말하자면 언표와 언표 사이의 교묘한 분절의 차이
에 따라 정의"되는 것이라고 한다(27쪽). 담론의 불연속성을 시대감각에 의해 이해하는
이러한 발상은 『말과 사물』의 작업을 예시해 주는 요소를 보여주는 셈이다.

26) 라클라우가 '담론형성체'란 개념을 푸코의 이름을 빌려 끌어들일 수 있었던 것은 이러
한 한에서 근거 없는 것만은 아닌 셈이다.

27) "이 책은 적지 않은 교정과 내적인 비판을 포함하고 있다. 일반적인 측면에서 보자면,
『광기의 역사』는 하나의 '경험'이라고 지칭될 수 있는 것에 대해 매우 심각하고도 수수
께끼 같은 부분을 동반하고 있었고, 그럼으로써 익명적이고 일반적인 역사의 주체를 인
정하는 것에 얼마나 가까이 머물렀던가를 보여주고 있다. 『임상의학의 탄생』에서는 종
종 유혹적인 구조[주의]적 분석에 의거함으로써, 제기된 문제의 고유성과 고고학에 고유
한 층위(niveau)를 지워버리게 될 위험이 있었다. 마지막으로 『말과 사물』에서는 방법론
적 지표설정의 부재로 인해 그 분석들을 문화적 총체성에 의거한 것으로 믿게 만들 가능
성이 있었다"(푸코, 『지식의 고고학』, 39쪽).

담론의 개념을 주요한 대상으로 삼아 설명하고 있다는 점에서뿐만 아니라, 개념적 전환 지점을 보여준다는 점에서 푸코의 담론개념을 이해하는 데 중요하다.

① **담론의 새로운 정의** 이전에 담론이 사물을 재단하는 특정한 방식으로서, 그리하여 인식을 제한하는 특정한 표상체계로서 정의되었다면, 이제 담론은 그것이 포괄하는 개인들의 실천을 특정한 형태로 제약하는 조건을 통해 정의된다. 즉 특정한 담론을 형성하는 관계(담론적 관계)는 "담론이 사용하는 랑그나 담론이 그 내부에서 펼쳐지는 상황이 아니라, **실천으로서의 담론 그 자체를 특정화하는 것이다**"(『지식의 고고학』, 78쪽. 강조는 인용자). 예를 들면 정신병리학이란 담론은 이제 특정한 사람들의 사고방식과 행동방식을 정신병으로 정의하고 그들을 정신병자라는 '대상'으로 정의하며, 그 '병'을 이유로 그들을 특정한 장소에 감금하고, 나아가 그들에 대해 특정한 조치를 함으로써 그들의 행동과 실천을 특정한 것으로 만들어내려 한다. 이러한 점에서 그것은 그 담론에 포괄되는 사람들에 대해 특정한 형태로 실천하고 사고하게 한다. 즉 담론적 형성체는 담론적 실천과의 관계 속에서 정의된다. 이 경우 담론적인 분석이란 예컨대 "담론들을 기호들의 집합으로서 다루지 않고 그들이 말하고 있는 바의 대상들을 체계적으로 형성하는 실천으로서 다루는 작업"(같은 책, 82~83쪽)이다. 이런 점에서 실천과의 관계 속에서 새로이 정의되는 담론에 대해 우리는 **효과를 지향하는 언표집합**이라고 재정의할 수 있다.

따라서 한 담론 안에서 언표들은 "담론적 실천을 특정화하는 규칙들"(같은 책, 98쪽)과 관계 속에서 조직된다. 이러한 담론적 실천의 형성규칙을 통해 우리는 어떤 담론을 특정화할 수 있다. 예를 들면 정신병리학이나 경제학, 생물학이나 사회학 각각을 다른 담론과 구별해 주는 것은 일차적으로 그것들이 어떠한 효과를 지향하는가, 그것이 어떻게 실천을 조직화하는가에 의해 구별된다. 각각의 담론 내부에서 작동하는 형성규칙은 특정한 형태로 실천을 형성해낸다. "형성(formation) 규칙들은 그들의 장소를 개인의 '심성'(mentalité)이나 의식 속에서가 아니라 담론 자체 속에 가진다. 결과적으로 그것들은 일종의 균일한 익명성에 따라 이 담론적 장(場, champ) 안에서 말하고자 하는 모든 개인에게 부과된다"(같은 책, 99쪽).[28] 정신병에 관련된 어떠한 언급도 좋든 싫든 정신병리학이라는 담론을 통해서, 그것의 형성규칙을 통해서 행해질 수밖에 없다. 어떠한 개인도 여기에서 벗어날 수는 없다는 점에서, 그것은 모든 개인에 대하여 익명성의 형식을 따라 부과되는 규칙인

---

28) 여기서 푸코는 '심성'이란 말에 따옴표를 쳐서 강조하고 있다. 이는 푸코의 담론개념 변화와 관련해 중요한 것인데, 바로 이전의 저작인 『말과 사물』이 아날학파의 심성사 연구와 보조를 함께하는 것이었다는 점을 염두에 두어야 하기 때문이다. 즉 표상의 무의식적 지반으로서 에피스테메란 사람들로 하여금 동일한 방식으로 사고하게 하는 일종의 '심성'이었던 셈이다. 이런 의미에서 '심성'을 벗어나려는 시도는 담론을 표상체계로서 정의하려던 초기 입장에 대한 '내적인 비판'인 셈이다. 한편 이정우는 김응종을 언급하면서 에피스테메를 심성사적 맥락에서 이해하는 것은 잘못이라고 말한다(이정우, 『담론의 공간: 주체철학에서 담론학으로』, 민음사, 1994, 147쪽). 하지만 이른바 제2세대 아날학파나 그 주변의 아리에스(Ph. Ariès) 같은 역사가들이 주목하고 추구하던 '심성사'가 단지 의식과 유사한 어떤 것이 아니라 시대 전체를 밑받침하고 있는 무의식적 '망탈리테'를 추적하려는 시도며, 그것 역시 "브로델이 '장기지속'이라고 이름붙인 역사 연구의 새로운 단위"(앞의 책, 146쪽)임을 이해한다면, 에피스테메의 연구가 그것과 거의 유사한 맥락에 위치하고 있음을 이해하는 것도 어려운 일은 아닐 것이다. 이에 대해서는 김응종, 『아날학파』, 민음사, 1991 ; 최갑수, 「미셸 보벨의 역사세계 : 사회사로부터 심성사로의 이행」, 『역사가와 역사인식』, 민음사, 1989 ; 이시재, 「필립 아리에스의 심성사 연구」, 한국 사회사 연구회 편, 『사회연구의 이론과 방법』, 문학과 지성사, 1988 ; 김영범, 「망탈리테사 : 심층사의 한 지평」, 한국 사회사 연구회 편, 『사회사연구와 사회이론』, 문학과 지성사, 1991 등을 참조.

셈이다. "이 규칙들의 집합은 각각의 영역에서 고유한 개개의 담론적 형성체를 특정화하기에 충분히 특이하다(spécifique)"(『지식의 고고학』, 99쪽).

한편 푸코는 이러한 담론적 분석을 언어학적 분석으로 환원하는 데 대해 명시적으로 반대하기 시작한다. "'물 자체'의 계기를 생략하는 것이 반드시 의미작용에 대한 언어학적 분석으로 넘어가는 것은 아니다. 담론 대상 형성에 대해 기술할 때 우리가 주목하고자 하는 것은 담론적 실천을 특정화하는 관계구성(les mises en relations)이다"(같은 책, 81쪽).

이제 중요한 것은 담론이 언어를 통해 개인들에게 제공하는 어떤 의미구조나 표상방식이라기보다는, 차라리 그것이 **개인들을 특정한 방식으로밖에는 실천할 수 없게 하는 실천 양태와 그러한 실천을 강제하는 규칙**이다. 이를 푸코는 '역사적 아 프리오리'(a priori historique)라고 부른다. "역사적 아 프리오리란 담론적 실천을 특징짓는 규칙의 집합으로서 정의된다"(같은 책, 185쪽).

② **담론적인 것과 비담론적인 것** 푸코는 특정한 형태로 실천을 만들어내는 것이 단지 담론만으로 완결된다고 생각하지 않는다. 그것은 담론적인 것뿐 아니라 비담론적인 것과 연관된 속에서도 만들어진다.

〔푸코의〕 고고학은 두 가지 유형의 실천적 형성체로 나아간다. 하나는 언표를 포함하는 담론적인 것이고 다른 하나는 〔그것의〕 환경(environment)을 포함하는 비담론적인 것이다. 예컨대 18세기 말의 임상의학은 담론적인 형성체다. 하지만 그것은 대중과 인구에 관계되어

있는데, 그들은 '제도나 정치적 사건, 경제적 실천들 및 과정들' 같은 비담론적 환경을 만들어내는 다른 종류의 형성체에 의존하고 있다. 물론 환경은 또한 언표를 산출한다. 마치 언표가 환경을 결정하듯이. 하지만 사실 이 두 가지 형성체는 이질적이다. 심지어 그것들이 서로 겹칠 경우에조차도.[29]

이처럼 두 가지 유형의 형성체를 구분한 것이 『지식의 고고학』에서 보여준 결정적 전환점이었다고 들뢰즈는 평가한다.[30] 이제 푸코는 실천을 특정한 형태로 형성해내는 메커니즘을 담론적인 것과 비담론적인 것의 연관 속에서 파악하고 있는 것이다. 예컨대 담론의 대상을 형성하는 실천의 경우, 단지 담론 안에서만 정의되고 형성되지 않는다. 실천을 형성해내는 이 관계들은 "제도, 경제적 내지 사회적 관계, 행동의 형태, 규범의 체계, 기술, 분류 유형, 특성화 양태 등등의 사이에서 수립된다. …… 이 관계들이 정의되는 것은 그 내적인 구성이 아니라 그것들이 나타나도록 해주며 다른 대상과 병치되고 그것들과 관계 속에서 자리잡도록 해주는 …… **외재성의 장**(un champ d'extériorité) 속에서이다"(『지식의 고고학』, 77쪽. 강조는 인용자).

여기서 푸코는 "모든 담론들과 독립적으로 제도, 기술, 사회적 형태들 사이에서 서술될 수 있는 관계"를 '일차적인(primaire) 관계'라고 하며, 이와 달리 "담론 자체 내에 공식화되어 있는 관계"를 '이차적인(second) 관계'라고 하여 구분한다. 그리고 "담론적 실천(을 형성하는)

---

29) G. Deleuze, *Foucault*, University of Minnesota Press, 1988, p.31.
30) G. Deleuze, 위의 책, p.31.

규칙들의 어떤 집합의 조직화는 …… **역사라는 요소 속에서** 규정될 수 있다"(같은 책, 98쪽. 강조는 인용자)고 한다. 즉 담론적인 것의 형성규칙은 역사라고 불리는 비담론적인 것과의 관계 속에서 규정된다는 것이다.

이를 통해서 우리는 담론개념에 관한 또 하나의 변화를 확인할 수 있다. 그것은 사물의 질서란 오직 담론 안에만 있다는 명제를 비담론적인 것의 도입을 통해 차라리 **담론 자체도 그 '외재성의 장'을 통해서 사고하려는 것**이다. 이로써 담론의 외부는 없으며, 모든 것이 담론을 통해 존재한다는, 언어학적 전환의 그늘 아래 있으며 구조주의적인 영향을 확인할 수 있는 명제는 기각되고, 담론이론은 담론을 넘어선다. 이제 담론은 개인의 인식과 사고를 지배하고 규제하는 표상체계가 아니라 실천을 통해 파악되는 것이고, 그리하여 표상으로 환원되지 않는 영역을 사고할 여지를 마련한 셈이다. 표상으로 환원되지 않는, 그러나 실천을 규제하고 있는 것이 분명한 비담론적인 것이 담론이론 안으로 들어온 것이다.

그렇다면 담론적인 형성체와 비담론적인 형성체 간의 관계는 어떻게 파악될 수 있는가 하는 문제가 발생한다. 푸코는 다시 담론적 형성체/비담론적 형성체라는 이원론의 심연에 빠지고 마는 것일까? 여기서 우리는 '사건'(événement)과 '실증성'(positivité)이란 차원에서 양자의 관계가 정의된다는 점을 주목해야 한다.

첫째, **'사건'의 차원.** 푸코에 따르면, 담론의 문제설정에서 문제가 되는 것은 "언표를 그 사건의 구체성과 고유성 속에서 파악하는 것, 그것의 존재조건을 결정하는 것, 그것의 한계를 적절히 고정시키는 것"이다(『지식의 고고학』, 54쪽). 예컨대 정신병리학이란 담론은 근대 초기에 유럽 전역에 나타났던 '거대한 감금'이란 '사건'과 무관하지 않으며, 이러한 사건의 효과 아래서 성립되었다. 여기서 감금이라는 사건이 어떠한 담론과도 무관하게 그 자체만으로 수행된 것은 아니겠지만, 그렇다고 그것이 정신병리학과 같은 특정한 담론으로 환원되는 것은 분명히 아니다. 반대로 그것은 정신병리학과 같은 특정한 담론이 가능하게 해주었던, 그리하여 정신병자에 대한 어떠한 언표가 가능하게 해주었던 '존재조건'인 것이다. 따라서 사건을 통해 담론적 형성체가 만들어진다고 할 수 있다. 이런 의미에서 "담론들은 우선 담론적 사건의 집합들로 다루어져야 한다"(『담론의 질서』, 45쪽).

나아가 감금이라는 사건은 거대한 감금장치라는 '비담론적 형성체'를 통해 가능했던 것이다. 이런 점에서 감금이라는 '사건'은 정신병리학이란 담론적 형성체와 로피탈 제네랄(l'hôpital général)이나 정신병원 같은 비담론적 형성체들이 교차하고 결합되는 지점이다. 따라서 사건은 담론적 형성체 안에 있는 비담론적인 것이다. 사건을 통해 "담론의 현실적인 형성"(같은 책, 49쪽)이 이루어진다는 점에서 사건은 담론적인 것에 대한 비담론적인 것의 효과를 지시한다.

이런 점에서 사건은 "실체도, 우연적인 존재도, 성질도, 과정도 아니다. 그것은 언제나 그것이 효과를 가져오는, 그것이 효과인 물질성의 수준으로 존재한다. 그것은 그의 장소를 가지며 또 그것은 물질적 요소들의 관계 공존 분산 교차 축적 선택에 의존한다. …… 그것은 물질적 분산의, 또는 분산에서의 효과로서 생산된다"(같은 책, 45쪽). 따라서 '비물체적인 것의 유물론'이라고 할 수 있는 사건의 철학은 담론에 대한 유물론적 개념을 가능하게 해주는 지점이며, 담론적인 것과 비담론적인 것의 간극을 제거할 뿐 아니라 오히려 그 양자의 겹침을 사고할

수 있게 해주는 셈이다(『담론의 질서』, 45쪽).[31]

알다시피 『감시와 처벌』에서 푸코는 근대의 인문과학이 근대적 감시와 규율로부터 탄생한 것이라고 주장한다.[32] 즉 감시와 규율이라는 '사건'으로부터, 그리고 감시와 처벌을 행하는 감옥이라는 비담론적인 장치로부터 인문과학이라는 담론의 현실적 형성을 설명하고 있는 것이다. 이는 '인식가능성의 조건'을 이루는 표상체계(에피스테메)로부터 담론 내적인 구조 속에서 인문과학의 탄생을 설명했던 『말과 사물』의 설명과 근본적인 차이를 보여주고 있다. 각각 '계보학'과 '고고학'이라는 상이한 방법론으로 귀착되는 이러한 차이는 바로 '사건의 철학'에 의해 가능했던 담론개념 자체의 변화에서 기인하는 것이다.

둘째, **'실증성'의 차원.** 푸코는 담론적 형성체를 '실증성'의 형태로 다루어야 한다고 말한다(『지식의 고고학』, 182쪽). 여기서 푸코가 '의도

---

31) 드레피스와 라비노우는 이 문제에 관해 적지 않은 혼란을 보여준다(H. Dreyfus/P. Rabinow, *Michel Foucault : Beyond Structuralism and Hermeneutics*, Harvester, 1983, 서우석 역, 『미셸 푸코:구조주의와 해석학을 넘어서』, 나남, 1989). 그들은 『지식의 고고학』을 인용하면서 푸코가 "비담론적 요인들이 담론적 요인들을 유지하고 둘러싼다고 말하는 듯"하지만(131쪽), "일차적 관계에 대한 그의 설명에서 푸코는 담론의 자율성을 고수하고 그래서 〔그와〕 아주 대립된 결론에 이르고 있다. …… 비담론적 실천들은 담론적 실천들이 일어나는 요소 또는 지평이라기보다는 담론적 실천들이 취해서 변형시키는 요소들인 것 같다"고 쓰고 있다(131~132쪽). 그리고 이러한 자율성을 강조하는 입장으로서 푸코를, 비담론적 요소를 강조하는 하이데거나 비트겐슈타인 등에 대비시키고 있다(132쪽). 이는 담론적 실천의 문제로 담론이론을 재정의하고, 비담론적인 것의 '일차성'을 강조하던 푸코의 주장과 상반된다.
한편 그들은 "담론적 실천과 비담론적 실천의 관계를 다루는 이러한 쟁점들이 『지식의 고고학』에서는 거의 언급되지 않는다"고 하며, 이는 그것이 초기(『지식의 고고학』을 포함하는)의 어떤 저서의 주제가 아니었기 때문이라고 한다. 그러나 이는 후일 『담론의 질서』에서 푸코가 '사건의 철학'이라고까지 불렀던, 『지식의 고고학』에 고유하고 중요한 주제 중의 하나를 그들이 전혀 이해하지 못하고 있음을 보여줄 뿐이다.
32) M. Foucault, *Surveiller et punir : naissance de la prison*, Gallimard, 1975, 박홍규 역, 『감시와 처벌』, 강원대 출판부, 1994, 288쪽.

적으로 실증성이라고 부르는 것'은 '대상들의 영역(그에 대해 우리가 참되거나 거짓된 명제를 긍정하거나 부정할 수 있는)을 구성하는 힘'이다. 예를 들어 피와 포도주를 구별하지 못하는 사람은 정신병리학이라는 담론 안에서 정신병자라는 대상으로 정의된다. 그가 이러한 대상으로 간주되는 한 정신병리학은 그에 대해 강제성과 구속성을 갖는 실제적인 힘을 갖는다. 그가 아무리 "나는 미치지 않았다"고 외쳐봐야 그것은 인정되지 않는다. 그는 철창이 있는 병원의 보호실에 갇힐 것이고, 때때로 저항하겠지만 그때마다 매를 맞거나 진정제를 맞게 될 것이다. 주체인 의사가 그에 대해 지시하는 어떠한 조치도 ── 때로는 멀쩡한 사람을 미치게 만들 수도 있을 그런 조치조차 ── '치료'라는 이름으로 정당화된다.

이처럼 정신병리학이란 담론은 그 대상이 되는 증상과 환자를 정의하며, 그 정의에 포함된 사람에 대해서, 그의 의지와 무관하게 구속력과 강제력을 갖는 일련의 조치들을 취하게 한다. 마치 형법이나 핵폭탄이 시민들의 의사와 무관하게 강제로 그 영향력을 행사하는 것처럼, 의사의 조치는 환자에게 실제적인 영향력을 행사한다. 이런 의미에서 정신병리학이란 담론은 그러한 '치료'의 대상을 정의하고 그것을 당사자의 뜻과 무관하게 '환자'라는 대상을 구성하고, 그 안에 포섭된 개개인에 대해 강력한 영향력과 강제력을 행사하는 '실증적'인 힘이다. 즉 담론의 실증성이란 그것이 개인들에 대해 효과를 갖고 작동하는 힘을 의미한다.[33] 한마디로 그것은 담론이 갖는 효과를 지시한다.

---

33) 이는 뒤르켐이 말하는 '사회적 사실'이라는 개념을 떠올리면 오히려 쉽게 이해할 수 있을 것이다.

그러나 이는 받아들이지 않으려는 것을 묵살한 채 강제되는 힘이라기보다는 차라리 참이란 이름으로 개개인이 받아들이게 되거나 적어도 당연시되는 전제다. 정신병동에서 일어나는 어떠한 일도 정신병리학이란 담론 안에서 해석되고 그 담론 안에 있는 규칙에 따라 실천이 이루어진다. 치료를 하는 조치든, 치료를 받는 조치든 간에. 이런 점에서 실증성의 형태 아래 다루어지는 담론적 형성체는 "하나의 담론적 실천을 특성화하는 규칙들의 집합"(『지식의 고고학』, 185쪽)으로 정의된다. 이를 푸코는 그 안에서 이루어지는 어떠한 판단이나 실천의 전제조건이 된다는 점에서 일종의 '아 프리오리'라고 본다. 그러나 그것은 현실적으로, 역사적으로 형성되는 것이기에 '역사적 아 프리오리'다(같은 책, 184쪽).

푸코는 과학적인 담론들 역시 이러한 관점에서, 즉 그것이 개인들에 대해 미치는 효과라는 점에서 분석하려고 한다. "의학적, 정신의학적, 사회학적 담론들처럼 과학적인 담론들이 형벌체계를 구성하는 규범적인 담론들과 실천들의 집합에 가하는 효과를 측정"하려 하며, "정신감정과 형벌제도에서 그것들의 역할에 대한 연구"를 하겠다고 한다(『담론의 질서』, 48쪽).

이런 점에서 '실증성'이란 이미 단순한 '말'의 영역을 넘어 서 있는 것이고, 단순히 '담론적인 것'에 머물러 있지 않은 것이다. 그것은 **비담론적인 것에 대한 담론의 효과**를 지시하며, 이런 의미에서 비담론적인 것 속에 있는 담론이다. 그것은 '사건'과는 반대방향의 효과로서 담론적 형성체와 비담론적 형성체를 관계지우고 있는 셈이다.

결국 푸코는 사건과 실증성이란 두 가지 방향에서 '담론'을 다루고 있다. 사건을 통한 담론의 현실적 형성이란 면에서 담론은 분명 담론적인 형성체이며, 역으로 실증성이란 면에서도 담론은 특정한 규칙을 통한 특수한 형태의 실천을 형성한다는 면에서 담론적인 형성체다. 결국 담론적 형성체란 사건과 규칙을 통해 실천을 포섭해내고 실천하는 개인을 포섭해내는 메커니즘인 것이다.

③ **담론적 형성체의 4가지 차원** 그렇다면 담론적 형성체는 어떻게 형성되는가? 효과를 지향하는 진술들의 집합으로서 담론적 형성체는 고유한 형성규칙을 통해 만들어진다. 푸코는 이 형성규칙을 네 가지 차원으로 나누어 고찰한다.

첫째, 대상의 형성. 푸코의 말대로 광인을 정의하고 그 정의에 따라 어떤 사람들을 '환자'로 포섭하는 것은 가족들이 아니다. 그렇다고 그것은 법률이 정하는 바도 아니다. 정신병의 대상은 정신병리학이란 담론 안에서 정의된다. 경제학의 대상이 경제학이란 담론 안에서 정의되며, 사회학의 대상이 사회학이란 담론 안에서 정의되듯이. 편집증, 정신분열증, 신경증, 간질병 등등 다양한 증상과 병들, 그것에 대한 정의와 설명, 그것들 간의 관계와 분류체계가 만들어진다. 어떤 사람이 보여주는 태도나 현상이 이처럼 분류된 증상들의 정의에 포섭되기만 하면, 그는 이제 '환자'로서 정신병리학적 담론의 대상이 된다. 그가 동의하는가 여부는 전혀 문제가 되지 않는다. 한편 이러한 대상의 정의를 통해 정신병리학이라는 담론의 한계가 그어진다. 그것은 이 한계 안에서만 작동할 수 있다.

둘째, 언표행위 양태의 형성, 혹은 말할 수 있는 주체의 형성. 푸코는 질문한다. "누가 말하는가? 모든 말하는 개인들의 집합 속에서 이러한 종류의 언어를 취할 수 있는 지위를 부여받은 사람은 누구인가? 그러한 직함을 가진 사람은 누구인가?"(『지식의 고고학』, 83쪽). 이러한 주체란 사실 어떤 특정한 개인에게 주어지는 자격이 아니라, 담론 안에 마련된 '자리'인 셈이고, 그 자리에 들어설 수 있는 사람만이 주체가 될 수 있다. 그 자리를 통해서만 말은 발언이 되고 효과를 갖는다.

예컨대 정신병원에서는 누구나 발언할 수 있는 것이 아니다. 오직 의사와 간호사만이 발언할 수 있다. 즉 정신병리학적 담론에서, 그 대상에 대해 판단하고 언표할 수 있도록 정의된 '주체'만이 발언할 수 있다. 환자는 물론 그 가족이나 참관자의 발언 역시 침묵에 묻히며 들리지 않는다. 즉 그들에게는 발언하고 판단할 자격이 주어지지 않는다. 오직 의사의 판단만이 허용되며, 그 판단은 환자에 대한 전적인 지배력을 갖는다. 즉 주체는 지배한다.

그런데 이러한 지배력을 보장해 주는 것은 단지 담론만은 아니다. 의사의 발언은 병원이란 제도 안에서 이루어지며, 병원 안의 체계화된 장소에서 행해진다. 환자의 상태에 대해 판단하고 그에 대해 필요한 조치를 명령할 수 있는 제도와 공간 속에서 주체의 발언은 물질적인 힘을 갖추는 셈이다. 결국 담론은 제한된 특정한 사람들로 주체를 제한한다. 이런 점에서 주체는 희박하다.

셋째, 개념의 형성. 담론 안에서 언표들은 특정한 개념들로 조직된다. 정신병리학에서 정신분열증이나 그 환자에 대한 서술과 판단은 의사의 개인적 사고가 아니라 정신병리학이 제공하는 개념들로 이루어진다. 그러나 그 개념들은 나름대로 다른 개념들로 이어져 있어서, 정신분열증 환자에 대한 의사의 판단이나 조치는 그 개념들의 연쇄가 허용하는 한계 안에서 이루어진다. 근대 의학의 담론 안에서 주관적인 상상이나 상징적인 표현들이 나타날 수 없었던 것은 이와 연관된 하나의 예일 것이다. 이런 의미에서 하나의 담론은 그 안에서 언표들을 계열화하고 조직화하는 규칙의 집합이기도 하다. 물론 이러한 "언표규칙의 집합은 역사의 요소 속에서 규정될 수 있는 것"이지만 말이다(『지식의 고고학』, 98쪽).

넷째, 전략의 형성. "경제학, 의학, 문법, 생명체의 과학 같은 담론들은 개념들의 일정한 조직화, 대상들의 일정한 재분절화, 언표행위의 일정한 유형들을 생겨나게 한다. 이들은 그 정확성, 엄밀성, 안정성에 따라 테마들이나 이론들을 형성한다"(같은 책, 100쪽). 예를 들어 가치론이니 공황론이니 생산이론이니 분배이론이니 하는 상이한 테마들이 상이한 유형의 경제학적 담론들을 만들어내며, 과소소비론이니 과잉생산론이니 불비례설이니 이윤율저하설이니 하는 상이한 이론이 특정한 테마 아래에서 또 다른 유형의 경제학적 담론들을 만들어낸다. 이처럼 상이한 테마와 이론적 입론들을 푸코는 '전략'이라고 부른다(같은 책, 100쪽).

담론의 대상, 주제, 언표행위의 형성체계가 허용해 주는 담론적 공간 안에서 특정한 목적과 이론적 도구를 통해서 새로운 계열의 개념을 형성해내며, 그 위에서 특정한 형태의 실천을 겨냥하는 것이 바로 이 전략이다. 이 전략은 각각의 영역에서 다양한 담론적 형성체들이 만들어지고 그것들 사이에 대립과 연합 관계가 형성될 수 있는 계기를 이룬다. 경제학적인 담론의 공간 안에서 여러 가지 학설들이 대립하고, 각 학설마다 주요하게 여기는 주제가 별도로 정의되는 것은 이러한 전략의 차이를 보여주는 것이다.

경제학의 대상, 언표방식, 개념들의 형성체계가 허용하는 가능한 전 공간을 차지하는 담론적 형성체는 없다. 그 각각은 나름의 전략적 선택에 따라 그 공간 안에서 고유한 담론의 유형을 생산할 뿐이다. 이런 점에서 "하나의 담론적 형성체는 그 안에서 전개되는 상이한 전략의 형성체계가 정의될 수 있을 때 그 고유성을 획득한다"(같은 책, 106쪽). 그리고 그 고유한 전략은 여러 가지 경로를 거치면서 그 대상에 대해 특정한 효과를 산출한다.

요약하자면, 푸코의 담론이론은 담론이란 영역을 넘어선다. 심지어 그는 이원론의 위험을 무릅쓰면서까지 '비담론적 형성체'를 담론이론 안으로 끌어들인다. 그리고 이러한 '기투'의 결과 발생하는 이원론의 긴장을 해소하는 과정에서 그는 담론적인 것과 비담론적인 것의 겹침을, 그 겹침의 효과를 주목하게 되며, 사건과 실증성이란 개념이 담론이론에서 중요하게 부각되게 된다. 이처럼 담론이 갖는 사건적 특성과 실증성을 다루기 위해 그는 니체적인 계보학으로 전환하게 된다.

3) 계보학적 전환

푸코는 '콜레주 드 프랑스'의 취임강연에서 자신이 이후에 하려고 하는 작업을 다음의 세 가지로 요약한다. "우리의 진리의지를 문제삼는 것, 담론에 그 사건적 특성을 복구시켜 주는 것, 마지막으로 시니피앙의 지고함을 제거하는 것"(『담론의 질서』, 41쪽). 우리는 푸코의 담론이론에서 계보학적인 전환의 계기를 이와 연관지어 세 가지로 나누어 살펴볼 수 있다.

① **진리의지를 문제삼는 것** 개개 명제나 담론 내부적 과정에 머물러 있는 한, 어떠한 언표도 진리인가 거짓인가를 두고 평가된다. 각각의 담론은 그것이 진리인가 여부를 가리는 개념이나 규칙을 가지며, 이 규칙에 부

합하는 한에서만 언표와 발언은 가능하게 된다. 예를 들면 실증주의 경제학에서 노동가치나 잉여가치라는 개념은 실증적으로 '검증'될 수 없는 개념이기 때문에 용납되지 않으며, 그러한 개념을 근거로 한 임금계산이나 축적이론 역시 받아들여지지 않는다. 즉 잉여가치란 개념이 실증주의 경제학이란 담론에 의해 배제되는 것은 그것이 실증주의적 담론이 마련해 둔 진리의 규칙과 장치들에 부합하지 않기 때문이라는 것이다. 마찬가지로 편집증이 개인적인 성적 경험에 의한 것이란 명제는, 그것을 반증하는 몇 개의 사례들에 의해 반박되지 않는다. 왜냐하면 그것은 오랫동안 관찰하고 실험하고 측정하여 분류한 정신병의 개념과 진리규칙에 부합하는 것이기 때문이다. 이것은 담론을 통해 특정한 사고나 판단을 배제하고 금지하는 것을 의미한다. 마치 유클리드 기하학이 지구 위에 그려지는 어떠한 삼각형도 그 내각의 합이 180도보다 크다는 사실을 보지 못하게 하고 말하지 못하게 한 것처럼. 즉 진리의지는 담론을 통해 금지와 배제, 억압이 '진리 추구'라는 이름으로 행해지게 하는 중요한 근거인 셈이다.

　"이러한 진리의지는, 배제의 다른 체계들이 그렇듯이, 어떤 제도적 토대에 입각해 있다"(『담론의 질서』, 21쪽). 견해를 발표할 수 있는 제도적 장치와 기회는 오직 기존의 담론이 용납하는 진리규칙의 범위 안에서 허용된다. 경혈에 대한 이론이나 기(氣)를 근거로 한 병의 치료법이 (서양식) 의과대학에서 가르쳐지거나 임상의학자들의 학회에서 발표될 가능성을 찾는 것보다는 차라리 산에 가서 참치사냥을 하는 편이 더 낫다. 이처럼 진리의지는 지식이 어떤 한 사회에서 받아들여지고, 가치를 부여받고, 사용되며, 분배되고, 때로는 강요되기도 하는 방식에 깊이 연루되어 있다. 나아가 특정한 유형의 주장이나 지식이 정당한 것으로 간주되고 사람들의 삶에 강요되는 것을 정당화하는 요소인 셈이다.

요컨대 진리의지를 통해 억압과 금지, 배제와 강제가 작용하게 되는 것이고, 이런 점에서 진리의지는 권력이 담론을 통해 행사되는 방식인 것이다. 즉 "담론은 …… 존재하자마자 단지 실천적 적용에 국한되지 않고서 권력의 물음을 제기하는 속성(재산, property), 자연히 정치적·비정치적 투쟁의 대상이 되는 속성인 것이다"(『지식의 고고학』, 173쪽). 따라서 진리의지를 문제삼자마자 담론 분석은 권력의 문제로 넘어갈 수밖에 없다.

②담론의 사건적 특성을 복구하는 것 앞에서 본 것처럼 근대의 거대한 감금, 혹은 피넬이나 듀크가 대표하는 '대개혁'이란 사건이 없었더라면 근대적인 정신의학은 탄생할 수 없었을 것이다. 각 담론마다 고유한 형성규칙이 있다면, 그리고 그것이 담론의 형성을 지배한다면, 어떠한 담론 내부에서 그것과 단절한 새로운 담론이 탄생하리라고 기대할 수는 없을 것이다. 그러한 단절을 구획하는 담론 자체의 변화, 나아가 새로운 담론적 공간의 출현은 담론 외적인 것을 통해서, 좀더 정확하게는 담론 내의 담론 외적인 것인 (새로운) 사건을 통해서 비로소 가능할 뿐이다. 이런 의미에서 외재성의 공간이 없다면 담론의 변환은 사고할 수 없다.

예컨대 맑스의 이론이 야기한 경제학적 담론의 변환은 단지 스미스나 리카도의 담론에 대한 담론 내적인 비판만으로 과연 가능했을까? 스미스와 리카도의 담론적 공간에 머물러 있는 한, 맑스의 '정치경제학 비판'은 그 공간 안에서 작동하고 있는 '규칙'으로부터 자유로울 수 없었을 것이고, 그 규칙의 지배하에 있었을 것이다. 그렇다면 거기서 정치경제학에 대한 근본적인 비판과 단절은 당연히 불가능할 것이다──에피스테메나 '심성'이 변하지 않는다면. 그 경우 맑스의 경제학적 담론은 리카도에 비해 그다지 새로운 것이라고 할 수 없을 것이다.[34]

그러나 맑스에게는 분명 리카도나 스미스로 환원되지 않는 근본적인 새로움이 있으며, 그것에는 단지 '서서 보는 지점'의 변화만으로 설명되지 않는 근본적인 단절이 있다. 즉 맑스에게서 보이는 리카도와 스미스의 개념들조차도 상이한 형성규칙과 상이한 개념적 지위, 상이한 전략과 효과를 갖고 있다는 것이다. 이러한 요소들이 고전경제학과는 상이한 다수의 담론들을, 결국은 담론적 공간을 창출했으며, 그것은 나아가 자본주의 사회를 전복하려는 상이한 실천의 형태들을 조직해내는 '실증적' 효과를 가졌던 셈이다. 이처럼 그 효과나 구성이란 면에서 맑스의 담론이 갖는 근본적 단절과 새로움은 단지 이전의 지배적인 담론 내부에서 출현하지는 않는다.[35] 그것은 차라리, 맑스에 따르면 1848년을 전후해서 전면화된 계급투쟁과 혁명, 그리고 공산주의 운동이라는

---

34) 푸코가 『말과 사물』에서 맑스의 경제학적 담론을 평가하는 것은 정확하게 이런 방식으로다. 그는 스미스에서 보여진 근대적 단절의 징후가 리카도에 이르러 명확한 이론적 형태를 갖춘다고 보며, 맑스의 비판은 이러한 리카도의 단절 아래 있고, 바로 그렇기에 오히려 많은 사람들의 호응을 받을 수 있었다는 것이다(『말과 사물』, 308~309쪽).

35) 푸코에게서 담론이론의 변화는 맑스의 담론에 대한 평가의 변화를 통해서 확연하게 드러난다. 담론을 오직 담론을 가능하게 해준 공간으로서 에피스테메 속에서만 고찰하는 『말과 사물』과 달리, 『지식의 고고학』에서는 다음과 같이 쓰고 있다. "맑스에게서 볼 수 있는 잉여가치나 이윤율의 경향적 저하 같은 개념들은(『말과 사물』에서 그랬듯이—인용자) 이미 리카도 저작 속에 존재하는 실증성의 체계로부터 기술할 수 있다. 그러나 이 개념들은 …… 전혀 다른 담론적 실천과 함께 복귀하는 것으로서 나타난다. 그것은 그곳에서 고유한 법칙을 따라 형성되며, 전혀 다른 위치를 점하며 동일한 얽힘으로 그려지지 않는다. 그것은 새로운 정치경제학이 아니다"(244~245쪽). 한편 이런 관점에서 본다면, 사회주의 국가의 붕괴나 적어도 사회주의 운동의 실패라는 '사건'은 오히려 기존의 지배적인 맑스주의와 불연속적인 새로운 담론의 출현을 가능하게 해줄 조건을 뜻하는 것은 아닐까?

'사건'들을 통해 비로소 가능했던 것이다.[36)]

또 앞서 본 것처럼 담론 내에 있지만 결코 담론적인 것만은 아닌 사건은 비담론적인 것과 담론적인 것의 연관을 드러낸다. 즉 담론을 담론적 사건의 집합으로 정의하고 담론의 사건성을 복구한다는 것은, 담론으로 환원되지 않는 것과 연관 속에서 담론의 형성과 작동을 분석한다는 것을 의미한다. 아니 사건의 일차성을, 즉 담론적인 것 안에서 작용하는 비담론적인 것의 일차성을 복구한다는 것이다. 예컨대 형법학이라는 담론이나 정신병리학이란 담론에 대해, 감금하고 처벌하며 감시하고 훈육하는 사건의 일차성을.

담론적인 형성체와 비담론적인 형성체가 함께 결합하여 특정한 형태의 실천을, 생활을 생산하는 것 역시 이러한 사건의 개념을 통해 이해할 수 있다. 그것은 서로 이질적인 두 가지 형성체가 야기하는 '복합효과'를 사고할 수 있게 해준다. 그것은 개개인을 특정한 형태의 실천과 생활방식으로 길들이고 강제하는 동시에 기존의 담론과 제도에 부합하지 않는, 실천과 생활을 금지하고 배제하는 권력의 메커니즘인 것이다. 즉 담론의 사건적 특성을 복구함으로써 푸코는 이후 '권력' 개념으로 이어질 실천적 효과를 주목하게 되는 것이다.

③시니피앙의 지고성을 제거하는 것　담론을 담론적 사건의 집합으로 정의하는 것은 그것을 인식 가능하게 해주는 기호적 의미체계로 정의하는

---

36) 이와 연관해서 맑스가 『자본』 I권의 「제2판 서문」에서 고전경제학이라는 담론의 퇴락과 정을 유럽에서 계급투쟁의 발전이란 '사건'과 연관지어 설명하고 있는 것에 주목할 필요가 있다. K. Marx, *Das Kapital* Bd.1, 김수행 역, 『자본론』 I(상), 비봉출판사, 1989, 11~13쪽.

것과 전혀 다르다. 즉 담론을 오직 담론 내적인 기호체계로 정의하지 않으려는 점에서 다르며, 또한 그것을 단지 사물을 분절하는 의미구조로 제한하지 않으려 한다는 점에서도 다르다. 이런 의미에서 푸코는 언표가 '반복가능한 물질성'을 갖는다고 한다(『지식의 고고학』, 150쪽). **언표의 물질성**이란 무엇인가? 그것은 "언표가 …… 사물 또는 대상의 지위에 의해 정의된다는 것"이다. "결코 결정적이지는 않아서 수정가능하고 상대적인, 그리고 언제라도 다시금 의문에 부쳐질 수 있는 지위" 말이다. 물론 "언표가 물질의 한 조각과 동일시될 수는 없다. 그러나 그의 동일성은 물질적 제도들의 복잡한 규칙과 함께 변화한다". 여기서 "언표들이 필연적으로 복종할 수밖에 없는 물질성의 규제는 시공간적 위치지움의 질서에 속하기보다는 제도의 질서에 속한다"(같은 책, 150~151쪽). 다시 말해 언표 가능성의 공간이 제도적인 것에 의해 제약된다는 것을 그는 '언표의 물질성'이라고 정의하는 것이다. 물론 앞서 본 것처럼 담론을 형성하는 규칙에 의해 언표가 제약된다는 점을 배제하는 것은 아니다.

이것은 얼핏보면 '시니피앙의 물질성'이라는 라캉의 테제와 유사하다. 라캉에게 있어서 시니피앙의 물질성이란, 시니피앙으로 조직된 언어적 법칙들이 외부적인 존재일 뿐만 아니라 강제적이고 물질적인 힘을 갖는다는 것을 뜻한다. 어떠한 개인도 그 기호들의 물질성 속에서, 의미구조의 물질성 속에서 사고하고 판단할 수밖에 없다는 것이다. 다시 말해 시니피앙의 물질성이란, 일차적으로 시니피앙 자체의 법칙과 얽힘이 갖는 우선성을 강조하는 것이라는 점에서 '언어학적 전환'의 중심테제인 셈이기도 하다.

이런 점에서 푸코의 테제는 라캉에 대한 반대요 비판이다. 즉 그는 의도적으로 담론이나 기호로 환원될 수 없는, 즉 **시니피앙의 물질성으로 환원될 수 없는** 언표의 특성을 말하려고 하는 것이다. 결국 언표의 물질성이란 그것의 **사건적 특성을 통해 정의되는 바 물질성**이다. 이런 맥락에서 푸코는 시니피앙의 지고성을 제거할 것을 주장한다.[37]

결국 '시니피앙의 전제주의' 비판을 통해 푸코가 말하려고 하는 것은, 담론의 분석이 단순히 인식이 벗어날 수 없는 어떤 지반을 보여주는 것이어선 안 된다는 점이다. 심지어 기호나 의미가 문제되는 경우에도, 그것이 갖는 사건성을 드러내고 그것을 통해 언표들이 갖는 '가치'를 주목하는 것이 중요하다. 즉 그러한 언표들을 만들어내며, 다른 언표들이 나타나지 못하게 하는 요인은 무엇인가, 그러한 언표의 강제와 배제가 야기하는 효과는 무엇인가를 보아야 한다는 것이다. 그것은 담론적인 형성체와 비담론적인 형성체를 통해 동시에 작동하는 권력을 보는 것이다. 언표의 물질성이란 바로 이런 권력의 물질성을 의미하는 것이 아닐까?

4) 표상으로부터의 탈주

결국 푸코가 담론개념과 연관해 보여준 '계보학적 전환'이란, 담론을 무의식적 표상체계로 정의하고, 그 안에 말과 사물을 몰아넣는, 그리하여 모든 것이 표상체계의 물질성——예컨대 시니피앙의 물질성——으로 환원되는 문제설정으로부터의 이탈이요 탈주라고 할 수 있다. 한마디로 말하자면 '표상으로부터의 탈주'라고 할 수 있는 푸코의 이러한 이론적 변화는 담론적인 것과 담론 외적인 것의 복합효과를 사고할 수

---

37) 여기서 그의 담론개념이 표상체계의 패러다임과 갈라지는 또 한 지점을 확인할 수 있다.

있는 계보학적 공간으로 귀착된다.

우리는 푸코 자신의 이러한 탈주를 통해서, 표상체계 패러다임의 한계를 볼 수 있다고 생각하며, 이것이 '언어학적 전환' 아래 머물러 있기를 거부할 만한 충분한 이유가 된다고 생각한다. 적어도 이처럼 탈주에 성공한 푸코는 이전에 자신조차 그로부터 자유롭지 못했던 기호학적-언어학적 패러다임에 대해 다음과 같이 비판할 수 있었다.

> 이런 관점을 기초로 우리는 상징체계나 의미행위 구조의 영역에 안주하는 분석을 거부하고 세력관계나 전략의 개방 또는 전술 따위에 강조점을 두는 계보학적 분석방법에 귀착하게 되는 것입니다. 여기서 우리가 분석의 근거로 마련할 수 있는 것은 언어나 기호라는 진부한 모델이 아니라 전투나 전쟁 같은 역동적인 모델이어야 한다고 믿습니다. 왜냐하면 지금 우리의 모습을 규정했던 힘은 언어라기보다는 전쟁에서 나왔기 때문입니다. 즉 의미의 관계가 아니라 권력관계를 주목해야 한다는 뜻이지요. …… 기호학은 갈등을 언어와 대화라는 고요한 플라톤식의 형태로 환원시킴으로써 광포하고 피에 물들어 있으며 치명적인 성격을 띠는 갈등의 참모습을 역시 외면하고 있습니다.[38]

우리는 언어학적 패러다임에 대한 푸코의 —— 그리고 들뢰즈/가타리의[39] —— 이러한 평가에 동의한다. 이것은 레비-스트로스와 라캉 이래

---

38) M. Foucault, "Truth and Power", ed. by C. Gordon, *Power/Knowledge :Selected Interviews and Other Writings 1972~1977*, 홍성민 역, 『권력과 지식 : 미셸 푸코와의 대담』, 나남, 1991, 147쪽.
39) G. Deleuze/F. Guattari, *L'Anti-Oedipe :capitalisme et schizophrénie*, Minuit, 1972, 최명관 역, 『앙띠-오이디푸스』, 민음사, 1994, 제1장 및 제2장 참조.

로 강력한 영향력을 행사해 온 언어학적 패러다임에 대한 우리의 평가이기도 하다. 나아가 이러한 평가는 '계보학적 전환'의 이론적 의미와 정치적 의미를 짐작할 수 있게 해준다. 그것은 어쩌면 '언어학적 전환' 자체의 의미는 아니었을까?

물론 그렇다고 해서 푸코의 개념이나 문제설정을 그대로 받아들이지는 않을 것이다. 특히 계보학적 권력개념 자체에 대해서도 우리는 난점이 있다고 본다. 그럼에도 불구하고 푸코 개념의 난점을 들어서 이러한 '전환'의 의미를 놓쳐서는 안 된다. 또한 그러한 난점이 표상체계의 패러다임을 정당화해 주는 것이 아님은 말할 것도 없다.[40] 차라리 중요한 것은 그 난점을 통해 계보학적 전환의 효과을 더욱 멀리까지 밀고 나가는 것이다. 이로써 우리는 맑스주의와 푸코의(그리고 들뢰즈/가타리의) 분석이 만나는 지점을 발견할 수 있을 것이다. 우리가 굳이 푸코

---

40) 이와 연관해서 우리는 푸코의 권력개념이 갖고 있는 고유한 난점이 바로 말년의 그로 하여금 '윤리학'적 문제설정으로 넘어가도록 한 요인이었다고 생각한다(이에 대해서는 이 책의 다음 장 「권력의 미시정치학과 계급투쟁」이란 논문을 통해 자세히 언급할 것이다). 이와 유사하게 '저항을 사고하기 곤란하다'는 것이 푸코 권력이론의 근본적인 난점으로 지적되었는데, 대개는 이것이 푸코가 계보학과 권력개념을 빌려온 니체에게, 즉 니체의 '구성적인(constitutive) 권력개념'으로 소급된다고 주장한다(예컨대 P. Dews, *Logics of Disintegration*, Verso, 1987, pp.188~189). 하지만 우리는 이런 평가에는 동의하지 않는다. 오히려 가장 니체적인 권력개념을 사용하는 들뢰즈의 경우 결코 저항을 사고할 수 없는 난점에 빠지지 않으며, 푸코처럼 윤리학적 문제설정으로 나아가지도 않는다는 점, 거꾸로 '맑스주의적 입장'으로 나아간다는 점을 주목할 필요가 있다(푸코와 들뢰즈의 이런 차이 역시 「권력의 미시정치학과 계급투쟁」에서 자세히 다뤄질 것이다). 한편 하버마스는 푸코의 권력개념이 니체나 바타이유보다는 보들레르 같은 미학적 아방가르드들의 '경험주의적 전통'에서 차용한 것이라며, 비판의 '규범적 토대'를 확보하지 못하는 한 편재적 권력에 대한 저항을 사고할 수 없다고 한다(J. Habermas, *Der Philosophische Diskurs der Moderne*, 이진우 역, 『현대성의 철학적 담론』, 문예출판사, 1994, 335~338쪽). 그러나 "저항을 사고하지 못한다"는 거의 상투화된 비판의 '기원'이 된 이 같은 비판은, 규범적 토대와 그 보편성이라는 근대적 문제설정으로 회귀하려는 것이어서, 그것을 벗어나려는 푸코에겐 거의 설득력을 갖기 힘들다. 물론 '편재적 권력과 보편적 규범의 부재'라는 것만으로 저항을 사고하지 못한다는 문제를 올바로 비판할 수 있는가는 다른 문제다.

의 '이론' 보다는 그의 이론적 '변화' 를 강조하려고 했던 것은 바로 이런 이유에서이다.

4. 계보학과 담론

푸코는 자신의 담론개념을 네 가지의 개념, 즉 전복(retournement), 불연속성(discontinuité), 특정성(spécificité), 외재성(extériorité)의 네 개념과 관계지운다. 이를 기초로 해서 마지막으로 푸코의 담론개념이 갖는 몇 가지 특징을 요약해 보자.

첫째, '불연속성' 이라는 특징. 앞서 본 것처럼 담론들 안에서 개념과 전략은 서로 다른 계열을 이룬다. 이로 인해 각각의 담론은 서로에 대해 불연속적이며, 자신이 허용할 수 있는 언표나 실천이 아니면 받아들이지 않는다. 이로 인해 다양한 담론들 간, 혹은 심지어 하나의 제목을 붙일 수 있는 공간 안에서도 상이한 전략을 갖는 담론 간에는 소통과 대화가 아니라 비소통과 단절이 존재한다. 다시 말해 그것은 상이한 담론적 실천들 간에 배제와 단절을 만들어낸다. 예컨대 미시경제학에서 다루는 생산의 개념이나 그것이 지시하는 생산행위에 대해 맑스주의적 '정치경제학' 은 무시하거나 배제한다. 따라서 "담론들은 서로 교차하며 종종 서로 이웃하고 있는, 그러나 또한 서로를 무시하거나 배제하는 불연속적인 실천들로서 다루어져야 한다"(『담론의 질서』, 42쪽).

한편 "접합적 실천에 의해 구조화된 전체"를 담론으로 정의하는 라클라우/무페의 담론(형성체) 개념은,[41] 담론(적 실천) 간의 불연속성

---

41) 라클라우/무페, 『헤게모니와 사회변혁』, 131쪽.

과 단절성보다는 연속성과 개방성에 근접해 있는 것처럼 보인다. 그에 따르면 잠정적인 고정점의 역할을 하는 적대를 통해 담론적 실천들 간에 적대적 분할이 발생하고, 그것을 축으로 하여 등가(equivalence)적인 접합이 이루어진다고 한다. 이러한 적대와 등가에 의한 접합을 그는 중층적 결정이란 개념으로 재정의한다.

따라서 담론형성체는 이러한 중층적 결정에 의해 그 의미와 효과가 결정되는 '개방적 성격' (!)을 갖는다.[42] 다시 말해 담론은 각각의 고유한 형성규칙에 의해서 지속적 효과를 재생산하는 불연속적인 형성체가 아니라, 개방적 성격을 가지고 있어서 그것과 적대하는 담론형성체에 따라, 그리고 그 적대의 선을 한편에 두고 등가적으로 접합하는 다른 담론형성체들에 따라, 그 의미나 효과가 전혀 다른 것이 될 수 있는 연속성을 갖는다는 말이다. 따라서 라클라우에게 있어서 '주체' 란, 푸코처럼 담론의 형성규칙에 따라 특정화되는 것이 아니라, 그러한 접합의 양상에 따라 가변화되는 '주체위치'에 불과할 뿐이며, "모든 담론의 개방적 성격을 공유한다".[43] 다시 한번 대비해서 말하자면, 푸코에게 '주체위치'는 특정한 담론에 의해 고정되고 그 담론이 허용하는 불연속성 안에서만 '주체'의 실천이 특정화되는 것인 반면, 라클라우에게는 접합의 양상에 따라 얼마든지 다양한 '주체'의 위치와 실천이 정의될 수 있다는 것이다.

나아가 그는 인민주의 이데올로기라는 담론형성체가 다른 계급의 담론형성체와 어떻게 교차하는가에 따라 혁명적 인민주의가 되기도 하

---

42) 라클라우/무페, 앞의 책, 144쪽. 강조는 인용자.
43) 라클라우/무페, 같은 책, 144쪽.

고 파시즘적 인민주의가 되기도 한다고 주장한다.[44] 즉 담론형성체는 서로 뒤섞이며 융합된다는 이러한 주장 속에서 라클라우의 '전향'은 이미 예비되고 있었던 것인지도 모른다. 이로써 담론의 대상과 주체, 개념 및 전략의 불연속성을 통해 실천을 특정한 방식으로 특정화하는 담론의 효과에 대해 사고하려는 문제설정은 '우연성'과 '비고정성' '개방성'의 논리를 위해 제거된다. 하지만 어떤 담론, 예컨대 아직 의미나 효과가 확정되지 않은 인민주의 이데올로기가 있는데, 이것이 파시즘에 포섭되면서 파시즘적 인민주의가 되고, 혁명적 이데올로기에 포섭되면서 혁명적 인민주의가 된다는 주장은, '순수한' 이데올로기를 상정하는 만큼이나 순진한 이데올로기 아닐까? 적어도 여기서 푸코적인 담론이론의 고유한 문제설정이 '개방성'과 '우연성'의 해체주의적 논리와 충돌하고 있음을 확인할 수 있다.

둘째, '특정성'이라는 특징. 이는 사물을 특정한 형태로 보게 만들고, 실천을 특정한 형태로 생산해내는 것을 의미한다. 예컨대 근대경제학이란 담론에서 임금은 노동의 대가이고, 노동하지 않으면 임금은 지급되지 않아야 하기에, 일을 하지 않는 파업기간 동안에는 임금이 지급되지 않아야 한다. 근대경제학의 담론 안에 있는 한 이러한 판단은 강제된다. 그것은 자본가와 노동자들에게 특정한 형태로 판단하고 실천하게 하도록 부과되는 "일종의 폭력"(『담론의 질서』, 42쪽)이다. 즉 그것은 어떤 담론에서든 특정한 형태의 발언과 '소통'만이 가능함을 보여준다. 그 담론 안에서 파업을 정당화하는 발언이나 잉여가치의 착취를 주장하는 언표는 발언될 수 없으며 '소통'될 수 없다. 이런 의미에서 특정

---

44) E. Laclau, *Politics and Ideology in Marxist Theory*, NLB, 1977의 4장을 참조.

성은 어떤 담론 안에서 특정한 것만이 '소통' 될 수 있게 하는 규칙이다. 그것은 앞서 말한대로 실증성으로서 담론이며 담론이 갖는 실증적 효과다.

이런 점에서 하버마스처럼 '소통' 을 가로막는 장애나 왜곡을 통해 이러한 현상을 파악하는 것은, 담론 자체의 '이상적인' 소통가능성을 전제하며, 단지 그것을 왜곡하는 장애물을 제거함으로써 그러한 상태가 가능하리라고 본다는 점에서 푸코와 정반대되는 담론개념을 갖고 있다. 로데릭(R. Roderick)에 따르면, "하버마스는 '담론' 이란 용어를 '만일 논의과정이 충분히 개방적으로, 그리고 충분한 시간에 이루어진다면…… 합리적으로 동기부여된 합의가 원칙적으로 달성할 것이 참여자에게 개념적으로 가정될 때' 사용한다".[45]

이는 의사소통이 체계적으로 왜곡된 것으로서 이데올로기와 구분된다(같은 책, 193쪽). 즉 그의 담론개념은 이상적 발화상황을 (규범적) 기초로 하여 성립되고 있으며, 그 소통행위에 참가하는 자들은 "의사소통합리성을 통해 그들의 단순한 주관적 관심을 극복하고 합리적으로 동기화된 신념의 상호성에 힘입어 객관적 세계의 통일성과 그들 생활세계의 상호주관성을 확신하게 된다" 는 것이다(같은 책, 144쪽). 따라서 이러한 담론개념에서 오해나 왜곡, 기만은 있다고는 해도 다만 파생적 성격을 지닐 뿐이며(같은 책, 195쪽), 제거될 수 있는 것으로 가정된다. 이를 푸코와 연관지어 표현하자면, 하버마스에게 담론은 '특정성' 이 아닌 '보편성' 을 갖는다고 하겠다——단 그것을 왜곡하는 요인을 제

---

45) R. Roderick, *Habermas and the Foundations of Critical Theory*, 1985, 김문조 역, 『하버마스의 사회사상』, 탐구당, 1992, 144~145쪽. 강조는 인용자.

거하기만 한다면.

여기서 우리는 양자의 담론이론이 전혀 상이한 문제설정에 입각한 것임을 쉽게 알 수 있다. 하버마스에게 그것은 대화하고 토론하는 장의 외연적 확대로서, 의사소통을 통해 보편적 규범에 대한 합의에 도달하는 과정을 보여주기 위한 것이다. 여기에 끼어드는 왜곡이나 오해는 충분히 토론하기만 한다면, 그리고 적어도 이데올로기를 배제할 수만 있다면 충분히 제거될 수 있으며, 그 결과 '이상적 담론상황'에 도달할 수 있다.[46]

반면 푸코는 심지어 의사소통이 자연스레 이루어지는 것처럼 보이는 경우에조차도 그것은 담론이 정의한 규칙에 따른 것이며, 거기서 발언할 수 있는 주체는 소수로 제한되고, 그 발언의 대상은 담론 내에서 이미 정해진 특정한 실천을 강제당할 수밖에 없다는 사실을 강조한다. 따라서 합의가 아니라 '왜곡'이나 '기만' —— 이 말들은 올바름을 가정하기에 사실 부적당하다 —— 이 담론에 내재적이며, 그것이 없는 중립적이고 '이상적인 담론상황'은 불가능하다. 따라서 중요한 것은 왜곡을 제거하고 어떤 '보편적 합의'에 이르기 위한 노력이 아니라, 특정한 실천을 강제하는 담론형성체의 '전복'이다. 이런 점에서 '비판'이라는 동일한 문제설정에도 불구하고 양자는 매우 상이한 입지점을 갖고 있음을 이해하는 것은 그다지 어려운 일이 아니다.

---

46) 우리는 이러한 담론개념은 이상주의적인 만큼이나 관념적이라고 생각한다. 담론은 단지 의미작용의 놀이가 아니라는 푸코의 지적도 여기에 첨가할 수 있을 것이다. 비판의 보편규범적 기초를 찾으려는 '비판이론'이 사실은 사회나 담론에 대한 합의모델에 기초하고 있으며, 담론을 통해 보편적 합의에 도달하려 하는 '의사소통적 이성'이 소통을 방해하는 왜곡과 기만이라는 요소가 제거된 이상적 상황이란 유토피아에 머물러 있는 것은 아닌가라는 의문이 과연 과장에 불과한 것일까?

셋째, '외재성'이란 특징. 이는 담론이 단지 담론 그 자체로서 존재하지 않으며, 그것을 가능하게 하는 외부적 조건들을 통해 형성되는 것임을 의미한다. 따라서 '담론의 현실적인 형성'을 다루는 계보학에 있어서, 담론이 형성되는 데 관여하는 외부적 조건은 단지 '조건'이라는 단어 이상의 의미가 있다. 그것은 사건이 담론적 형성체에 내적인 만큼이나 담론 자체에 '내적'이다. 이런 점에서 푸코는 역사라는 요인이 담론적 형성체를 다루는 데 결정적이라고 보며, 담론을 단지 담론으로서 다루는 데 대해 비판적이다. 마찬가지로 담론적 형성체로 모든 것을 환원하는 입장 역시 그로서는 결코 받아들일 수 없는 것이다. 이는 또한 푸코가 자신의 입론을 스스로 깨면서 성취한 이론적 발전 전체를 무화시키는 것이다.

데리다의 비판에 대해 '역사'라는 차원을 상기시키려 한 푸코의 반비판을 우리는 이러한 맥락에서 이해할 수 있을 것이다. 푸코에 따르면, "텍스트 밖에는 아무것도 없다"는 데리다의 주장은 "**담론적 실천을 텍스트의 흔적으로 축소시키고, 거기서 일어나는 사건들을 책읽기를** 위한 지시들만을 얻기 위해 생략하고, **주체가 담론 속으로 연루되는 양태**를 분석하지 않기 위해 텍스트 뒤에 있는 목소리들을 만들어내며, 그것이 행해진 **변형의 영역 속에 담론적 실천을 다시 위치시키지 않기** 위해 원초적인 것을 텍스트 속에서 말해진 것이 아니라 그냥 말해진 것으로 설정하는 체계다."[47] 한마디로 푸코가 보기에 데리다의 입론은 **담론적 실천의 텍스트화**다(『담론의 질서』, 119쪽).[48] 즉 이 지점에서 '역사'라는 요

---

47) M. Foucault, *Histoire de la folie à l'âge classique*, Gallimard, 1972, p.602, 김현, 『시 칠리아의 암소』, 문학과 지성사, 1990, 119쪽에서 재인용. 강조는 인용자.

소에 대해 언급한다는 것은 단지 담론에 외부적인 어떤 조건을 상기시키는 것이 아니라, 외재성 속에서 담론을 정의하려는 푸코 자신과, 담론을 단지 텍스트로서만 다루려는 데리다 간에 있는 근본적인 차이를 지적한 것인 셈이다.

넷째, '전복'이라는 특징. 이는 담론이 갖고 있는 특징이라기보다는 앞서와 같은 특징을 갖는 담론에 대해 연구하고 분석하는 푸코 자신의 문제설정의 특징을 의미한다. 즉 그것은 기존의 담론을 전복하고 그것에 의해 은폐되고 억압된 것을 드러내며 그것이 강제하는 실천을 넘어서려는 '비판적 문제설정'인 것이다. 이런 뜻에서 그는 예전에 자신이 '고고학'이라고 불렀던 것을 "비판적 집합"이라고 부르며, 고고학이란 말을 지워버린다.[49] 나아가 그것은 앞서 세 가지 특징으로 요약한 담론을 공략하기 위한 자신의 입지점인 셈이다. 푸코가 '비판적 집합'과 대비하여 사용하고 있는 "계보학적 집합"(같은 책, 46쪽)에 대해서도 "계보학적 비판"이란 명칭을 사용하는 것(같은 책, 49쪽)은 이런 맥락에서일 것이다.

---

48) 이런 의미에서 "데리다의 이성이 추론적·입증적 이성이라면, 푸코의 그것은 역사적·구성적 이성"이라는 김현의 해석은 정당한 것이다(김현, 앞의 책, 120쪽). 보인(R. Boyne) 역시 푸코와 데리다 간의 논쟁을 좀더 집중적으로 추적함으로써 양자 간의 이러한 논점을 보여주고 있으며(R. Boyne, *Foucault and Derrida : The Other Side of Reason*, Unwin Hyman, 1990, pp. 71~87 참조), 이는 이후 양자가 주목하는 지점이 텍스트와 신체(body)의 대립을 통해 일관되게 발전하고 있음을 보여준다(R. Boyne, 위의 책, 90~122쪽). 그는 이러한 대립의 근저에서 '차이와 타자'라는 논점을 부각시킨다. 그런데 그는 이러한 양자가 서로 보충적인 역할을 하리라는 손쉬운 화해로 마무리한다(R. Boyne, 같은 책, 166쪽). 그러나 근본적으로 상이한 이론적 전략과 문제설정을 이런 식으로 안이하게 화해시키는 것보다는, 대립은 대립 그대로 두고 차라리 그 각각이 산출할 수 있는 상이한 효과를 주목하는 게 훨씬 더 생산적인 것이 아니었을까?

49) 이는 자신의 과거 작업을 정리하면서 이후 새로운 작업을 예고하고 있는 『담론의 질서』 전체에 특징적이다. 특히 『담론의 질서』 46~49쪽을 참조.

결국 담론이 갖는 이상과 같은 특징이란 담론이 그것이 부과될 대상에 대해 행사하는 권력의 작동을 조건짓는 조건이기도 하다. 즉 푸코는 이러한 특징을 통해 담론을 분석함으로써 그 안에 작동하고 있는, 혹은 그것과 관련하여 작동하고 있는 권력을——니체 용어로는 '권력의지' 를—— 드러내며, 그것의 전복을 사고하려 하는 것이다. 여기서 담론적인 형성체와 비담론적인 형성체는 권력(의지)이란 개념을 통해 그 이원성을 극복한다.[50] 즉 양자 모두 권력이 작동하는 영역이며 메커니즘인 것이다. 요컨대 '계보학' 이란 바로 이런 의미에서 표상으로부터 탈주하려는 푸코의 시도가 도달한 지점이라고 할 것이다.

---

50) G. Deleuze, *Foucault*, University of Minnesota Press, 1988, p.38.

4

권력의 미시정치학과 계급투쟁

1. 전복적 사유의 전복?

푸코는, 다른 대부분의 경우에 그랬듯이, 한국에도 역시 '감금의 사상가'로 왔다. 혹은 광기와 광인에 대한 낭만적 옹호자로, 그리하여 이성과 이성주의에 반대하는 '반합리주의자'로 왔다. 그러나 푸코에게 중요했던 것은 차라리 감금되지 않은 상태에서 작동하는 근대적 권력이 바로 감옥에서 집약된 권력의 다이어그램과 동일하다는 것이었고, 그런만큼 감옥에 대한 그의 연구는, 이런 표현을 써도 좋다면, 비-감옥으로서 근대사회에 대한 연구였던 셈이다.[1]

또한 『광기의 역사』나 『말과 사물』 등의 저작에서 푸코가 그려냈던 역사를 단순히 이성에 반(反)하는 광기나, 비이성을 이성에 대비하여 복권시키려는 것으로 보는 것만큼 성의없고 상투적인 이해는 없을 것이다. 『광기의 역사』를 통해서 근대적 이성이 만들어낸 타자의 역사를

---

[1] G. Deleuze, *Foucault*, 권영숙/조형근 역, 『들뢰즈의 푸코』, 새길, 1995, 75쪽.

다루는 한편, 『말과 사물』을 통해서 그 동일자의 역사를 그려내려고 한 것이라는 그의 언급을[2] 믿어도 좋다면, 소박하게 말해서 푸코는 근대적 이성의 경계를 그리려 하고 있다고 말할 수 있을 것이다.

"서구 문화의 가장 깊은 심층을 드러내려는" 이 시도들을 통해서 그는 "우리의 고요하고 부동적인 대지에 균열과 불안정과 틈새를 회복시키려고 한다".[3] 다시 말해 푸코는 현존하는 이성의 경계를 드러냄으로써 그 '외부를 사유' 하고자 하는 것이며, 이로써 확고하고 불변적인 것으로 간주되는 그 경계를 가변화시키려는 것이다. 그것은 새로운 사유방식과 새로운 사고의 요소를 향해 이성을 '개방' 하려는 시도라고 하겠다.

따라서 이러한 시도를 행하는 그의 문제설정은 지극히 근본적이고 비판적이다. 고고학이라고 부르는 그의 연구는 '진리' 라는 이름으로 당연시된 지식이나 사고방식을 역사적으로 형성된 지층으로 간주하며, 그 지층 안에서 말할 수 있는 것과 말할 수 없는 것을 분할하고 특정한 언표를 배제하는 메커니즘을 드러낸다. 니체 식으로 말한다면 지식의 내부에 있는 권력의지들을 드러내는 것이다. 혹은 계보학이라고 부르는 그의 연구는 담론적인 것뿐만 아니라 비담론적인 것을 포함하는 복

---

2) M. Foucault, *Les mots et les choses*, Gallimard, 1966, 이광래 역, 『말과 사물』, 민음사, 1986, 22쪽.
3) 푸코, 위의 책, 22쪽.
4) 이 dispositif는 disposer에서 파생된 명사인데, '배열하다' '배치하다' '~을 하도록 준비시키다' 등의 의미를 동시에 갖고 있으며, 법률적으로는 '판결문' 을, 군사적으로는 '부서' 나 '배치' 를, 기계에서는 '장치' 를 뜻한다. 판결문처럼 그 대상에게 명령하고 조치하는 '담론적인 것' 과 기계적인 혹은 제도적인 장치들처럼 '비담론적인 것' '기계적인 것' 을 동시에 포괄하는 말이다. 이러한 점에서 기계적인 것의 의미가 강한 '장치' 라는 번역어(이규현 역, 『성의 역사』 1권)는 일면적이며, appareil (d'État)의 번역어와 구별되지 않는다는 점에서 적당치 않다. 더욱이 푸코는 자신의 권력개념을 국가적인 권력개념과 이론적

합체——이를 그는 '배치'(dispositif)[4]라고 부르는데——를, 그 발생지점으로 거슬러 올라가 '기원'을 드러내고 그 기원의 가치를 의문에 부치는 니체적인 방법으로써,[5] 감옥이나 성적 배치를 통해 작용하는 권력관계를 드러낸다. 여기서 우리는 고고학이나 계보학이 갖는 '전복적 사유' 내지 근본적 비판으로서의 성격을 분명하게 볼 수 있다.[6] 그가 '전복'(renversement)이란 원리를 자신의 연구를 위한 방법상의 요구 가운데 가장 앞서 제시하는 것은 어쩌면 당연한 일이다.[7]

그런데 분석의 대상이나 방법, 심지어 그 문체에 이르기까지 일관

으로, 방법론적으로 대비하고 있기에 이 양자는 분명히 구별할 필요가 있다. 그래서 차라리 '배치'라는 말이 더 적합한데, 그것이 담론이나 제도, 건축적 형태, 결정, 법, 행정적 조치, 과학적 언표 등등의 요소들이 일정한 '계열'을 이루며 배열되고 결합된 것'이란 의미에서, 그리고 '장치'처럼 기계적인(machinique) 요소를 포함하는 상대적으로 고정화된 것이란 점에서 그렇다. 이는 푸코 자신이 담론적인 것과 비담론적인 것의 이질적 복합체를 지시하기 위해 사용한 것이라고 한 점에 비춰볼 때 유효하다(미시정치학의 대상에 관한 소절에서 다시 자세히 언급할 것이다). 한편 들뢰즈/가타리가 사용한 agencement은 영토성과 관련된 지리적 구성요소가 강조되는 데 비해, 푸코의 dispositif는 다양한 요소들이 고유한 방식으로 '계열화'되는 것이 강조되지만, 그 내용은 매우 유사하다(들뢰즈/가타리는 푸코에 대해서도 agencement로 이해한다). '배치'란 번역어는 들뢰즈/가타리의 개념 agencement의 번역어인 '배치'와 구별되지 않는 난점이 있지만, 거의 비슷한 개념이란 점에서 배치로 번역한다. 단 구별이 필요한 경우에는 원문을 병기하겠다.

5) 푸코는 이를 '기원'을 찾고 기원으로 돌아가려는 방법과 구별하면서, 기원이란 말을 차라리 발생과 혈통이란 말로 대체한다. 즉 그가 보기에, "문제는 사건들을 구별하고 그 사건들이 속해 있는 그물망을 식별하여 사건이 상호간에 맞물려 서로서로를 낳게 하는 계보를 재구성하는 것이다. …… [이럼으로써] 거기서 재발견되는 것은 사물들의 상이한 질서다"(M. Foucault, "Nietzsche, généalogie, histoire", 이광래 역, 「니체, 계보학, 역사」, 『미셸 푸코』, 민음사, 1997, 333쪽). 계보학은 이러한 문제화방식을 통해 "이전에는 부동이라고 간주되었던 바를 혼동시키며, 동질적이라고 상상되었던 것의 이질성을 보여주고, 통일된 사고였던 것을 조각낸다"(위의 책, 338쪽).

6) 푸코가 계보학적 연구로 방향을 돌리면서 '고고학'에 대하여 일정한 거리감을 갖게 되었던 시기에 그는 고고학이란 말을 '전복적 원리를 작동시키는 비판적 집합'이라고 부른다(M. Foucault, L'Ordre du discours, Gallimard, 1971, 이정우 역, 『담론의 질서』, 새길, 1993, 46쪽).

7) 푸코, 『담론의 질서』, 41쪽.

되었던 이 전복적 사유는 그의 말년에 이르러 거대한 전환점을 통과한다. 『성의 역사』 1권 이후 7년 만에 출간된 그 2, 3권은 고대 이래의 윤리적 실천의 양상을 분석대상으로 할 뿐 아니라, 자유로운 윤리적 실천이라는 일종의 '대안'을 포함하는 것이었다.[8] 이는 서구의 근대사유 내지 근대사회의 전복을 꿈꾸던, 거의 평생에 걸친 그의 비판적 작업에 비추어 본다면 지극히 전면적이고 놀라운 변환이다. 전복적 사유의 전복. 이러한 전환을 어떻게 이해해야 할 것인가? 그것은 드러난 사실이 보여주듯이 비판적 문제설정의 포기일까? 그렇다면 그 포기의 이유는 무엇일까?

이러한 전환이 불편한 긴장을 포기하고 안이한 대체물로 옮겨가는 손쉬운 '전향'이 아니라, 그 진지함을 지속하면서 그 긴장과 위기 속에서 야기된 전환인 한, 그 전환에는 중요한 이유가 있기 마련이다. 거기에는 '이유'라는 말보다는 오히려 '동력'이라는 말이 더 어울리는데, 우리는 바로 그 지점에서 푸코가 추구했던 전복적 사유의 개념적 곤란을, 그의 미시정치학적 전략을 궁지로 몰아간 아포리아(난점)를 확인할 수 있을 것이다. 그리고 바라건대 그 궁지에서 벗어날 수 있는 새로운 선을 추가하는 데 성공할 수 있다면, 그 아포리아는 푸코의 이전 작업(대부분의 작업인데)을 우리 나름대로 영유할 수 있게 해줄 소급적 작용점이 될 수 있을 것이다.

---

8) M. Foucault, *Histoire de la sexualité : l'usage des plaisirs*, Gallimard, 1984, 문경자/신은경 역, 『성의 역사』 2, 나남, 1990, 「서문」; H. Dreyfus and P. Rabinow, "A propos de la généalogie de l'éthique", *Michel Foucault : un parcours philosophique*, Gallimard, 1984, 서우석 역, 「윤리학의 계보학에 대하여」, 『미셸 푸코 : 구조주의와 해석학을 넘어서』, 나남, 1989 참조.

2. 근대 비판의 문제설정

푸코를 '감금'의 사상가나 낭만적 반합리주의자로 간주하는 것만큼이나 일반적인 것은 '권력'의 사상가로 간주하는 것이다. 이런 관점에서 많은 사람들이, 좋은 의미에서건 나쁜 의미에서건, 푸코의 전 저작을 권력이론에 맞추어 재생산해낸다. 그러나 지난 20년 동안 자기 연구의 대상이 권력이 아니라 '주체'였다는 말년의 발언은 이러한 통념과 정면으로 충돌하는 것처럼 보인다.

우선 지난 20년 동안 해왔던 내 작업의 목표가 무엇이었는지를 말하고 싶다. 내 목표는 권력현상을 분석하는 것도, 그러한 분석의 기초를 제공하는 것도 아니었다. 오히려 나는 우리 문화에서 인간이 〔주체로〕 되는 주체화(subjectivation)의 상이한 방식들의 역사를 생산하려고 했다. …… 따라서 내 연구의 일반적 주제를 이루는 것은 권력이 아니라 주체다.[9]

물론 푸코 자신 역시 자기의 작업이 "권력 문제에 깊이 연루되어 있다는 것"은 부정하지 않는다. 그럼에도 불구하고 자신과 권력을 연결 짓는 통념을 염두에 둔 것이 분명한 이 발언은 대체 무엇을 의미하는 것일까? 아니 좀더 정확하게 말하자면, 가장 일반적인 통념이 될 정도로 유명한 푸코의 권력이론과 그것을 부인(!)하는 푸코의 발언 간의 대

---

9) M. Foucault, "Deux essais sur le sujet et le pouvoir", 드레피스/라비노우, 「주체와 권력」, 서우석 역, 앞의 책, 297쪽.

비와 간극은 대체 무엇을 뜻하는 것일까? 이는 단지 푸코의 입장변경을 의미하는 것만도, 혹은 '주체화 방식'에 대한 연구로 요약되는 말년의 입장에 과거의 자기 연구를 싸안으려는 시도만도 아니다. 차라리 그것은 권력의 계보학이나, 그 이전의 '담론의 고고학', 나아가 윤리적 실천에 대한 연구가 공통으로 전제하고 있는 문제설정에 대한 언급이다. 이는 '권력'을 비롯한 그의 모든 개념들이 작동하는 이론적 공간을 분명히 하는 것이며, 그 개념들의 위상학적 위치를 정의해 주는 것이기에 중요하다.

그것은 한마디로 '근대 비판의 문제설정'이라고 할 수 있다. 인간을 통해 모든 표상과 인식을 파악하며, 지식 역시 그러한 인간이 획득하고 소유할 수 있는 어떤 것이라는 사고방식, 권력 역시 마찬가지로 인간(의 특정 집단)이 획득하고 소유할 수 있는 것이라는 사고방식은 근대적인 철학이나 정치학의 영역을 통해 공통의 기초를 이루고 있다. 그것을 요약하면 인간이라는 주체가 표상이든 지식이든 권력이든 소유할 수 있으며, 그것을 이용하고 행사할 수 있다는 관점이다. 이는 주체를 당연시된 출발점으로 삼는다는 점에서 '주체철학'이고, 인간을 그 모든 현상과 경험의 중심점으로 간주한다는 점에서 '인간학'이다.

반면 그의 연구는 근대적 문제설정에서 당연시된 이 출발점과 중심점을——후설 식으로 말하자면——괄호치는 것이다. 그리고 차라리 그러한 당연시와 중심화가 어떻게 하여 나타났는가를 드러내는 것이다. 예컨대 『말과 사물』은 노동, 생명, 언어라는 유한성과 동시에 표상으로 환원되지 않는 객체성을 통해 근대적 에피스테메를 특정화하는 한편, 그런 특징을 집약하고 있는 존재로서 인간이 어떻게 근대적 에피스테메의 중심에 서게 되는가를 보여주고 있다. 칸트에게서 분명하게 보이듯, 인간은 유한한 경험의 한가운데 서 있으며, 동시에 그것을 가능하게 해주는 초험적 조건을 보유함에 따라 스스로 자신의 유한성의 토대가 된다. 경험적–선험적 이중체로서의 인간. 그리고 사유가 인간이란 이중체에서 벗어나지 못하는 한, 그것은 "경험적인 것과 선험적인 것 사이의 공간에서 다시 한번 깊은 잠에 빠져 있는 것이다. '독단적인 잠'이 아니라 '인간학적인 잠'에".[10] 그가 근대적 사유의 저 인간학적 잠을 깨우려는 이러한 시도를 칸트의 전례에 따라 '비판'으로 이해하는 한, 그가 겨냥하고 있는 지점은 분명한 셈이다.

이제 그는 선험적인 것과 경험적인 것, 주체와 객체의 이중체로서 인간에서 벗어나 거꾸로 '인간을 주체화하는 상이한 방식들'에 주목한다. 다시 말해, 우선 그는 특정한 담론 안에서 주체의 자리가 정의되는 방식을, 그리고 그 담론이 개인들로 하여금 말할 수 있는 것과 말할 수 없는 것을 정의해 주는 방식을 분석하며, 그에 따라 특정한 방식으로 사고하도록 제약하는 규칙을 분석한다. 나아가 그는 특정한 형태로 사람들을 길들이고 특정한 방식으로 행동하게끔 만드는 권력의 행사방식을 분석하며, 그 결과 개개인의 사람들이 어떻게 '주체'로 만들어지는지를 연구한다.

결국 푸코가 생각하는 '주체'라는 주제는, 개개인으로 하여금 특정한 질서의 틀 안에서 사고하고 행동하도록 강제하고 길들이는 조건을 통해 그들을 특정한 형태의 '주체'로 변형시키는 방식을 연구하는 것이다. 그 조건으로서 '인식으로 환원되지 않는, 오히려 인식에 선행하는, 표상할 수 있는 것과 표상할 수 없는 것을 분할하고 재단하는 방

---

10) 푸코, 『말과 사물』, 390쪽.

식'이 중심적으로 분석되던 시기가 있었던 셈이고, 그와 달리 규율이나 감시, 특정한 구조의 감옥처럼, 담론으로 환원되지 않는 다양한 조건들을 통해 개인에게 작용하는 권력이 중심적으로 분석되던 시기가 있었던 셈이다.

이는 '주체철학'의 문제설정을 크게 두 지점에서 근본적으로 전복하려는 것이다. 첫째, **인식과 사고는 주체가 하는 것이라는 근대적 명제를 전복한다.** 반대로 개인들이 '주체'로서 사고하는 것은, 인식이나 사고가 그 위에서 행해지는 어떤 조건들(이를 '담론'이라 부르든, '에피스테메' 혹은 '지식'이라 부르든) 속에서이며, 바로 이 지식이나 담론이 개인들을 특정하게 사고하고 판단하는 '주체'로 만들어낸다는 것이다. 즉 주체가 사고하는 것이 아니라, 지식이 주체로 하여금 (특정한 형태로) 사고하게 한다는 것이다. 이로써 주체와 지식의 관계는 뒤바뀐 것이었음이 드러난다. 이것이 담론이론의 문제설정을 가능케 한 것이며, 동시에 그 결과이기도 하다.

둘째, **권력은 누군가가, 즉 어떤 '주체'가 소유하고 사용하는 것이라는 명제를 전복한다.** 반대로 개인들이 특정한 형태의 '주체'로서, 특정한 방식으로 행동하는 것은 거꾸로 그들을 특정한 형태로 행동하도록 길들이고 강제하는 권력——그것을 '규율권력'이라 부르든, '생체권력'이라 부르든——에 의한 것이란 것이다. 즉 권력이 개개인을 특정한 형태의 주체로 만들어낸다.[11] 여기에서도 권력과 주체의 관계는 뒤바뀐 것이었다고 주장하는 셈이다. 이제 중요한 것은 "어떤 물질성의 기반 위에서 주체가 형성되는지를 찾"는[12] 것이다. 푸코는 그것을 권력이 어떻게 행사됨으로써 근대적 주체를 형성해내는가라는 문제로 제기한다. 돌아가 말하자면, 인간 개개인을 특정한 형태의 (사회-역사적으로 정의되는) 주체로 만들어내는 양식이란 차원에서 푸코의 권력개념은 작동하는 것이며, 따라서 그가 분석하려 한 대상은 바로 '주체'의 문제라는 것이다.

마지막으로 그의 윤리학적 문제설정 역시 근대 비판이라는 이러한 전반적 문제설정 안에서 이해될 수 있다. 즉 그것은 (근대적인) 권력 자체의 전복을 포기한 전제 위에서, **근대적인 권력관계와 권력기술에서 개개인이 벗어나** 새로운 양식의 주체를 스스로 구성해내는 길을 찾으려는 노력이다. 그가 도덕 자체에서 가치, 규칙, 금기 들의 체계로서 '행동규약의 측면'과 도덕마다 상이한 자기 실천 방식으로서 '주체화 형태의 측면'을 구분하면서, 서로 분리할 수 없는 양자 사이에 최대한의 거리를 만들어내려고 시도할 때, 그리고 '규약지향성 도덕'에 대비해 '윤리

---

11) 그가 무엇보다도 우선 권력을 '소유할 수 있는 어떤 것'으로 보는 이론 전체를 강력하게 비판하는 것은 바로 이런 이유에서다. 그는 권력을 소유할 수 있는 어떤 재산(propriété)으로 보는 입장이, 자유주의와 맑스주의에 공통된 관점—권력현상 전체를 국가적 권력으로 환원하는—에 전제되어 있다고 비판하는 것이다. 이로써 푸코와 맑스주의자들 간에 '유명한' 논점이 만들어진다. 그러나 여기서 푸코 자신이 구별하지 못하고 뒤섞은 것이 있다. 그것은 '주체와 권력의 관계'라는 차원에서 정의되는 것을 '계급과 권력', 계급투쟁이라는 차원에서 정의되는 것과 뒤섞어 버린다는 점이다. 이는 나중에 다시 언급하겠지만, 권력이 작동하는 배치와 교차하는 상이한 차원이 있다는 것을, 다시 말해 집단 간의 다양한 적대가 형성되는 차원이 있다는 것을 무시하기 때문이다. 그 결과 상이한 차원에서 정의되는 두 가지 권력 개념이 동일한 선상에서 대립되고, 서로 대체적인 관계에 있는 것처럼 된다. 풀란차스가 서 있는 지점이 바로 여기다. 그는 푸코의 권력이론에 대해, 그것이 계급투쟁과 국가적 권력을 무시하며(N. Poulantzas, *L'état, le pouvoir, le socialisme*, PUF, 1978, 박병영 역, 『국가, 권력, 사회주의』, 백의, 1993, 57쪽), 결국은 파슨즈나 말리노프스키로 대표되는 기능주의와 다를 바 없다고 비판한다(풀란차스, 위의 책, 57쪽, 87쪽). 다른 한편 그는 푸코 이론의 관계적 권력개념을 긍정하며(같은 책, 186쪽), 일정한 유보하에서 그의 분석을 받아들일 수 있다고 말한다(같은 책, 87~88쪽). 그러나 그는 푸코의 권력개념이 정의되는 지반을, 그리고 두 가지 권력개념이 작동하는 상이한 차원을 끝까지 이해하지 못했다.

12) M. Foucault, *Power/Knowledge : Selected Interviews and Other Writings* 1972~1977, ed. by C. Gordon, Pantheon, 1980, 홍성민 역, 『권력과 지식』, 나남, 1991, 129쪽.

지향성 도덕'의 중요성을 역설할 때,[13] 나아가 근대의 극히 규약지향적인 도덕과 상이한 도덕이 이전에 실존했음을 그리스의 예를 통해 보여줄 때, 우리는 그 노력의 진지함을 충분히 이해할 수 있다. 이는 욕망이라는 '윤리적 실체'를 법이라는 '예속의 양식'을 통해 규범화하는 근대의 도덕, 근대적 윤리학에 대한 계보학적 비판이다.[14]

이상이 푸코 자신이 언급한 세 번의 '방향전환'이다.[15] 결국 그는 담론, 권력, 윤리를 주체를 만들어내는 방식에 대한 연구라는 '일반적 주제' 아래서 연구했던 것이며, 그 전체가 개인들을 근대적 주체로 생산해내는 방식에[16] 대한 비판이었다고 할 것이다.

---

13) 푸코, 『성의 역사』 2권, 42~44쪽.

14) 드레피스/라비노우, 『미셸 푸코 : 구조주의와 해석학을 넘어서』, 334~341쪽 참조. 한편 푸코가 법이라는 예속화 양식에서 벗어나려는 반면, 하버마스는 체계와 생활세계의 대립과 그에 따른 생활세계의 식민화를 '법'이라는 매개영역을 통해 넘어서려고 한다는 점에서 대조적이다(J. Habermas, *Between Facts and Norm*, MIT Press, 1996). 그런데 푸코가 새로이 주목하는 '주체화 양식'이 어떤 시원적인 범주로서 주체를, 다시 말해 주체철학적 범주로서 주체를 다시 도입하는 것은 아니다. 그것은 권력에 의해 정의되는 주체로부터 이탈하려는, 이전 같으면 '저항'이라고 표현했을 힘을 통해 '자기에 대한 실천'을 설명한다. 이런 점에서 들뢰즈는 "주체란 없다. 다만 주체성의 생산이 있을 뿐이다"(G. Deleuze, *Pourparler 1972~1990*, 김종호 역, 『대담 : 1972~1990』, 솔, 1993, 115쪽)라고 하면서 푸코의 '주체화'를 지식과 권력을 넘어서 스스로를 산출하는 것, 권력의 선을 접는 '주름'으로 파악한다. "[푸코의] 주체화 과정은 '사생활' 과는 전혀 관련이 없는 것으로, 개체 혹은 공동체들이 기존의 지식과 권력의 테두리 밖에서 주체로서 성립되어 새로운 지식과 권력을 형성할 수 있게까지 되는 작용을 지칭합니다. …… 따라서 푸코가 주체로 회귀한다고 말하는 사람은 그가 제기하고 있는 문제를 전혀 못 알아보고 있는 것입니다"(들뢰즈, 앞의 책, 166쪽).

15) 푸코, 『성의 역사』 2권, 20쪽 ; 드레피스/라비노우, 앞의 책, 297~298쪽.

16) 이처럼 '개인들을 특정한 역사적 형태의 주체로 생산해내는 방식'을 '주체생산양식'이라는 개념으로 일반화할 수 있을 것이다. 여기서 '(주체의) 생산'이라는 말을 강조할 필요가 있다. 대중은 어떤 주어진 질서나 대상에 스스로 동일시함으로써 '주체화'된다기보다는 차라리 푸코가 잘 보여주듯이 특정한 권력의 배치 안에서 지속적으로 작용하는, 신체에 새겨지는 권력의 효과를 통해 '주체로 생산'된다고 보기 때문이다. 감시와 처벌, 반복적 시행을 통한 훈육, 이를 통한 유용한 능력의 생산, 그리고 이런 것들을 통해 형성되는 이른바 '습속의 도덕', 그것은 대중을 특정한 역사적 형태의 주체로 만드는 '공장'

3. 권력의 미시정치학

1) 담론에서 권력으로

알다시피 푸코의 고고학은 담론적 형성체를, 그 안에서 작동하는 담론 형성 규칙을, 그리고 그 효과를, 한마디로 말해 '담론의 질서'를 연구한다. 그런데 담론의 질서에 대한 연구의 정점에서 푸코는 담론의 경계를 넘어서며, 비담론적인 것 혹은 권력에 대한 연구로 이동한다. 이는 고고학에서 계보학으로 방법론적인 이동을 뜻하는 것이기도 했는데, 이를 '담론에서 권력으로'라는 말로 잠정적으로 요약하자.

푸코가 말하는 담론 내지 담론적 형성체는 무엇보다 우선 언표들

이다. 우리가 '표상체계 패러다임'을, 그것이 '기호의 물질성'을 전제한다는 점에서 받아들이지 않는 것과 동일한 이유에서, 우리는 '주체화'를, 그것이 타자 혹은 큰 주체가 정의하는 바에 대한 '동일시'를 전제하는 한 받아들이지 않는다(이에 대해서는 이 책 『철학의 외부』의 「무의식의 이중구조와 주체화」와 「푸코의 담론이론:표상으로부터의 탈주」 참조). 덧붙이자면, 그 경우 '저항'은 기껏해야 '반동일시'나 '비동일시'라는 식으로, 즉 동일시의 일종(!)으로 파악될 수 있을 뿐이다(M. Pecheux, *Langage, sémantique et idéologie*). 혹은 공존하는 —— 공존의 이유는 아무도 모른다 —— 다른 (저항적) 이데올로기에 대한 동일시로 설명될 수 있을 뿐이다. 물론 이 경우에도 동일시하는 이데올로기/큰 주체를 변경하는 이유는 역시 아무도 모른다. '문화접변' 비슷한 '이데올로기 접변'을 끌어들이지 않는다면, '지배적' 이데올로기를 다르게 정의함으로써 대체 무엇이 바뀔 수 있다는 것일까? 예컨대 그것을 '피지배자들의 가상의 특수한 보편화'라고 한다면, 그러한 보편화는 어떻게 수행되는 것이며, 그것이 (개인적이지 않다는 의미에서) 집합적인 표상체계를 이룰 수 있는 것은, 즉 다른 피지배자들에게 효과를 가질 수 있는 것은 대체 어떻게 가능한 것일까? '모방충동'과 미시적 전염? 아니면 또 다시 동일시?(전자는 지라르R. Girard에 의거해 아글리에타가 화폐를 설명하는 데 이미 사용한 바 있다. M. Aglietta/A. Orléan, *La violence de la monnaie*, PUF, 1982.)

'주체생산'과 '주체화'에 관한 것으로 다시 돌아오자. 우리는 차라리 들뢰즈/가타리나 말년의 푸코처럼, 권력에 저항하여 기존 권력의 테두리 밖에서 스스로를 주체로 형성하는 것을 (그리고 그런 한에서만) '주체화'라고 정의하는 것은 받아들일 수 있다. '주체화 양식' 역시 마찬가지다. 하지만 이는 권력이 정의하거나 타자/큰 주체가 정의하는 복종적 위치에 대해 거리를 두고 탈주하려는 힘에 강조점이 가 있기에 그렇다는 것을 재차 분명히 해두자.

의 집합으로 구성된다. 그러나 동시에 그것은 언표행위나, 그 언표행위에 연관된 다른 행위와 같은 담론적 실천의 집합이기도 하다. 담론이나 지식은 '말이 되는 말', 언표를 제한한다. 예를 들면 정신병리학이란 담론적 형성체에는 반복적으로 출현하는 언표가 있는가 하면 결코 언표될 수 없는 것이 있다. 그리고 어떠한 언표나 언표행위도 그것을 통제하는 형성규칙에 따라야 한다. 그리고 그것은 정신병에 대한 생각이나 정신병자들의 행동을 통제한다. 이런 점에서 담론은 특정한 언표집합이 나타나거나 나타나지 못하는, 열려있으나 제한된 공간인 동시에 담론적인 실천이 진행되는 장이다.[17] 이런 이유로 인해 언어가 허용하는 무수한 문장들이 모두 언표가 되지 못하며, 오히려 매우 적은 언표만이 출현할 수 있다. 이를 푸코는 '언표의 희박성'이라고 말한 바 있다.[18]

이는 담론적 실천에 관해서도 마찬가지다. 정신병리학에서 언표행위의 주체는 의사나 그에 연관된 위치로 제한된다. 따라서 어떤 언표행위의 주체나 대상, 그리고 그들 간의 관계를 정의해 주는 개념이나 전략은 특정한 담론형성체 안에서 정의되며, 반대로 그것들을 통해 담론형성체는 작동한다. 여기서 푸코는 언표할 수 있는 것과 언표할 수 없는 것을 가르고, 언표의 출현을 통제하는 제한된 공간으로서 담론을 연구한다. 특정한 담론형성체를 구성하고 제한하는 것은 담론의 내부에서 작동하고 있지만 결코 담론의 내부는 아니다. 그것은 언표들을 담론적 공간 안에 분배할 뿐 아니라, 어떤 언표가 다른 언표와 상이한 가치와 효과를 갖도록 정의해 주며, 그것을 통해 어떤 담론을 다른 담론과

---

17) M. Foucault, *L'archéologie du savoir*, Gallimard, 1969, 이정우 역, 『지식의 고고학』, 민음사, 1992, 56쪽, 60쪽.
18) 푸코, 위의 책, 171~175쪽.

구별해 준다. 푸코는 이를 '외부'(dehors)라는 말로 개념화한다. 담론의 바깥이라기보다는 담론에 내재하는 외부. 그것은 바로 언표가능한 것의 경계요, 언표들을 이미 조건짓는 '역사적 선험성'이다. "따라서 중요한 것은 언표적 사건들이 그 상대적인 희박성 속에서, 그들의 성긴 이웃관계 속에서, 그들의 펼쳐진 공간 속에서 배분되는 이 외부를 되찾는 것"이다.[19]

이러한 '외부'의 사유는 『말과 사물』에서도 마찬가지로 발견되는 것이다. 표상들을 가능하게 해주는 그러나 결코 표상되지 않는 외부, 혹은 사유를 제한하며 그 안에서 사유가 전개되도록 하는 사유 속의 비사유, 바로 이것이 그 책에서 푸코가 찾아내려 했던 것이다. 이를 그는 '에피스테메'라고 지칭한 바 있다.

이제 담론의 분석이 해석학과 갈라지는 지점이 분명하게 드러난다. 해석학은 어떤 공통의 (생활)세계, 특정한 말이나 글들이 펼쳐지고 해석되는 의미의 지평을 찾으며, 그 안에서 중층화된 의미의 다가성을 찾으려 한다. 이는 그 안에 포섭되는 한에서만 유의미하게 발화될 수 있는 언표나 언표행위, 혹은 실천의 공통 지반 —— 해석학에서 말하는 '지평' —— 을 찾으려 한다는 점에서 푸코의 담론개념과 유사해 보인다. 하지만 에피스테메나 담론형성체를 찾으려는 푸코에게는, 공통의 경험을 가능케 해주는 공통의 '경험 공간'도,[20] 공통의 의미를 형성함으로써 서로에게 이해가능성의 기초를 제공하는 '의미 지평'도, 그 안에 존

---

19) 푸코, 앞의 책, 177쪽.
20) R. Koselleck, *Vergangene Zukunft:Zur Semantik geschichtlicher Zeiten*, Suhrkamp, 1979, tr. by K. Tribe, *Futures Past:On the Semantics of Historical Time*, MIT Press, 1985, p.267 이하 참조.

재하는 다양한 의미의 가능성도 전혀 중요하지 않다.[21] 왜냐하면 그로서는 차라리 언표의 출현조건을 제한함으로써 '공통의 지반'이라는 형태로 동일자를 구성하는 이 '외부'가 문제이기 때문이다.

대비해 말하자면, 말해진 것 속에서/뒤에서 말해지지 않은 것을 찾아내려는 점에서 양자는 유사하지만, 해석학은 그것을 의미를 가능하게 하는 공통분모를 추구하거나, 그것을 통해 숨겨진 의미를 찾아내려 하는 반면, 푸코의 고고학은 특정한 언표 및 언표행위만을 가능하게 하는 제한과 규칙을 찾아내려 한다.

전자에게 중요한 것은 공통분모로서 의미의 지반이지만, 후자에게 중요한 것은 어떤 문장을 유의미/무의미하게 만드는 제한과 규칙이다.[22] "해석한다는 것은 언표의 결핍에 대응하는 방식이며, 그 결핍을 의미의 복수화를 통해서 보상하고자 하는 것이다. …… 그러나 담론적 형성체를 분석한다는 것은 [반대로] 이 결핍을 야기하는 법칙을 찾고자 하는 것이다."[23] 여기서 권력의 문제로 나아가는 하나의 통로가 열린다. 다시 말해서 "담론은 …… 존재하자마자 단지 실천적 적용에 국한되지 않고 권력의 물음을 제기하는 속성(propriété), 자연히 정치적 · 비정치적 투쟁의 대상이 되는 속성/재산인 것이다."[24]

다른 한편, 그 이전의 저작들에 비해 『지식의 고고학』에서 두드러

---

21) 드레피스/라비노우, 『미셸 푸코 : 구조주의와 해석학을 넘어서』, 96~98쪽 : 이정우, 『담론의 공간 : 주체철학에서 담론학으로』, 민음사, 1994, 196~199쪽.

22) 여기서 '말해지지 않은 것'에 대한 가치평가가 정반대로 될 수 있음을 쉽게 이해할 수 있다. 예컨대 '전통'은 공통의 의미지평을 이룬다는 점에서 해석학에게는 '소중한 것'이지만(H.-G. Gadamer), 푸코가 보기에 그것은 특정한 언표나 언표행위만을 가능하게 하고 다른 것은 배제하고 억압하는 제한과 규칙의 통칭일 뿐이다.

23) 푸코, 『지식의 고고학』, 175쪽.

24) 푸코, 위의 책, 175쪽.

진 것은, 담론형성체를 비담론적인 관계들의 장 속에, 즉 '외재성 (extériorité)의 장' 속에 위치지운다는 것이다.[25] 예컨대 정신병리학은 그 자체만으로는 정신병자 혹은 광인들의 행동을 통제하고 그들의 실천에 담론적인 일관성을 부여하기 힘들다. 그것은 최소한 수용소 내지 정신병원이라는 제도적 조건, 혹은 그들을 다루는 기술이라는 조건을 필요로 한다. 나아가 정신병리학이라는 담론 자체도 근대 초의 '거대한 감금'이라는 사건 없이는 성립될 수 없었다. 그에 따르면 담론적 관계들은, 모든 담론이나 담론의 대상과 독립하여 제도, 기술, 사회구성체 등의 사이에서 그려질 수 있는 '일차적인 관계'와 구별되며, 그런 관계들 사이에서 성립된다.[26] 그리고 "언표들이 그에 필연적으로 복종하는 바 물질성의 규제는 …… [이러한] 제도의 질서에 속한다."[27]

따라서 그가 보기에 담론적인 것은 비담론적인 것과 다양한 이질적 복합체를 이룬다. 다시 말해 담론은 담론만으로 작동하고 존립하는 완결체가 아니라는 것이다. 이런 이유에서 담론은 '담론적 사건'의 집합으로 다루어져야 한다고 하며,[28] 담론의 사건성을 복구하는 것이 계

---

25) 이에 대한 자세한 논의는 이 책의 「미셸 푸코와 담론이론 : 표상으로부터의 탈주」 참조. 이 논문에서 나는 외재성의 문제, 즉 담론적인 것과 비담론적인 것의 연관을 '사건'이란 개념에 연관짓고, '외부의 문제' 즉 담론의 형성규칙에 따른 담론의 효과를 '실증성'이란 개념으로 요약했는데, 후자는 요약한 개념이 그다지 적절치 않았고 전자는 좀 거칠었다고 생각한다. 왜냐하면 그가 말하는 실증성은 담론적 형성체의 효과만이 아니라 그것의 외재성이란 측면을 포괄하는 것이란 점에서, '사건(적 계열)화'가 담론적인 것을 배제하는 것은 아니란 점에서, 푸코가 '담론의 사건성을 복구'하려 했음에도 불구하고 담론적인 것에 대한 비담론적인 것의 효과라고만 하기에는 다소 도식화하는 위험을 감수해야한다는 점에서 그렇다. 이 중 특히 '사건'의 개념은 푸코나 들뢰즈의 사상이 갖는 유물론적 중심점을 이루는데, 이에 대해서는 이 책 3부의 「'사건의 철학'과 역사유물론」 참조.
26) 푸코, 앞의 책, 77쪽.
27) 푸코, 같은 책, 151쪽.
28) 푸코, 『담론의 질서』, 이정우 역, 새길, 1993, 45쪽.

보학적 전환의 가장 중요한 모티브 가운데 하나가 된다.[29] 들뢰즈는 담론적인 것과 비담론적인 것의 복합체를 통해 담론적 실천을 형성해내는 지점을 포착한다는 점에서, 담론을 언표를 둘러싸고 있는 '보족적 공간'이라고 하며, 푸코의 담론개념에 고유한 특징으로 본다.[30] 기표의 물질성 내지 상징적인 것의 자율성을 벗어난다는 점에서, 푸코는 구조주의와 다른 갈래점을 이룬다. 여기서 이후 감옥과 같은 비담론적인 제도나 조건을 통해서 특정한 실천의 집합을 반복적으로 생산해내는 '형성규칙'을 포착하게 된다는 점에서, 담론에서 권력으로 이르는 또 하나의 통로가 열린 셈이다.

2) 미시정치학의 대상

담론에서 권력으로 나아가는 길은 이중의 변환으로 요약될 수 있겠다. 첫째로, 담론적 공간 안에서 연구 대상이 언표들의 위상학적 관계에서 **권력관계**로 변환된다. 이는 비담론적인 것에 관해서도 마찬가지여서, 그 안에서 작동하는 핵심적인 권력관계를 드러내는 것이 계보학적 분석의 중심 과제가 된다. 둘째로, 직접적인 분석의 영역이 담론형성체를 이루는 언표집합에서 비담론적인 제도나 관계 속에서 사용되는 **권력기술**로 변환된다. 예컨대 감옥이나 가족 등에서 사람들의 행동을 통제하

---

29) 푸코, 『담론의 질서』, 41쪽.
30) 들뢰즈, 『들뢰즈의 푸코』, 30~31쪽. 이를 그는 확장된 '화용론' 개념으로 발전시킨다. 이에 관해선 G. Deleuze/F. Guattari, *Mille Plateaux*, Minuit, 1980, pp.109~116 참조. 들뢰즈와 가타리는 이 책에서 이전에 『앙띠-오이디푸스』에서 자신들이 제안한 분열분석(schizo-analyse)과 미시정치학을, 담론적인 것과 비담론적인 것으로 구성되는 지층에 대한 역사적 연구로서의 지층분석학(strato-analyse) 내지 확장된 의미의 화용론(pragmatique)과 등치한다(*Mille Plateaux*, p.33).

기 위해 사용되는 다양한 권력기술들이 분석된다.[31]

권력기술은 경험적인 차원이며, 그 차원에서 사용되는 '권력'이란 용어는 경험적 개념이다. 반면 권력관계는 경험적인 차원을 넘어서 일반화된 차원으로, 담론적인 것과 비담론적인 것의 관계, 그 속에서 특정한 실천을 반복해서 생산하는 양상을 분석하기 위한 방법론적 개념이고, 따라서 그 차원에서 사용되는 '권력'이란 용어는 분석의 대상들을 특정화하기 위한 포괄적이고 초험적인 개념이다. 이는 마치 맑스의 생산양식이란 개념이 한편으로는 경험적인 개념인 동시에(예를 들어 '협업'처럼 특정한 공장에서 생산방식의 변화를 분석할 때), 다른 한편으로는 역사적 규정으로서 초험적인 개념(예를 들어 기계 사용의 효과를 특정화하기 위한 개념으로 '자본주의 생산양식'이 도입될 때)인 것과 유사하다.

하지만 푸코는 '권력'이란 개념이 갖는 이러한 차이를 명시하지 않기 때문에, 권력이란 개념이 모든 곳을 손쉽게 뒤덮는 듯이 보인다. 실제로 그의 권력 범주는 경험적–실증적 차원과 비판적–메타이론적 차원을 넘나들며 체계적으로 이중의 의미에서 사용된다는 비판을 받기도 한다.[32] 경험적 역할과 선험적 역할을 동시에 떠맡는 권력개념의 이 '체계적인' 모호성으로 인해, 그것은 구조로서 기능하는 동시에 조절과 통제의 심급으로 작용한다는 것이다.[33] 이는 현재주의, 상대주의와 (근

---

31) 앞서 비담론적인 것을 통해 열린 통로가 후자로 연결된다면, 담론에 '내재하는 외부'를 통해 열린 통로는 전자로 연결되며, 이 통로는 또한 권력의 개념이 다시 담론이나 지식에 관한 이전의 분석으로 되돌아가는 통로이기도 하다. 권력의 사상가로 되는 통로.

32) J. Habermas, *Die philosophische Diskurs der Moderne*, Suhrkamp, 1985, 이진우 역, 『현대성의 철학적 담론』, 문예출판사, 1994, 321~322쪽.

33) 하버마스, 위의 책, 325~326쪽.

거없는) 규범주의가 뒤섞인 불가능한 객관주의를 이룬다는 비판으로 이어진다.[34]

푸코가 나중에 권력관계와 권력기술을 구분해서 사용하는 것은 앞서와 같은 비판을 염두에 둔 것으로 보인다(예컨대 「주체와 권력」). 나아가 그는 전략이란 말의 의미를 세 가지로 구분하면서, 권력이란 개념을 ①선택된 수단의 집합, ②그 수단들에 의해 야기되는 지배적 효과, ③권력의 전략과 저항전략 간의 관계로 구분하고 있다.[35] 여기서 ①을 권력기술이라고 한다면, ②와 ③은 일반화된 권력개념의 두 층으로, 권력관계 안에서 겨냥된 효과(흔히 전략이라고 한다)와, 그것을 중심으로 이루어지는 권력(–저항) 관계라고 하겠다. 여기서 개념의 겹침이 나타나는 듯이 보이는 것은, 권력관계는 권력기술을 통해서만 존재하며, 권력기술은 권력관계를 생산하는 한에서만 작동한다는 사정 때문이다. 이로 인해 권력기술을 통해 작동하며, 그 효과를 통해 권력관계를 형성하는 '(권력)전략'이란 개념이 외연을 달리하며 반복해서 사용되게 된다.

---

34) 하버마스, 『현대성의 철학적 담론』, 327쪽 이하. 그러나 쟈니코(D. Janicaud)는 이러한 비판이 철학적 과정과 과학적 과정을 혼동한 데에서 기인한다고 비판한다. 그가 보기에 초험적 범주로서 권력은 철학적 방법론적 입장의 문제와 연관된 것이라면, 경험적 범주로서 권력은 과학적·실증적 분석의 대상이라는 것이다(D. Janicaud, "Rationality, Force and power: Foucault and Habermas's Criticisms", *Michel Foucault Philosopher*, Routledge, 1992, p.291 이하). 이는 어쩌면 가치선택의 당파성과, 연구상의 가치중립성이라는 베버 식 대답처럼 보인다. 하지만 좀더 나아가 권력기술에 대한 경험적–'실증적' 연구를 통해 드러나는 일반적인 관계 범주로서 권력을, 즉 권력관계를 추출하는 것이 원리상 불가능한 게 아니라면, 초험적 범주로서 권력관계를 단지 '철학적 과정'으로 떼내지 않아도 좋을 것 같다. 즉 '초험적인 것'으로서 지식 내지 담론을 '실증적으로' 연구하는 것이 가능하듯이('역사적 선험성'), 초험적인 것으로서 권력을 겨냥하고(철학적 방법론적 선택?) 권력기술과 권력의 배치를 '실증적으로' 연구하여 일반적 권력관계를 도출하는 것 역시 충분히 가능한 것이다.

35) 푸코, 「주체와 권력」, 드레피스/라비노우, 앞의 책, 317~318쪽.

이런 점에서 권력관계와 권력기술은, 전략적 효과의 장을 형성하는 **권력행사** 방식을 통해서 포착되고 기술될 수 있다. 권력행사를 푸코는 **가능한 행위들의 장을 구조화하는 방식**이라고 정의한다.[36] 부언하자면 권력관계는 권력행사를 통해 구조화되는 관계이며, 권력기술은 권력 행사의 기술이다. 따라서 푸코의 연구는 특정한 제도적-담론적 형성체에서 권력행사의 장으로 옮겨간다.

여기서 우리는 권력행사의 장(전략적 효과를 구조화하는 장)으로서 '배치'라는 개념을 만나게 된다. 이 배치라는 개념을 통해 푸코는 "첫째, 담론이나 제도, 건축의 형태, 규칙적인 결정들, 법칙, 행정적 조치, 과학적인 언표, 철학적이고 도덕적이며 박애주의적인 명제라는, 전혀 이질적인 것들로 구성된 복합체의 구조를 밝혀보려 했다"고 한다. 이는 "말해지는 것뿐만 아니라 말해지지 않는 것", 담론적인 것과 비담론적인 것의 이질적인 복합체인데, "바로 이것이 성적(性的) 배치를" 그리고 사법적인 배치나 의학적인 배치를 구성하는 요인이라고 한다.[37] 둘째로 배치는 이러한 요소들 사이에서 이루어지는 관계이기도 한데, 이런 점에서 푸코는 배치라는 개념을 통해 "이 이질적인 요소들 사이에 존재하는 연결고리들의 성격"을 밝혀보려 했다고 한다. "셋째로, 역사적으로 주어진 일정한 시점에 사회적으로 하나의 구조가 형성되며, 이것이 그 시대에 필요한 요구에 부응하게 된다는 의미로 배치라는 용어를 썼다"고 말한다. 이런 점에서 배치는 "전략적인 기능자로 존재"한다.[38]

---

36) 드레피스/라비노우, 앞의 책, 315쪽
37) 푸코, 『권력과 지식』, 홍성민 역, 나남, 1991, 236~237쪽.
38) 푸코, 위의 책, 236쪽.

따라서 『지식의 고고학』에서 말했듯이 담론적인 것과 비담론적인 것이 공존한다고 할 때, 이 양자를 포괄하며 또한 이 양자가 서로 관련되는 방식으로서 '배치'라는 개념을 사용하는 것이며, 이를 통해 가능한 행위들을 구조화하는 방식 혹은 전략을 추적하려는 것이다. 다시 말해 배치는 담론적인 것과 비담론적인 제도 등을 통해 반복적인 실천의 양상을 생산하는 장인 것이고, 이런 점에서 가능한 실천의 구조화된 장이라고 하는 것이다. 결국 그는 '배치'라는 개념을 통해 구조화되는 행위들의 관계, 배치를 통해 작동하는 효과와 저항의 복합체를 권력(관계)으로 정의하는 셈이며, 그러한 관계, 그러한 효과의 통일성을 생산하는 다양한 요소와 기술을 권력기술로서 파악하는 셈이다.

예를 들어 『성의 역사』 1권은 '성의 과학'이란 제목으로 성에 관한 담론과 그 급격한 증가, 거기서 고백의 절차에 대해 말하며(물론 그는 교회에서 만들어낸 '고백의 배치'에 대해 언급하기도 하는데), 그 위에서 '성적 배치'를 분석하는 중심적인 장으로 나아간다. 혼인 배치와 성적 배치의 교차점으로서 가족이란 제도, 그 가족 안에서 성적 활동의 통제를 위한 전략(여성 육체의 히스테리화, 어린이 성에 대한 교육화, 생식행동의 사회적 관리, 도덕적 쾌락의 정신의학으로의 편입)을 분석하면서, 성(sexualité)이란 "역사적 배치에 붙여질 수 있는 이름"이라고 말한다.[39]

푸코는 근대의 성적 배치에 대한 이런 분석을 통해서 신체에 작용함으로써 생(vie)을 통제하려는 권력——권력의 전략 내지 권력관계——을 추출해낸다. 생체권력(bio-pouvoir). 그것은 두 개의 극을 갖는 권력

---

39) M. Foucault, *Histoire de la sexualité : la volonté du savoir*, Gallimard, 1977, 이규현 역, 『성의 역사』 1권, 나남, 1990, 119쪽.

기술로 구체화되었는데, 하나의 극은 "신체의 조련, 신체적 적성의 최대 활용, 체력의 착취, 신체의 유용성과 순응성의 병행 증대, 효과적이고 경제적인 통제체제로의 신체 통합, 이 모든 것이 '규율'을 특징짓는 권력의 절차, 〔한마디로〕 신체의 해부–정치학(anatomo-politique)"이고 다른 하나의 극은 "증식, 출생율과 사망률, 건강의 수준, 수명, 장수, 그리고 이것들을 변화시킬 수 있는 조건들을 문제로 하는 일련의 개입 및 '조절적 통제' 전제, 〔한마디로〕 인구의 생체–정치학(bio-politique)"이다. 즉 신체의 훈육과 인구의 조절이 생체권력(bio-pouvoir)이라고 요약되는 근대적 권력(관계)을 실행하는 권력기술의 두 축이었다는 것이다. (근대적) 주체란 이러한 배치를 통해 작용하는 권력관계의 효과로서 생산되는 것이다. 그러나 동시에 그것은 단순히 권력관계의 효과만으로 환원될 수 없는데, 이는 "권력이 있는 곳에 저항이 있으며," 그만큼 저항은 권력에 내재적이기 때문이며, "권력관계는 다양한 저항점들과의 관련 아래에서만 존재"하기 때문이다.[40]

결국 배치라는 개념에서 권력의 미시정치학을 구성하는 기본개념들의 위상학적 종합을 볼 수 있다. 배치는 담론적인 형성체와 비담론적인 제도 혹은 권력기술의 이질적 복합체로서, 그 안에서 사람들의 실천을 특정하고 반복적인 형태로 생산해내는 전략적 효과를 통해 권력관계를 작동시킨다. 또한 그것으로써 그들을 특정한 형태의 주체로 생산한다. 그러나 동시에 그러한 권력관계에서 벗어나려는 저항을 내적으로 포함하고 있다.

이와 유사한 관점에서 들뢰즈는 푸코의 배치라는 개념이 네 가지

---

40) 푸코, 앞의 책, 109쪽.

로 분류되는 선(線)을 구성요소로 갖는다고 말한다. ①빛을 구조화하는 '가시성의 선'(가령 팬옵티콘으로서 감옥), ②말할 수 있는 것을 제한하고 통제하는 '언표행위의 선'(가령 형법이나 행형법), ③이전의 굽어진 곡선을 교정하는 '힘 내지 권력의 선'(가령 보이지 않으며 모든 것을 보는 다이어그램), ④그리고 권력의 선에 갇히지 않기 위한 것으로 '주체화의 선'이 그것이다. 마지막의 주체화의 선은 말년의 푸코가 사용한 방식으로, '주체화'라는 말을 외적인 금지와 규칙을 통해서 작동하는 권력에 대하여 거리를 만드는 것으로 정의한다. 따라서 그것은 들뢰즈식의 개념으로 말하면 일종의 탈주선인 셈이다.[41]

3) 권력에 관한 몇 가지 새로운 명제

권력행사가 이루어지는 배치를 통해, 그 안에서 작동하는 권력기술과 그것을 통해 생산되는 권력(관계)의 양상을 연구하면서 푸코는 이전과는 매우 다른 권력개념을 제시하게 된다. 근대적인, 다시 말해 누군가에 의해 소유되는 것이 아니라 반대로 사람들을 그런 어떤 주체로 만들어내는 것이 권력이라면, 그것이 권력에 관한 이전의 명제를 뒤집는 어떤 내용을 담고 있음은 당연하다. 들뢰즈는 이러한 새로운 권력개념이

---

41) G.Deleuze, "What is a dispositif?", *Michel Foucault Philosopher*, pp.159~161. 들뢰즈/가타리는 자신들이 사용하는 배치(agencement)란 개념이 푸코의 배치(dispositif)와 약간의 차이가 있다고 한다. 한편으로 앞서 언급했듯 배치가 고유한 역사적 요소의 계열로 이루어지는 반면, 배치는 영토성과 연관해 지리적 요소가 강조된다는 것이다(들뢰즈, 『대담 : 1972~1990』, 김종호 역, 솔, 1993, 164쪽). 다른 한편 배치는 권력의 배치이기 이전에 욕망의 배치며, 권력은 배치의 지층화된 차원이고, 다이어그램이나 추상기계는 일차적인 것으로 탈주선을 가지며, 이는 배치 안에서는 저항이나 반발이 아니라 창조의 첨단 내지 탈영토화의 첨단이라고 한다(G. Deleuze/F. Guattari, *Mille Plateaux*, pp.175~176). 한편 이러한 내용을 푸코의 개념과 대비시켜서 좀더 분명하게 하고 있는 것으로, G. Deleuze, "Désir et plaisir", *Magazine littéraire*, no. 325(Oct. 1994) 참조.

좌파의 전통적 주장과 관련해 폐기하려는 바를 다음의 여섯 가지로 요약한다.

①소유의 공준(公準) : 권력은 획득되고 소유될 수 있다; 그러나 권력은 소유물이 아니라 전략이다. ②국지화의 공준 : 권력은 국가장치 한가운데 소재하고 있다 ; 그러나 권력은, 비록 전반적(global)이진 않기에 국지적(local)이지만, 어떤 특권적인 장소로 국지화되지 않는다. 그것은 분산적이다. ③종속의 공준 : 권력은 상부구조로서 특정한 생산양식에 종속된다 ; 그러나 권력은 상부구조가 아니라 생산의 역할을 직접 담당하는 곳에 있으며, 생산양식과 무관하진 않다 해도 거기로 환원되진 않는다. ④본질 또는 속성의 공준 : 권력은 지배자와 피지배자를 구별해 주는 어떤 본질과 속성을 가진다 ; 그러나 권력은 본질을 갖지 않으며 조작적이고, 속성이 아니라 관계다. ⑤양상에 대한 공준 : 권력은 억압과 이데올로기라는 두 양상에 의해 작동한다 ; 그러나 억압이나 이데올로기는 어떤 배치를 상정하지 않으면 아무것도 설명하지 못한다. ⑥합법성의 공준 : 전쟁의 정지로서 법/합법성과 그것의 부정으로서 비합법성이 대립한다 ; 그러나 법은 다양한 불법행위에 의해 구성되며, 따라서 법 자체가 진행중인 전쟁이요 그 전쟁의 전략이다.[42]

이는 유용한 요약이지만, 우리가 검토하려는 문제와는 다른 절단면을 이루는 것이기에, 푸코의 주장을 나름대로 선별된 다음의 몇 가지 명제를 통해 다시 살펴보자. 이는 나중에 검토할 푸코의 권력개념에 가장 중심적인 것이지만, 그런 만큼 그의 난점과 긴밀히 연관된 것이기도 하다.

---

42) 들뢰즈, 『들뢰즈의 푸코』, 51~60쪽.

① "권력은 소유되기보다는 행사되는 것이다." [43] 이는 앞에서 보았듯이, 권력을 소유할 수 있는 어떤 것으로 보는 입장을 겨냥하고 있는 것이다. 이에 대해서 푸코는 명시적으로 유명론적인 입장에서 다음과 같이 말한다. "권력은 제도도 아니고, 구조도 아니며, 일부 사람들에게 부여되어 있다고 간주되는 특정한 권세도 아니다. 그것은 주어진 한 사회에서 복잡한 전략적 상황에 부여되는 이름이다." [44] 권력이란 특정한 전략적 효과를 통해 (소급하여) 정의되는 어떤 관계로서, 그러한 효과를 야기하는 것으로 간주되는 어떤 관계에 부여된 이름이다. 그것은 효과 이전에는 존재하지 않으며, 효과와 독립해서도 존재하지 않는 관계다. 권력이란 관계의 특정성과 무관한 불변적인 실체가 아니며, 여러 관계들을 포괄하는 유기적 실체도 아니다. 그것은 차라리 어떤 사람은 감시하고 강제하는 역할을 하게 하기도 하고, 다른 사람에게는 규칙에 따라 행동하게 하는 사회적 관계일 뿐이다. 중요한 문제는 권력이 행사되는 양상과 메커니즘의 고유함을 보는 것이고, 그 관계 속에서 개인들의 실천이 어떻게 조직되는지를 보는 것이다.

② "권력은 지배계급의 전략적 입장의 총체적 효과다." [45] 권력은 단순히 지배계급의 특정한 집단에 의해 행사되는 권한이나 특권, 강제나 금지 등을 의미하지 않는다. 그것은 차라리 다양한 방식으로 존재하며, 매우 불균등한 형태로 행사되는 지배의 효과를 지시한다. 즉 다양한 영역에서 다양한 배치와 메커니즘을 통해 행사되며, 그로써 지배가 지속

---

43) M. Foucault, *Surveiller et punir*, Gallimard, 1975, 오생근 역, 『감시와 처벌』, 나남, 1994, 56쪽.
44) 푸코, 『성의 역사』 1권, 107쪽.
45) 푸코, 『감시와 처벌』, 56쪽.

될 수 있는 조건을 의미한다. 그것은 다양한 방법과 전술을 통해서 어쨌든 지배를 지속해야 한다는 목표——그 목표에 전체가 합의한 적 없이——를 관철시키는, 그리고 어떤 영역에서는 종종 실패하기도 하는 전략의 효과다. 이런 점에서 그것은 그 효과의 지배적임을 확보하지 못하고는 지배가 지속될 수 없는, 지배의 조건이기도 하다.

가령 자유로운 개인, 혹은 '인간'이란 개념에 기초하고 있는 근대사회에서는 외적인 강제와 폭력, 종속을 통해서 지배를 지속할 수 없다. 다시 말해 개개인의 자유의지를 '원칙에 따라' 인정해 주자마자 그렇다면 "사회(적 질서)는 어떻게 가능한가?"라는 홉스적 질문이 제기된다. 이것을 우리는 근대사회의 이율배반이라고 요약한 바 있다. 이러한 이율배반을 해소하기 위한 묘책은 '외부적 강제 없는 지배' '강제적 통제 없는 통제'를 실현하는 것이다. 이를 위해서는 개개인들로 하여금 질서를 스스로 지켜나가도록 해야 한다. 감금을 통해서든, 훈육과 강제를 통해서든, 아니면 규범화 내지 내면화를 통해서든. 또 감금과 훈육, 강제나 내면화 등을 위해 사용하는 다양한 방법들이 있다. 여하튼 이 다양한 방법을 통해서 질서를 지키도록 길들여지고, 그것이 또한 내가 선택해서 하는 것이라고 생각하는 근대적 인간이, 근대적 주체가 만들어진다.[46] 그것은 어느 누구 한 사람이나 집단에 의해 고안된 것이 아니었으며, 또 어느 하나의 중앙에 의해 단일하게 통제되며 실시된 것이 결코 아니었다. 그 성과는 영역과 관계에 의해 매우 다른 양상을 띤다는 점에서 일관되게 계획된 것이라기보다는 '총체적인 전략적 효과'로

---

46) 이에 대해서는 박태호, 「근대적 주체와 합리성: 베버에서 푸코로?」, 『경제와 사회』, 1994년 겨울호를 참조.

서만 간주될 수 있는 것이다.

개인을 이러한 주체로 생산하는 것이 부르주아지의 계획과 통제하에 수행된 것은 아니라는 점에서, 그것은 부르주아지라는 지배계급의 계획과 통제, 방법 등으로 환원되지 않는다. 그러나 또한 이러한 방식으로 수행된 "사람의 축적이 자본의 축적과 분리될 수 없을 것이다."[47] 특정한 형태로 사람을 만들어내는 권력이 지배계급의 전략적 입장과 분리될 수 없을 것이란 말은 바로 이런 의미도 포함하고 있는 것은 분명하다. 이런 맥락에서 그는 "권력을 좀더 정확히 이해하기 위해서 투쟁이나 갈등, 전쟁이란 개념을 동원해야 한다"고 보며, 정치를 "전쟁에서 비롯되는 세력관계의 불균형을 인정하는 메커니즘"으로 파악하자고 한다.[48] 클라우제비츠의 명제를 뒤집어 만든 "정치는 전쟁의 연속"이란 명제는, 이처럼 적대 속에서 권력관계를 이해해야 한다는 가정을 포함하고 있다.[49]

③권력은 금지나 부정보다는 차라리 긍정의 형태로 행사된다. 즉 "권력은 그것을 갖지 못한 자들에게 단지 일종의 의무나 금지로서 강제되는 것은 아니다."[50] "권력의 경제를 지배해 왔던 '강탈-폭력'이라는 낡은 원칙에 대신해 규율(권력)은 '부드러움-생산-이익' 원칙을 채택한다."[51] 예를 들면, 학교에서 교육과정을 통해 학생들을 길들이는 권력은 학생들로부터 무언가를 강탈하는 방식으로 교육하지 않는다. 학

---

47) 푸코, 『감시와 처벌』, 321쪽.
48) 푸코, 『권력과 지식』, 122~123쪽.
49) 이는 그 뒤에 '적대의 가정'을 포기하면서 소실되는데, 나중에 푸코의 난점을 비판적으로 검토하는데 중요한 주제 중 하나로 다시 언급할 것이다.
50) 푸코, 『감시와 처벌』, 56쪽.
51) 푸코, 위의 책, 319~320쪽.

생들의 훈육을 위해 여러 가지 규칙과 강제가 반복적으로 동원되지만, 푸코가 보기에 그것은 그들의 신체 위에 지식과 능력을 새기는 것이다. 병원에서의 규율 역시 건강의 생산과 관련되며, 심지어 군대의 경우에도 파괴력의 생산과 관련된다.[52] 이런 의미에서 규율을 통해 파악되는 권력은 단지 부정적인 것만은 아니다. 차라리 그것은 개개인을 특정한 능력과 특성, 지식을 가진 '주체'로 생산한다.

푸코는 감옥에서 권력이 행사되는 방식을 이런 문제와 관련지운다. 즉 격리를 통해 감옥은 "범죄자를 '체념적이고 유익한 활동'에 맞도록 훈련시키고 그에게 '사교성의 습관'을 회복시켜 준다."[53] 또 "감옥에서의 노동이 경제적 결과를 낳는다면, 그것은 산업사회의 일반적 기준에 따라 기능화된 개인을 생산함으로써다. …… '노동은 감옥의 종교가 되어야 한다. 사회–기계(une société-machine)는 전적으로 기계적인 교정수단이어야 한다(Faucher).' 이는 개인–기계뿐만 아니라 프롤레타리아의 제조이기도 하다."[54] 더불어 감옥은 치료와 규범화를 통해 범죄자를 '교정'한다는 점에서 "단순한 자유의 박탈을 넘어선다."[55]

---

52) 푸코, 『감시와 처벌』, 320쪽. 그런데 여기에는 두 가지 상이한 것이 뒤섞일 위험이 있다. 하나는 권력의 행사방식 내지 권력기술의 측면으로, 예컨대 학교나 공장에서 행해지는 시간적·공간적 규율이나, 정해진 동작의 반복, 혹은 규범으로 내면화된 예절 등은 분명 자의적인 의지를 규제하고 통제한다는 점에서 아무리 부드러운 경우에도 **부정적**이다. 그러나 그 결과는 학습능력 내지 지적능력, 노동능력, 혹은 절제능력의 생산이란 점에서 그 대상에게 유익하고 **생산적**이다. 아마도 **후자의 측면**에서 푸코는 권력이 긍정적인 방식으로 행사된다고 한 것 같다. 그러나 이것이 훈육적 권력을, 니체적인 용어로 말해 '긍정적(인 권력의지)'이라고 간주하는 것이 된다면 그것은 양자를 뒤섞은 대가인 셈이다. 왜냐하면 이는 저항과 권력의 가치평가──니체적인 의미에서──가 반전될 가능성을 보여주기 때문이다. 이에 대해서는 푸코 이론의 난점을 검토하면서 다시 다룰 것이다.

53) 푸코, 위의 책, 343쪽.

54) 푸코, 같은 책, 349쪽.

55) 푸코, 같은 책, 351쪽.

그런데 이 새로운 권력개념은 그것이 새롭고 파격적인 만큼 모호하고 이질적인 요소를 포함하고 있었다. 동시에 그것은 지속적으로 개념적인 변위가 발생하는 동력이기도 했다. 이러한 이질성은 무엇보다 계보학적 권력개념을 발전시킨 두 권의 저작——흔히 동일한 개념을 사용하는 것으로 알려진——사이에서 나타나는 개념적 변위를 통해 확인된다.

『감시와 처벌』 이후에 행해진 강연(1976년)에서 푸코는 자신의 권력 개념에 전제되어 있는 두 가지 가정에 관해 말하고 있다. 그것은 푸코의 말을 빌리면 '라이히적인 가정'과 '니체적인 가정'이다. 푸코는 권력관계를 투쟁과 갈등, 전쟁을 통해 파악해야 한다는 입장을 강하게 가지고 있었으며, 이러한 맥락에서 그는 "정치란 전쟁의 계속"이라고 보았다. 또한 이런 점에서 그는 권력관계의 기저가 지배와 피지배, 지배자와 피지배자 간의 적대적 세력관계라고 보았는데, 니체에서 연유하는 이러한 입장을 그는 '적대의 가정'이라고 부른다.

한편 권력의 작동방식은 '억압'이라고 보는 또 하나의 가정이 있는데, 이를 라이히(W. Reich)적인 의미에서 '억압의 가정'이라고 한다. 이 억압은 앞에서 말한 적대, '전쟁'의 정치적 결과라고 한다.[56] 예컨대 '권력은 지배계급의 전략적 입장의 총체적 효과'라는 명제는 '적대의 가정'을 명시적으로 보여주는 것이었다. 그러나 알다시피『성의 역사』 1권은 바로 이 두 가지 가정을 명시적으로 폐기할 뿐만 아니라, 억압의 가정은 '억압가설'이라는 이름으로 직접적인 비판의 대상으로 삼고 있

---

56) 푸코,『권력과 지식』, 122~124쪽. 그는 여기서 억압의 가정에는 약간 유보를 달고 있으며, 강조점은 니체적인 적대와 투쟁의 가정에 두어져 있다.

다.[57] 우선 적대의 가정을 폐기함으로써 '권력은 **지배계급**의 전략적 효과의 총체'라고 하는 명제는 "권력이란 한 사회의 **복잡한** 전략적 상황에 부여하는 이름"이라는 정의로 치환된다.[58] 다시 말해서 "지배자와 피지배자 사이에 이항대립은 없다. …… 그보다는 차라리 생산기구, 가족, 국한된 집단, 제도들 안에서 형성되고 작용하는 다양한 세력관계가 전 사회체를 관통하는 폭넓은 분리효과를 구체적으로 보여준다고 상정해야 한다. 지배란 단지 이러한 대립의 강도에서 나오는 헤게모니의 결과이다".[59]

이러한 새로운 관점은 또 다른 새로운 명제로 진전된다 : "권력은 아래로부터 나온다."[60] 다시 말해 권력은 지배하는 사람보다는 차라리 지배당하는 사람 자신들에 의해 작용된다는 것이다. 이 명제는 권력은 행사되는 것이고, 그 결과 형성되는 사람들 간의 관계라는 앞서의 명제와 연관된 것이다. 예를 들어 팬옵티콘의 감시장치에 수감자를 배치하는 경우를 상정해 본다면, 그 경우에도 팬옵티콘, 다시 말해 보이지 않으면서 보는 권력의 도식은 그대로 유효하게 작동한다. 즉 푸코가 보기에 감옥에서 행사되는 권력은 감시자가 수감자에 대해 행사하는 것이라기보다는 공간적인 배치 내지 그것을 통해 이루어지는 관계 자체의 효과인 것이다. 이러한 효과는 위계적 관계에서 상부에 있는 자에 못지 않게, 아니 그보다 더 하부의 직접적인 관리자에 의해 실행된다.

---

57) 푸코, 『성의 역사』 1권, 제2장. 여기서 푸코가 억압가설을 비판할 때 그가 염두에 두고 있는 것이 라이히와 마르쿠제라는 것은 분명하다.
58) 푸코, 위의 책, 107쪽. 강조는 인용자.
59) 푸코, 같은 책, 108쪽.
60) 푸코, 같은 책, 108쪽.

예를 들어 감옥에서 그러한 효과의 수행은 교도소장이나 간부보다는 차라리 직접적인 감시자에 의해 이루어지며, 때로는 수감자 자신들에 의해서 좀더 치밀하고 빈틈없이 이루어진다. 이로 인하여 대부분의 경우 간부들은 특정한 수감자들을 포섭하여 그들을 통해 좀더 효율적인 관리와 통제를 수행한다. 이는 학교에서도, 공장에서도 마찬가지다. 차라리 지배받는 자에 의해 실행되는 권력, 혹은 권력자 없이 실행되는 권력.

둘째로, 억압의 가정. 물론 그는 이미 권력이 금지나 부정의 형태보다는 긍정적 형태로 행사된다는 명제를 제시한 바 있지만, 그럼에도 불구하고 그것은 강제와 억압을 수반하는 것이라고 보았고, 따라서 이는 '강제권의 정치학'이란 방식으로 파악되었다. 그는 '억압의 가정'과 '긍정적 권력개념' 사이에서 동요하고 있었던 것일까? 그러나 『성의 역사』 1권에서 권력은 명시적으로 **억압적인 것이 아니라** 생산적인 것으로 간주된다. 즉 권력은 지식이나 경제적 능력, 성적 능력을 생산함으로써, 그러한 능력의 차이로 규정되는 관계 자체도 만들어낸다는 것이다. 따라서 그것은 지식의 유무나 경제적 능력의 유무 등과 같은 불평등한 결과만이 아니라 그와 동시에 그러한 차이를 만들어내고 불평등을 야기하는 내적 조건이다.

이를 좀더 포괄적인 차원으로 확장함으로써, 권력은 개개인에게 지식이나 활동능력, 성적 능력 등을 만들어줌으로써, 그들 각각을 특정한 '주체'로 생산한다. 즉 규율권력, 혹은 지식-권력이라고 부르든, 생체권력이라고 부르든, 요체는 개인에게 특정한 형태의 실천을 하도록 강제함으로써 그를 '주체'로 생산하는 권력이라는 점이다. "이러한 권력의 형식은 즉각적인 일상생활에 적용되어 …… 개인을 자신의 고유한 정체성에 밀착시키고, 그가 인정해야 하고 타인들이 그에게서 인식해내야 하는 진리의 법칙을 그에게 부과한다. 개인을 주체로 만드는 것은 바로 권력의 형식인 것이다."[61] 요컨대 '권력은 개개인을 특정한 형태의 주체로 생산한다'는 명제가 억압의 가정을 포기함으로써 분명하게 된다. 억압하는 권력이 아니라 '생산하는 권력'.

4. 권력과 국가

1) 통치의 문제설정

앞에서 다룬 권력개념은 개인들을 특정한 형태의 주체로 생산하는 차원에서 제기된 것이었고, 그것을 통해 "어떤 물질성의 기반 위에서 주체가 형성되는지를" 찾으려는 것이었다. 이런 한에서 이것은 푸코의 말대로 '권력의 미시물리학'(micro-physique) 내지 미시정치학(micro-politique)을 구성한다. 여기서 우리는 '미시적'이란 말에 대해 유념할 필요가 있다. 즉 그것은 국가나 사회에 비해 개인이라는 '작은' 대상을 다룬다는 의미를 띤 대상영역의 규모를 지시하는 것이 아니며,[62] 계급투쟁처럼 거창한 활동과 한없이 작은(작아지는) 미세한 활동을 대비하는 것도 아니다. 들뢰즈 말대로 그것은 지식이나 제도처럼 지층화된 것으로 환원되지 않는 실천의 차원이며, 국지화되고 안정적인 지식 내지 제도를 통해 이루어지는 불안정하고 국지화되지 않는 미분적 관계를, 유동적인 실천의 가능한 한계를 구조화하는 기술의 분석을 통해 포착

---

61) 푸코, 「주체와 권력」, 드레피스/라비노우, 앞의 책, 302쪽.
62) 그러기 위해서 우리는 또 얼마나 많은 '중간적' 영역을 상정해야 하는 것인지…….

하려 한다.[63] 결국 미시물리학이란 (개인들을 짜넣는) 미분적인 관계들을 통해 (근대사회라는) 거대한 집합을 설명하는 것이다.

그런데 그런 만큼 우리는 '거시적' 차원을 정의할 수 있다. 그 유동적이고 불안정한 관계를 고정하고 안정화시키는 통합(intégration, 적분)의 메커니즘 내지 특정한 방식으로 체제(régime)화된 제도적 요소들(예를 들면 국가적 통합), 혹은 그런 차원에서 통합된 거대 집단들 간의 관계(예를 들면 계급 간의 관계, 지배 '집단'과 피지배 '집단'의 관계) 등. 『성의 역사』 1권 이후에 푸코가 국가와 '통치'(gouvernement)의 문제에 주목하는 것을 우리는 이런 맥락에서 이해할 수 있다.

『성의 역사』 1권에서 언급한 것처럼, 생체권력의 중요한 한 축인 인구통제의 생체정치학은 주로 국가적 권력의 직접적 행사를 통해서 이루어진다. 그것은 개인적인 차원의 사적인 활동을 국가라는 거시적 권력이 어떻게 통제할 수 있는가를 다루어야 한다. 이 역시 개개인을 특정한 형태의 주체로 생산하는 효과를 갖는 것이긴 하지만, 단지 그것으로 환원되지 않는 문제를 내포하는 것이기도 했다. 그것은 어쩌면 이미 주체로 생산된 개개인들의 활동을, 극히 사적인 영역에 이르기까지 국가적 권력 아래 어떻게 포섭, 관리하고 통합할 수 있을 것인가 하는 문제다. 그러나 이전에 파악된 권력의 행사방식을 국가적 수준에 확대 적용함으로써 이것을 해결할 수는 없었다. 다시 말해 신체를 해부하여 얻어낸 감시와 통제의 도식을 이 영역에서 그대로 사용할 수는 없다는 것이고, 그래서 그는 『감시와 처벌』에서 발전시킨 신체의 해부정치학과 다른 과제를 설정하고 있는 셈이기도 하다. 대상의 분포가 달라지면 권

---

63) 들뢰즈, 『들뢰즈의 푸코』, 116~117쪽.

력의 행사방식도 달라지는 것이다. 이를 위해 푸코는 '통치' 혹은 통치기술이라 부르는 것을 연구한다. 결국 통치의 문제설정은 국가권력이 그것과는 다른 차원에서 작동하는 미시적인 권력의 작동을 어떻게 포섭하는지, 또는 주체로서 생산된 개인들을 자기 안에 포섭하는 전략은 무엇인지에 대한 질문이라고 하겠다.[64]

푸코가 보기에 "통치란 목적에 용이하게 이를 수 있도록 정리된, 사물들의 올바른 정렬이다". 이러한 통치는 "그 자체의 확고한 대상을 가지고 있으며, 이러한 점에서 군주권과 명백히 구분될 수 있다."[65] "가령 통치는 가능한 최대량의 부가 산출되도록 보장해야 하며, 사람들이 충분한 생계수단을 제공받도록, 또한 인구가 증가할 수 있도록 보장해야 한다 등등. 특정한 최종 대상들의 모든 계열들이 있으며, 이것이 통치 그 자체의 목표가 된다. 다양한 이들 최종 대상들을 획득하기 위하여 사물들이 배치(disposition)되어야 한다."[66] 통치성이란 미시적 대상을 국가적으로 관리하는 방식이라고 말할 수 있으며, 달리 말하면 국가

---

64) 이러한 질문은 맑스주의적 입장에서 푸코의 분석을 수용하여 미시적 수준의 권력개념을 받아들이려 하자마자 곧바로 우리에게도 제기될 수밖에 없는 것이기도 하다. 즉 미시적 권력을 국가적 거시권력이 어떻게 체계 내로 포섭하고 통합해낼 수 있는가 하는 문제, 다시 말하면 계급적 지배권력이 미세한 권력의 그물망 속에서 생산되는 주체들을 어떻게 포섭할 수 있는가 하는 문제가 그것이다.

65) M. Foucault, "Governmentality", ed. by G. Burchell, C. Gordon and P. Miller, *The Foucault Effect : Studies in Governmentality*, The University of Chicago Press, 1992, pp.93~94.

66) 앞의 글, 95쪽. 여기서 disposition은 영역된 말인데, 아마도 dispositif에 적절한 번역어가 없어서 선택한 말로 보인다. 이는 1988년 1월에 개최된 푸코 콜로퀴엄의 논문집 *Michel Foucault Philosopher* 영역자 암스트롱(T. Armstrong)의 말이다(p.159). 그는 원어 병기를 하며 social apparatus로 번역하는데, 그보다는 차라리 disposition이 나아 보인다. 그러나 disposition은 푸코가 『감시와 처벌』에서 사용했지만(*Surveiller et punir*, p.31), 이후 dispositif로 바뀠음을 유념할 필요가 있다.

적 권력이 개별화된 주체들을, 그리고 그들을 생산하는 권력을 포섭하는 메커니즘이라고 할 수 있다.

여기서 푸코는 통치성과 관련하여 세 가지를 강조한다. 첫째, 그것은 매우 특정하면서 복합적인 형태의 권력을 행사할 수 있게 해주는 제도, 과정, 분석과 반성, 계산과 전술들로 구성되는 전체라는 점이다. 이러한 권력의 표적은 인구이며, 중요한 지식형태는 정치경제학이고, 그 본질적인 기술적 수단은 안전장치들이다. 둘째, 통치라는 권력유형이 다른 모든 형태(군주권, 규율 등)에 대해 지속적으로 우세해지는 경향이 있다는 것이다. 셋째, 이러한 통치적 권력은 중세적 국가가 15~16세기에 걸쳐 행정국가로 전환되고, 점차 통치화되는 과정의 결과 만들어진다는 것이다.[67]

실제로 그는 오랜 기간 서구를 통틀어서 주권-규율-통치의 삼각관계에서 통치의 권력유형이 다른 모든 권력형태들에 대하여 지속적으로 우위를 점하는 경향을 지적한다. 따라서 "어떤 점에서 **권력의 다른 모든 유형들은 국가에 의거하게 된다**(se référent). 그것은 확실한 사실이다. 그러나 이는 그 각각이 국가에서 파생되었기 때문이 아니다. 이는 오히려 **권력관계 각각이 지속적으로 국가(관리)화**(étatisation)되었기 때문이다. '통치'라는 말의 이 제한된 의미에 의거할 때, 우리는 **권력관계가 점진적으로 통치화되었다고, 다시 말해 국가적 제도의 형식 내지 그 후원**

---

67) M. Foucault, "Governmentality", pp.102~103.
68) 푸코, 「주체와 권력」, 드레피스/라비노우, 『미셸 푸코 : 구조주의와 해석학을 넘어서』, 서우석 역, 나남, 1989, 317쪽(강조는 인용자). 여기서 우리는 국가권력에 대한 푸코의 생각이 예전과 매우 달라진 것을 볼 수 있다. 이전에 그가 자신의 권력개념을 국가적 권력개념에 대립시키고, 거시적 차원에서 미시적 권력과 주체를 포섭하고 통합·통제하는 차원을 '의도적으로' (!) 무시했음에 비교할 때 매우 주목할 만한 부분이다.

아래 권력관계가 정교화되고 합리화되었으며 집중화되었다"[68]고 한다.

이런 관점에서 그는 '통치의 역사'라고 부를 수 있는 무엇이 있다고 보며, 특히 "우리의 근대성에서, 다시 말해 우리의 현재에 정말 중요한 것은 아마도 사회의 국가화라기보다는 차라리 **국가의 통치화**"라고 지적한다.[69]

2) 근대국가와 사목권력

위와 같은 관점에서 푸코가 주목하는 것은 두 가지다. 하나는 그가 '사목(司牧)권력'(pouvoir pastoral)이라고 부른 근대국가의 권력기술이고, 다른 하나는 17세기 이후 중요하게 부상하는 '치안'(police)이라는 배치다.

사목적 권력은 기독교의 사목(목자)이라는 메타포에서 끄집어낸 것이다. 기독교적 사목은 영토(토지)보다는 양떼에 대해 권력을 행사하고, 흩어져 있는 개인(양떼)을 모으고 인도하며 지도한다. 그는 자기 양떼의 구원을 보장하며, 이러한 권력의 행사 자체가 사목의 의무라는 점을 특징으로 한다.[70] 여기에서 요체는 사목이란 양떼를 부단히 개별적으로, 그 전 생애에 걸쳐서 양심에 대한 지식과 지도를 통해 돌보는 존

---

69) M. Foucault, "Governmentality", p.103(강조는 인용자). 이 문장에서 '국가의 통치화'에 대비해 말하는 '사회의 국가화'는 아마도 (시민)사회의 영역이 국가화되는 것을 뜻하는 듯하며, 이는 '시민사회론자'를 겨냥한 말 같다. 한편 이를 바로 앞의 인용문에 나오는 '권력관계의 국가화'와 혼동하면 그의 말은 이해할 수 없는 당착을 보이는 게 될 것이다(시민사회론자의 경우도 '사회'와 '국가' 만큼 '사회'와 '권력'은 대립된다는 것은 다 아는 바다). 앞서의 인용문에서 분명히 했듯이 그는 '국가의 통치화'를 '권력관계의 국가(관리)화'로 파악한다.

70) M. Foucault, "Politics and the Reason", ed. by L. Kritzman, *Michel Foucault : Politics, Philosophy, Culture*, Routledge, 1988, p.62.

재라는 점이다. 요컨대 사목권력은 양떼 개별 구성원에게 기울이는 주의를 의미한다. 통치기술이라는 차원에서 도식적으로 대비해 보자면, 국가가 중앙집권화하는 정치형태라면 사목권력은 개별화하는 권력이라고 할 수 있다.[71]

그런데 근대에 이르러 이러한 사목권력에 다음과 같은 몇 가지 변화가 발견된다고 한다. 첫째, 사목권력의 목표가 현세에서의 구원을 보장하는 것으로 바뀌는 바, 그 결과 구원이라는 말은 건강과 복리 및 안전, 재난 등으로부터의 보호 등을 의미하게 된다. 둘째로 사목권력의 관료들이 증가하며 국가기구라는 형식을 통해서 이 권력이 행사된다. 셋째로 인간에 대한 지식의 발전을 수반한다.[72] 그 결과 사목권력의 유형은 사회체 전체로 확산되게 된다.

다음으로 푸코가 주목하는 '치안'은 이러한 사목권력을 행사하기 위해 근대국가가 마련한 배치이다. 치안은 여타의 국가기구와 함께 국가를 이끄는 행정기구로서 등장했는데, 어떤 영토에서 살아가는 사람들의 공존상태, 재산에 대한 관계, 생산물, 시장에서의 일 등 살아서 활동하는 사람들의 일과 그들의 질병 및 안전 등을 고려하여 활동한다.[73] 요컨대 치안은 생활을 돌본다는 것이고, 그리하여 '치안의 진정한 대상은 인간'이라고 간주된다.[74] 이로써 국가적 권력은 개인들의 생활과 생존, 안전 등에 필수적인 것으로서 인정받게 되고, 역으로 치안은 사람들의 삶에 중앙집권화된 정치 행정권력이 효과적으로 개입할 수 있는 새로운 장을 연다. 이러한 배치를 통해 국가는 개인의 삶과 생활에 대

---

71) M. Foucault, "Politics and the Reason", ed. by L. Kritzman, *Michel Foucault : Politics, Philosophy, Culture, Routledge*, 1988, pp.58~59.
72) 푸코, 「주체와 권력」, 드레피스/라비노우, 앞의 책, 95~96쪽.

해 개별적으로 책임을 지며 돌보아야 하는 사목적 위치를 확보하게 되며, 그 대가로 개인들의 삶을 국가적 권력 아래 포섭하고 관리하게 된다. 이제 국가가 개인의 생활에 개입하는 것은 사목적인 위치로 인해 당연한 것으로서 정당화되며(복지국가!), 반대로 국가적 권력에 포섭되지 않으려는 개인은 '국가의 보호'를 받을 수 없다는 '손해를 감수'해야 한다.

이런 의미에서 푸코는 다음과 같이 말한다. "'근대국가'가 개인들이 어떤지 무시하면서, 그리고 심지어 개인들의 존재 그 자체를 무시하면서 개인들을 초월하여 발전하는 실체로 간주되어선 안 된다고 생각

---

73) 치안에 대한 푸코의 이러한 방향의 관심은 이미 『감시와 처벌』에서 분명히 드러나는데, 이는 학위논문이었던 『광기의 역사』에서와 상반되는 양상을 보인다. 『광기의 역사』에서는 치안을 '거대한 감금'과 연관지어 다음과 같이 말한다. "감금, 17세기 유럽 전체에 걸쳐 그 징표를 볼 수 있는 이 대대적인 사태는 바로 '치안'의 문제였다. 고전주의 시대에 사람들이 부여했던 아주 엄밀한 의미에서 볼 때 치안은, 노동하지 않고는 살아갈 수 없었던 모든 사람들에게 노동을 가능하고 필요한 것으로 만들어주는 수단의 총체였다. 볼테르가 일찍이 정식화했고, 콜베르의 동시대인들이 이미 스스로 제기했던 질문이 있다. '뭐요? 당신이 인민의 집단 속에 자리잡은 이래, 모든 부자들이 모든 빈민들로 하여금 노동하도록 강제한 비밀을 아직도 모른다고요? 그렇다면 당신은 치안이라는 그 첫번째 요소를 모르고 있군요.'"(M. Foucault, *Histoire de la folie à l'âge classique*, Gallimard, 1972, p.75.)

보다시피 여기에서 푸코는 감금, 그리고 '노동의 정언명령(impératif)'과 치안을 직접 연결시키고 있다. 가두고 통제하는 배치로서 치안/경찰이 파악되고 있는 것이다. 그런데 『감시와 처벌』에 이르면 이 문제를 다루는 시각이 매우 달라진다. "제도로서 치안이 확실히 국가장치의 형태로 조직되었다고 해도, 또 확실히 정치적 주권의 중심에 연결되었다고 해도, 그것이 행사하는 권력의 유형……은 특수한 것이었다. …… 치안권력은 '모든 것을' 담당해야 했다. 여기서 모든 것이란 …… 먼지 같은 사건들, 작용들, 행동들, 의견들, 다시 말해 '발생하는 모든 것'이었다." "그것은 이중의 입구를 가진 체계였다. 그것은 사법장치를 우회해 왕의 직접적 의지에 부합해야 했지만, 또한 하층의 청원에 응답할 수 있어야 했다."(M. Foucault, *Surveiller et punir*, pp.215, 216.) 하지만 여기에서 푸코는 18세기의 치안장치(appareil policier) 조직에서는 국가적 차원에까지 이른 훈육의 일반화가 허용되었다고 말하면서, 치안의 문제를 훈육의 문제에 연결하고 있다(같은 책, p.217).

74) M. Foucault, "Politics and the Reason", pp.79~81.

하며, 다음과 같은 한 가지 조건 아래서 개인들이 통합될 수 있는 매우 정교한 구조로 간주해야 할 것이다. 그것은 즉 이 개별성에 새로운 형식이 부여될 것이며, 그것이 특수한 메커니즘의 총체에 복속되리라는 것이다."[75] 즉 국가를 개별화하는 권력의 근대적 모체로 보며, 사목권력의 새로운 형식으로 간주한다.

이상과 같은 역사적 분석을 전제로 하여, 푸코는 서구의 근대국가에 대해 결론적인 테제를 다음과 같이 제시한다. **"국가권력은 개별화하는 동시에 전체화하는 권력의 형식**이라는 사실——이것은 국가권력이 강력한 이유 가운데 하나인데——을 강조하고자 한다. 동일한 정치적 구조 내부에서 개별화하는 기술과 전체화하는 과정의 교묘한 결합은 인간 사회의 역사 어디에서도——심지어 고대의 중국사회에서도——발견할 수 없으리라고 나는 믿는다. 이것은 기독교 제도들에서 발원한 오래된 권력 테크닉을 근대 서구국가가 새로운 정치형태 속으로 통합해 넣었다는 사실로부터 기인한다."[76]

요약하자면, 통치의 문제설정을 통해 파악되는 근대국가는, 개개인을 거대 권력 아래 포섭하고 통제하려는[77] 전략적 목표를 갖고 있으며, 이를 치안이라는 배치를 통해 개별화하는 권력기술로서 사목권력을 통해 수행한다. 따라서 사목권력을 통해 대상들을 개별화하면 할수록 그것은 국가적 권력 아래 전체화되고 통합된다. 이런 점에서 근대국가는 개별화하는 동시에 전체화하는 권력이다.[78]

---

75) 푸코, 「주체와 권력」, 드레피스/라비노우, 앞의 책, 305쪽.
76) 푸코, 앞의 글, 304쪽. 강조는 인용자.
77) 들뢰즈/가타리의 개념을 통해 더 명확히 표현하면 '몰(mole)적인' 포섭이라 할 수 있겠다.

5. 미시정치학의 아포리아

1) 권력의 궁지

적어도 1970년대 말에 이르기까지는 사상적으로나 개인적으로나 푸코와 가장 긴밀한 관계를 형성하고 있었던[79] 들뢰즈는 푸코가 죽은 직후 그의 초상화를 그려낸다.[80] 그리고 그 초상화에 대해 대담하는 자리에서 푸코가 추구하던 미시물리학, 미시정치학의 위기에 대해 언급한다.

---

78) 그렇다면 우리는 다음의 사실을 또한 확인할 수 있지 않을까? 개인주의, 특히나 근대를 특징지으며 전체주의적 악몽과 대비되는 것으로 간주되는 개인주의란 사실 전체화하는 권력의 효과일 뿐이며, 그런 점에서 전체화하는 권력의 일부일 뿐이라는 것을. 그런 한에서 그것은 근대적 전체주의의 이면일 뿐이라는 것을. 따라서 개별화 내지 개인주의에서 출발함으로써 전체주의의 악몽을 피할 수 있으리란 것은 전체화하는 권력 안에서 꾸는 또 다른 꿈일 뿐이다. 오히려 중요한 것은 이 개별화하는 동시에 전체화하는 권력을 가로지르는 것, 개별화와 전체화의 벡터를 가로지르는 새로운 연대(alliance 혹은 association)를 창출하고 증식하는 것이다. '자유로운 개인들의 자발적 연대'란 바로 이런 것이 아니었을까?

79) 서로에 대한 존경과 애정으로 가득한 그들의 극히 이례적인 인간적 우정과 '철학적 우정, 정치적 우정'에 대해서는 D. Eribon, *Michel Foucault*, Flammarion, 1989, 박정자 역, 『미셸 푸코』 하권, 시각과 언어, 1995, 106~113쪽과 G. Deleuze, *Lust und Begehren*, Merve, 1996에 부친 F. Ewald의 서문 참조.

80) 『들뢰즈의 푸코』가 바로 그것이다. "지성과 애정이 섬세한 떨림을 보이는 감동적인"(에리봉, 『미셸 푸코』 하권, 113쪽) 이 책은, 거기 서술되는 내용이 정말 푸코의 것인지에 대한 논란을 야기했고, 오랫동안 거부되었다고 한다(들뢰즈의 푸코!). 푸코 콜로퀴엄에서 발표한 글("What is a dispositif?") 역시 마찬가지였다. 하지만 *Pourparler:1972~ 1990*(국역, 『대담 : 1972~1990』)에 실린 「푸코의 초상화」는 이러한 평가를 돌려놓기에 충분했으며, *Magazine littéraire*의 푸코 특집호(1994년 10월호)에 실린 노트("désir et plaisir")는 이러한 전환을 결정적인 것으로 만들었다고 한다(F. Gros, "Le Foucault de Deleuze : Une fiction métaphisique", *Philosophie* no. 47, Minuit, 1995, pp.10, 53 ; 이 글은 『성의 역사』 1권이 나온 직후였던 1977년에 『감시와 처벌』과 그 책에 대한 자신의 생각을 푸코에게 전달하기 위해 에발트F. Ewald에게 주었던 애정어린 사신私信으로 두 사람의 차이를 이해하는 데 매우 중요한 자료다). 하지만 다른 맥락에서 『들뢰즈의 푸코』를 이해하자면, 들뢰즈 말대로 그것은 '푸코의 초상화' 다. 거기에 그려진 것은 푸코('푸코의 이중체')임이 분명하지만, 그것은 들뢰즈가 자신의 눈과 자신의 필치로 그린 것임 또한 분명하다. 이런 점에서 그 초상화는 정말 '들뢰즈의' 『푸코』인 셈이다. 하지만 벨라스케스의 「교황 이노센트 10세」와 베이컨의 「이노센트 10세」는 정말 얼마나 다른지.

"이러한 [미시물리학적인] 경향은 『지식의 의지』(『성의 역사』 1권)까지 이어집니다. 하지만 이 책 다음에 또 다른 새로운 위기가 닥칩니다. 좀더 내적이고, 아마도 좀더 의기소침하게 만드는 은밀한 위기, 막다른 골목에 다다른 느낌이라고나 할까, 그런 것이었습니다."[81] 그리고 들뢰즈 말대로 그는 이 위기를 통해서 또 다시 새로운 영역으로 나아갔고, 그것은 표면적으로는 성의 역사를 계속해서 다루지만 사실상은 전면적인 이론적 전환의 문턱을 넘는 것이었다. 윤리학의 계보학 내지 윤리학의 문제설정이 그것인데, 그 고유한 가치에도 불구하고 그것은 앞서 잠시 언급했듯이 그의 생을 거의 일관해 온 전복적 사유의 전복이라고 할 만한 것이었다. 그렇다면 이 위기는 어째서, 그리고 어디에서 야기된 것일까?

들뢰즈의 생각 : "나는 그가 '권력 너머로는 아무 것도 없는 것일까?'라는 질문에 부딪혔다고 생각합니다. 마치 궁지에 빠지듯이 권력의 관계 속에 그는 갇혀들고 있었던 것은 아닐까요? 그는 자신이 싫어했던 것 속에 홀리듯 내던져진 셈입니다."[82] 우리는 이러한 생각이 타당하다고 본다. 거의 전 생애에 걸쳐 푸코는 저항과 전복을 꿈꾸었고, 실천하려 했으며, 저항의 문제로서 모든 것을 사유하려 했다. 따라서 그에게 무엇보다 중요한 것은 동일자의 지배를 뒤엎는 것이었고, 권력의 지배를 전복하는 것이었으며, 결국은 저항 가능성의 지점을 찾아내는 것이었다. "권력이 있는 곳에 저항이 있다"라는 말은, 몇몇 비판가들의 말처럼 그의 권력개념에서도 저항을 사고할 수 있다는 어설픈 변명

---

81) 들뢰즈, 「푸코의 초상화」, 『대담 : 1972~1990』, 김종호 역, 솔, 1993, 103쪽.
82) 들뢰즈, 앞의 책, 109쪽.

이 아니라, 반대로 권력의 장을 연구함으로써 그가 찾으려는 것이 바로 **저항 가능성의 지점**임을 말해주는 것이었다.

그러나 그는 권력관계에 대한 연구를 통해서 주체란 권력에 의해 생산되는 것이며, 이런 점에서 권력은 생산적이라는 명제를 제시하는데, 그렇다면 우리는 이렇게 말할 수밖에 없다. "권력이 없다면 주체도 없다." 즉 사람들이 어떤 형태로든 주체로 생산되고 살아가려면 권력은 불가피하다. 따라서 권력은 영원하다. 그렇다면 저항은 대체 무엇을 전복할 수 있는 것일까? 저항은 이제 불가능해지는 것일까? 또한 그가 분명히 하듯이 권력이 긍정적이라면, 저항은 차라리 그에 반하는 부정적인 어떤 것이 되는 건 아닐까?

결국 푸코는 저항의 가능성, 그 가능성의 지점을 찾기 위해 권력에 대한 미시물리학적 탐사로 나아갔지만, 그 연구의 결과는 권력은 불가피하며 권력의 외부는 없다는 결론이었다. 모든 것을 가두어 버리는 권력의 벽, 저항 자체를 곤란하게 만드는 권력의 궁지. 그런 만큼 그것은 이 전복의 사상가에게 '내적이며 의기소침하게 만드는 위기'를 야기하기에 충분했을 것이다. 그렇다면 그가 『성의 역사』의 연작 계획을 수차례 수정하다가 결국 급전시켜 버렸던 것도[83] 충분히 이해할 수 있지 않을까?

윤리학적 문제설정으로의 전환은 이런 궁지와 위기에서 발생한다. 그는 이런 식으로 새로이 질문하는 것 같다 : 권력이 불가피하다면, 권력에서 벗어날 수 없다면, 차라리 권력 (관계) 안에서 '저항'을 사고할 수는 없는 것일까? 훈육적인 권력이나 생체권력, 혹은 개별화시키는

---

83) 에리봉, 『미셸 푸코』 하권, 박정자 역, 시각과 언어, 213~226쪽 참조.

사목적 권력에 대항하여 '저항'하는 것은 불가능한 것일까?

통치기술로서 사목권력에 대한 연구 위에서 그는 새로운 방식의 저항 가능성을 찾아낸 바 있었다. 그것은 한마디로 '개별화를 통한 통치'에 반대하는 것으로, 이미 주어진 개인적 지위를 의문시하는 투쟁이다. 개인들을 분리시키고, 다른 이들과의 연계를 깨뜨리며, 공동체 생활을 분열시키고, 개인을 자신에게 고착시키고, 억압적인 방식으로 자신을 스스로의 정체성에 묶어두는 모든 것에 대한 공격. 투쟁의 목표는 권력효과 그 자체로서 지식, 권한, 자격 등에 연결되어 있는 권력효과에 대한 반항이고, 지식의 특권에 반대하는 투쟁이다. 또한 그것은 특정한 경제적, 정치적 통치형태에 한정되지 않는 횡단적 투쟁이다. 그것은 주적을 찾지 않고, 눈앞의 직접적인 적을 보며, 해방·혁명·계급투쟁의 종식과 같은 미래의 해결책을 찾지 않는다.[84]

저항에 대한 이러한 생각은 이후 일반화되어 '주체화'라는 개념으로, 즉 지식의 체계화된 규범이나 권력의 구속적 규범에서 벗어나, 자신에게 스스로 부과하는 자신의 임의적인 규범을 통해 스스로를 주체로 만들어내는 것으로 발전한다. 즉 권력이 불가피한 것이며 벗어날 수 없는 것이라면, 자신의 외부에서 주어지는 권력에 의해서가 아니라 차라리 거기에 거리를 두면서 자기 스스로 부과하는 권력을 통해 스스로를 주체화하려는 것이다. 여기서 "자기 자신을 다스리는 자만이 다른 사람을 다스릴 수 있다"는 그리스의 사례가, "자기 자신을 배려하고 돌보는", 근대와는 다른 윤리학의 가능성을 시사하는 것으로 떠오른다(하지만 그것은 '대안'도 '모델'도 아니다).

---

84) 푸코, 「주체와 권력」, 드레피스/라비노우, 앞의 책, 301~302쪽.

이런 점에서 말년의 푸코가 제시한 윤리학적 문제설정은, 권력이 불가피한 만큼 거기에서 벗어날 수 없다는 허무주의가 아니라, 권력의 궁지에서 사유한 (근대)권력에 대한 비판의 한 형식임은 분명하다. 그럼에도 불구하고 그가 이전에 가지고 있던 전복적 사유와 강력한 비판적 문제화 방식은 분명히 소멸되거나 지극히 약화된다(알다시피 이는 문체〔style〕의 변화로까지 이어진다). 그리고 저항과 연대를 통한 어떤 권력(관계)의 전복은 윤리적 실천의 전망에게 그 자리를 내준다. 이는 아직 전복적 사유의 지반에 머물러 있고자 하는 한, 인정할 수는 있어도 수용하기는 힘든 것이다. 우리가 푸코의 마지막 제안에 혁명적 주석을 달며 받아들이기보다는, 차라리 그가 처했던 궁지로 다시 돌아가 권력과 저항에 대해 다시 근본적으로 사고하고자 하는 것은 바로 이런 이유에서이다.

2) 저항과 권력

권력의 연구를 통해 권력에 대한 저항 가능성의 지점을 찾으려고 했던 미시정치학은, 권력은 불가피하고 영원하며 권력을 넘어서는 것은 불가능하다는 결론에 이름으로써 그 내적인 난점을 드러냈다. 우리는 이 난점을 두 개의 주제와 연관해서 검토할 것이다. 그 가운데 하나는 권력과 저항의 관계이고, 다른 하나는 권력과 적대의 관계인데, 이 후자는 앞에서 푸코가 기각한 바 있는 '니체적 가정'(적대의 가정)과는 다른 문제다.

첫째, 저항과 권력. 이 문제는 앞서 권력개념을 다루면서 언급한 명제들, 즉 "권력은 아래로부터 나온다" "권력은 긍정적이다" "권력은 생산적이다"라는 명제에 의해 야기된다. 권력이 아래로부터 나오는 것이라면 대체 저항은 어떻게 가능한가? 또 권력자 없이 권력이 행사되며 지배자와 피지배자의 대립을 제거한다면, 대체 누가 누구에게 저항하는 것인가?[85]

권력이 '아래'로부터 나온다고 할 때 '아래'는 피지배자 내지 피지배적 위치도, 아래에 있는 자도 아니다. 그것은 권력이 행사되는 배치의 아래, 그리하여 권력의 신경이 작동하는 배치의 말단이며, 그 대상과 직접적으로 접촉하고 부딪치는 하부다. 그것은 권력의 도식이 담론이나 제도를 통해 대상에 작용하는 지점이며, 권력이 '실행'된다고 할 때 실행이란 말이 직접적인 의미를 갖는 수준이다. 아이의 행동을 감시하고 통제하는 부모, 그들을 그렇게 관계짓는 교육적 관계에 의해 권력은 실행된다. 미시적인 동작 하나하나까지 규범화된 통제의 도식에 따라 움직이도록 강제되는 분업화된 노동자의 수족 사이에서, 그들의 맞물린 작업에 의해 권력은 실행된다. 나사를 늦게 돌리는 채플린은 바로 옆의 망치든 노동자가 닥달하는 데 따라 좀더 빠르게 나사를 조여대야 한다. 행동 하나하나에 직접적으로 관여하는 이러한 관계 속에서 권력

---

85) "권력에도 똑같이 저항하는 무언가가 있다. 그리고 우리는 권력을 행사하는 자들과 그것에 복종하는 자들 사이에 아무런 차이도 보지 못한다"(J. Baudrillard, *Oublier Foucault*, Galilée, 1977, 박봉희 역, 「푸코를 잊어버리기」, 『세계의 문학』 53호, 1989년 가을, 민음사, 390쪽). 한편 보드리야르는 권력이 생산적이란 명제에서 역전이나 전복이 불가능한 권력개념을 본다(앞의 글, 389쪽). 이러한 권력개념은 맑스나 들뢰즈와 마찬가지로, 그 역시 '생산의 거울'에, 즉 모든 것을 '생산'의 개념을 통해 포착하는 '상상계'에 갇혀 있기 때문이라고 본다. 대신 자신은 푸코의 '기능적 관점' 대신에 유혹과 술책으로서, 역전가능한 교환으로서 권력을 정의하려 한다. 하지만 유혹이라는 기술 내지 술책을 권력의 정의 자체로 끌어들임으로써 확보되는 권력의 '역전가능성'은, 무한한 상호역전으로 나아감에 따라 만들어지는 허무주의의 유혹을 대가로 지불해야 했다. 권력이란 어차피 유혹하는 것이고, 권력을 역전하려는 시도 역시 그 유혹의 놀이 안에 있는 것이기 때문이다. 그런데 아이러니한 것은 그가 역전가능성으로 권력의 유혹을, 따라서 권력을 정의하려 하자마자 그는 곧바로 권력의 점유자들을 전제하는 근대의 정치학적 전제를 다시 도입하게 된다는 점이다.

은 실행된다는 것이다.

그렇다면 푸코가 보기에 권력에 대한 저항은 권력이 행사되는 바로 그 지점에서 발생할 수 있는 셈이다. 작업거부나 태업, 출근거부나 취업거부, 담배피우는 아이, 몰래 자위하는 아이, 혹은 가출하는 아이 등등. 그것은 특정한 행동을 정의하고 강제하며 감시하는 권력의 도식에서 이탈하는 방식으로 진행된다. 그것은 지배자에 저항한다기보다는 권력의 도식에 저항한다. 따라서 **권력은 아래로부터 나온다는 명제가 저항의 가능성을 봉쇄하지는 않는다.** 그것이 문제가 되는 것은 차라리 권력의 도식에 따라 움직이는 사람들의 관계가 집합적인(몰mole적인) 적대를 이룰 수 있다는 것을 보지 못하는 데 있다. 다음 절에서 이 문제로 다시 돌아갈 것이다.

다음으로 권력은 생산적이라는 명제. 권력이 주체를 생산한다면 그 주체가 권력에 저항하는 이유는 무엇인가? 혹은 권력이 주체(의 복종)을 생산한다면, 주체가 바로 그 동일한 권력에 대해 저항할 이유는 무엇인가? 즉 동일한 권력이 복종과 저항을 동시에 생산한다고 해야 하는가?[86]

예컨대 학교에서 학생들로 하여금 어떤 지식과 특정한 활동능력을

---

86) 하버마스는 이 문제를 보는 데도 지극히 일면적이다. 그는 오직 푸코가 자신의 계보학적 주장을 정당화하기 위해서는 어떤 규범에 의존할 수밖에 없다는 얘기로 권력이론의 아포리아를 다루고 있어, 프레이저(N. Fraser)를 인용하면서 복종과 저항을 다루는 경우에 조차도, 어째서 복종보다 저항이 바람직한가를 질문하고는, 여기에는 어떤 모종의 규범을 도입해야 함을 지적할 뿐이다(하버마스, 『현대성의 철학적 담론』, 336쪽). 그러나 이는 가치(value)와 가치평가(evaluation)를 비판 철학의 중심에 끌어들이는(G. Deleuze, *Nietzsche et la philosophie*, PUF, 1962, 신범순/조영복 역, 『니체, 철학의 주사위』, 인간사랑, 1993, 21~22쪽 참조) 이 '니체주의자'에게는 전혀 문제가 되지 않는다. 왜냐하면 니체처럼 계보학은 힘이라는 양과 의지라는 질에 대한 가치평가를 그 내재적 요소로 하고 있기 때문이다. 이에 대해서는 이 책 186쪽의 각주 91번을 참조하라.

갖도록 작용할 때, 병원에서 규율이 건강을 생산할 때, 감옥에서 범죄자를 유익한 활동에 맞도록 훈육할 때, 바로 그 동일한 권력이 그에 반하는 저항을 야기한다는 것인가? 그 저항의 이유는 무엇인가? 만약 동일한 권력이 복종과 저항을 동시에 생산한다면, 그 권력개념은 모든 것을 말하기에 아무것도 말해주지 못하게 되는 것은 아닐까? 여기서 우리는 푸코 권력개념의 가장 근본적인 공백 중 하나를 발견한다.

이 문제를 좀더 명확하게 하기 위해서 우리는 좀더 근본적인 질문을 던져야 한다. 개개인을 주체로 생산하기 위해 권력이 있어야 할 이유는 무엇인가? 권력이 무엇인가를 길들인다면 길들일 이유는 무엇이며 길들일 대상은 무엇인가? 한마디로, 권력이 필요한 이유는 대체 무엇인가?

이 질문에 대한 답은 분명하다. 길들이지 않으면, 권력을 통해서 특정한 활동의 형식을 부과하지 않으면 안 될 무언가가 있기 때문이다. 그대로 둔다면 제멋대로 활동해서 어떤 정해진 질서를 깨뜨릴 것이 분명한 어떤 '위험스러운' ── 혹은 '무질서한' ── 힘이 있기 때문이다. 이 힘을 『앙띠-오이디푸스』의 들뢰즈/가타리처럼 '욕망'이라고 부르든, 프로이트처럼 '거시기'라고 부르든, 아니면 프로이트-라이히처럼 '리비도'라고 부르든 간에 말이다. 여기에서 중요한 것은 그 힘이 어떤 실체인가가 아니다. 중요한 것은 그 힘의 본질이 무어라고 보는가와 무관하게, 어쨌든 **권력이란 개념이 정의되려는 순간 이미 논리적으로 필요한 전제**가 있다는 점이다. 길들여야 할 대상, 특정한 형식을 부과함으로써 유용하고 유익한 활동능력으로 생산해낼 대상. 혹은 이렇게 말해도 좋다면, 생산될 어떤 활동능력의 질료가.[87]

그것은 그대로 놔둔다면 어떠한 질서나 형식, 정해진 관계로부터 벗어날 것이라는 점에서 '탈주적인 힘'이다.[88] 권력이란 바로 이 힘에 대해 작용하는 것이고, 이 힘을 길들이고 포섭하려는 것이며, 이 힘에 어떤 형식을 부과함으로써 그것을 생산적인 어떤 능력으로 생산하는 것이다.[89] 그것은 '저항'으로 정의되기 이전에 이미 존재하고 있는 힘이다. 권력이 있는 곳에서 그것은 이제 '저항'으로 정의된다. 그 힘이 없다면, 길들여지지 않은 그 힘이 이미 존재하고 있지 않다면, 그것을 길들이려는 권력이 존재할 이유를 대체 어디에서 발견할 수 있을까?

---

87) 이 힘을, 들뢰즈/가타리처럼 무언가를 생산할 수 있는 힘이요 어떤 행동을 만들어내려는 의지라는 점에서 '(생산하는) 욕망'이라고 부를 수 있다. 그러나 이는, 수많은 비판가들의 우려와는 달리, 생물학적인 어떤 힘에 근원적 지위를 부여하는 생물학주의도, 어떤 본질적 실체를 가정하는 실체론도 아니다. 왜냐하면 방금 보았듯이 그것은, **존재하는 어떤 질서나 권력을 말하려는 순간 이미 전제할 수밖에 없는 어떤 것에 붙이는 '이름'**일 뿐이기 때문이다.

88) 이는 들뢰즈/가타리 자신이 지적한 대로 푸코와 그들 간의 차이점 가운데 하나다.

89) 따라서 권력 이전의 어떤 힘을 상정하는 것이, 혹은 그것을 '욕망'이란 이름으로 개념화하는 것이 이른바 '억압가설'을 재도입하는 것은 결코 아니란 점을 확인해 두자. 더불어 푸코가 '억압가설'을 비판하는 이유에 대해 잠시 언급하자. 그가 비판하는 것은 예컨대 성이 억압되었다는 주장이나 권력기술이 억압하는 방식으로 작동할 수 있다는 것이 아니다. 오히려 그가 '억압가설'을 비판하면서 중요하게 포착하려는 것은 권력이 단지 억압하는 방식으로만 작용하지는 않는다는 것이고, 좀더 근본적으로는 **억압하는 방식으로 작용하든 아니든 간에, 권력이 어떤 긍정적인 활동능력을 생산한다는 것**이었다(이와 관련해 우리는 각주 52번에서 권력의 생산적 효과를 지적하는 것이 권력기술 내지 작동방식을 일면화할 우려가 있다고 지적한 바 있다). '억압가설'을 명시하여 비판했던 것은 그것이 권력의 작동방식뿐만 아니라 그 효과에 관해서도, 이러한 긍정적이고 생산적인 양상을 보지 못하게 한다는 점 때문이었다.
이를 둘러싼 논란과 오해는 사실상 매우 광범위했고, 이에 대해 그는 『성의 역사』 1권 독일어판(Suhrkamp, 1983) 「서문」에서 다음과 같이 쓰고 있다. "나는 **성의 억압이 없었다고 주장한 적은 한 번도 없다.** 다만 권력, 지식, 성의 관계를 판독해내기 위해 책의 전체적인 분석을 억압의 개념 주변에 유기적으로 배치해야만 되지 않을까 생각했을 뿐이다. 그리고 또 성의 금지, 방해, 거부, 은폐 등을, **단순히 억압만을 목표로 삼지는 않는 복합적이고 전면적인 전략**에 삽입시켜 생각하지 않는다면, 우리는 진실을 알 수 없을 것이라고 생각했을 뿐이다"(에리봉, 『미셸 푸코』 하권, 136~137쪽에서 재인용. 강조는 인용자). 에리봉의 말대로 정말 "푸코는 독자가 자신의 책을 잘못 읽고, 잘못 이해했다는 씁쓸한 감정"을 가질 만했다(앞의 책, 137쪽).

그런 점에서 굳이 푸코의 용어를 그대로 쓰자면 다음과 같이 말해야 한다. "권력 이전에 이미 저항이 존재한다."[90] **탈주적인 힘의 선차성.**

결국 권력이란 탈주적인 힘의 능동적/작용적(active) 힘에 반하여 작용한다는 점에서 반동적/반작용적(reactive) 힘이며, 탈주적 힘의 규제와 통제를 의미한다는 점에서, 그것은 긍정적인 방식으로 작동하는 경우에도, 또 생산적인 효과를 갖는 경우에도 근본적으로 부정적 (negative) 의지다.[91] 반면 탈주적 힘의 선차성을 부정하고, 권력을 선차적인 것으로 개념화할 경우 그 상반되는 두 가지 힘의 가치는 반전된다. 다시 말해 저항을 권력을 통해서만 정의하고, 권력을 통해서 야기되는 것이라고 보는 순간, 그것은 긍정적인 힘에 대해 반동적인 힘의 가치를 갖게 된다. 그러한 권력-저항의 개념적 관계 위에서 "권력은 긍정적이다" 내지 "권력은 생산적이다"라는 명제가 제시될 때, 푸코의 의도와는 무관하게, 저항은 부정적이고 반동적인 힘으로서 가치를 획득하게 된다. 이제 저항은 꿈꿀 이유마저(꿈꿀 가치마저!) 상실할 위험 앞에 선다. 푸코의 윤리학에서 저항이란 개념을 발견하기 힘들게 되는 것

---

90) 이 문제에 관해서는 이진경, 「글쓰기와 혁명 ; 〈카프카〉가 성으로 간 까닭은?」, 『필로시네마 혹은 영화의 친구들』, 소명출판, 2002 참조.

91) 니체에게서 권력의지는 힘들 간의 관계로 정의된다. 힘에는 능동적 힘과 반동적 힘이 있다. 무언가를 야기하고 자극하고 무언가를 생산하는 힘이 '능동적 힘'이라면, 야기되고 자극되고 유용한 효과를 생산하도록 유도된 힘이 '반동적 힘'이다. 후자는 능동적 힘에 대해 되작용하고 반작용하는 힘이지만, 그것 역시 '유용한 효과'를 생산하도록 행사되며, 단순히 수동적인 힘이나 반향적인 힘이 아니다. 한편 권력의지는 힘들 간 관계를 특정하게 차별화하는 미분적/변별적이고 발생적인 요소로서, 관계된 힘들 간의 질을 규정한다. 그 질 역시 상반되는 두 가지로 나뉜다. 어떤 힘의 능동적 작용에 좋은 '가치를 부여'(évaluation)하고 무언가를 하도록 하는 '긍정적인' 의지와, 그것을 나쁘게 평가(évaluation)하고——같은 말이지만, 반동적 힘에 가치를 부여하고——무언가를 하지 못하게 규제하는 '부정적인' 의지가 그것이다(들뢰즈, 『니체, 철학의 주사위』, 95~103쪽 등 참조).

이, 차라리 금욕적 절제를 통해 '자아의 실천'(pratique de soi)으로 나아가는 것이 이와 무관하다고 할 수 있을까?

3) 권력과 적대

둘째, 권력과 적대. 이 문제는 푸코가 언급한 것보다는 언급하지 않은 데서, 개념화하는 데서보다는 개념화하지 않는 데서 나온다. 단적으로 말하자면, 그의 권력이론에는 적대의 개념이 결여되어 있다는 것이다. 하지만 이것이 앞서 그의 권력개념을 요약하면서, 한때 그가 갖고 있었으나 나중에 포기한 이른바 '적대의 가정'과는 다른 것이다. 푸코가 적대의 가정을 통해 지칭하려 했던 것은, 지배/피지배 관계로서 권력관계의 대립 혹은 지배계급의 전략과 피지배자 간의 대립이다. 그런데 그의 권력개념이 미시적 차원에서 개별적인 대상에 대해 작용하는 한, 그 대립은 결코 집단간의 적대(예컨대 계급간 적대처럼)가 아니라 지배집단과 개인, 혹은 권력의 전략과 개인 간의 적대다. 감옥에서 적대는 훈육적인 권력의 전략 내지 권력을 행사하는 배치와 수감자 개개인 간의 관계를 지칭한다. 그는 궁극적인 적대자를 묻는 질문에 이렇게 답한다.

> 이것은 하나의 가설에 불과하지만, **모든 것이 서로에 대해 적대적**이라고 할 수 있을 것입니다. 한편은 프롤레타리아트고 다른 한편은 부르주아라는 식으로 투쟁의 형태를 나눌 수는 없는 것입니다. 말하자면 부르주아와 프롤레타리아만의 투쟁이 있는 것은 아니란 뜻입니다. 그렇다면 누가 누구에게 대항해서 싸우는 것이겠습니까?[92]

---

92) 푸코, 「육체의 고백」, 홍성민 역, 『권력과 지식』, 나남, 1991, 252~253쪽(강조는 인용자).

여기서 푸코는 이런 '적대'의 궁극적인 요소를 개인 내지 개인을 이루는 하위체계라고 말한다. 이로써 그는 특정한 부류의 사람들 간, 즉 집단 간의 관계로서 적대개념을 거부하고 있는 셈이다. 왜냐하면 적대란 사람들의 지속적이고 특정한 관계이기에, 모든 개별자 간의 대립, 혹은 그 이하 수준에서의 대립을 적대라고 하는 것은 별다른 의미가 없기 때문이다. 다만 그 용어가 뜻하는 것은 권력이 아래로부터, 각인(各人) 간에 행사된다고 할 때, 그에 대한 각인의 '저항'이라는 것이다. 이는 성적 배치를 통해 생체권력을 분석할 때도, 치안 배치를 통해 사목적 권력을 분석하는 경우에도 마찬가지였다. 언제나 대립은 권력과 개인(혹은 그 이하) 내지 권력의 전략과 개인 간에 있으며, 그 이외의 어디서도 별도의 관계를 찾지 않는다. 결국 그가 말하는 적대 내지 대립이란 권력/저항의 대립이요 적대일 뿐이다. 그것은 우리의 개념으로 말하면 탈주적 힘과 권력의 대립과 동의어다.

여기서 권력과 저항을 둘러싼 또 다른 난점이 발견된다. 앞서 사목권력에 대한 논의에서 본 것처럼 푸코는 권력관계나 권력의 배치를 전복하려 하지 않으며, 다만 대상을 개별화하고 억압적인 방식으로 주어진 정체성에 묶는 권력에 대해, 그리고 그것에 의해 이미 주어진 개인적 지위에 대해 투쟁할 것을 제안한 바 있다. 그것은 권력관계나 그 배치를 그대로 둔 채 다만 권력의 효과에 대해 저항하는 것을 뜻한다. 이는 그가 권력과 저항을 **개인과 권력, 개인과 권력의 전략, 혹은 개인과 권력배치의 양극 안에서만** 포착하기 때문이다. 다시 말해 저항이나 투쟁은 개인과 사목적 권력 간에, 개인과 통치 배치 간에, 개인과 국가 간에 설정된다. 이러한 저항이 선택할 수 있는 길은 두 가지 극을 갖는다. 하나는 국가적 통치권력의 효과에 대해 가능한 모든 지점에서 저항하는 '부정적인' 무정부적 투쟁이고, 다른 하나는 그런 권력에 대해 거리를 둘 수 있는 개개인의 '긍정적인' 윤리적 실천이다.

이러한 '난점'——이는 아직도 전복을 꿈꾸는 자들에게나 그런 것이지만——은 권력이 적대 없이, 혹은 적대와 무관하게 정의된다는 점에 기인한다. 물론 여기서 적대는 집단 간의 적대, 몰적인 적대다. 다시 말해 푸코가 포착한 권력관계와는 다른 차원의 대립 내지 적대가 있으며, 권력관계가 그리로 환원되지는 않는다 해도 그것과 무관하게 작동하지는 않는다는 것이다.[93] 예컨대 이해관계의 대립을 통해 구성되는 계급 간의 적대 관계는, 권력이 행사되는 배치가 그리로 환원되지는 않는다고 하더라도, 결코 후자와 무관하지 않다.

차라리 우리는 다음과 같이 말해야 하는 바, 어떠한 배치는 다양한 방식으로 상이한 집단들을, 그리고 종종 집단들 간의 몰적인 적대를 만들어낸다. 예를 들어 자본주의에서 생산의 배치는 한편으로는 자본가를 자본의 도식에 따라 판단하고 행동하는 자본의 담지자(Träger)로 만들고, 노동자를 예컨대 테일러적 도식에 따라 행동하는 생산요소로 만든다는 점에서 권력의 배치다. 그러나 다른 한편으로 그것은 자본가와 노동자를 이윤 대 임금 간의, 노동을 시키는 자 대 노동하는 자 간의, 잉여노동시간 대 필요노동시간의 적대적 이해관계를 만들어낸다. 이 두 가지 차원의 긴밀함을 보여주기 위해서는, 노동자를 탈숙련화시키는 '실질적 포섭'의 권력기술이 이윤의 증대와 밀접한 것이라는 점을 지적하는 것만으로 충분하다. 여기서 우리는 다음과 같이 말할 수 있다:**어떤 배치가 몰적 적대를 포함하는 한, 권력은 단일하지 않으며 차라리 복수적**

---

93) 이는 '미시적 차원'과 '거시적 차원'의 차이를, 그 이질성을 정의한다.

이다. 예를 들면 부르주아들이 자신의 계급적 신체를 구성하기 위하여 성을 이용하는 권력기술이 노동자 가족에게는 (동일하게) 적용되지 않았다는 푸코 자신의 언급이[94] 그럴 가능성을 시사한다. 공장에서 작동하는 권력의 도식은 단적으로 말해서 노동자에게는 '테일러적인 동작 관리의 도식'으로 부과될 테지만, 자본가에게는 베버의 말대로라면 '금욕적 축적의 도식'으로[95] 부과될 것이다. 이 양자를 어떻게 동일한 것이라고 말할 수 있을까?

그렇다면 이제 우리는 저항과 투쟁을 개념적으로 구분하여 새로이 정의내릴 수 있다. 푸코의 말처럼 **저항이, 권력과 그것이 겨냥한 대상 간에, 즉 권력과 탈주적 힘 사이에서** 정의된다면, **투쟁은 다양한 몰적 적대에 의해, 나아가 적대하는 생체권력 사이에서** 정의되어야 한다. 그리고 더 나

---

94) "계급의식의 가장 중요한 형태들 가운데 하나는 육체의 확립이라는 것을 필경 인정해야 한다. 적어도 18세기 부르주아지의 경우에는 그것이 사실이었다. 그 당시 부르주아지는 귀족의 푸른 피를 튼튼한 신체와 건전한 성욕으로 전환시켰다. …… [반면] 특히 19세기 전반기에 프롤레타리아트에게 가해진 생활조건을 고려하면 알 수 있듯이 그들의 육체와 성은 결코 배려의 대상이 아니었다"(푸코, 『성의 역사』 1권, 139쪽).

95) 베버는 청교도적 소명의식과 금욕주의를 통해 자본주의에 고유한 에토스를, 부르주아적 직업 에토스의 성립을 설명하면서, 동시에 이런 "종교적 금욕의 힘이 성실하고 양심적이고 대단한 노동능력을 가진 동시에 신이 원하는 삶의 목적으로서 노동에 매진하는 노동자들을 제공해 주었다"고 말한다(M. Weber, *Die protestantisch Ethik und der Geist des Kapitalismus*, 박성수 역, 『프로테스탄티즘의 윤리와 자본주의 정신』, 문예출판사, 1988, 131쪽). 다시 말해서 동일한 금욕주의 에토스가 자본가에게는 축적의 도식이, 노동자에게는 노동의 도식이 되었다는 것이다. 그러나 이는 결코 동일하게 적용될 수 있는 것은 아니었다. '구빈법'(맑스)이나 '거대한 감금'(푸코)으로 대변되는 유혈낭자한 조치를 통해서만 노동의 습속을 창출할 수 있었다는 것을 확실히 해둘 필요가 있다. 베버 자신도 "민중은, 곧 노동자와 수공업자 대중은 오직 빈곤한 경우에만 신에게 복종한다"는 칼뱅의 말을 인용하고 있다(베버, 위의 책, 132쪽). 그러나 그는 "구빈법의 입법에 적용된 것이 청교도의 가혹한 금욕주의"라고 하지만, 이 말은, 이익에 반하여 강제되는 노동의 습관을 통해 형성되는 '금욕'의 도식이, 이해에 부합해 축적으로 이어지는 금욕의 도식과 동일하리란 것을 말하려 하는 것이라면 틀린 말이다. 이에 대해서는 박태호, 「근대적 주체와 합리성 : 베버에서 푸코로?」, 『경제와 사회』, 1994년 겨울호 참조.

아가 권력이 단수로 존재하지 않으며, 오히려 상이하며 때로는 적대적인 권력들로 존재한다면, 권력에 대한 저항 역시도 이제는 이 권력들 간의 관계 속에서 동적으로 포착되어야 한다. 예를 들어 잉여가치를 위한 생산의 배치에서 작동하는 권력에 대해 노동자가 저항하는 방식(일례로 파업)은 자본가 자신이 저항하는 방식(일례로 낭비)과 다를 것이 분명하다. 이러한 저항하는 양상의 차이를 지워버린다면, 그것은 이미 개념으로서의 가치를 잃은 것이다.

　　투쟁과 결부될 때 저항은 적대적 관계를 전복하는 적극적이고 긍정적인 가능성을 새로이 발견할 수 있으며, 개인적 저항을 넘어서 특정한 역사적 형태의 권력 배치 내지 권력기술의 전복을 꿈꿀 수도 있을 것이다. 마찬가지로 **적대와는 다른 차원에서 작용하는 권력(들)/저항에 결부될 때 투쟁은** 단지 적대적 이해관계를 전복하는 것으로는 넘어설 수 없는 '권력관계'의 문제로까지 확장된다. 예컨대 자본주의적 소유관계의 변혁이 그 자체로 권력의 변환은 아니며, 피지배계급 자신이 지배적 권력에 포섭되어 있었던 한 차라리 동일한 권력행사를 반복할 가능성이 훨씬 크다는 점, 따라서 권력에 대한 저항의 확장이, 그리하여 '권력관계의 형태변환'이[96] 필요하게 된다는 사실은 지금이라면 그다지 납득하기 어려운 게 아니다. 좀더 나아가, 자본주의 전복을 꿈꾸는 프롤레타리아 계급이라면, 적대적 이해관계를 낳는 생산 배치의 전복과 더불어 테일러주의적 권력기술을 통해 작동하는 부르주아적 생체권력을 대체

---

96) 푸코에게서 추론되는 '권력의 영원성'이 결코 권력의 전복을 꿈꾸지 못하게 하는 것은 아니다. 왜냐하면 전복은 권력(관계) 자체를 겨냥할 수 없지만, 역사적으로 형성되는 특정한 형태의 권력(관계)을 겨냥할 수 있기 때문이다. 마치 맑스에게 생산이나 생산관계가 영원하지만, 혁명은 결코 생산(관계) 자체의 폐기를 목표하지 않으며, 특정한 생산관계의 변환을 목표하는 것처럼.

하여 코뮨적 주체를 생산할 수 있는 또 다른 '권력기술'을 창조할 수 있어야 하지 않을까?

6. 계급투쟁과 생체정치

지금까지 푸코의 권력개념을 검토하면서, 우리는 나름대로 두 개의 개념적 난점을 통해 그의 미시정치학이 갖는 아포리아를 이해하려고 했다. 그에 대해 우리는 '탈주적 힘의 선차성'과 '몰적 적대의 차원'을 추가함으로써 그의 미시정치학이 펼쳐지는 개념적 배치를 변경시킬 수 있으리라고 주장한 셈이다. 이제 마지막으로 이 개념적 배치의 변이 가능성을 '계급투쟁'(이는 다양한 몰적 적대의 하나다. 하지만 극히 중요한 하나다)과 '생체정치'(이는 푸코가 해부정치〔학〕와 대비시켰던 용어와는 다르게 신체적 무의식 내지 생체권력을 축으로 벌어지는 저항과 투쟁의 양상을 포괄적으로 지칭하는 것으로 정의하자)의 문제를 통해 시험적으로 살펴볼 것이다. 이를, 맑스를 통해 푸코를 영유하려는 시도라고 보아준다면 고마운 일이다.

우리는 계급투쟁을 몰적 적대로서 존재하는 계급과, 그 집단이 포함하고 있는 권력들(혹은 권력/능력)[97] 간의 관계 속에서, 기존의 지배적 권력에 저항하는 '탈주적 힘'을 장악하려는 권력들 간 투쟁의 문제로 다시 정립할 수 있다. 계급투쟁은 계급적 권력 내지 조직이라는 실재가, 예를 들면 의회에서 거수로써 싸우거나, 거리에서 무기를 들고 펼치는 대리전이 아니다. 혹은 잉여가치를 두고 벌이는 이해관계의 게임만도 아니다. 오히려 그것은 계급적 권력이 개인을, 나아가 대중을 장악하려는 투쟁으로 정의될 수 있으며(계급투쟁에 대한 계보학적 정의?), 탈주적 힘의 결속을 통해 기존의 생체권력을 넘어서려는 시도, 그리하여 코뮨적인 새로운 생체권력을 작동시키려는 기도로 파악할 수 있을 것이다.[98] 이때 '대중과의 결합' 내지 '대중의 장악'은 선거에서 지지표를 모으는 '정치'가 아니며, 단지 의식화나 이데올로기적 장악도 아니다. 그것은 차라리 대중들의 생체권력을 만들어내는 기존의 지배적인 습속과 기술, 배치에 반하는 저항이요, 그것을 통해 대중들의 신체적 무의식을 '장악'하려는 투쟁이다. 생체정치와 계급투쟁.

이런 점에서 우리는 계급투쟁의 때론 국지적이고 때론 전면적인 양상과 사건들이 미시적인 수준에서 개인들의 생체권력/신체적 무의식에 미치는 효과에 대해서 다시 주목해야 한다. 예를 들어 1987년의 전국적인 노동자투쟁은 그 자체로 경제적인 요구와 조합주의적인 내용을 갖고 있던 매우 '근대적인' 투쟁이었음에도 불구하고, 노동자 대중들로 하여금 기존의 순응적이고 자포자기한 삶에서 벗어날 가능성을, 그리고 지배적 권력에 대하여 저항할 필요성을, 그 거대한 억압과 지배의 벽의 틈새에서 확인할 수 있게 해주었다는 점에서 중요한 의의를 갖는 것은 아니었을까? 그리하여 노동자들 개개인의 사고는 물론 행동 자체에도 커

---

97) 여기서 '권력'(pouvoir)이란 말은 지배적인 제도나 담론 등을 통해 이미 지배적 위상을 확보하고 있는 권력(관계)을, 대개는 지배적 계급의 전략을 내포하는 권력관계를 지칭한다. 반대로 '능력'(puissance)이라는 말은 네그리의 말을 빌리자면(A. Negri, L'Anomalie sauvage : Le concept du pouvoir et puissance chez Spinoza, PUF), 대중들이 갖고 있는, 아직 제도화되지 않아서 안정적이지도 확고하지도 않지만, 아마도 대항적인 담론들(예를 들면 맑스주의적 담론)이나 제도적인 요소들(예를 들면 당이나 노동조합)을 통해 잠재화된 현실적인 힘을 말한다. 후자 역시 근대의 지배적 배치들을 따라 형성됨으로써 권력과 대칭적인 형태를 취할 수 있는 것은 물론이며, 이 경우 적대적인, 그러나 동형적인 권력 대 권력의 대립의 양상을 띤다.

98) '탈주적 힘'을 주어로 놓는다면, 그 힘이 지배적인 권력에 저항하기 위해 대항권력으로서 프롤레타리아트와 연합하는 것이라고 할 수 있지 않을까?

다란 변화를 초래했다는 점에서 중요한 '정치적' 계기였던 것은 아닐까? 그런 만큼 그것은 적대적 이해관계에서 야기된 계급투쟁이었지만, 동시에 대중들의 신체에 새겨진 습속의 권력, 생체권력에 저항할 계기를 대대적으로 마련한 것이었다는 점에서 '생체정치적' 계기였던 것은 아닐까?

자본주의 전반기에, 혹은 한국이라면 이른바 '산업화' 전반기에 '경제투쟁'이란 이름으로 불린 투쟁이나 그에 연관된 사건이 '정치적' 의미를 가질 수 있었던 것은 바로 이런 맥락에서 이해할 수 있다(예를 들어 전태일의 죽음, 혹은 동일방직 여성노동자들의 투쟁). 혹은 거대 공장의 파업에 대해 전쟁 같은 물리적 공격이 행해지고, 그 여파를 축소하기 위해 '전 사회적인' 비난과 공세의 담론들이 동원되는 것은 잘 알다시피 그로 인해 내주어야 할 임금의 양 때문만은 아니었다. 부르주아지가, 그들이 실제로 내줄 임금이나 양보의 양보다 더 큰 손실을 감수하고라도 노동자들이 투쟁에 의해 무언가를 획득하려는 것 자체를 막으려 할 때, 그것이 갖는 생체정치적 효과가 아니라면 대체 이 '비합리적 선택'을 어떻게 납득할 수 있을까? 그들이 노동자들의 투쟁을 오직 특정 집단의 이해관계로 환원하고, 노동자의 이기적 욕구에서 기인한 것으로 매도하는 것 역시, 예견되는 이 생체정치적 효과를 겨냥한 것이 분명하다.

실제로 투쟁이 임금이나 이해의 문제로 '안정'된 경우, 파업은 제도화된 협상의 일부분이 되기 십상이다. 적어도 어떤 공장이나 회사의 '경제적인' 파업에 국가가 그처럼 떠들썩하게 개입하진 않는다. 그 개입은 노동자에 대한 양보나 패배가 전체 대중들에게 미칠 (생체)정치적 파장이 문제일 때 발생한다. 억압된 사회에서 노동조합을 만들려는 시도나 심지어 조그만 공장의 파업 하나가 종종 생각 못한 만큼의 큰 파장을 가질 수 있는 것은 바로 그런 생체정치적 효과를 반증하는 것은 아닐까? 계급투쟁의 생체정치적 효과. 이런 의미에서 계급투쟁은 **생체정치**다. 그것이 대중들 개개인의 신체에 새겨진 생체권력에 대해 일정한 정치적 효과를 행사한다는 점에서. 대대적인 방식으로 대중들을 생체권력에 대한 저항에 나서게 자극한다는 점에서. 그리고 이런 맥락에서라면 어떤 직접적 이익을 위해 제시하는 요구사항보다는 차라리 이러한 생체정치적 효과를 생산할 수 있는 투쟁의 배치와 전개가 더 중요해 지는 것은 아닐까?

그렇다면 이젠 거꾸로 생체정치를 계급투쟁의 차원에서 정의할 수 있다. 그것은 대중을 장악하여 자신이 통제할 수 있는 주체로 생산하려는, 적대적인 계급 간의 투쟁이다. 가령 17세기 이래 유럽 전체에 걸쳐 나타나던 기계에 대한 노동자들의 반란, 특히 '러다이트 운동'이란 이름으로 상징되는 자연발생적인 기계파괴운동은[99] 기계적 리듬을 노동자의 신체에 새기려는 '부르주아적' 생체권력에 대한 저항이었다.[100]

테일러가 이른바 '과학적 관리'를 노동과정에 도입하려고 했을

---

99) K. Marx, *Das Kapital*, Bd. I, 김수행 역, 『자본론』 I(하), 비봉출판사, 1989, 543쪽 이하 참조.

100) 이 기계적인 생체권력의 계급적 성격은 맑스가 인용하는 유어(A. Ure)의 말에 잘 나타난다. 그는 자동식 물 방적기에 대해 이렇게 말한다. "그것은 노동계급 안에 질서를 회복할 사명을 지닌 것이었다.…… 이 발명은 이미 우리가 전개한 학설, 즉 자본은 과학을 자기에게 봉사하게 함으로써 불온한 노동자들로 하여금 순종하지 않을 수 없게 한다는 것을 확증하고 있다. …… 기계물리학은 빈민들의 억압수단으로서 부유한 자본가들에게 봉사한다는 비판을 받아왔다"(A. Ure, *The Philosophy of Manufactures*, 『자본론』 I(하), 554쪽에서 재인용). 하지만 "분업의 낡은 보루 뒤에서 자신을 난공불락이라고 생각하였던 불평분자들은 근대적 기계기술에 의하여 측면공격을 받아 그들의 방어물이 격멸되었음을 알았으며, 무조건 항복하지 않을 수 없었다"(맑스, 앞의 책, 553쪽에서 재인용).

때, 노동자들이 응수했던 강력한 저항[101] 역시 대중의 미시적인 동작까지 장악하려는 '계급적' 생체권력에 대한 저항이었고, 따라서 그것은 생체정치인만큼 계급투쟁이었다. 따라서 분명하게 말하건대, **생체정치는 계급투쟁**이다. 생체정치 없는 계급투쟁은, 아니 기존의 생체권력을 전복하지 못한 혁명은, 그것이 정치권력과 국가를 장악하는 경우에조차, 대중의 삶이라는 전장을 '장악'하지 못한 채 단지 중요한 고지만을 장악한 데 불과한 건 아닐까? 그 경우 새로운 계급권력은 여전히 대중들을 장악하고 있는 낡은 생체권력의 지휘자 없는 게릴라전(!)에 처음부터 시달릴 운명에 처하게 되는 것은 아닐까? 사회주의의 붕괴는 어쩌면 이처럼 지휘자 없는 게릴라전에 국가권력이 패배한 것을 의미하는 것은 아닐까?

이제 우리는 권력과 개인, 권력과 주체라는 이항대립 속에서 질문하고 대답하는 푸코 식의 개념적 배치를 빗겨나, 차라리 맑스적인 방식으로 다시 문제를 정립해야 한다. 권력과 저항을 통해 적대와 투쟁을 사고하는 것, 적대와 투쟁 속에서 권력과 저항을 사고하는 것. 달리 말하자면 계급투쟁을 생체정치의 차원에서 사고하며 미시적인 수준에서 혁명의 문제를 다시 사고하는 것, 혹은 대중의 신체를 장악하고 그들을 포섭하려는 '생체정치' 안에 새겨진 몰적 적대의 흔적을 추적하는 것. 그리하여 우리는 현존하는 노동자 신체에 새겨진 무의식적 힘으로서 생체권력이 적대 속에서 작용하며 적대를 내포하고 있다는 것을 분명히 함으로써 계급적 관점에서 생체권력의 변환을 사고할 수 있을 것이

---

101) H.Braverman, *Labour and Monopoly Capital :Degradation of Work in the Twentieth Century*, MRP, 1974, 이한주/강남훈 역, 『노동과 독점자본』, 까치, 1987, 87쪽 이하 참조.

다. 예컨대 감옥에서 응집된 훈육적 권력에 대한 이른바 '정치경제학'이 필요한 셈이다.[102] 대중과 결합하거나 대중을 장악하는 문제를 생체정치의 문제로서 다시 정립하는 것, 또는 생체정치적 효과의 차원에서 계급투쟁을 포착하는 것 역시 가능하며 고유한 의미를 가진다. 계급투쟁의 '생체정치학'. 그렇지만 서로 다른 방식으로 말한 이 두 가지는 결코 두 개의 독자적인 영역을 구성하지 않는다. 그것은 적대와 권력, 저항과 투쟁이라는 두 벡터의 다양한 종합을 통해 배치의 역학(dynamique)을 사고하려는 단일한 기획의 대상일 뿐이다. 이런 기획을 '맑스와 푸코를 결합함으로써 상이한 대상을 뒤섞는 시도'라고 비난한다면, 우리는 다만 정치적 웃음으로 답할 수 있을 뿐이다.

---

102) 이는 사실 푸코의 작업에 포함되어 있는 것이다. 그는 『감시와 처벌』에서 훈육적 권력을 통해 근대적 주체를 생산해내는 것이 부르주아지의 계획과 통제하에 수행된 것은 아니라는 점을 분명히 하면서도, 이러한 방식으로 생산된 "사람의 축적이 자본의 축적과 분리될 수 없을 것이다"(321쪽)라고 명시적으로 말하고 있다. 그리하여 "근대사회의 형벌제도를 신체에 관한 일종의 정치경제학 속에 다시 위치지어야 한다"고까지 말한다 (54쪽). 이는 이 시기에 그가 아직 '권력은 지배계급의 전략적 입장의 총체적 효과'라는 명제를 유지하고 있었다는 점과 결부된 것이다. 이는 몰적 적대 속에서 생체정치 문제를 사고하려 할 때, 그의 분석이 유효성을 가질 수 있음을 시사하는 것이라 하겠다.

3부

들뢰즈/가타리
사건의 철학과 역사유물론

5

'사건의 철학' 과 역사유물론

1. 사건이란 무엇인가?

히치콕의 영화 「현기증」은 주디가 수도원의 종탑에서 추락해 죽는 장면으로 끝난다. 사고(accident), 그리고 죽음. 이는 주디라는 여인의 신체에 불연속적인 어떤 변화가 발생했음을 뜻한다. 뇌가 활발하게 기능하던 상태, 그리고 심장이 열심히 박동하던 상태에서, 뇌나 심장이 더이상 움직이지 않게 된 상태로의 변화. '죽음'이라는 명사는 이러한 변화 이후의 신체적 상태를 지칭한다. 하지만 '죽다'라는 동사는 특정한 신체적 상태를 지칭하지 않으며, 어떤 신체적 상태에서 다른 신체적 상태로의 변화를 지칭할 뿐이다. 즉 죽음이란 '사물의 상태'(état de chose)이지만, '죽다'란 '죽게-됨'(devenir-mort)이다.

의사는 이러한 신체적 상태를 진단하고, 어떠한 상태인지 확인해주며(병들었다, 폐가 약하다, 건강하다), 신체적 상태의 변화에 개입한다(치료). 의사의 진단이 없으면 우리는 죽음도 인정받을 수 없다. 의사는 또한 죽음의 원인을 찾아낸다. 질식해서 죽었는지, 약을 먹고 죽었는지, 뇌혈관이 터져서 죽었는지, 갑작스런 심장마비로 죽었는지 등등.

주디의 주검을 두고 의사는 죽음에 관련된 신체적 원인을 다룬다. 이 경우 의사의 할 일은 그것으로 끝난다. 그러나 의사의 판단만으로는 주디의 죽음이 완결되지 못한다. 죽음이 발생한 그 수도원에는 틀림없이 경찰이 찾아올 것이다. 이미 알려진 어떤 치명적인 병 때문에 죽은 것이 아니라면 다른 경우에도 경찰이 올 것이다. 그리고 죽음을 확인할 것이다. 하지만 죽음이라는 신체 상태를 확인하는 것으로 경찰의 할 일은 끝나지 않는다. 경찰은 질문한다. "대체 무슨 일이 일어난 것인가?" 경찰의 일은 차라리 바로 여기서 시작된다. 경찰도 의사처럼 죽음을 다루는 일을 한다. 그러나 그것은 어떤 신체적 상태를 확인하는 것이 아니다. 그들은 다른 방식으로 죽음의 원인을 확인해야 한다. 의사처럼 죽음의 신체적 원인을 찾는 것이 아니라, 비−신체적인 원인, 죽음을 야기한 다른 차원의 원인을 찾는 것이다. "대체 무슨 일이 있었기에 이 여자는 죽은 것일까?" 경찰은 바로 이 질문에 대한 답을 내려야 한다.

주디가 종루에 올라온 수녀의 발걸음에 놀라 그곳에서 떨어져 죽은 것이라고 본다면, 아마도 경찰은 주디의 죽음에 우연(accident)히 일어난 '사고'(accident)라는 답을 내릴 것이다. 그러나 만약 주디가 죽기 직전에 종루에서 퍼거슨과 심하게 다투었다는 것을 안다면, 더구나 그 다툼이 예전에 종루에서 발생한 어떤 죽음과 관련되어 있다는 것을 안다면, 결코 그것을 '사고'라고 판단하지 않을 것이다. 틀림없이 거기에서는 어떤 '사건'(événement)이 발생한 것이다. 이처럼 여기서 경찰의 업무는 '사고'와 '사건'을 구별하는 것에서 시작한다.

그리고 그 사건이 일어나게 된 이유와 사건에 관련된 사항들, 사건에 연루된 사람들을 조사하기 시작할 것이다. 이로써 그것이 어떤 종류의 사건인지, 즉 자살인지 타살인지, 자살이라면 그 이유는 무엇인지, 타살이라면 대체 누가 무엇 때문에 그 여자를 죽인 것인지를 알려고 할 것이다. 이를 사건의 '의미'(sens)라고 부를 수 있을 것이다. 의사가 죽음의 신체적 원인을 알려고 한다면, 경찰은 죽음이란 사건의 의미— 죽음의 '사건적' 원인—를 알려고 한다. 의사가 죽음(mort)이라는 신체적 상태에 관한 것을 다룬다면, 경찰은 죽음에 연관된 다른 것들을, 즉 무엇으로 인해 죽게 되었는가(mourir;devenir-mort)를 다룬다.

이처럼 '사고'와 '사건'은 경험적이고 일상적인 세계에서도 상이한 의미를 갖는 것으로 구분된다. 들뢰즈는 좀더 나아가 **사고와 구별되는 사건의 개념**을 철학에 끌어들인다.[1] 사고란 사물의 상태가 시간적으로 그리고 공간적으로 유효화(effectuation)한 것이며, 사실(fait)에 관한 범주다. 반면 사건이란 어떤 사물의 상태나 사실을 다른 상태나 사실에 연관짓는, 그런 한에서 '관념적' 성격이 개입된 범주다. 사고로서 다루는 경우, '주디가 추락하여 죽었다'는 사실 자체가 문제가 된다. 반면 주디가 죽은 곳은 이전에도 그러한 추락사가 동일하게 발생한 곳이었다는 것, 그때 죽은 사람도 같은 얼굴과 같은 복장을 한 여인이었다는 것, 그리고 그 옆에는 전직 경찰관이 있었다는 것이 표면에 떠오르는 순간, 그것은 사건이 된다. "도대체 무슨 일이 일어난 것인가?"—어떤

---

1) G. Deleuze, *Logique du sens*, Minuit, 1969, pp.68~69(이하 LS로 약칭. 이후 본문에서 이 책이 인용될 때는 LS와 쪽수만을 표기한다) ; B. Paradis, "Schémas du temps et philosophie transcendantale", *Philosophie*, no. 47, Minuit, 1995, Nov., p.10. 이런 구별은 이후 『철학이란 무엇인가』에까지 지속된다. 그리고 『철학이란 무엇인가』에서 이 구별은 명제와 개념의 구별, 그리고 과학과 철학의 구별과 연결된다(G. Deleuze, *Qu'est-ce que la philosophie*, Minuit, 1991, 이정임/윤정임 역, 『철학이란 무엇인가』, 현대미학사, 1995, 38~39쪽, 52~53쪽, 162~163쪽, 170~171쪽 등 참조).

사실을 '사건'으로서 포착하려는 질문.[2] 그렇다면 사고와 구별되는 사건은 어떻게 개념화할 수 있는 것인가? 사건의 의미는 어떻게 파악할 수 있는 것인가? 여러 가지 사건들이 갖는 특징을 어떻게 포착할 수 있을 것인가? 그리고 사건을 이처럼 철학적으로 개념화함으로써 무엇을 새로이 볼 수 있으며, 사고와 사건의 차이를 뚜렷하게 구별함으로써 무엇을 하려는 것일까?

2. 사건과 계열화

사건의 개념을 이해하는 데 가장 중요한 것은 그것이 **'계열'(série)**을 통해서 정의된다는 것이다. 어떤 사실이나 사고는 '계열화'(mis en série)됨으로써 사건이 되고, 상이한 '계열화'를 통해 하나의 동일한 사실이

---

2) LS, p.79; G. Deleuze/F. Guattari, *Mille Plateaux*, Minuit, 1980, p.235(이하 MP로 약칭. 이후 이 책이 인용될 때는 MP와 쪽수만 표기한다). "그는 교통사고로 죽었어"라는 말에 대해 우리는 "대체 무슨 일이 일어난 거지?"라고 묻지 않는다. "어쩌다 그렇게 되었는데?"라고 물을 뿐이다. "내 다리가 부러졌어"라는 말에 대해서도 마찬가지며, "돈을 잃어버렸어"라는 말에 대해서도 마찬가지다. 그것은 그 자체로 사고일 뿐이다. 그런데 그 교통사고로 죽은 사람이 체제에 저항하던 유명한 가수고, 그와 충돌한 버스에는 승객이 아무도 없었다는 점을 주목하는 순간, "대체 무슨 일이 일어난 것일까?"라는 질문은 유효해지고, 교통사고는 '사건'이 된다. 데시카의 영화 「자전거 도둑」에서 안토니오는 자전거를 도둑맞았다. 그것은 단지 사고일 뿐이다. 그러나 그 자전거가 취업을 위해 이불을 팔아 찾은 것이고, 그때가 실업이 매우 심한 시기라는 점을 주목한다면 사정이 달라진다. 그리고 여기서 또 다른 질문이 나타날 수 있다. 취직한 직후에 자전거를 잃어버린 안토니오, 이제 그에게 "대체 무슨 일이 일어날 것인가?" 이 질문은 「자전거 도둑」이 끝날 때까지 지속된다. 이는 방향은 반대지만, 마찬가지로 사건을 예기하게 하는 질문이다. 여기서 전자는 과거와 결부된 질문이고, 후자는 미래와 결부된 질문인데, 이것은 사건의 시간성이 갖는 양방향성과 연관된 것이다. 들뢰즈/가타리는 전자는 소설을 성립시키며, 후자는 콩트를 성립시키는 주된 질문형식이라고 말한다. 장편소설(roman)은 양자 모두와 연관되어 있다(MP, 236). "콩트(conte)가 [진행될] 첫번째 이야기(conte)인 반면, 소설(nouvelle)은 최근의 뉴스(nouvelle)다"(MP, 236).

나 사고가 상이한 사건이 될 수 있다. 「현기증」에서 모든 이야기는 수도원의 종루에서 떨어져 죽은 매들린을 둘러싸고 벌어진다. 그런데 매들린이 종루에서 떨어져 죽었다는 하나의 동일한 사실은 전혀 다른 두 가지 의미를 갖는 사건이 된다. 첫째, 아이를 빼앗기고 버림받아 미쳐서 자살한 증조모 칼로타의 귀신에 사로잡혀 매들린이 종루에서 투신 자살한 것이다. 둘째, 처가 재산을 차지하기 위해 엘스터가 그 유일한 혈족인 아내를 죽여 종루에서 던져버린 것이다.

이것은 여인의 추락과 죽음이라는 하나의 동일한 사실 내지 사고가 비극적 자살과 치졸한 살인이라는 전혀 다른 의미를 갖는 두 개의 사건이 될 수 있음을 보여준다. 여기서 사고와 사건, 사실과 사건의 차이는 극명하게 드러난다. 또한 이때의 차이는 단순히 그 사실에 부여하는 주관적 의미의 차이도 아니다. 여기서 각 사건의 의미는 전혀 다른 특성을 갖는 두 가지 사실들의 계열화를 통해서 형성된 것이다. 첫째, 칼로타와 매들린 그리고 퍼거슨의 계열. 둘째, 엘스터와 매들린 그리고 퍼거슨의 계열. 여기서 두 계열은 서로 동형적인 것처럼 보인다. 죽게 한 자와 죽은 자 그리고 그것에 관여했지만 죽음을 막지 못한 자. 그러나 자세히 보면 항들 간의 관계는 매우 다르다.[3] 퍼거슨은 첫째 계열에

---

3) 라캉은 포의 소설 「도둑맞은 편지」에서 발견되는 두 계열의 동형성을 주목하며, 그것을 반복강박이라는 프로이트적 개념을 통해 상징계(le Symbole)라는 질서 내지 '구조'와 연관시킨다(라캉, 「'도둑맞은 편지'에 관한 세미나」, 권택영 편, 『욕망 이론』, 문예출판사, 1994). 그러나 그 계열화된 항들 간의 관계가 갖는 차이에는 별로 주목하지 않는다. 반면 들뢰즈는 「도둑맞은 편지」에 관한 라캉의 논문에서 언급되는 그 반복적 계열에 대해 양자가 결코 동일하지 않으며, 상이한 계열임을 강조한다(LS, 52). 이는 계열이란 개념을 통해 사건을 포착하려는 들뢰즈의 입장이 구조주의 영향 아래 있으면서도, 그것과는 전혀 다른 방향을 지향하고 있음을 보여준다. 그리고 이것은 구조주의에 대한 들뢰즈의 고유한 평가와 연관되어 있다(이에 대해서는 LS, pp.52, 65~66 ; "À quoi reconnait-on le structuralisme?", ed. by F. Châtelet, *Histoire de la philosophie*, tom. VIII, Hachette, 1973 참조).

선 매들린과 직접 접속되는 반면, 둘째 계열에선 매들린과 접속되지 않는다. 또 첫째 계열에서 퍼거슨과 매들린의 관계는 죽음으로 접속되는 칼로타와 매들린의 관계에 대립적이지만, 둘째 계열에서 퍼거슨과 매들린의 관계는 그렇지 않다. 오히려 죽음으로 접속되는 엘스터와 매들린의 관계에 이용당하는 만큼 죽음의 벡터에 순행적(順行的)이다.

하지만 퍼거슨의 이러한 위상적 가치의 차이 외에 좀더 현격한 차이가 있다. 첫째 계열에서 주디는 자신의 이름을 갖지 않는다. 주디는 없다. 그는 다만 빈 자리일 뿐이며 그 자리를 매들린의 기표가 차지하고 있다. 주디가 주디의 이름으로 나타난다면 계열은 전혀 다른 것으로 구성되고, 그 계열을 통해 형성되는 사건은 전혀 다른 의미를 갖게 된다. 이는 영화의 종반에 가서 유사한 별도의 계열을 형성한다.

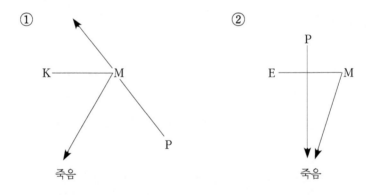

반면 둘째 계열에서는 주디가 매들린의 대행자로서, 그 기표로서 떠도는 것은 사실이지만, 그 기표와 분리되는 어떤 순간이 있으며, 있어야만 한다. 왜냐하면 죽어야 할 것은 주디가 아니라 매들린이기 때문이고, 주디가 죽음마저 대행해선 둘째 계열 자체가 아예 구성될 수 없

기 때문이다. 그러나 동시에 퍼거슨에게 주디는 주디가 아니라 언제나 매들린이어야 한다. 왜냐하면 죽어야 할 것은 매들린이기 때문이고, 주디뿐만 아니라 누구도 그것을 대행해선 안 되기 때문이다. 이를 위해 '현기증'이 이용된다. 고소공포증은 주디와 매들린의 분리를 봉합함으로써, 주디와 매들린 간의 이율배반적 관계를 성립시킨다. 따라서 둘째 계열을 옆 페이지와 같이 다시 그릴 수 있다.

이처럼 상이한 두 가지 계열화로 인해 하나의 동일한 사고 내지 사실은 두 개의 전혀 다른 사건이 된다.[4] 각각의 항들을 관계시키는 이러한 계열화를 통해 동일한 내지 유사한 항들조차 전혀 다른 의미를 갖는 사건을 구성하게 된다. 이런 점에서 계열화를 통해 형성되는 사건의 의미는 그 안에 포함된 어떤 항이나 요소들의 개별적 의미로 환원되지 않으며, 그것과는 다른 차원에서 형성된다. 반대로 각각의 요소나 항이 갖는 의미는 그것이 갖는 어떤 지시체나 연관된 논리적 명제들, 혹은 주관적인 의도가 아니라, 오히려 계열화를 통해 형성되는 사건을 통해서 구성되는 것이다.[5] "계열 안에서 각각의 항은 오직 다른 항들과의 상대적 위치에 의해서만 의미를 갖는다"(LS, 87).

예컨대 남편이나 유령 모두 그 지시체의 의미와 무관하게 각각의 계열에서 매들린을 죽이는 자의 역할을 수행하며, 퍼거슨 역시 친구 아

---

4) 굳이 기호학적 대비를 하자면, 첫째 계열은 표면에 드러난 기표의 역할을 하는 데 반해, 둘째 계열은 기의의 역할을 한다(두 계열의 이러한 구별에 대해서는 LS, pp.51~52 참조). 하지만 이러한 대비는 마치 후자가 전자의 감추어진 의미임을 뜻하는 것 같아서 적절하지 않다.

5) 이는 어떤 항의 이미너 가치를 **계열 안에서의 위상적**(topographique) 가치를 통해 정의하는 것이다. 들뢰즈는 이것이 바로 구조주의에 본질적인 것이며, 또한 구조주의의 중요한 업적이라고 본다(LS, pp.88~89; "À quoi reconnait-on le structuralisme?", pp.304~307).

내의 위험을 막아야 한다는 합의된 의도와 무관하게 그녀를 죽이는 과정에 순행적으로 기능한다. 따라서 의미나 가치는 나중에 만들어진다. 그것은 항상-이미 존재하는 것이 아니라 계열화의 결과로서 구성되는 것이다. 즉 "의미는 원칙이나 기원이 아니다. 그것은 생산물(produit)이다. 그것은 발견하거나 복원되거나 다시 사용하는 것이 아니라 새로운 기제들(machineries)에 의해 생산되는 것이다. 그것은 어떤 고상한 곳이나 심오한 곳에서 나타나는 게 아니라 표면효과(effet de surface)이며, 그 고유한 차원인 표면과 분리할 수 없는 것이다"(LS, 90).

그런데 첫째 계열을 좀더 자세히 보면 이것은 두 가지 상이한 계열이 결합된 것이며, 또 바로 이러한 결합이 그 계열의 의미를 특징짓고 있다는 사실을 알 수 있다. 즉 퍼거슨이 추적 끝에 알아냈던 것처럼 돈 많은 남자의 사랑을 받다가 그로부터 버림받고, 아이마저 빼앗겨 미쳐 버린, 그래서 결국은 사랑하는 아이를 이승에 남겨 두고 자살했던 칼로타로 응축되는 '소계열'(sous-série)이 있다(LS, 68). 또한 칼로타의 귀신에 사로잡혀 결국은 사랑하는 남자를 버려두고 자살해 버리는 매들린으로 응축되는 소계열이 있다.

이 두 개의 소계열은 칼로타와 매들린의 겹침을 통해서 수렴된다. 달리 말하면 이 두 가지 소계열의 수렴이 첫째 계열 전체를 특징짓는 것이다. 그리고 수렴되는 두 소계열은 서로 소통한다. 이러한 수렴과 소통을 가능하게 해주는 것은 그 계열 내에서는 결코 출현하지 않으며, 출현해서도 안 되는 주디 때문이었다. 여기서 주디는 결코 주디로서 존재하지 않는다. 그는 때로는 칼로타가 오기도 하고, 때로는 매들린이 오기도 하는 빈 자리요 '빈 칸'(case vide)이다. 이질적인 두 계열이 수렴하는 요소로서의 빈 칸(LS, 66).

반면 주디의 이름이 묻혀 있음에도 기표는 빈 자리를 흘러넘친다. 빈 칸과 그 자리를 차지하는 과잉된 기표. 바로 이것이 두 계열이 절합하고, 소통하고, 공존하고, 분지(ramifier)할 수 있게 해주는 것이다(LS, 66). 매들린과 칼로타는 번갈아 그 자리를 차지하며, 공존하고, 때로는 마치 꿈에서인 양 소통하기도 한다. 퍼거슨은 그것이 결코 꿈이 아니라 현실이라고 말한다. 시간이 지나면서 매들린과 칼로타가 번갈아드는 간격은 짧아지고, 그 빈도는 잦아진다. 수렴된 소계열이 하나의 새로운 계열로 완성된다. 나뉘어 하나가 되는 여인.

하지만 칼로타와 매들린은 결코 하나로 확정되지 않는다. 죽은 여인도 매들린인지 칼로타인지 확정하기 어렵다. 이처럼 이것인지 저것인지를 판단하고 선택해야 하는 문제를 두고, 두 계열의 결합이 이루어지는 경우에 대해서 들뢰즈는 '이접'(離接 disjonction) 또는 '이접적 종합'이라 부른다. "이것이냐, 저것이냐?" 혹은 "이것이든 저것이든"(soit~ soit~).[6]

앞서 자살과 살인으로 요약할 수 있는 두 개의 계열 역시 이런 의미에서 이접적이다. 즉 경찰이나 법정은 매들린이 자살한 것인지, 아니면 누군가에게 살해당한 것인지를 판단해야 한다. 그러나 여기서는 두 가지 중 오직 하나만을 선택해야 한다. 칼로타와 매들린이라는 두 소계열의 '종합'에서는 양자가 서로 수렴하여 서로에 대해 포함적인(inclusive)인 반면, 자살이냐 살인이냐가 문제로 되는 두 계열은 서로 발산하며 각각의 계열은 서로에 대해 배제적/배타적(exclusive)이다.

---

6) LS, pp.61~62, 204 ; G. Deleuze/F. Guattari, *L'Anti-Oedipe: capitalisme et schizophrénie 1*, Minuit, 1972, p.18. 이하 AO로 약칭.

포함적 이접과 배제적 이접.[7] 퍼거슨을 앞에 두고 법정이 하는 일은 이 접적 선택을 배제적인 형태로 확정하는 것이다.

한편 이접과는 다른 종합의 양상이 있다. 접속적(connective) 종합 과 통접적(conjonctive) 종합. 접속은 계열을 이루는 항들을 이항적으 로 종합하는 것이다. 이 경우 종합은 "이것과 저것"("~ et ~")이라는 형 태로 이루어진다. 칼로타의 영혼과 매들린의 육신, 퍼거슨의 입술과 매 들린의 입술, 퍼거슨의 현기증과 매들린의 투신…… 이는 단일한 계열 을 구성하는 데 관여한다. 통접적 종합은 계열들이 수렴하여 어떤 단일 한 결과에 이르는 방식으로 이루어진다.[8] 이러저러한 계열들이 있었고, 그리하여 그것은(c'est donc) 어떤 하나의 귀결점으로 응집된다. 「모던 타임즈」에서 병원을 퇴원하던 찰리는 트럭에서 경계(警戒)를 표시하는 빨간 깃발이 떨어지자, 그것을 들고 가져가라고 흔들며 따라간다. 트럭 과 깃발과 찰리의 계열. 그런데 잠시 후 그 뒤에 데모를 하는 시위대가 골목을 돌아나와 접속된다. 시위대와 깃발, 그리고 찰리의 계열. 이 두 계열은 찰리의 깃발을 중심으로 수렴하여 하나의 계열을 이룬다. 그리 고 곧바로 들이닥친 경찰은 찰리를 체포한다. "그는 공산주의자야!"

---

7) AO, p.89 이하. 『의미의 논리』에서 들뢰즈는 '사건의 소통'에서 관건이 되는 것은 두 사 건이 양립할 수 있는가의 문제라고 본다. 이는 두 계열이 어떤 특이성(singularité) 주변으 로 수렴하는지 아니면 발산하는지의 문제다. 문제는 여기서 멈추지 않는다. 왜냐하면 니 체와 마찬가지로 이접적으로 결정되는 발산과 탈중심화조차 그 자체로서 긍정될 수 있는 가 하는 것이 그에겐 중요한 질문이기 때문이다(LS, 201~204). 『앙띠-오이디푸스』에서는 이 문제를 포함적 이접과 배제적 이접으로 구별하면서, 배제적 이접에 대해 비판한다.

8) LS, p.203. 여기서 들뢰즈는 접속적 종합에 대해 si~ alor~(~라면 ~다)란 접속사를 대응 시키고, 통접적 종합에는 et(와)를, 이접적 종합에는 ou bien(혹은)을 대응시키고 있다. 그러나 『앙띠-오이디푸스』에선 접속에 대해 et~ et~를, 이접에 대해선 soit~ soit~(~이든 ~이든)를, 통접에 대해선 c'est donc(그리하여 그것은~)를 대응시키고 있다(AO, 11, 18, 27). 접속과 통접의 짝이 두 책에서 바뀌어 있는데, 뒤의 것이 적절하다고 보아 뒤의 것에 따른다.

여기서 두 계열은 붉은 깃발로 수렴되고, 그리하여 찰리는 공산주의자가 된 것이다. 시위대-계열의 우위 아래 두 계열은 완전히 하나의 계열로 통합된 것이다. 하지만 이 경우는 「현기증」의 이접적 종합과 달리 "이것이냐 저것이냐"의 문제를 남기지 않는다. 두 소계열의 종합 그 자체가 가지는 효과가 찰리가 들고 있는 깃발의 의미를 직접 일의적으로 규정하는 것이다.[9]

3. 사건과 이중 인과성

사건의 개념과 연관된 중요한 구분 가운데 하나는 존재와 생성, 좀더 엄밀히 말하면 '~임'(être)[10]과 '~됨'(devenir)[11]의 구별이다. '~임'

---

9) 여기서 채플린은 계열들의 종합에 우연을 이용함으로써, 단순한 사고(accident)조차 경찰들에게는 사건으로 계열화됨을 보여준다. 이는 경찰이 다루는 모든 것은 사건이며, 그런 만큼 경찰은 모든 일을 사건화하려고 함을 보여준다. 그리고 어이없는 사건화를 통해서 경찰들이 사실들을 계열화하는 방식, 사건화하는 방식 자체를 드러낸다.

10) être는 영어의 be 동사, 독일어의 sein 동사에 해당하는데, 보통 존재라고 번역한다. 하지만 들뢰즈는 이 말을 사물의 상태에 대응하는 어떤 것을 가리키는 데 사용하며, 따라서 복수(les êtres)로도 쓴다. 이 말은 '존재자'(Seiende, étang)와 다르지만, 그렇다고 하이데거가 '존재자'와 대비해 사용하는 '존재'(Sein)를 뜻하지도 않는다. 하이데거는 존재자 간의 구별인 '존재적(ontogische) 구별'과 대비해 존재자와 존재 자체의 구별을 '존재론적(ontologische) 구별'이라고 부르는데, 이 경우 '존재'라는 말은 존재자로 하여금 존재하게 하는 근거지만, 어떤 존재자의 어떤 상태를 뜻하지는 않는다. 그래서 '됨'과 구별하여 '임'이라고 번역하려는 것인데, 어감이 잘 만들어지는 곳에서는 원어를 병기하여 '존재'라고 번역하기도 했다.

11) 영어의 becoming, 독일어의 Werden에 해당하며, 흔히 '생성'으로 번역된다. 그러나 그 뒤에 다른 명사나 형용사가 붙어서 '동물-되기'(devenir-animal), '광인-되기' (devenir-fou), '소수-되기'(devenir-mineur, 소수화), '지각불가능하게-되기'(devenir-imperceptible) 등으로 다양하게 사용됨을 염두에 둔다면, '~되다'라는 동사의 부정법 (不定法, infinitif)대로 번역하는 것이 더 적절할 듯하다. 특히 들뢰즈가 다루는 devenir란 개념은 그것을 순수한 차원에서 다룰 때조차도, 예컨대 헤겔이 『논리학』에서 존재와 무의 통일로서 '생성'(Werden)을 다루듯이 내용 없는 형식적 개념으로 다루지는 않는다는 점을 염두에 둘 때 더욱 그렇다.

이 사물의 상태를 나타낸다면, '~됨'은 사물의 상태가 아니라 어떤 상태에서 다른 상태로의 변화를 나타낸다. 예를 들어 나뭇잎이 '붉다'는 것은 그것의 특정한 상태를 지칭하며, 나뭇잎이라는 사물이 갖고 있는 상태적 특성을 가리킨다. 반면 나뭇잎이 '붉게 된다'는 것은 이전의 어떤 다른 상태, 예컨대 '푸르다'는 상태에서 '붉다'는 상태로 변화하는 것을 가리킨다. 따라서 '붉게 된다'는 말에 '붉다'라는 상태를 대응시킬 수 없다. 그렇다고 '푸르다'는 상태를 대응시킬 수도 없다. '붉음' (être-rouge)과 '붉게 됨'(devenir-rouge)의 차이. '크다'와 '커지다'의 차이.

들뢰즈는 루이스 캐롤(Lewis Carroll)이 다루는 가장 근본적인 범주는 바로 이 '됨'이라고 말한다. 이것으로써 캐롤은 존재체(les êtres)와는 다른 사건의 비밀을 찾아내려고 했다는 것이다(LS, 19). 들뢰즈 자신이 '순수한 됨'이라고 부른 이 범주가 『의미의 논리』 전체를 처음부터 끝까지 관통하고 있다. 그는 사물의 상태에 대응하는 의미——예를 들어 지시나 표명 등——가 아니라 '됨'으로서 사건에 대응하는 의미 (sens)가 어떻게 가능하며, 또 어떻게 형성되는지를 연구하려는 것이다. 결국 사건이란, **'됨'의 차원에서 의미의 논리가 어떻게 작용하는지를** 밝히려는 것이라고 할 수 있겠다.[12]

이와 더불어 또 하나의 중요한 구별은 신체적인(corporel) 것과 비신체적인(incorporel) 것의 구분이다. 신체적인 것은 그에 고유한 긴장과 물리적 질, 관계 및 능동과 수동을 가지며, 그에 상응하는 특정한 사

---

12) 이 경우 의미란 '임'이 아니라 '됨'의 차원에서 형성되는 것이란 점에서 존재-외적인 (extra-être) 것이다.

물의 상태를 갖는다(LS, 13). 일반적으로 사물의 상태를 결정하는 것은 신체적인 요소의 혼합(mélange)이다(LS, 15). 예를 들어 나뭇잎이 붉다는 것은 특정한 색소들 간의 혼합 양상에 의해 결정된다. 키가 크다는 것이나 작다는 것은 뼈와 세포, 근육 등의 신체적 요소가 배열되어 만들어지는 특정한 혼합 상태를 지칭한다. 액체라는 상태 역시 어떤 물질을 구성하는 요소들의 분자적 상태의 특정한 양상을 가리킨다.

반면 비신체적인 것은 하나의 신체적 상태와 다른 신체적 상태 간의 관계 내지 신체의 표면에서 발생하는 효과를 뜻한다. 그래서 들뢰즈는 이를 '표면효과'(effet de surface)라고 부른다. 예를 들어 나뭇잎이 '붉어진다'는 것은 어떤 색소의 혼합 상태에서 다른 혼합 상태로 바뀌는 것이다. 이는 신체적인 것의 변화를 뜻하지만 결코 신체적인 것은 아니며, 단지 신체적인 것의 표면에서 이루어지는 변화를 뜻할 뿐이다. 키가 '커지다' 역시 마찬가지로, 신체적인 것과 관련되지만 신체적인 어떤 상태를 지시하지는 않는다. 물이 '끓는다'는 것은, 액체나 기체 상태를 가리키는 것이 아니라, 액체에서 기체로 되는 변화를 가리킨다. 말 그대로 물의 표면에서 일어나는 변화, 혹은 효과.

다른 한편 신체적 변환과 비신체적 변환의 구분에 대해서도 잠시 언급할 필요가 있다. 신체적 변환이란 신체적 혼합 상태의 변화를 야기하는 것이고, 비신체적 변환이란 신체적 혼합의 변화를 수반하지 않는 변환이다. 의사들은 신체적 상태에 대한 진단과 더불어 신체적 변환을 야기하는 활동을 하지만, 교사들은 주로 신체적 변환이 수반되지 않는 언표들만으로 활동한다. 예컨대 설계도를 그리는 행위는 공간을 직접 신체적으로 변환시키지 않지만, 벽돌을 쌓는 행위는 공간을 직접 신체적으로 변환시킨다. 이를 다르게 표현하면, 신체적 변환이 기계적 배치와 연관된 것이라면, 비신체적 변환은 언표행위의 배치와 연관된 것이라고 할 수 있다(MP, 102~105).

그러나 이 양자는 많은 경우 서로 결합된다. 설계도를 그리는 행위는 벽돌을 쌓는 행위와 당연히 결합되며, 벽돌을 쌓는 행위는 수많은 언표행위(énonciation)를 수반한다. "꼼짝 말고 모두 명령에 따르라"는 게릴라들의 언표행위는 직접적으로는 비신체적 변환이지만, 이 언표는 페루의 일본대사관을 대사관-기계에서 감옥-기계로 변환시킨다. 신체적 변환. 그리고 감옥-기계가 된 대사관은 그 안에서 행해지는 언표행위들의 양상을 완전히 바꾸어 놓는다. 더불어 말하자면, 신체적 변환을 수반하지 않는 비신체적 변환은, 연극의 대사가 아니면 헛소리가 된다. 대사관-기계를 감옥-기계로 변환시킬 신체적 조건이나 능력——예를 들면 무기——을 갖추지 못한 사람의 명령이 그렇다.

사건은 어떤 신체적 상태에 대한 지시(désignation)가 아니라, 어떤 신체적 상태가 다른 신체적 상태와 계열화됨으로써 만들어진다. 죽은 여인만으로는 어떠한 사건도 구성되지 않는다. 죽은 여인과 이전에 불행하게 죽었던 또 다른 여인, 그리고 죽은 여인을 사랑하는 남자. 아니면 죽은 여인과 그 남편, 남편의 친구이자 죽은 여인의 애인. 이처럼 둘 이상의 사물의 상태들이 접속됨으로써만, 한 여인의 죽음은 사건이 된다.

여기서 언급된 요소 가운데 어떤 것도 깊숙한 심층(le profond)의 실체도, 고상한 천상(le haut)의 이데아도 아니다. 그저 그것들 가운데 몇몇 것들이 연결되고 계열화됨으로써 사건은 구성되며, 그것이 다양하게 계열화될 수 있는 만큼 사건 역시 다양하게 구성될 수 있다. 그렇다고 이러한 연결 내지 계열화가 심층의 실체나 천상의 이데아에 의해서 이루어지는 것도 아니다. **모든 여타의 요인들과 언제나 접속되어야 하는 특권적 요인은 없다.**[13] 동일한 표면에서 등가화된 요인들 간의 특정한 연결과 접속만이 있을 뿐이며, 그 속에서 각 요소들 사이의 위상적 관계만이 있을 뿐이다. 계열화란 표면에서 만들어지는 바로 이러한 위상적 관계의 양상을 지칭하는 것이다.

그러나 사건이 단지 비신체적인 것만은 아니다. 그것은 비신체적이지만 동시에 언제나 사물의 신체적인 상태와 결부되어 있다. 사건은 신체적인 것과 비신체적인 것의 경계, 사물의 상태와 그 상태의 변화의 경계에 위치한다. 예를 들어 수도원에서 일어난 사건은 단지 어떤 여인의 죽음으로 환원되지 않는 것은 분명하지만, 그 여인의 죽음이라는 신체적 상태가 없었다면 사건화되지 않았을 것이다. 이 경우 매들린이라는 여인의 죽음은 한편으로는 '목뼈가 부러져 죽었다'는 사실을 원인으로 하며, 다른 한편으로는 '칼로타의 귀신에 홀려 죽었다' 내지 '남편이 던져서 죽었다'는 것을 또 다른 원인으로 한다. 찰리가 공산주의자가 된 것은 한편으로는 깃발을 흔드는 그에게 시위대가 와서 접속되었다는 사건 때문이지만, 다른 한편으로는 그가 들고 있던 것이 붉은 깃발이었다는 신체적 상태 때문이기도 하다.

들뢰즈에 따르면, 사건을 결정하는 두 가지 요인 중 하나가 신체적 '원인'(cause)이라면, 다른 하나는 사건적인 '준원인'(quasi-cause)이

---

13) 모든 다른 항들과 언제나 접속되는 어떤 특권적 항──보통 '일자'(l'Un)라고 부르는 것──을 가정하는 것은 모든 형이상학적 사유에 고유한 독단론적 특징이다. 사건과 본질의 혼동. 따라서 사건의 의미를 사건의 본질로 혼동하는 위험에 대해 분명한 경계선을 그을 필요가 있다(LS, 69). 들뢰즈/가타리가 '리좀'에 대해 언급하면서, 모든 잔뿌리가 모이는 중심뿌리를 제거하려는 것, 그리하여 일자가 제거된 다양체를 n-1이라고 표시하는 것은 이러한 맥락에서다(MP, 13).

다(LS, 115). 그리고 이런 점에서 어떤 사건이 발생하는 데는 신체적 혼합과 다른 사건이라는 이중의 원인이 개재하는 셈이고, 따라서 이를 '이중 인과성'(double causalité)이라고 부를 수 있다(LS, 115).

그런데 들뢰즈는 이러한 이중 인과성의 개념을 표면효과와 연관짓고 있다. 요컨대 물의 표면에서 일어나는 일들은, 한편으로는 물 분자의 운동을 결정하는 법칙에 따르지만, 또 다른 한편으로는 물의 표면에서 나타나는 표면장력의 법칙을 따른다는 것이다(LS, 115). 우리는 이것과 유사한 사례를 다른 경우에 대해서도 찾아 볼 수 있다. 상품의 교환, 아니 상품의 매매가 그것이다. 애덤 스미스에 의하면, 상품의 매매를 규정하는 것은 한편으로는 기회비용으로 간주되는, 그 상품에 투여된 노동시간이고, 다른 한편으로는 그 상품에 대한 수요와 공급의 비율이다.[14] 다시 말해서 상품의 가격을 결정하는 것은 한편으로는 노동시간으로 표시되는 상품의 가치이고, 다른 한편으로는 수요·공급의 균형점이다. 전자가 그 상품의 신체적 상태를 뜻한다면, 후자는 표면효과에 관련된 것이며, 전자가 신체적 원인이라면 후자는 비신체적인 준원인이다.

들뢰즈는 실체(substance)를 이러한 이중 인과성에서 신체적 원인과 결부시킨다. 즉 그것은 신체적 차원에서 사건의 의미를 규정하는 신체적 원인이란 것이다(LS, 16~17). 결국 들뢰즈는 **원인 내지 실체의 자리에 신체적인 것을 놓고,**[15] 의미나 이데아를 결과의 자리에 두는 것이다.

---

14) A. Smith, *An Inquiry into the Nature and Causes of the Wealth of Nations*, 1776, 김수행 역, 『국부론』 상권, 동아출판사, 1992, 36쪽, 43쪽, 63~64쪽.
15) 이처럼 들뢰즈는 비신체적인 것, 사건적인 것을 다룰 때에도 신체적인 것의 위상을 원인, 내지 (비록 역설적인 방식으로지만) 실체의 위치에 둔다는 점에서 관념론과의 구분선을 분명히 한다.

이로써 그는 플라톤적 사유를 전복한다.

다른 한편 그것은 사건적 의미를 결정하는 준원인을 표면에 존재하는 등가화된 요인들에 넘겨줌으로써, 그리하여 모든 것에 관여하는 특권적인 항을 제거함으로써 또 다시 플라톤적 사유를 전복한다.[16] 사건의 의미를 결정하는 직접적인 요인은 신이나 본질, 이데아 등과 같은 어떤 초월적인 항으로 외재하는 것이 아니라, 등가적인 항들의 위상적인 관계 자체에 내재하는 것이다. 즉 "의미는 계열 안에서 주장한다(insister)".[17] 이러한 점에서 사건 개념을 통해 들뢰즈는 형이상학과 플라톤에 의해 눈에 안 보이는 곳——심층이든 천상이든——에 파묻혀 버린 것을 표면으로 끌어올리는 셈이다(LS, 17).

이중 인과성의 개념은 신체적인 것과 비신체적인 것의 경계선에서 사건의 개념이 자리잡고 있다는 것을 보여준다. 의미란 이 두 가지 측면의 접경지대에서, 두 가지 측면을 잇는 계열화에 의해 발생하는 것이다. 따라서 우리는 이 두 가지 측면의 접경지대가 마치 뫼비우스의 띠처럼 하나의 연속체를 이룬다는 것을, 그리하여 의미의 형성에서 이 두

---

16) 이러한 플라톤적인 사유의 전복은 들뢰즈의 작업 전체에 걸쳐 좀더 넓은 영역에서 좀더 근본적인 방식으로 행해지는데, 이에 대해서는 『의미의 논리』의 첫번째 계열과 부록 「플라톤과 시뮬라크르」"Platon et le simulacre" 및 「루크레티우스와 시뮬라크르」"Lucrèce et le simulacre", 그리고 『차이와 반복』Différence et répétition의 서평으로 쓰여진 푸코의 글 「철학적 극장」"Theatrim Philosophicum"을 참조(들뢰즈, 권영숙/조형근 역, 『들뢰즈의 푸코』, 새길, 1996).

17) 이는 '주장하다'라는 뜻도, '내부에-있다'(in-sister)라는 뜻도 포함하여 중의적으로 사용된 것이다. 그에 따르면 의미는 두 가지 측면을 갖는데, 그 중 하나는 방금 말한 insistance의 측면이라면, 다른 하나는 '됨'의 차원에서 다루어지는 것으로서 '사물의 상태'——신체적인 것과 관련되어 있다——이후에 온다(survenir)는 점에서 extra-être의 측면이다. 반면 무의미(non-sens) 역시 두 측면을 갖는데, 하나는 '빈 칸'(빈 지리)의 측면이고, 다른 하나는 '남아 도는 대상'(과잉인 기표)의 측면이다. 그리고 들뢰즈는 이러한 의미와 무의미의 양 측면이 각각 기표로서 규정된 계열과 기의로서 규정된 계열과 연관된다고 한다(LS, 99).

가지 측면의 연속성이 심층이나 천상을 대체해 버렸다는 것을 이해할 수 있다(LS, 21). 이제 "주요한 경계선은 보편과 특수 사이의 천국을 통과하지 않으며, 실체와 사고/우연 사이의 심연을 통과하지도 않는다" (LS, 158). 이러한 맥락에서 그는 발레리의 다음과 같은 말을 누차 인용한다. "가장 깊은 곳은 피부다(le profond, c'est la peau)" (LS, 20, 126, 166).

4. 사건과 의미

매들린의 죽음, 그것은 대체 어떤 의미를 갖는가? 혹은 그것의 의미는 무엇인가? 의미를 지시(désignation)로 정의하고, 유의미함을 검증가능성 내지 반증가능성으로 정의하는 (넓은 의미에서의) 실증주의적 입장에 따르면, 매들린의 죽음은 말 그대로 매들린이 죽었다는 사실을 객관적으로 지시한다. 그리고 그것은 의학적인 수단을 이용해 분명하게 검증될 수 있다. 따라서 '매들린은 죽었다' 라는 명제는 유의미하다.

　　그러나 '매들린이 칼로타의 귀신에 사로잡혀 죽었다' 는 것은 검증할 수 없기 때문에 무의미하다. 왜냐하면 귀신의 존재를 검증할 수 없기 때문이고, 검증될 수 없는 것이 사인이 될 수는 없기 때문이다. 이 경우 매들린의 정신적·심리적인 질병이 사인으로 동원된다. 이전의 '이상한' 행위들은 이러한 정신적 질병 때문으로 간주된다. '매들린은 자살했다' 는 명제는 이런 식으로 간접적으로만 인정될 수 있다. 그리고 이것이 그 여인이 죽은 후 법정에서 그 죽음의 의미를 다룬 방식이었다. 그러나 매들린의 죽음이 자살인 것을 정말 검증 내지 반증할 수 있을까?

좀더 근본적인 문제는 그것이 아무리 검증 가능하다 해도 '매들린이 죽었다'는 명제는 어떤 사실을, 특정한 사물의 상태를 지시하기만 할 뿐이다. 앞서 보았듯이 이러한 사실 자체는 단지 의학적인 관심사는 될지언정, 영화 전체에서는 아무런 중요성도 갖지 못한다. 중요한 것은 왜 죽었고, 어떻게 죽었는가, 그리고 그 죽음으로 인해 대체 무슨 일이 일어날 것인가이기 때문이다.[18] 더불어 이것은 '매들린이 죽었다' 또는 '매들린이 자살했다'는 명제의 진위에 관한 문제도 아니다. 이 말은 단지 진위를 가릴 수 없다는 뜻이 아니다. 차라리 진위를 뛰어넘는 의미가 있을 수 있다는 것이다. 칼로타에 의한 매들린의 자살은, 결국은 진실이 아닌 것으로 드러나지만, 그와 무관하게 유의미한 계열을 형성한다. 이로 인해 퍼거슨은 그것을 막지 못했다는 자책으로 정신병원 신세를 지게 된다.

이 점을 이 영화에서 히치콕은 잘 알고 있었다. 그래서 그는 영화 전체를 그 은폐된 진실을 추적하는 식으로 몰고 가지 않는다. 주디의 회상을 빌려서 답을 미리 알려 준다. 그리고 후반부의 얘기를 시작한다. 중요한 것은 사태의 진실이 아니라, 그 진실 주변에서 벌어지는 일이다. 진실은 은폐했지만, 이를 위해 떠날 수도 있었지만, 주디가 퍼거슨을 떠나지 않았던 것은, 그리고 퍼거슨의 부탁에 못 이겨 다시 한번 매들린이 되었던 것은, 진위와는 다른 차원의 어떤 의미를 그와 같은

---

18) 실증주의자들은 이에 대해 죽음을 야기한 변수를 추가함으로써 죽음의 의미를 드러낼 수 있다고 보겠지만, 그것이 적절하게 연결되는 경우에도, 그 연결이 어떤 인과성을 갖고 있다는 것은 검증될 수 없다. 다만 흄이 말했듯이 근접성, 시간적 선행성 혹은 계기성만을 보여줄 수 있을 뿐이다(D. Hume, *Treatise of Human Nature* ; I. Berlin, *The Age of Enlightenment : The 18th Century Philosophers*, 1956, 정병훈 역, 『계몽시대의 철학:18세기의 철학자들』, 서광사, 1992, 238쪽).

계열화를 통해 형성하려고 했기 때문이다. "그렇게 해주면 정말 나를 사랑해 줄 수 있나요?" 반면 진실을 찾아내려는 퍼거슨의 욕망——진리의지——은 결국 자기를 사랑했고, 사실은 자기가 사랑했던 여인을 또 다시 죽음으로 떨어뜨린다. 진리의지는 언제나 이처럼 진위의 가치로 다른 많은 의미와 가치들을 제거하고 억압한다.

그렇다면 의미는 주디에게서 보이는 것처럼 어떤 주관적인 욕망이나 믿음의 표명(manifestation)일까? 후설(E. Husserl)이, 주체가 기호를 통해 말하기 이전에 직관을 통해 파악한 대상의 의미(Sinn)를, 말 내지 언표의 형태를 취함으로써 획득된 의미(Bedeutung)와 구별하는 것은 바로 이러한 차원에서다. 군이 말하자면 후자가 '기호학적 의미'라면, 전자는 '현상학적 의미'라고 할 수 있다. 그리고 후설은 주체의 직관을 표명하는 것으로서 현상학적 의미가 우위성을 갖는다고 본다.[19]

그러나 주디——매들린이 아니라——와 퍼거슨이 만들어낸 계열은 그러한 주디의 욕망이나 의향과 결코 동일한 의미를 갖지 못한다. 여기서는 오히려 앞서의 계열과 유사한 형태의 계열이 만들어진다. 퍼거슨-주디-매들린의 계열. 죽이는 자와 죽는 자, 그리고 죽음의 촉매자. 사랑의 계열이 아니라 또 다른 죽음의 계열이 만들어지는 것이다. 이는 또한 퍼거슨의 의향과도 동일하지 않다. 생각지 않았던 죽음의 계열이 만들어지는 것이다. 미끄러지는 것은 기표만이 아니다. 의미 역시 이처럼 언제나 의도와 의향을 빗겨간다.

---

19) 이에 대해서는 J. Derrida, *La voix et le phénomène*, PUF, 1967, tr. by D. Allison, *Speech and Phenomena and Other Essays on Husserl's Theory of Signs*, Northwestern University Press, 1973 참조. 그런데 여기서 데리다는 의미(Sinn)의 표명에서 기호를 통해야 하며, 기호로 언표된 것이 차라리 주관을 넘어 현실적 우위성을 갖게 되는 역설을 지적한다.

이제 우리는 「현기증」에서 만들어진 세 가지 죽음의 계열에 대해서 말할 수 있다. 먼저 계열 ①에서는 불행하게 죽은 칼로타의 영혼이 개입함으로써 죽음의 벡터 자체가 낭만적이며, 그에 반하여 저항하는 퍼거슨의 벡터 또한 사랑의 벡터라는 점에서 모두 낭만적이다. **죽음의 낭만적 계열.**

반면 계열 ②에서는 매들린을 죽음으로 몰아가는 것은 처가의 재산에 대한 남편의 욕심이다. 그리고 사립탐정으로 개입하는 퍼거슨이나, 안 보이지만 존재해야 하는 주디나, 모두 돈에 의해 고용되었다는 점에서 죽음의 벡터나 그것을 보조하는 벡터나 모두 자본주의적이다. **죽음의 자본주의적 계열.**

계열 ③에서 주디를 죽음으로 직접적으로 내몰았던 것은 진실을 드러내려는 의지와 욕망이다. 물론 거기에는 죽은 매들린에 대한 사랑이 개재하며, 바로 그 점이 죽은 매들린으로 하여금 퍼거슨이 만드는 죽음의 벡터 속으로 끌려들어가게 하지만, 결국은 진실을 드러내려는 의지가 그것을 대체하며, 사랑의 벡터를 만들려던 주디의 의지를 무시하고 제거함으로써 죽음의 벡터로 전환시킨다. **죽음의 이성적 계열.**

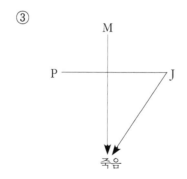

그리고 죽음의 이성적 계열과 자본주의적 계열의 강력한 동형성. 이것이 두 번의 죽음, 두 여인의 죽음으로 짜여지는 「현기증」 전체의 가장 중요한 테마 라인을 형성한다.

마지막으로 기호학이나 언어학과 같이, 의미작용(signification)을 통해 의미를 정의하려는 입장이 있다. 즉 어떤 말이나 기호의 의미는 다른 말이나 기호에 의해, 그 기호들의 관계망에 의해 정의된다는 것이다. 여기서 기호의 의미는 그것을 조건짓는 다른 기호로 환원된다. 그러나 조건짓는 기호 역시 또 다시 조건지어져야 한다는 점에서, 다른 기호를 필요로 하며, 이는 무한히 소급된다. **조건지어진 기호와 그것을 조건짓는 기호의 악순환**(LS, 30). 이 악순환을 넘어서기 위해서는 무조건적인 어떤 것이 있어야 한다. 의미(sens)란 차라리 이처럼 다른 기호에 의해 조건지어지지 않은 어떤 것이다. 이런 측면에서(만) "의미 그 자체는 신체에 의해 생산된다"(LS, 149).

매들린의 죽음을 둘러싸고 생산되는 무수한 언표(言表, énoncé)들이 있다. 칼로타에 관한 전설 같은 이야기, 아내에 관한 엘스터의 이야기, 퍼거슨의 이야기, 그리고 매들린 자신의 이야기. 혹은 법정에서 검찰 측의 이야기, 배심원들의 판단, 매들린의 심리 상태에 대한 분석, 퍼거슨의 고소공포증에 대한 진술, 그리고 법원의 판결 등등. 그 언표들은 서로 다른 언표들을 참조하고 언급하며, 각각에 고유한 주장(insistance)을 편다. 예를 들면 퍼거슨의 이야기는 엘스터의 이야기와 여관 주인의 이야기, 칼로타 그림에 대한 설명, 책방 주인의 이야기에 의해 조건지어져 있다. 법정에서의 이야기는 대부분 퍼거슨과 엘스터의 진술에 조건지어져 있다. 달리 말해 앞서의 계열 ①은 이러한 이야기로 구성된 것이다.

그러나 다른 이야기를 조건짓지만, 스스로는 조건지어지지 않는 이야기가 있다. 엘스터의 이야기가 그렇다. 결국 드러나는 것으로 볼 때 그는 퍼거슨에게 하는 이야기를 만들어내며, 이는 아내의 재산과 아내의 생명이라는 신체적 요인과 결부되어 있다. 퍼거슨의 이야기도 그렇다. 그것은 엘스터 등 많은 사람들의 이야기에 조건지어져 있지만, 자신이 관찰한 매들린의 행동——아무런 언표를 수반하지 않는 행동——에 의해 동시에 조건지어져 있다. 이런 점에서 계열 ①조차 언표적이지 않은 요소들을 포함하며, 그것에 의해 조건지어져 있다.

나아가 매들린의 죽음에 관련된 모든 언표는 매들린의 죽음에, 좀 더 신체적인 지점으로 말하면 매들린의 시신에 의해 조건지어져 있다. 엘스터는 매들린의 죽음에 대해 조건짓는 이야기——증언들——를 만들어내기 위해 퍼거슨을 고용했지만, 이는 매들린을 죽이기 위해서였다. 퍼거슨이 특별히 고용되었던 것은 그의 신체가 높은 곳에 오를 수 없다는 점 때문이었다.

이러한 맥락에서 의미란 "명제로 표현된 사물의 속성"(LS, 34)이라는 말은 충분히 강조될 필요가 있다. 다시 말해서 의미는 명제로 표현되지만, 그것으로 표현되는 것은 **사물의 속성**이라는 것이다. 따라서 의미는 명제와 사물을 동시에 접하고 있으며 양자의 경계에 있다(LS, 34). 이중 인과성은 이러한 접경지대에 고유한 인과성의 개념이며, 사건과 의미는 이 접경지대에 있는 하나의 동일한 것이 갖는 두 개의 이름이다. 의미란 결국 효과(effet)다. 원인에 대한 결과라는 뜻에서 그런 것이 아니라, **접경지대를 이루는 두 측면에 걸쳐, 이중의 인과적 계열화에 의해서 생산되는 효과**인 것이다(LS, 89).

5. 양식, 공통감각 및 역설

양식(良識, bon sens)은 의미를 생산하는 이러한 계열화에 특정한 하나의 방향성(sens, direction)을[20] 부여한다. 즉 계열화할 수 있는 다양한 가능성 가운데 어느 하나를 '좋은 방향'으로서 선택하고 유지할 것을 요구한다. 그것은 현재와의 연관 속에서 설정되지만, 언제나 미리 봄(예견)의 기능을 수행한다.

「현기증」에서 엘스터는 이런 '양식'을 형성하기 위해 사건을 미리 계열화하며, 종종 향후 바람직한 계열화의 방향을 시사해 준다. 아내의 이상한 행동, 죽은 사람의 귀신, 그리고 그것에 의해 아내에게 닥쳐올 위험 등등. 이것은 이후에 퍼거슨이 사건을 계열화해 가는 데 기초가 될 뿐만 아니라, 계열화의 가능성에 하나의 일정한 방향을 부여한다. 그리고 매들린이 강에 투신한 사실을 보고 받고는 다시 말한다. "매들린은 지금 26세인데, 칼로타가 바로 26세에 죽었지." 이로써 향후 발생한 매들린의 죽음을 계열화할 방향성을 제공한다. 계열 ①의 의미는 이처럼 엘스터가 반복적으로 부여한 '양식' 안에서 결정된다. 그리고 그것은 법정에서 매들린의 죽음을 '양식'에 따라 판단하게 하는 증언으로 이용된다.

깃발을 흔들던 찰리의 경우도 마찬가지다. 그가 뛰어가며 흔들던 깃발의 의미는 애초에는 경계(警戒) 표시였지만, 시위대가 출현함으로

---

20) sens는 '의미' '방향' '감각'을 동시에 뜻한다. 여기서 bon sens는 '좋은 의미'를 뜻하며, 이것은 '좋은 방향'을 선택하는 것을 뜻한다. '양식'(bon sens, good sense)이란 이처럼 좋은 방향을 선택해 좋은 의미를 갖도록 사실들을 반복적으로 계열화하는 것을 뜻한다.

써 두 가지 계열화의 가능성을 갖게 된다. 그러나 경찰은 그것의 의미를 오직 한 가지 방향에 따라서, 즉 '사회의 안정'과 자신의 직업에 요구되는 양식에 따라서 판단한다. 양식은 단일한 방향/의미의 원리를 일반적으로 결정해 그 방향을 선택하도록 강제한다(LS, 94). 찰리는 이제 공산주의자가 된 것이다.

들뢰즈는 양식이 체계적인 특징을 갖는다면서, 그것을 다음처럼 요약한다. "단일한 방향(direction)의 시인(是認) ; 이러한 방향은 좀더 분화된 것에서 덜 분화된 것으로 진행하면서 결정된다 ; 특이적인 것(le singulier)에서 규칙적인 것으로, 표나는 것에서 평범한 것으로 ; 과거에서 미래로 시간의 정향(定向) ; 이 정향 속에서 현재의 지휘적 역할;이런 식으로 가능한 예측(prévision)의 기능 ; 이상의 모든 특징이 재결합하는 정착적 분배의 유형"(LS, 94).

요컨대 양식은 특이한 상황을 평범하고 규칙적인 것으로 바꾸며, 유목적이고 다양한 계열화의 가능성을 정착적(sédentaire)이고 규범적인 것으로 단일화한다. 정신병에 의한 자살, 불순한 의도에 의한 시위지도. 그리고 이러한 양식이 발생하게 되는 원천은 "증기기관, 인클로저 목축뿐만 아니라 소유와 계급"(LS, 94)[21]이라고 한다.

---

21) 그러나 양식은 언제나 이차적이다. 그것이 작동시키는 정착적 분배가 언제나 자유로운 유목적 분배를 전제로 하기 때문이다. 마치 닫힌 문제가 자유로운 공간을 우선 전제하듯이 말이다(LS, 94). 마찬가지로 권력은 언제나 이차적이다. 왜냐하면 그것은 길들이고 고착시켜야 할 무엇을, 자유로운 욕망의 흐름을 전제로 하기 때문이다. 이러한 점에서 양식이 이차적이라는 명제는 이후 가타리와의 공동 작업에서 권력과 욕망에 대한, 권력의 배치와 욕망의 배치에 대한 그들의 기본 입장과 연속성을 보여준다(MP, 175~176의 주 36번 ; G. Deleuze, "Désir et plaisir", *Magazine littéraire*, 1994, Oct.). 이 문제에 관해서는 이진경, 「미시정치학의 아포리아」, 서강대원 신문, 1995년 5월 17일자 참조.

한편 공통감각/공통의미(sens commun)[22]에서 'sens'는 더이상 한 '방향'이 아니라 '기관'(un organe)을 뜻한다(LS, 95). 감각기관. 그것이 '공통'인 것은 그것이 어떤 다양성을 동일자(le Même)의 형식에 연관짓는 기관이요, 기능이며, 동일화 능력(faculté)이기 때문이다(LS, 96). "주관적으로 공통감각은 정신의 다양한 능력이나 신체의 분화된 기관들을 포섭하며, 나(Moi)라고 불릴 수 있는 통일성/단위(unité)에 연관시킨다"(LS, 96). 따라서 '감지하고 상상하고 기억하고 말하는 것은 하나의 동일한 나'라는 감각이 만들어진다. "객관적으로 공통 감각은 주어진 것들의 다양성을 포섭하여, 그것을 대상의 특정 형태 내지 세계의 개별화된 형태의 통일성/단위에 연관시킨다. 내가 보고, 냄새맡고, 맛보고, 만지는 것은 하나의 동일한 대상이다"(LS, 96). 주체나 대상의 동일성(identité)은 이런 공통감각의 결과물이다.

칼로타의 영혼에 사로잡힌 매들린이 퍼거슨에게 당혹스러운 것은 그녀의 동일성이 분열되어 있으며, 단일한 공통감각을 만들지 못하기 때문이다. 그는 칼로타-매들린이 칼로타의 영혼에서 벗어나 단일한 매들린이 되기를 촉구한다. 양의성과 단일한 의미/방향으로서 공통감각의 대립. 또 퍼거슨은 주디를 만났을 때, 그녀의 얼굴에서 매들린의 그림자를 본다. 그녀는 주디지만 동시에 매들린일 수도 있는 것이다. 주

---

22) sens commun은 흔히 '상식'(common sense)으로 번역되지만, 일차적으로는 유기체 전체가 단일한 통일성을 갖게 하는 '공통감각'을 뜻한다. 그것은 각각의 기관들이 '공통의 방향'을 취하는 것이고, 이럼으로써 통일된 '공통의 의미'를 형성하는 것이다. 공통감각이라는 말은 원래 칸트가 사용한 것으로, 이성의 분열된 능력들을 하나로 통일시키는 어떤 능력을 뜻한다. 들뢰즈는 이를 자기 식으로 변용시킨 것이다(G. Deleuze, *La philosophie critique de Kant*, PUF, 1963, 서동욱 역, 『칸트의 비판 철학』, 민음사, 1996, 44~50쪽).

디-매들린의 양의성. 그러나 그가 여기서 선택한 것은 또 다시 매들린으로 방향을 단일화하는 것이다. 그는 자신 앞에 있는 여자가 매들린이라는 하나의 동일한 대상이기를 원하며, 이를 위해 매들린이 입던 것과 똑같은 옷을 주디에게 사 입히고, 매들린과 똑같은 머리 모양을 하게 하며, 매들린이 거쳐간 경로를 밟게 한다. 또 다시 양의성과 공통감각의 대립.

반면 주디는 자신이 매들린이 되어야 한다는 것을 거부하지만, 사랑하는 사람을 위하여, 혹은 그의 사랑을 자신의 이름으로 획득하기 위하여 매들린의 모습이 되어 가는 것을 거리끼며 받아들인다. 그녀는 퍼거슨과의 새로운 관계를 위해, 아니 관계의 새로운 의미를 위해 주사위를 던지는 것이다.

의미가 갖는 다양한 가능성을 하나로 정향하는 양식과 공통 감각은 상호보완적인 두 힘이다. "양식은, 다양한 것들을 …… 주체의 동일성이란 형태에, 대상과 세계의 지속성이란 형태에 연관시킬 수 있는 심급을 통해서만, 어떤 시작과 끝, 방향을 부여할 수 있으며 다양성의 〔특정한〕 분배를 결정할 수 있다. 반대로 공통감각 안에 있는 이러한 동일성의 형태는, 여기서 시작해 저기서 끝나는 …… 이러저러한 다양성을 통해 〔그 동일성의 형태를〕 결정할 수 있는 심급이 없다면 공허할 것이다. …… 이러한 상호 보완성 속에서 나, 세계, 신의 동맹이 맺어진다" (LS, 96).

반면 찰리의 깃발과 시위대는 어떤 사태가 가질 수 있는 의미 계열의 양방성을 보여준다. 채플린은, '양식'이 지시하는 하나의 방향에 따라 찰리의 깃발을 공산주의자의 적기로 만드는 과정을 웃음거리로 만듦으로써, 역설적이게도 양식에 따라 고착되는 의미의 일방성을 비웃는다. 「모던 타임즈」의 다른 곳에서 찰리는 양식을 파괴하는 방식으로 행동한다. 부랑하던 소녀와 그 손에 들린 빵. 날카롭게 생긴 부인은 이를 도둑질이란 의미로 계열화한다. 그리고 경찰에 신고한다. 이는 말 그대로 양식에 따른 행동이다. 그러나 찰리는 이를 배고픔이란 의미로 계열화한다. 그래서 그는 자신이 도둑임을 자처하며 나선다. 하지만 양식있는 사람들의 무리는 소녀를 체포하게 한다. 그러자 배를 가득 채우는 무전취식과 자진신고로 도둑질에 관한 양식을 비웃는다. 자신의 '배부른' 도둑질을 배고픈 도둑질과 대비시킴으로써 도둑질 자체에 두 가지 상반되는 의미/방향이 있음을 보여주는 것이다. 양식의 파괴.[23]

다른 한편 칼로타와 매들린이 공존할 수 있었던 것은, 그리하여 죽음의 낭만적 계열이 성립할 수 있었던 것은 그 여인이 칼로타도 매들린도 아니었다는 점에 기인한다. 주디는 칼로타도, 매들린도 아니었기에 그 둘 다가 될 수 있었다. 그렇다고 그 여인이 주디였던 것도 아니다. 그 여인은 이름을, 어떤 정해진 의미를 갖지 않는다. 무의미(non-sens). 또한 그 여인은 어떠한 동일성도, 따라서 어떠한 공통감각도 갖지 않는다. 무감각(non-sens). 하지만 바로 이 무의미/무감각이야말로 그 자리

---

23) 공통감각에 관해서도 찰리의 경우는 사정이 많이 다르다. 그는 노동자에서 정신병자로, 공산주의자로, 죄수로, 경비원으로, 웨이터, '가수'로 끊임없이 바뀌며 흘러간다. 그런데 그 어느 것에서도 공통성을 찾기 힘들다. 말썽꾸러기 노동자와 탈옥을 막은 모범수, 얼치기 공산주의자, 강도와 술먹고 함께 퍼진 경비원, 재능있는 '가수' 등등. 더구나 그러한 인물이 되는 것은 한결같이 우연이다. 그가 탈옥을 막은 것은 어떤 규범적 양식 때문이 아니며, 공산주의자가 된 것은 그런 사상을 갖고 있어서가 아니고, '가수'로 성공하게 되는 것도 노래를 잘해서가 아니다. 이런 점에서 찰리는 주체로서의 어떤 동일성도 갖지 않으며, 그것을 형성하는 공통 감각이 없는 것처럼 보인다. 마지막의 길게 뻗은 길은 아마도 그를 기다리고 있을 또 다른 분열적 '여행'을 향해 열려진 무한의 변이 가능성일 것이다. 공통 감각적 주체와 대비되는 분열적 주체로서의 찰리에 대해서는 이진경, 「모던 타임즈, 분열자와 자본주의」, 『필로시네마 혹은 영화의 친구들』, 소명출판, 2002 참조하라.

에 매들린이나 칼로타가 존재할 수 있게 해주는 것이었다. 이처럼 의미는 무의미를 통해서 가능해지고, 공통감각들은 무감각 위에서 가능해진다. 무의미/무감각으로서 역설, 혹은 공통감각의 파괴로서 역설.

역설(paradoxe)은 의미를 하나의 방향으로 고착시키는 양식, 공통 감각의 억견(doxa)에 대립한다(LS, 96).[24] 단지 양식과 다른 방향을 취하는 것이 양식의 반대, 양식에 대한 비판인 것은 아니다. 그것은 의미의 양방성을 통해서 어떤 사태가 가질 수 있는 의미의 다양한 가능성을 드러냄으로써 새로운 의미를 창조하는 것이다. 마찬가지로 공통감각에 대한 비판이 단지 공통감각의 부정에 머무는 것은 아니다. 차라리 그것은 상이한 종류의 공통감각이 공존할 수 있게 하는 무의미/무감각(non-sens)을 드러낸다. 그럼으로써 하나의 공통감각에서 다른 것으로 변이할 수 있는 능력을 창조하는 것이다.

이런 점에서 역설은 양식과 공통감각을 동시에 전복한다.[25] 하지만 좀더 엄격히 말하자면, 역설은 양식과 공통감각의 틈새에서 나타나지만, 사실은 그 이전에 있는 것이고, 의미를 만들어내는 세력(puissance)이다. 그것은 양식과 반대로 언제나 의식의 중간(l'entre-deux)에서 발생하며, 공통감각과 반대로 의식의 등 뒤에서 발생하는 **무의식의 능력**이다(LS, 98). 그것은 의미를 생산하는 무의미요, 감각이

---

24) paradoxe는 '~의 옆에, 위에, 저편에'를 뜻하는 para와 억견의 doxa가 합쳐서 만들어진 말임을 염두에 두고 있는 것이다.

25) 동시적인 양방성/양의성으로 인해 더이상 진행될 방향을 예측할 수 없게 되는 광인-되기(devenir-fou), 무의미/무감각(non-sens)으로 인지할 수 없게 됨을 뜻하는 동일성의 소멸(LS, 96)은 각각 양식과 공통감각에 대한 반대 방향의 극한이다. 『의미의 논리』의 다른 곳이나 『앙띠-오이디푸스』 등에서 전자는 **분열자**(schizophréne)라는 개념으로 나아가고, 후자는 **기관 없는 신체**(corps sans organes)라는 개념으로 나아간다(LS, 101~114 ; AO, 15~21 등 참조).

그 위에서 생산되는 무감각이다. 의식을 생산하는 무의식(프로이트)처럼, 또는 가치를 생산하는 비가치로서의 노동(맑스)처럼. 그리고 이처럼 역설의 능력이 언제나 양식과 공통감각의 파괴를 통해 유효화된다면, 채플린이나 히치콕은 위대한 역설의 예술가임이 분명하다.

6. 사건의 시간성

사물의 상태는 언제나 현재(le présent)와 연관되어 있다. 어떤 나뭇잎이 '붉다'는 것은 그 나뭇잎의 현재 상태에 대한 진술이다. 앞으로 붉게 되겠지만, 혹은 이전에 붉은 적이 있지만, 현재에는 푸른 나뭇잎에 대해서 '붉다'라는 진술을 사용하지는 않는다. 현재의 상태는 과거나 미래의 상태가 아니다. 따라서 사물의 상태를 다루는 한, 현재는 과거 및 미래와 분리되어 있다. 이 경우 "시간 속에는 오직 현재만이 존재한다. 과거, 현재, 미래는 시간의 세 차원이 아니다. 오직 현재만이 시간을 채우고, 과거와 미래는 시간 속에 있는 현재에 대해 상대적인 두 차원이다"(LS, 190). 이러한 시간성을 들뢰즈는 '크로노스'(Chronos) 또는 크로노스적 시간이라고 부른다.

　　반면 '됨' 자체는 이와 상이한 시간성을 통해 구성된다. '붉어지다'는 것은 붉지 않은 상태에서 붉은 상태로의 바뀌는 것인데, 이는 그것이 두 상태에 걸쳐 있는 것만큼 두 차원의 시간에 동시에 걸쳐 있다. 붉지 않은 상태로서의 과거, 붉은 상태로서의 미래. 이런 점에서 됨('생성')이 이루어지는 각각의 순간에 현재는 과거와 미래로 무한히 분할된다. 좀더 극한적으로 말한다면, 차라리 됨에는 현재란 없고, "오직 과거와 미래만이 있다(insistent ou subsistent)"고 해야 한다(LS, 192). 이러한 시간성을 들뢰즈는 '아이온'(Aiôn) 내지 아이온적 시간이라고 부른다. 됨이란 이처럼 과거와 미래의 양방향으로 동시에 진행된다. 즉 현재의 각 순간을 무한히 분할하는 과거와 미래가 바로 됨의 동시성을 구성한다(LS, 9). 됨이 언제나 역설과 조우할 운명은 이 두 방향(deux sens, 두 의미)의 동시성으로 인해 피할 수 없다.

사건이란 '사실들이 사건들로 됨'이라고 할 때, 사건의 시간성 역시 아이온적인 것이다. 사건은 일어난 것과 일어날 것, 능동적인 것과 수동적인 것, 원인과 결과로 무한히 분할될 수 있다(LS, 17~18). 하지만 사건에 관한 두 가지 구별되는 질문이 있을 수 있다. 하나는 "대체 무슨 일이 일어났는가?"고, 다른 하나는 "대체 무슨 일이 일어날 것인가?"다. 전자는 현재를 과거로 분할하는 시간의 방향(sens)을 따라 사건의 의미(sens)를 묻는 것이고, 후자는 현재를 미래로 분할하는 시간의 방향을 따라 사건의 의미를 묻는 것이다.

친구의 부탁으로 사립탐정이 된 퍼거슨은 매들린의 행적을 두고 두 가지 질문을 동시에 쫓아 다닌다. "대체 무슨 일이 있었기에" 이 여인은 이처럼 이상한 행동을 하는 것일까? 그리고 이렇듯 이상한 행동을 하는 이 여인에게 "대체 무슨 일이 일어날 것인가?" 이 두 질문이 매들린의 행적을 무한히 두 방향으로 분할한다.

사건을 구성하는 시간의 이 두 개의 방향성을 후설은 '다시-당김'(Retention, 흔히 '과거지향'으로 번역됨)과 '미리-당김'(Protention, 흔히 '미래지향'으로 번역됨)이라는 개념으로 표현한다. 내적인 시간의식, 혹은 시간적인 지향성은 언제나 다시-당김과 미리-당김을 통해 '지금'을 구성한다. 다시-당김과 미리-당김이라는 시간적 지향성을 통해 끊임없이 운동하며 변화하는 '생생한 현재'(lebendig Gegenwart)가 구성되는 것이다.[26] 매들린의 행적은 칼로타의 행적을 현재로 다시 끌어당겨 표면에 떠오르게 한다. 또한 그것은 칼로타와 유사한 불행한 종말을 현재로 미리 끌어당긴다. 물론 퍼거슨은 그로부터 벗어난 행복한 해결을 미리 끌어당기며, 매들린의 행적을 그 방향으로 이끌려고 한다. 이로써 두 가지 미리-당김에 따른 이접적 기로에 매들린을 위치지운다.

그런데 과거와 현재가 관계지워지는 상이한 양상이 있다는 것을 염두에 둘 필요가 있다. 「현기증」의 계열 ①에서 매들린의 삶에 다시-당겨진 칼로타의 삶은 매들린의 현재를 구성하는 과거라고 할 수 있겠다. 그러나 이는 사실 계열 ②에서 본다면 엘스터에 의해서 매들린의 현재를 칼로타의 과거로 '거꾸로-당김'(retro-tention)하는 것이었다. 칼로타의 옷과 장식, 칼로타의 유물, 그리고 칼로타의 행적을 따라 매들린의 현재를 과거로 끌고 간다. 과거로의 회귀 혹은 신경증적 퇴행. 다시-당김이 **현재를 구성하는 과거**라면, 이러한 거꾸로-당김은 **과거로 끌려가는 현재**다. 이는 퍼거슨에 의하여 계열 ③에서 그대로 반복된다. 퍼거슨은 주디의 삶에 매들린의 옷을 입히고, 매들린의 장식과 꽃을 들게 하며, 매들린의 행적을 따르게 한다. 주디는 매들린으로 거꾸로-당겨진다. 그런데 바로 그것은 매들린이 거꾸로-당겨졌던 칼로타의 옷이요, 행적이었다. 퍼거슨의 신경증. 그리하여 동일한 죽음이 두 번 반복된다. 동일한 옷과 동일한 행적을 따라 동일한 곳에서 동일한 방식으로 발생한, 동일하게 생긴 여인의 죽음. 계열 ②와 계열 ③의 동형성은 단지 구조적인 것 이상이다.

---

26) 이에 대해서는 E. Husserl, *Zur Phänomenologie des inneres Zeitbewußtsein*, 1893~1917, 이종훈 역, 『시간의식』, 한길사, 1996 참조.

주디 앞에 나타난 퍼거슨은 양방성을 갖는다. 하나는 자신이 관여되었던 매들린의 죽음을 '쫓는' 사람, 다른 하나는 자신이 사랑하던 사람. 그러나 퍼거슨이 사랑했던 것은 매들린이었다는 점에서 주디의 사랑은 동일한 과거를 다시-당기지 못한다. 그러나 동일한 외모는 가능한 사랑을 미리-당겨보게 한다. 여기서 퍼거슨의 출현을 둘러싼 다시-당김과 미리-당김은 두 가지 방향으로 분열된다. 매들린의 죽음와 주디-퍼거슨의 새로운 사랑. 그러나 그것은 수렴하지 않으며, 양립할 수 없는 (incompossible) 것이다. 떠날 것인가, 남을 것인가? 여기서 주디는 미리-당김을 향해 주사위를 던진다. 그러나 칼로타의 목걸이로·인해 미리-당김과 다시-당김의 절단은 실패하고, 퍼거슨은 급속히 과거로 주디를 끌고 간다. 그리고 동일한 과거가 반복된다. 그 반복을 통해 진리의지는 허무주의와도 같은 죽음에 가 닿는다. 니체주의자 히치콕?

7. 사건과 특이성

각각의 사건은 각자 고유한 계열을 갖는다. 그리고 그 계열의 구체적 양상은 계열마다 상이하다. 사건의 의미는 계열화의 양상에 따라서 결정된다고 할 때, 그 또한 계열마다 상이하다고 할 것이다. 그렇다면 각각의 사건은 서로 무한히 다르기만 한 것이고, 그 의미는 무한히 발산하기만 하는 것일까? 동일한 의미를 가지는, 혹은 동일한 의미로 수렴하는 계열들의 집합이 있을 수 있지 않을까? 그렇다면 그처럼 수렴하는 상이한 계열들의 집합을 어떻게 사고할 수 있을 것인가? 이것을 사고하려고 하자마자 각각의 계열이 지니는 고유한 차이를 보편적 개념으로 환원하게 되는 것은 아닐까?

앞서 우리는 「현기증」의 계열 ②에 죽음의 자본주의적 계열이라는 이름을 붙였다. 그런데 재산을 목적으로 하여, 돈으로 다른 사람을 고용해서 죽음을 야기하는 경우는 이런 경우말고도 무수히 많다. 얼마나 많은 영화들이 이런 죽음을 다루어왔는지! 그럼에도 불구하고 거기에는 늘 죽음의 계열을 만드는 자, 죽음을 당하는 자, 그리고 그에 이용되는 자가 있다. 경우마다 다른 사건적 계열화는 이 항들 및 이 항들의 특정한 관계를 축으로 이루어진다. 이런 관계로 계열화가 이루어지는 사건들을 우리는 모두 죽음의 자본주의적 계열이라고 부를 수 있다. 이 명칭은 그러한 계열들이 갖는 특징을 지칭한다. 이런 점에서 '죽음의 자본주의적 계열'은 재산과 돈에 의해 관계지워지는 항들을 축으로 만들어지는 다수의 계열들의 집합인 셈이다.

이처럼 동일한 특징을 갖는 사건들의 집합을 들뢰즈는 '이념적 사건'(un événement idéal)이라고 부르고(LS, 67), 그 집합을 이루게 하는 특징을 '특이성'(singularité)이라고 부른다. '이념적 사건'이란 어떤 이념이나 이상에 의해 만들어진 무엇이 아니며, 단순한 관념적 구성물이란 뜻도 아니다. 그것은 **특이성을 통해 이념적으로 구성된 사건들의 집합**이란 뜻이다. 이때 특이성은 어떤 사건의 개별적인 특징이 아니며, 해당되는 모든 사건의 보편적인 본질도 아니다. 특이성은 **어떤 이질적 계열들이 하나의 집합을 이룰 수 있게 해주는 특이점들의 집합으로, 각 계열 항들 사이의 관계에 대응**하며(LS, 66), 어떤 곡선이나, 사물의 물리적 상태, 혹은 심리적 · 도덕적 특성을 표시한다(LS, 67).

특이점은 수학적으로는 미분 불가능한 점을 지시하고, 물리학적으로는 지구의 중심처럼 어떤 힘, 예컨대 중력이 작용하는 중심, 혹은 끓는 점이나 녹는 점과 같이 물리적 상태의 비약이 발생하는 점을 지시한다. 예컨대 물이란 액체는 섭씨 0도에서 녹고 섭씨 100도에서 기화한다. 이때 섭씨 0도와 섭씨 100도는 물의 물리적 상태를 표시하는 특이점들이고, 이 특이점들의 집합, 혹은 이 특이점들의 분포가 바로 물이란 액체의 특이성이다. 이 특이성은 물이란 액체를 다른 액체들과 구별해 주는 '변별적 특성'이다. 이런 특이성에 의해 정의되는 '물'은 개별적인 어떤 것이 아니며, 이 특이성이 물의 '보편자' 내지 보편적 본질이 실현된 '특수자'도 아니다. 그렇다고 특이성이 물의 다양한 상태 근저에 있는 실체도 아니다. 그것은 다만 물의 물리적 상태의 표면에서 발생하는 변화를 표시하는 점들의 분포일 뿐이다.

여기서 특이점들은 특이성이 방사되는 지점으로, 각각의 계열을 구성하는 특이적 항들과 대응한다. 특이성이란 이처럼 계열 내 항들 간의 관계에 대응하며, 계열 내 항들의 관계는 **이웃 관계를 통해**, 결국은 **특이점들의 분포를 표시하는 미분적 관계**(les rapports différentiels, 차이적 관계)를 통해 포착될 수 있다(LS, 65). 과거와 미래의 두 방향을 갖는, 그리고 사물과 명제 사이에 경계선을 긋는 아이온의 직선은 "그 직선상의 모든 곳에 나타나는 순간화된 임의점(point aléatoire)과 거기에 분포되는 특이점들을 동시에 연관짓는다"(LS, 195).

칼로타, 불행하게 죽은 그리하여 지금 매들린의 영혼을 사로잡아 죽음으로 끌고 가는 항. 매들린, 많은 재산과 안정된 가정을 갖고 있지만 칼로타의 영혼에 사로잡혀 죽음으로 끌려가는 항. 퍼거슨, 매들린을 쫓다 사랑하게 되어 그 죽음을 막아보려 하지만 결국 실패하는 항. 이들은 모두 관계를 구성하는 어떤 힘들이 방사되는 지섬이고 특이점이다. 첫번째 계열은 바로 이런 특이점들의 고유한 분포를 통해 포착된다. 통상적으로 하나의 특이점에서 방사되는 힘(하나의 특이성)은 다른 특이점에서 방사되는 힘과 이웃 관계를 이루는 지점까지 확장된다(LS, 133). 위의 계열에서 칼로타의 자리에서 방사되는 힘은 그것을 저지하려는 퍼거슨의 힘과 이웃하게 되고, 매들린은 그러한 이웃 관계가 충돌하는 지점이 된다.

이처럼 특이성의 확장은 특이점에 내재되어 있던 포텐셜——이 계열에선 죽음과 사랑——의 현재화(actualiser)와 동일한 방식으로 이루어진다(LS, 134). "언제나 세계는 이런 식으로 구성된다"(LS, 133). 그리고 각각의 항들이 만드는 통상적인 점의 계열 위로 특이성은 확장되고, 수렴의 규칙에 따라 지배적인 어떤 특이성이 선별되며, 이것이 신체 안에서 구현되고 신체적 상태를 이루게 된다(LS, 134). 그리하여 이 계열 안에서 칼로타의 벡터가 지배적인 것으로 작동하게 된다. '특이성의 자기-통일'(auto-unification) 과정(LS, 125).

그렇다면 '죽이는 자-죽는 자-관계자'라는 특이점의 분포는 위의 계열들을 모두 동일한 사건으로 간주하게 하는 것은 아닌가? 반복되는 죽음의 세 계열, 그리고 구조주의. 그러나 낭만적인 첫째 계열은 자살이란 말로 그 의미가 요약되고, 자본주의적인 둘째 계열은 살인이란 말로, 이성적인 셋째 계열은 그 두 가지 말 모두에 정확하게 부합하지 않는다. 즉 그것은 모두 상이한 특이성을 갖는 것이다.

좀더 나아가, 재산을 목적으로 아내를 살인하는 저 자본주의적 계열은 다른 많은 영화나 소설 등에서 다루어지는데, 그러면 이 모두를 동일한 사건이라고 해야 하는가? 물론 죽이는 자-죽는 자-고용된 자로 항들 사이의 관계가 동일하게 포착될 수 있는 경우를 상정하자. 예를 들어서 보험금을 노리고 청부업자를 이용하여 남편을 죽이는 좀 상투적인 계열이 있을 수 있다. 이것은 「현기증」의 둘째 계열과 '이념적 사건'이라는 차원에서는 일정한 동형성을 갖는다. 그리고 이러한 한에서 "특이성은 진정 초험적(transcendantal) 사건들"이라고 말할 수 있다(LS, 125). 그러나 '초기 조건'의 차이로 인해서 각각은 서로 다른 사건을 이루게 된다. 문제를 문제로서 설정하는 초기 조건이 다르면, 특이성의 분포를 표시하는 해(解) 역시 달라진다(LS, 69). 다시 말해 '문제설정'(problématique)은 사실을 사건으로서 문제화하는 초기 조건을 구성하며, 이에 따라 사건의 의미는 상이한 것이 된다.

이런 의미에서 들뢰즈는 문제설정은 인식의 주관적 범주가 아닌 객관적 범주라고 본다(LS, 70). 사건은 어떠한 문제설정의 조건이지만 사건 또한 문제설정 안에서 파악되며, 그 안에서 의미있는 계열을 이루게 된다. 요컨대 **특정한 문제설정 속에서 특이성들의 결합과 분할/분포가** 곧 사건이란 것이다(LS, 72). 따라서 특이성의 수렴을 통해 다양한 사건들이 갖는 동형성을 '이념적 사건' 형태로 묶고 분류할 수 있지만, 이것이 각각의 사건이 갖는 고유한 의미와 사건들 사이에 있는 차이를 그 묶음의 동일성으로 환원하는 것을 뜻하는 건 결코 아니다. 차이가 '특수'로서 포착될 때, 그것은 '보편'이란 동일자 안으로 끌려들어간다. 반면 차이가 '개별'로 환원될 때, 거기서 개념적 사유는 불가능해진다. 이 점에서 들뢰즈는 사건과 특이성이란 개념을 통해 보편/특수 개념을 가로지르면서도, **차이를 개념적으로 사유할 수 있는 지반**을 마련하고 있는 셈이다.

들뢰즈는 이러한 특이성 개념을 좀더 밀고 나아간다. 즉 그는 특이성의 수렴을 통해 세계의 구성을 포착하려고 한다. "일차적으로 특이성들은 세계와 그 세계의 일부를 이루는 개체들에 대해 동시에 작용한다." 따라서 "각각의 특이성에 의존하는 계열이 다른 특이성에 의존하

는 계열과 수렴하는 한에서 세계는 형성된다(forme)"(LS, 134). 개체들
역시 마찬가지다. 그리고 이 같은 특이성의 수렴을 그는 세계를 종합하
는 규칙으로 간주하며, 이를 '공통가능성'(compossibilité)이라고 부른
다(LS, 134~135). "실행의 첫 수준은 개별화된 세계와 그 각각의 세계
에 서식하는 개별적 나(moi)를 상관적으로 생산한다. 개체들은 그들을
둘러싸고(enveloppant) 있는 특이성의 이웃관계를 통해 구성된다"(LS,
135).

이러한 세계 및 개체의 구성을 그는 수동적 발생(genèse passive)
이라고 부르며, 이를 '존재론적 측면'과 '논리적 측면'으로 구분하여
설명한다.[27] 존재론적 측면에서 수동적 발생은 두 개의 단계를 갖는다.
"특이성과 사건에서 시작해서 의미는 그것이 실행되는 첫번째 복합체
를 만든다. 수렴의 원환 안에서 특이성들을 조직하는 환경(Umwelt),
이러한 세계를 표현하는 개체(individu), 신체상태, 개인들의 혼합 내지
집계(agrégats), 이러한 상태를 서술하는 분석적 술어 등이 그것이다"
(LS, 140~141). 두번째 복합체가 첫째 것 위에서 매우 다르게 만들어진
다. 즉 "다양한 사람들(mondes)에 공통된 **세계**(Welt commun), 이 '공
통된 무언가'를 정의하는 인격체, 이 인격체를 정의하는 종합적 술어,

---

27) LS, 133~151. 여기서 구별하는 존재론적인 측면과 논리적 측면은 이후 『카프카』나 『천
　 의 고원』에서는 기계적인 것과 언표적인 것, 기계적 배치와 언표행위 배치의 구별로 변
　 화된다(『카프카』, 148쪽 이하;MP, 112~113). 특히 논리적 측면이 언표적인 것으로 바뀌
　 는 것은 의미를 다루는 관점의 변화를 보여준다. 언표적인 것은 단순히 논리적인 차원에
　 서 의미의 문제를 다루는 것이 아니라, 화용론적 차원에서 행동 내지 실천과 결부된 것
　 으로 의미의 문제를 다루는 것이다. 물론 이러한 입장은 지시, 표명, 의미작용으로 환원
　 되지 않는 의미의 개념을 정립하고, 이를 무의식적인 힘과 권력의 차원에서 다루려는 니
　 체적인 '의미의 논리'에 내재되어 있는 것이긴 하지만, 이것이 구체적인 분석적 차원을
　 획득하는 것은 그것을 언표행위의 배치 속에서 다룰 때다.

이로부터 파생되는 계급과 속성들이 그것이다"(LS, 141). "전자에 따라 양식이 형성되고, 후자에 따라 공통감각이 형성된다"(LS, 141).

"신체의 개별화, 혼합의 정도, 변이 속에서 행해지는 인격과 개념의 놀이, 이 모든 질서(ordonnance)는 의미와 그것이 전개되는 전(前)개인적이고 비인격적인 중립적 장을 전제한다. 바로 그렇기 때문에 또 다른 측면에서 의미 그 자체는 신체에 의해 생산된다. 이 경우 중요한 것은 분화되지 않은 심연 속에서, 측정할 수 없는 박동 속에서 포착된 신체다. 그리고 이 심연은 기원적인(originale) 방식으로 작동한다. 즉 **표면을 조직하고 표면에 의해 둘러싸이는 권력에 의해서**"(LS, 149~150).

따라서 신체적인 조건('환경') 안에서 생산되는 양식이나 그런 환경에 의해 생산되는 '공통감각' 내지 공통된 인격체(주체)의 문제는 표면 내지 표면효과로서 사건을 특정한 양상으로 반복하여 조직하는 권력의 문제임이 드러난다. 이는 사건들을 **반복하여** 조직하는, 달리 말하면 사건의 특이성이 수렴하게 하는 '특정한 조건'과 결부되어 있다. 사건과 사건의 반복을 조직하는 이 조건의 문제는 철학적 차이와 반복을 다루는 문제이기도 하다.

8. 두 가지 반복

사건의 개념은 계열화를 통해 하나의 동일한 사실이 상이한(différent) 의미를 갖는 상이한 사건이 될 수 있다는 것을 보여준다. 여기서 어떤 하나의 동일한 사실을 둘러싸고 만들어지는 사건들이란 상이한 계열들로 '차이화하는 운동'을 통해 만들어질 수 있는 상이한 의미를 뜻한다. 각 계열이 형성하는 의미란 그 계열 안에서 항들 간의 차이적/미분적 관계다. 다시 말하면 의미란 이처럼 차이화/미분화(différentiation)하는 운동에 의해 만들어지는 것이다. 사건화한다는 것은 이렇듯 차이적 관계를 통해 의미를 포착하려는 것이다. 하나의 동일한 사실을 상이한 의미를 갖는 것으로 만드는 이러한 차이의 효과, 차이화하는 운동의 효과를 사건의 개념을 통해 포착할 수 있다. 이로써 "태초에 차이의 운동, 차이화하는 운동이 있었다"라는 선언적인 언표 대신에,[28] 차이의 운동이 유효화되는 양상을 구체적으로 포착할 수 있는 개념적 고리가 확보된다. 차이의 존재론, 들뢰즈에게 이런 것이 있다면, 이는 이러한 사건

---

28) 데리다의 경우 유사하게 '차이의 운동' 혹은 '차연'(différance)이라는 개념을 통해 의미의 생성(devenir)을 설명하지만, 그리고 그것을 시간의 공간화 등의 개념으로 변환시키지만(J. Derrida, "Différance", *Marges de la philosophie*, Minuit, 1972, tr. by A. Bass, *Margin of Philosophy*, The Uni. of Chicago Press, 1982, pp.11~13), 선언적 언표 이상의 어떤 구체적 진전을 찾기 힘들다. 그에게 '차연'은 의미를 만들어내지만 그 스스로는 의미를 갖지 않는 것이다. 이런 점에서 이는 애시당초 '차이의 존재론' 중심에 자리잡고 있지만, 더이상 개념적으로 구체화되지 않는 채 '근원적 개념'에 머물고 있다(같은 책, 11쪽, 16쪽). 반면 들뢰즈에게 '차이'란 범주는 계열화와 사건 등의 일련의 개념들로 구체화된다. 다른 한편 데리다에게 차연은 기표를 기표가 대체함으로써 궁극적 의미에의 도달을 무한히 .지연시키는(différer) 운동이기도 하다. 그러나 이런 지연은 차이화하는 운동으로서 차연이 "존재자에 대한 참조행위의 항상적 지연"으로서(J. Derrida, *Positions*, 박성창 편역, 『입장들』, 솔, 1992, 52쪽), 바꿔 말하면 기호들 사이에서만 정의되기 때문에 발생하는 것이다. 반면 들뢰즈는 이 차이화하는 운동을 '임'(être)와 '됨'(devenir), 사물의 상태와 사건, 신체적인 것과 비신체적인 것의 이중성 속에서, 그 경계선 위에서 포착한다. 이 경우 의미는 계열화의 차이에 따라 어떻게 달라지는지를 알 수 있으며, 무한한 지연을 도입할 이유도 사라진다.
더불어 말하자면 기호는 그 정의상 기호가 아닌 무언가를 대신하는 것이란 점을 다시 상기할 필요가 있다. 기호가 그저 다른 기호만을 대신한다면 우리는 기호를 사용할 이유를 찾지 못할 것이다. 여기에서 언어나 기호의 의미를 소통의 차원에서 포착하는 입장과, 그것을 명령과 행동의 차원에서 포착하는 입장의 차이를 확인해 둘 필요가 있다. 들뢰즈와 가타리는 비트겐슈타인과 마찬가지로 후자의 입장에 선다(MP, 95 이하 ; L. Wittgenstein, *Philosophische Untersuchung*, 이영철 역, 『철학적 탐구』, 서광사, 1994 참조).

의 개념을 통해서 가능해지는 것이라고 할 수 있다.[29] 그리고 바로 이런 점에서 들뢰즈가 자신의 사상을 '사건의 철학'이라고 요약하는 것을 이해할 수 있을 것이다.[30]

그러나 모든 각각의 사건이 단순히 '다르다'는 것에 머문다면 우리는 대체 '사건'에 대해, 가령 '죽음'에 대해 혹은 '살인'에 대해 혹은 '혁명'에 대해 혹은 '쿠데타'에 대해 어떻게 말할 수 있을까? 상이한 사건들임에도 불구하고 동일한 특이점의 분포를 보여주는 경우, 우리는 하나의 동일한 단어나 개념을 써서 표현한다. 들뢰즈는 이처럼 상이한 선들을 포괄하면서도 동일한 특이점의 분포를 보여주는 것을 '이념적 사건'(événement idéal)이라고 부른다. 이로 인해 비로소 수많은 살인사건이 있지만, 그리고 수많은 '혁명'들이 있지만, 그 차이에도 불구하고 우리가 '살인'이나 '혁명'이란 개념을 사용하는 것이 가능하게 된다.

---

29) 이 점에서 들뢰즈는 하이데거와도 다르다. '사건'(Ereignis)이라는 말을 개념으로 처음 사용한 사람은 하이데거지만, 그는 이를 언제나 '존재가 개현되는 사건'이란 맥락에서 사용한다. 그는 동일성이 차이를 전제한다는 점을 지적하지만, 그리고 사건적 차이에 대해서 언급하지만, 이는 모두 '존재의 사건'이라는 동일성에서 유래하는 것이다(O. Pöggeler, *Der Denkweg Martin Heideggers*, 이기상 역, 『하이데거 사유의 길』, 문예출판사, 1993, 170~173쪽). 반면 들뢰즈의 입장은, 차이에 의거해 새로운 '존재론'을 구성하려는 것으로 이해하는 경우에도(이런 사례로는 M. Hardt, *Gilles Deleuze: An Apprenticeship of Philosophy*, 이성민/서창현 역, 『들뢰즈의 철학사상』, 갈무리, 1996), 사건의 개념은 '존재'라는 하이데거적인 동일성으로 소급되지 않는다. 이는 니체의 영원회귀를 해석하는 방식에서도 다르게 나타난다. 하이데거에게 영원회귀란 '동일한 것의 영원한 되돌아 옴'이요, 존재의 사건이라는 '동일성의 반복'이다(O. Pöggeler, 앞의 책, 127쪽 이하). 반면 들뢰즈에게 동일한 것은 영원회귀하지 않으며, 오직 차이가 있는 것만이 영원회귀한다. 따라서 그에게 영원회귀는 '차이의 반복'이다(G. Deleuze, *Nietzsche et la philosophie*, 신범순/조영복 역, 『니체, 철학의 주사위』, 인간사랑, 1993, 90쪽).

30) "나의 모든 책에서 내가 연구하려고 했던 것은 사건이었다." "나는 나의 모든 시간을 이 사건의 개념에 대해 쓰면서 통과했다"(G. Deleuze, *Pourparler 1972~1990*, Minuit, 1990, pp.194, 218 ; F. Zourabichvili, *Deleuze, Une philosophie de l'événement*, PUF, 1994, p.5).

그러나 이념적 사건은 사건들에 공통된 어떤 보편성도 아니고, 다양한 사건들에 본질적인 어떤 상수항도 아니다. 다만 그것은 상이한 사건들이 동일한 특이점의 분포를 가지면 '반복'(répétition)되는 경우를 지칭할 뿐이다. '이 세상 어디에도 동일한 두 개의 얼굴은 없다'는 문장이 사건이나 개체의 차이 그 자체를 시사해 주는 말이라면, '하늘 아래 새로운 것은 없다'는 속담은 반대로 그 다양한 사건들에서 나타나는 반복을 시사해주는 말이라고 할 것이다. 이에 대해 우리는 사건화 자체에 내재하는 반복이라고 말할 수 있을 것이다.

하지만 여기서 반복은 차이와 근본적으로 다른 것이 아니다. 사실은 차이화된 사건 안에서 어떤 반복의 양상을 본다는 것은 무엇보다도 우선 반복되는 모든 것이 차이를 포함한다는 것을 뜻하기 때문이다. 반복이란 동일성(identité)이나 보편성, 상수(常數) 등과 달리 차이를 배제하고 추상하면서 만들어지는 것이 아니라, 차이 그 자체를 포함하면서 언제나 상이하게 그려지는 선들에 작용하는 특이점들의 분포와 결부된 것이기 때문이다. 가령 혁명이라는 개념을 하나의 이념적 사건으로 사용하는 경우에도, 우리는 러시아 혁명에 고유한 우발점들, 가령 제국주의 전쟁과 러시아 부르주아지의 취약성 등 같은 요소들에 대해서 잘 알고 있으며, 그것과 비슷한 시기에 발생한 독일 혁명과 어떤 차이가 있는지를 잘 안다. 혹은 1789년에 발생했던 프랑스 혁명과 1848년에 발생했던 프랑스의 혁명 간에도, 동일한 이념적 사건임에도 불구하고 그 각각마다 혁명을 가능하게 했고 그것이 펼쳐지는 구체적 양상을 규정했던 우발성의 요소들은 너무도 달랐다는 것을 잘 알고 있다. 혁명은 그처럼 매번 상이하게, 매번 다른 사건으로 반복되는 이념적 사건인 것이다. 따라서 여기서 말하는 반복은 차이와 대립되지 않으며,

차이를 배제하지 않는다. 반대로 차이, 그 매번의 우발적 요소들을 항상 포함하는 그런 반복이고, 그런 차이로 인해 유의미한 반복인 것이다. 차이를 내포하는 반복, 그것은 끊임없이 차이화되는 반복이다. 이는 차이나는 것들의 영원한 회귀라고 불렀던 니체의 '영원회귀' 사상의 또 다른 개념화다.

반면 이와는 다른 양상의 반복이 있다. 앞서 양식이나 공통감각이 사건화의 선을 특정한 양상으로 제한하고 고정하려는 힘을 갖는다고 했을 때, 그것은 매번 다른 방향으로 나아가려는 성분들을 제한하여 오직 하나의 방향으로 통합하고자 한다. 이를 위해 각각의 경우에 나타나는 차이들은 마땅히 추상되고 제거되어야 한다고 본다. 어떤 사정 때문에 했든 도둑질은 도둑질인 것이다. 실험실에서 과학자는 바로 이런 식으로, 동일한 결과의 반복을 만들기 위해 조건을 끊임없이 수정하고 고정한다. 사회적 장(場) 안에서 제도나 권력은 사람들의 삶과 행동을 통제하기 위해 바로 이런 식으로 삶의 조건들을 끊임없이 제한하고 고정한다. 그가 어떤 사정에 의해 노동자가 되었든 그는 노동자일 것이고, 따라서 자본가의 요구와 공장의 규율에 무조건 따라야 한다. 여기서 반복은 차이가 아니며, 차이를 배제해야 하는 동일성의 반복이다.

9. 배치와 역사유물론

지금까지 사건화를 정의해 주는 '계열화'란 개념은 주로 시간적인 선을 따라 그려졌다. 그렇지만 계열화는 공시적(共時的)인 차원에서도 역시 얼마든지 가능하다. 이처럼 공시적인 차원에서 만들어지는 계열들을 '배치'(agencement)라고 할 수 있다. 가령 시계는 시간표 및 벌금과 접속될 수도 있고, 시간표 및 몽둥이와 접속될 수도 있으며, 맥박 및 청진기와 접속될 수도 있다. 첫째 것은 (특히 19세기 중반의) 공장에서 발견되는 배치고, 둘째 것은 지금도 중고등학교에서 흔히 발견되는 배치며, 셋째 것은 병원에서 발견되는 배치다. 뿐만 아니라 시계는 다른 항들과 더불어 실험실의 배치를 이루기도 한다. 물론 이 경우 시계의 의미가 모두 달라지는 것은 사실이지만, 배치라는 개념은 계열화와 달리 어떤 개개의 항의 의미를 포착하려는 것이라기보다는, 그 연결된 전체를 포착하려는 개념이다. 또 덧붙이자면, 계열화가 두 가지 사물의 상태(가령 크다, 작다) 사이에서 의미(커진다, 작아진다)를 포착하려는 개념이라면, 배치는 공시적인 어떤 상태를 포착하려는 개념이다.

배치 안에서 각각의 항은 다른 이웃항과 접속하여 하나의 '기계'(machine)로 작동한다. 물론 여러 기계가 접속되어 만들어진 하나의 배치가 그 자체로 다른 것과 관련하여 하나의 기계로 작동할 수도 있다. 그리고 접속하는 항이 달라지고, 작동하면서 그것이 절단하고 채취하는 흐름이 달라지면 동일한 항도 다른 기계가 된다. 가령 식당의 배치 안에서 입은 식기와 접속하여 영양의 흐름을 절단하고 채취하는 경우 '먹는 기계'지만, 강의실의 배치 안에서 여러분의 귀와 접속하여 소리의 흐름을 절단하고 채취하는 경우에는 '말하는 기계'가 되고, 침실의 배치 안에서 성기나 성감대와 접속하여 리비도의 흐름을 절단하고 채취하면 '섹스 기계'가 되며, 거식증 환자의 배치 안에서 밀어내는 식도와 접속하여 음식을 토하는 경우에는 '싸는 기계'(항문 기계)가 된다.

여기서 저자들은 모든 것을 이러한 배치와 기계로 다루려고 한다. 이 경우 배치는 크게 두 가지로 나뉘게 된다. 하나는 말 그대로 물질적 기계들로 이루어진 '기계적 배치'고, 다른 하나는 말이나 기호, 규칙,

언표행위 등으로 이루어진 '언표행위의 배치'다(하지만 이 둘은 따로 있는 게 아니라 하나의 동일한 배치를 구성하는 두 가지 측면이라고 할 수 있다). 가령 법정이나 교도소는 재판소의 기계적 배치를 이룬다면, 법전이나 형벌, 소송규칙, 범죄학 등은 그것의 언표행위의 배치를 이룬다. 그리고 배치가 작동하는 것을 보면, 어떤 항을 자기 안에 포섭하여 자신의 일부로 만드는 '영토화'와, 거기서 벗어나는 '탈영토화'라는 두 가지가 기본적인 방식으로 이루어진다. 식당의 배치를 이루던 손-기계는 식기에 영토화되어야 제대로 작동할 수 있다. 하지만 그것이 강의실 배치를 이루기 위해선 식기에서 탈영토화되어 펜에 (재)영토화되어야 한다.

배치를 구성하는 이 네 가지 지점을 들뢰즈와 가타리는 '배치의 4가성(四價性)'이라고 한다. 여기서 배치의 작동을 (재)영토화와 탈영토화로 포착하는 것은, 배치가 어떤 항 하나의 탈영토화나 재영토화만으로도 얼마든지 다른 것으로 변화될 수 있음을 보여준다. 이런 점에서 배치란 어떤 항을 사로잡고 그것을 특정한 기계로 작동하게 하는 '사회적' 관계를 표시하지만, 동시에 탈영토화와 재영토화를 통해 쉽사리 다른 종류의 배치로 이행할 수 있는 것임을 보여준다. 이처럼 다른 배치로 이행하는 데 출발점이 되는 지점을 '탈영토화의 첨점(尖點)'이라고 한다. 따라서 배치란 개체의 영역을 규정하는 외적인 관계성을 강조하는 개념인 동시에 그것의 가변성을 강조하는 개념이기도 하다.

바로 이 점에서 배치의 개념은 역사유물론과 연결된다고 할 수 있다. 가령 맑스는 『임노동과 자본』이란 책에서 이런 유명한 말을 한 바 있다. "흑인은 흑인이다. 특정한 관계 속에서만 그는 노예가 된다." 이는 계열화 혹은 배치라는 것을 통해서만 어떤 항의 의미나 기능을 규정할 수 있다는 것을 명확히 보여주는 말이다. 이 말이 역사유물론의 기본 명제라는 것은 잘 아는 바와 같다. 앞서의 예를 우리는 이런 식으로 변형시킬 수 있다. "빨간 깃발은 빨간 깃발이다. 특정한 관계 안에서만 그것은 적기가 된다." 이는 광기의 역사를 다룬 푸코의 연구에도 그대로 적용할 수 있다. "광인은 광인이다. 특정한 관계 속에서만 그는 환자(정신병자)가 된다." 이런 점에서 푸코의 연구 역시 배치에 대한 연구요 역사유물론적 연구라고 말할 수 있다.

자본이란 G–W–G′ (G=화폐, W=상품, G′=G+ΔG)이라는 맑스의 정의는 자본을 화폐와 상품의 특정한 계열화를 통해, 다시 말해 특정한 배치로서 포착하고 있다는 걸 잘 보여준다. 자본주의적 생산관계를 요약하는 맑스의 도식은 다음과 같다.

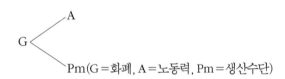

분리되어 있는 노동력과 생산수단이 화폐 형태의 자본을 통해 결합함으로써 생산이 시작된다는 것을 보여주는 이 도식은 자본주의 역시 하나의 배치라는 것을 보여주는 훌륭한 사례이다. 그런데 이처럼 배치가 일정한 고정성을 가지고 재생산될 때, 그리하여 각각의 항들이 갖는 탈영토성을 극소화할 때, 하나의 '지층'이 된다. 그러나 지층 역시 배치를 통해 정의되는 것인 한 탈영토화를 면할 순 없다. 이처럼 고정되고 고착된 지층을 변환시키는 것을 군이 말하자면 '혁명'이라고 말할 수 있지 않을까? 이런 의미에서 네그리는 『천의 고원』으로 응축된 들뢰

즈의 사상을 '역사유물론'이라고 주저없이 이야기한다.[31]

여기서 사건의 철학은 역사유물론이 된다. 사건과 계열화의 개념이 '배치'의 개념으로 변환되는 지점, 그리하여 그 배치의 형태로 포착되는 세계의 역사성을 포착하려 하는 지점, 바로 그곳이 사건의 철학이 역사유물론이 되는 지점이다. 『천의 고원』은 이런 의미에서 강한 의미에서의 배치에 관한 책이라 할 수 있다. 그것은 배치를 기본적인 개념으로 하여, 다양한 종류의 배치들이 어떻게 형성되는지, 그 배치 속에서 탈영토화하는 벡터는 어떻게 그어지는지, 그러한 배치로 특징지어지는 지층들은 또 어떤 방식으로 탈지층화되거나 재지층화되는지, 그런 것에서 벗어나는 탈주선들은 어떻게 그려지는지 등등에 관한 이야기를 하는 책이라는 의미에서 말이다. 욕망은 이처럼 특정한 배치로서만 존재하며, 욕망의 다른 배치를 만들어내는 것이 바로 욕망의 문제로 혁명을 사유하고 실천하는 것이란 점에서, 이 책은 욕망 및 권력의 배치와 그 변환을 다루는 역사이론이요, 욕망/권력의 역사유물론이라고도 할 수 있을 것이다. 요컨대 맑스가 사회적 생산의 영역에서 배치의 역사이론을 선취했다고 할 수 있는 만큼, 들뢰즈와 가타리는 그것을 벗어나 기호나 사회관계는 물론 얼굴이나 리듬에 이르기까지 새로운 역사유물론의 영역을 확장하고 변환시켰다고 말할 수 있을 것이다.

---

31) A. Negri, "Sur Mille Plateaux", 「천의 고원에 대하여」, 서울사회과학연구소 편, 『탈주의 공간을 위하여』, 푸른숲, 1998.

6

혁명의 욕망, 욕망의 혁명

1. '욕망이론'

'욕망'이란 말에서 우리는 무엇을 떠올리는가? 많은 경우 집착의 양상
으로 드러나기도 하는 섹스에 대한 욕망, 음식에 대한 욕심, 재물에 대
한 탐욕……. 이런 점에서 욕망은 확실히 '대상'을 갖고 있는 듯하다.
섹스, 음식, 재물……. 하지만 대상만은 아니다. 모든 욕망에는 그 욕망
의 주체가 있다. 나의 성욕, 너의 식욕, 그의 재물욕……. 왜냐하면 나
없는 성욕이나 너 없는 식욕은 섹스와 무관한 성욕이나 음식과 무관한
식욕처럼 말이 안 되는 것이기 때문이다. 그리고 이런 의미에서 욕망은
일정한 조건에서 어떤 주체의 특성이거나 대상에 속하는 성질이다.

욕망을 다룬다는 것, 혹은 욕망의 문제를 통해 무엇을 포착하는 것
은 무엇인가? 다시 말해 '욕망이론'이란 무엇인가? 그것은 사람들의 주
된 욕망이 무엇인지, 그것이 어떻게 달라졌는지, 그로 인해 어떤 일이
벌어졌는지를 연구하는 것이다. 즉 그것은 어떤 현실 속에서 욕망의 주
체에 대한 연구고 욕망의 대상에 대한 연구다. 포르노그라피에 대한 연

구, 다이어트에 대한 연구, 그와 결부된 신체 이미지에 대한 연구, 그것을 산출하는 데서 광고나 인터넷이 사용하는 방법에 대한 연구, 그런 욕망이 지배하는 문화에 대한 연구 등등. 이상은 사람들이 '욕망'이나 '욕망이론' 혹은 '욕망의 문제설정'이란 말을 들었을 때 통상적으로 떠올리는 관념들이다. 하지만 이런 관념 속에서 욕망의 '문제설정'이란, 지각 내지 '감성'이 인식의 통로를 제공하던 자리에 욕망의 주체와 대상을 연결하는 섹시하게 화장한 '감각'이, 법복을 입은 인식이 판단을 주재하던 자리에 속옷을 입은 욕망이 들어서며, 냉정한 인식의 대상이 뜨거운 욕망의 대상으로 대체된 것일 뿐이다. 즉 이런 관점에서 이해하는 욕망이란 개념은 철저하게 주체와 대상의 근대적 이분법에 기초하고 있으며, 욕망의 문제설정은 근대철학자들의 '인식론적 문제설정'과 정확히 동형적이다. 여기서 욕망이란 다름아닌 인간의 욕망이지 동물이나 식물, 사물의 욕망이 아니란 점에서 인간학에 귀속되는 개념이다. 즉 이는 "나는 무엇을 알 수 있는가?" 등의 칸트적 질문을 "나는 무엇을 욕망하고 있는가?"라는 질문으로 보충하는 '인간학적' 질문이다.

우리가 욕망이란 개념을 사용하고, 욕망의 배치를 통해 무언가를 말할 때, 그것은 정확하게 이런 종류의 문제설정을 겨냥하고 비판하기 위한 것이다. 욕망은 간단하게 정의하면 무언가를 '하고자 함'이고, 그 자체로 어떤 관계의 산물이며, 그런 방식으로 어떤 관계를 형성하는 힘 내지 '의지'다. 이런 점에서 그것은 어떤 관계와 더불어 존재하고 작동하는 것이고, 그런 만큼 주체나 대상 이전에 존재하며 그 관계 안에서 특정한 주체와 대상을 만들어내는 힘이다.

예를 들어 어떤 사람이 자신의 애인과 여관방에 누웠을 때, 그는 성욕에 떠밀려 섹스의 '주체'가 되지만, 다음날 무거운 몸을 끌고 사무실에 출근을 할 때 그는 임금에 대한 욕망에 떠밀려 노동의 '주체'가 되고, 그 와중에 컴퓨터를 뒤지며 증권정보를 추적할 때 그는 돈에 대한 욕망에 이끌려 자본을 투자하고 회수하는 '주체'가 된다 등등. 그는 그때마다 욕망의 주체로 등장하지만, 그때 그때 그는 다른 '그'들이며, 다르게 욕망하고 다른 것을 욕망하는 다른 '주체'들이다. 항상 동일한 어떤 '주체'가 이때는 이런 욕망을, 저때는 저런 욕망을 선택하는 게 아니라 특정한 관계에 내포된 욕망에 추동되어 움직이고 있는 것이다.

이는 단지 인간에만 한정되지 않는다. 예를 들어 말은 그 자체로 특정한 대상이 아니다. 때로 그것은 「에쿠우스」에서처럼 성적인 '대상'(혹은 또 하나의 '주체')이 되기도 하고, 농토와 결합되어 생산의 '도구'가 되기도 하며, 기사(騎士)와 결합되어 적진을 돌파하는 전투의 '주체'가 되기도 한다. 요컨대 특정한 관계 안에서, 혹은 그 관계를 형성하고 유지하는 욕망의 배치 안에서 말도, 사람도 다른 주체, 다른 대상이 된다. 이런 점에서 욕망의 문제설정이란 정확하게 주체와 대상의 이분법에 앞서 존재하며 인간학적 관념 외부에 존재한다.

그러나 거기에 '욕망'이라는 개념이 들어설 이유가 있는가? 왜 하필이면 그것을 욕망의 배치라고 말하는가? 하지만 이보다 먼저 질문해야 한다. "욕망이란 무엇인가? 그런 식으로 사용되는 '욕망'이란 개념은 대체 무엇을 의미하는가?"

2. 욕망과 생산

욕망이란 무엇인가? 아니, 욕망이란 어떤 것인가? 섹스에 대한 욕망, 음식에 대한 욕망, 돈에 대한 욕망, 이 모두 욕망임이 분명하다. 하지만

이것만은 아니다. 진리을 알고자 하는 학자의 욕망이나 '진실'을 알고
자 하는 형사의 욕망, 아름다운 그림을 그리려는 화가의 욕망, 좀더 맛
있는 고추장을 담그려는 노인네의 욕망, 좀더 나은 직장에 취직하려는
샐러리맨의 욕망, 좀더 좋은 기술을 개발하려는 엔지니어의 욕망, 좀더
높은 생산성을 달성하려는 자본가의 욕망, 좀더 성실하고 꼼꼼하게 일
하려는 노동자의 욕망, 좀더 일찍 일어나고 좀더 늦게 자려는 수험생의
욕망, 자본주의적 관계를 전복하고 사회주의 사회를 수립하려는 혁명
가의 욕망, 혹은 기존 체제를 유지하려는 권력자의 욕망 등등. 어느 것
하나 욕망 아닌 것이 없다. 어디 이뿐인가? 낮잠을 자고 싶은 사자의 욕
망, 먹이를 잡기 위해 위족을 내는 아메바의 욕망, 바위 틈에서도 뿌리
를 내리고자 하는 민들레씨의 욕망, 햇빛을 받으려고 구부리며까지 가
지를 뻗는 나무의 욕망, 이 또한 욕망이 아닌가?

이 모든 욕망 가운데 특별히 특권적인 하나의 욕망이 있을 수 있을
까? 아마 정신분석학자라면 단호하게 "있다"고 말할 것이다. 성욕, 혹
은 어머니와 '하나되려는' 욕망, 혹은 그것과 결부된 남근적인 욕망. 그
러나 정신분석가의 환자들 사이에서가 아니라면 이 많은 욕망 가운데
성욕이 특권적인 위상을 가질 이유를 찾는 것은 불가능하다. 이는 권력
에 대한 욕망이나 진리에 대한 욕망이 다른 욕망을 기초짓는 특권적 위
상을 갖지 못하는 것과 마찬가지다. 자신의 존재를 지속하려는 생물들
의 수많은 활동이 생식으로 환원되어야 할 이유가 없으며, 생식에 대한
욕망이 다른 활동의 기초가 될 이유도 없기 때문이다. 반대로 생식이
다양한 종류의 생명활동을 위한 것이라고 한다면, 거꾸로 다른 욕망에
서 그것의 기초를 발견하려는 시도를 틀렸다고 비난할 이유도 없을 것
이다.

성욕이나 권력욕은 이 수많은 욕망들 가운데 한 형태의 욕망일 뿐이며, 다른 형태의 욕망들과 연관될 수는 있겠지만 모든 욕망을 정의하게 해주는 '일반적' 욕망은 결코 아니다. 욕망에 관한 정의는 이 다양한 형태의 욕망을 추상화하는 것이지, 다양한 욕망을 어느 하나의 형태로 귀속시키는 것이 아니다.

욕망이란 이상에서 언급한 다양한 양상의 욕망들을 아우르는 추상적인 개념이다. 즉 각각 다른 욕망의 형태를 추상화해서 말한다면, 욕망이란 모두 무엇인가를 하게 하는 요인이다. 다시 말해서 그것은 어떤 행동이나 활동을 하고자 하는 '의지'이고('권력의지'), 그것을 지속하려는 의지이다('코나투스' conatus). 물론 무언가를 하고자 하는 의지는 이전에 지속되던 상태를 변환시키고, 거기서 벗어나려는 의지인 한에서 변환의 의지기도 하다. 그러한 의지가 그것을 실행할 수 있는 힘을 수반하고 있을 때, 그것을 '능력'(puissance)이라고 부른다.

우리는 그때마다 어떤 욕망에 따라 활동하고 사유한다. 즉 욕망은 어떤 행동이나 활동을 생산하는 요인이다. 다시 말해 욕망은 활동을 생산하고, 어떤 것을 대상으로 생산하며, 사유를 생산한다. 능력이란 이러한 생산적인 활동을 가능하게 해주는 힘이고 기초라는 의미에서 생산적인 힘이다. 들뢰즈/가타리가 '욕망하는 생산'이라는 개념을 사용하여 욕망이 생산과 동일한 의미를 갖는다고 강조할 때,[1] 우리는 바로 이런 욕망의 개념을 발견한다. 니체가 모든 활동의 본질로서 무엇인가

---

1) "욕망은 현실을 생산한다. 다시 말해 욕망하는 생산은 사회적 생산과 하나의 동일한 것이다."(G.Deleuze/F.Guattari, *L'Anti-Oedipe*, Minuit, 1972, tr. by R. Hurley et. al., *Anti-Oedipus*, Univ. of Minnesota Press, 1983, p.30) "현실의 생산이라는 오직 한 가지 생산만이 있을 뿐이다."(같은 책, p.32)

를 산출하려는 의지를 표현하기 위해 능력(Macht)과 의지(Wille)라는 개념을 결합하여 '권력의지'(능력의지 ; Wille zur Macht)라고 말할 때,[2] 우리는 바로 이러한 욕망의 개념을 발견한다. 혹은 스피노자가 실체로서 자연을 '능산적 자연'이라고 부를 때, 그리하여 자연이 갖는 생산적인 능력을 실체의 '본질'이라고 말할 때, 그리고 그런 능력을 '코나투스'라는 개념과 연결할 때,[3] 우리는 바로 이런 욕망의 개념을 발견한다.

그러나 우리는 이와 반대로 욕망을 그 대상의 결여에서 찾는 입론에 훨씬 더 익숙하다. 즉 무언가를 욕망한다는 것은 무엇이 결여되어 있기 때문이라는 것이다. 욕망이란 그 결여를 채우려는 욕망이고, 결여된 대상을 획득하려는 욕망이라는 것이며, 그렇지 않으면 그 대상의 근본적 결여로 인해 환상 내지 오인을 수반하는 대상을 만들어내고 치환하게 하는 요인이라는 것이다. 바로 이런 방식으로 욕망은 다양한 행동이나 생각을 만들어낸다는 것이다.

프로이트 이후 정신분석학은 성적 대상의 결여, 그것도 어머니라는 근원적인 대상이 결여된 자리에서 욕망을 발견한다. 라캉은 이를 가장 명시적으로 이론화한 사람일 것이다. 그에게 있어서 욕망(désir)이란 욕구(besoin)와 요구(demande) 사이의 차이고, 상징적인 질서 안에 있는 요구로선 결코 충족될 수 없는 근본적 결핍의 산물이다. 결여를 뜻하는 그 빈자리야말로 '주체'(sujet)의 약자이기도 한, 그러나 대개 '이드'(the Id)로 번역되었던 에스(das Es) 자체를 뜻하고, 그곳을 채우

---

2) F. Nietzsche, *Der Wille zur Macht*, 강수남 역, 『권력에의 의지』, 청하, 1997.
3) B. Spinoza, *Ethica*, 강영계 역, 『에티카』, 서광사, 1990, pp.139~141, pp.188~9.

는 어떤 대상에 대한 동일시를 통해 자아(ego)의 동일성이 형성된다. 하지만 그 결여는 근원적으로 어떤 대상으로도 충족될 수 없는 것이기에, 하나의 대상이 다른 대상으로 끊임없이 치환되는 욕망의 환유 연쇄가 발생한다 등등.[4]

하지만 이는 단순히 정신분석학의 '발견'에 고유한 것만은 아니다. 서양 형이상학 전통의 '아버지' 플라톤은 욕망을 '획득'(acquisition)이라 정의한 바 있는데,[5] 획득하고자 하는 대상의 결여를 통해 욕망을 정의함으로써 욕망의 생산적 측면을 언제나 결여라는 음각화로 대체하는 이런 식의 개념은 기독교적 전통과 결합하여 욕망에 대한 '부정적'(negative) 관념을 일반화해 왔다. '주체'의 종합능력이 갖는 생산적 측면을 주목하고자 했던 칸트는 욕망을 "표상들을 통해 그 표상들의 대상의 실재성을 야기하는 능력"이라고 정의함으로써 욕망이 갖는 생산적 측면을 포착했지만, 이 또한 욕망이 실재적 대상을 결여하고 있다는 전통적 관념을 전복하기보다는 그것에 기초한 것이었다는 점에서 단지 그 견해를 보충하고 있을 뿐이다. 이런 점에서 들뢰즈와 가타리는 칸트가 욕망이 생산한 '대상'의 사례를 미신, 환각, 환상에서 발견하는 것은 우연이 아니라고 하면서,[6] 욕망의 생산적 능력을 환상의 생산에서 발견하려는 정신분석학의 관념이 그 전통적 견해에 충실하다는 것을 보여준다.

요컨대 전통적 견해, 혹은 통상적 견해에서 욕망은 '실재적' 대상의 결여고, 그러한 결여로 인해 환상적 대상들의 연쇄를 생산한다는 것

---

4) J. Lacan, *Ecrits: A Selection*, tr./ed. by A. Sheridan, W. W. Norton, 1977.
5) G. Deleuze/F. Guattari, *Anti-Oedipus*, p.25.
6) 들뢰즈/가타리, 위의 책, p.25

이다. 따라서 이 경우 생산적 측면은 결여라는 본질적으로 부정적인 측면의 결과고 그 보충물일 뿐이다.

욕망은 생산이다. 하지만 그것이 대상을 결여하고 있기 때문에 생산하는 것은 아니다. 생식행동을 하는 것은 존재를 지속하고 생산하려는 욕망 때문이지 자식의 결여 때문이 아니며, 화가가 그림을 그리는 것은 나름의 예술적 세계를 창조하고 생산하려는 욕망 때문이지 결여된 무언가를 채우기 위해서가 아니다. 요리사가 새로운 요리를 만드는 것은 새로운 맛을 창조하고 생산하려는 욕망 때문이지 배고픔이라는 결여 때문이 아니다. 목숨을 걸고서라도 혁명을 하려는 것은 새로운 관계, 새로운 사회를 생산하려는 욕망 때문이지 기존 사회에 존재하는 어떤 결여(단순한 불만족) 때문은 아니다. 물론 그 경우 무언가 결여의 형태로 나타나는 경우가 있지만, 그 때에도 결여는 무언가를 생산하고 창조하려는 순간, 어딘가 새로운 지점에 도달하려는 순간, 그 **새로운 지점과 현재 사이에 만들어진 간극**을 표시할 뿐이다. 다시 말해 결여란 새로이 뻗어나가려는 의지가 도달하려는 지점과 서 있는 지점 사이에서 발견하는 간극일 뿐이다.

욕망이 결여의 형식으로 일반화되는 것은 욕망의 '본성' 때문이 아니라 자본주의라는 '조건' 때문이다. 맑스가 잘 보여준 것처럼 자본주의는 결여를 통해 존재하며 결여를 일반화함으로써만 존속한다. 생산자에게서 생산수단을 탈취함으로써 생산수단의 일반적 결여를 만들어내는 것이 이른바 '본원적 축적'의 비밀이었으며, 그런 조건을 통해서만 자본은 노동력을 상품화하고 자신의 수중에서 자신의 의지대로 결합하여 생산하게 할 수 있다.

여기서 결여는 정확하게 생산의 조건이다. 노동자로 하여금 어떤 험악한 조건에서도 노동하게 하는 것, 그것은 궁핍이라 불리는 생존수단의 결여다. 아마도 칼뱅의 말은 자본주의보다 먼저 기독교가 욕망을 결여로 정의하게 하는 조건이었음을 알려주는 것인지도 모른다. "민중은, 다시 말해 노동자와 수공업자 대중은, 오직 빈곤한 경우에만 신에게 복종한다."[7] 이는 종교개혁 시대 이후 자본주의적 생산의 조건으로 '세속화'된다. "네덜란드인들은 〔칼뱅의〕 이 말을 '세속화'시켜서 **오직 빈곤에 의해서만 노동하게 만들 수 있다**고 했고 …… 이로써 저임금의 '생산성'에 관한 이론이 나타난 것이다."[8] 이것은 19세기에 들어서 타운센드(Townsend)나 맬서스(Malthus), 벤섬(Bentham) 등에 의해 좀더 극명하게 반복된다.[9] '희소성'이, 다시 말해 '결여'가 경제의 전제조건, 생산의 전제조건이 되는 기이한 사태는 이런 자본주의라는 조건에 의해 만들어진 것이다.

한편 자본가들은 아무리 돈을 많이 소유하고 있어도 마치 앨리스의 이상한 나라에 등장하는 토끼처럼 항상 "돈이 부족해"라고 중얼대며 뛰어다닌다. 왜냐하면 그들은 항상 좀더 돈이 될 것을 찾아다니며 이를 위해 있는 돈을 최대한 투여하고, 좀더 투여하면 더 많이 벌 텐데 하면서 끊임없이 "돈, 돈" 하며 찾아나서기 때문이다. 매일매일 충분히 써도 결코 다 쓰지 못할 돈을 갖고서도 그들은 언제나 돈의 결핍에 시달리

---

7) M. Weber, *Die Protestantisch Ethik und der Geist des Kapitalismus*, 박성수 역, 『프로테스탄티즘의 윤리와 자본주의 정신』, 문예출판사, 1988, p.132에서 재인용.
8) 막스 베버, 앞의 책, p.132.
9) 반면 "사회구성체가 통째로 곤경에 빠져들지 않는 한, 개인들은 굶어죽을 염려가 없었다. 예를 들면 카피르 족의 토지제도 아래서는 결핍은 있을 수 없었다……. 마찬가지로 16세기 초엽까지 유럽의 거의 모든 사회조직에서도 마찬가지로 결핍으로부터의 자유라는 조건이 인정되고 있었다"(K. Polanyi, *The Great Transformation*, 박현수 역, 『거대한 변환』, 민음사, 1991, pp.204~205).

며, 그 결핍을 메우기 위해 또다시 돈을 벌려고 밤을 지샌다.

다른 한편 자본주의는 끊임없이 '새로운 결여'를 생산함으로써만 자신이 생산한 것을 판매하고, 판매할 것을 생산할 수 있다. 자동차가 있어도 최대한 빨리 '결여'를 느끼게 해야 하며, 먹을 것이 있어도 최대한 많이 '결여'를 느끼게 해야 자신이 생산한 것을 판매할 수 있고, 새로운 것을 생산할 수 있다. 여기서 자본주의는 결여가 생산의 전제조건이라고 '주장'하는 것처럼 보인다. 그 인위적 결여를 만들어내기 위해 자본가들은 엄청난 비용을 들여가며 활동한다. 다양한 매체를 통해 이루어지는 광고, 그것은 지금 우리가 갖고 있지 않은 것을 면전에서 흔들어대고, 무언가를 우리가 갖고 있지 않음을 거듭 상기시켜, 우리의 현재 상태가 무엇이 결핍되고 결여된 상태임을 환기시킨다.

3. 욕망과 배치

다시 욕망의 정의로 돌아가자. 욕망이란 무언가 하고자 하는 의지다. 하지만 이런 추상적인 본질을 갖는 '순수한 욕망'은 따로 존재하지 않는다. 이런 욕망, 저런 욕망이 존재할 뿐이다. 하지만 이런 저런 구체적 형태를 추상한 것으로서, 다시 말해 추상적인 개념으로서 욕망이 정의될 수 있으며, 그런 정의처럼 추상적인 욕망이 존재한다고 말할 수도 있을 것이다. 하지만 그 경우 추상적인 욕망이란 이런 조건에서는 이런 욕망이 되고, 저런 조건에서는 저런 욕망이 되는 어떤 흐름을 지칭하며, 하나의 형태에서 다른 형태로 가변화될 수 있는 잠재성 자체를, 다양한 형태들을 통과하는 흐름 자체를 지칭한다.

이것은 스피노자 식으로 말하면 다양한 양태들을 포괄하는 '실체'

를 의미한다. 하지만 스피노자의 실체는 양태로 표현되며, 그렇게 표현되는 것으로만 존재할 뿐이다. 즉 양태들 이외의 별도의 실체는 존재하지 않는다. 마찬가지로 다양한 형태를 통과하는 흐름은 오직 특정한 형태의 욕망이라는 양태로서만 존재할 뿐, 별도의 순수 욕망은 존재하지 않는다. 그것은 다양한 양상의 욕망들을 포괄하는 하나의 '내재성의 장'(champs de l'immanence)일 뿐이다.[10] 니체가 쇼펜하우어를 비판하며 지적했던 것처럼 '의지 일반'이나 '일반적 의지'가 존재하는 것이 아니라 이런저런 (권력)의지들이 존재할 뿐인 것이고, 추상적 개념으로서 권력의지란 그런 다양한 권력의지의 내재성의 장을 의미할 뿐이다.

따라서 현실적인 욕망의 양상에 접근하기 위해선 '욕망이란 무엇인가'라는 소크라테스 식 질문 대신에 '욕망이란 어떤 것인가?'라는 니체 식 질문을 던져야 한다. 그것은 '누가 욕망하는가?'와 '무엇을 욕망하는가?'를 묻는 '주체와 대상의 문제설정'보다는 "어떻게 욕망하는가?"를 묻는 '양태/양식mode의 문제설정'을 통해 좀더 명확하게 특정화되어야 한다. "무엇을"이 아니라 "어떻게"를 묻는 이러한 맑스적인 질문을 통해 욕망은 역사유물론의 영역으로 들어간다. 즉 별도로 존재하는 순수욕망은 없다. 역사적 조건에 따라 가변화되는 특정한 욕망만이, 특정한 욕망의 배치만이 존재할 뿐이다.

배치란 무엇인가? 그것은 **어떤 요소들의 계열화를 통해 정의되는 사물의 상태**다. 가령 단(壇)은 성직자와 신도, 십자가와 계열화되면 교회

---

10) 이를 들뢰즈와 가타리는 상이한 형태의 욕망이 새겨지고 지워지고 만들어지고 변이되는 장으로서 '기관 없는 신체'라는 개념으로 재정의한다. "모든 일들이 벌어지고 모든 것이 기록되는 것은 기관 없는 신체의 표면에서다."(*Anti-Oedipus*, p.16) "기관 없는 신체는 부분대상들의 가공되지 않는 질료다."(같은 책, p.326)

의 배치를 구성하지만, 교사와 학생 그리고 칠판과 계열화되면 학교의 배치를 구성한다. 하나의 동일한 사물도 무엇과 계열화되는가에 따라, 어떤 '이웃'을 갖는가에 따라 다른 '사물'이 된다. 즉 "단은 단이다. 특정한 조건 속에서만 그것은 교단이 된다". 이는 하나의 동일한 사람이 생산수단이나 화폐, 생산수단의 소유자와 어떻게 계열화되는가에 따라 다른 '인간'이 되는 것과 마찬가지다. 즉 "흑인은 흑인이다. 특정한 조건 속에서만 그는 노예가 된다".

이러한 배치에서 계열화되는 각각의 핵심적 요소는 일종의 특이점 (singular point)을 형성한다. 그러한 특이점의 분포를 통해 어떤 배치의 특이성(singularity)이 정의된다. 가령 삼각형이 세 개의 특이점의 분포에 의해 정의되듯이, 학교의 배치는 교사와 학생, 시간표, 교단 등과 같은 특이점들의 분포에 의해 정의된다. 물론 이런 학생, 이런 교사, 이런 시간표 등은 각각의 개별적인 경우마다 달라지겠지만, 개별적인 경우로 환원되지 않는 특이점들의 분포는 개별적인 사례와 독립적으로 학교의 배치를 정의할 수 있게 해준다.

그런데 학교의 배치는 교육과 결부된 욕망의 배치다. 교육하려는 욕망, 교육을 통해 특정한 '능력'을 생산하려는 욕망, 혹은 교육에 의해 훈육된 신체를 만들어내려는 욕망 등의 욕망이 그런 배치를 형성하고, 그 배치를 통해 작용하며, 그 배치를 유지한다. 그러한 욕망이 사라지는 순간 학교의 배치는 존속할 수 없게 된다. 역으로 학교가 존속하는 한 그 배치 안에 들어온 요소들을 그런 종류의 욕망에 따라 배열하고 사용한다. 마찬가지로 구원에 대한 욕망이 교회라는 배치를 만들어내며, 이윤에 대한 욕망이 자본주의적 생산의 배치를 만들어내고 그것을 유지한다.

4. 배치와 욕망

이처럼 욕망은 언제나 특정한 양상의 배치를 만들어내며, 그런 배치를 통해 유지된다. 이런 의미에서 **욕망은 배치로서 존재한다**고 말할 수 있으며, 역으로 **모든 배치는 욕망의 배치**라고 말할 수 있다. 이러한 배치를 통해 삶의 흐름, 활동의 흐름, 사고의 흐름은 나름의 방식으로 '절단·채취' 된다. 배치가 달라지면 당연히 삶의 흐름도, 활동의 흐름도, 사고의 흐름도 다른 방식으로, 다른 양상으로 절단되고 채취된다. 다시 말해 배치가 달라지면 욕망의 양상도 달라진다.

사물들이 어떻게 계열화되는가에 따라 전혀 다른 욕망의 배치가 형성된다는 것을 잘 보여주는 사례를 우리는 맑스의 유명한 분석에서 발견할 수 있다. 그는 『자본』 I권에서 '자본'의 일반적 개념을 하나의 간결한 공식으로 정의한 바 있다. 즉 G-W-G′이 그것이다(G는 화폐, W는 상품). 세 가지 사물의 계열화를 통해서 제시되는 이 정의는 또한 '구매'(G-W)와 '판매'(W-G′)라는 두 행위의 계열화를 뜻하기도 한다. 한편 이와 비슷한 또 하나의 계열이 제시되고 비교된다. 즉 W-G-W′이 그것이다. 이는 '판매'(W-G)와 '구매'(G-W′)의 계열화다.

W-G-W′은, 옷을 사기 위해 쌀을 파는 소농민처럼 구매하기 위해 판매하는 것이다. 이는 **사용가치**를, 최후에 오는 상품의 **질**을 획득하기 위해 이루어진다. 이러한 배치 안에서 우리는 W′의 구매와 소비를 욕망한다. 이 경우 그것이 획득되면 이 변환운동은 중단된다. 반면 G-W-G′은 판매하기 위해서 구매하는 것이다. 여기에서는 끝에 오는 G′(G′=G+ΔG) 자체가, 즉 증식된 양의 화폐 ΔG가 목적이다. 따라서 이는 G′이 획득된 이후에도 다시 시작되며, 무한히 반복되는 끊임없

는 운동으로 진행된다. 즉 끝없는 화폐의 증식이 바로 이러한 배치 안에서 작동하는 욕망이다.

자본을 정의하는 이러한 '욕망'이 바로 자본가의 욕망이 된다. "이윤을 추구하는 억누를 수 없는 정열, 금에 대한 거룩한 갈망이 항상 자본가의 행동을 규정한다."[11] 화폐의 무한한 자기-증식욕이라는 자본의 욕망은 자본의 이러한 배치 자체를 표현하는 것이다. 이 경우 '자본의 욕망'은 '관계'로서 자본이라는 범주가 존속가능하게 하는 조건이지, 이런 저런 자본가가 갖고 있는 욕망의 일반화가 아니다. 반대로 이러한 자본의 욕망이 바로 자본가의 욕망이 된다. 그래서 자본가는 "자본의 담지자"(Träger des Kapitals)가 된다.

성욕도 마찬가지다. 성욕은 인간 안에 존재하는 어떤 동물적 본성이 아니다. 그것은 성과 결부된 욕망이지만, 삶이나 행동을 절단하고 채취하는 '방식'에 따라 상이한 양상을 취하는 욕망이다. 즉 그것은 성적 욕망의 상이한 배치에 따라 상이한 방식으로 성적 주체와 성적 대상을 설정한다. 예를 들어 서양에서는 오랜 기간 동안 가족이라는 장치 외부에서 '사랑'의 대상을, 즉 성욕의 대상을 찾았다. 앙시앵 레짐기까지만 해도 아내를 정부처럼 대하는 것은 아내에 대한 모욕이었다.[12] 아내가 성욕의 주된 대상이 되었던 것은 18~19세기 부르주아지의 가족에서였고, '부부애'란 말이 나타난 것은 19세기 초반이었다.[13] 한편 성욕의 대상이 생식기에서 탈영토화되어 다양한 신체 부위는 물론 속옷이나 구두, 동물로 확장되어 간 것은 가족적 삶의 공간에 내밀성의 두꺼

---

11) K. Marx, *Das Kapital*, Bd.1, 김수행 역, 『자본론』 I(상), 비봉출판사, 1989, 192쪽.
12) J-L. Flandrin, *Le sexe et l'occident*, 편집부 역, 『성의 역사』, 동문선, 1996, p.175.
13) 플랑드렝, 위의 책, pp.103~107.

운 커튼이 둘러쳐진 조건에서 그 내밀성의 영역에서 벌어지는 일에 대한 의학적 호기심(알려는 의지, 알고 싶은 욕망)과 밀접하게 결부되어 있었다.[14] 이로 인하여 "생식을 벗어난 섹스뿐만 아니라 생식기를 벗어난 성욕 자체가 인간들의 병적인 잠재성의 중요한 영역으로 정의되기 시작했다".[15] 일반화되어 사용되는 '성욕'이란 개념은 이처럼 다양한 양상을 취하는 성적 욕망의 흐름 자체를 뜻하는 것이다.[16]

그런데 이 경우 우리는 다시 욕망의 주체와 대상으로 돌아가는 것은 아닌가? 성적 주체와 성적 대상을 통해 상이한 성욕들을 정의하고 있는 것은 아닌가? 사실 이는 앞서 욕망의 구체적 양상을 거명할 때, 이미 충분히 드러난 것처럼 보인다. 즉 앞서 우리는 **그림을** 그리려는 **화가의** 욕망, **돈을** 벌려는 **자본가의** 욕망, **잠을** 줄이려는 **수험생의** 욕망 등에 대해 말하지 않았던가? 속옷에 대한 페티시스트의 욕망, 학대받는 신체에 대한 마조히스트의 욕망 등 역시 "… 에 대한 ~의 욕망"이라는 형태를 취하지 않는가? 이처럼 무엇을 하고자 한다 함은 '누군가'가 '무엇'을 하고자 함이 아닌가? 주체(subject)와 대상이 없다면 욕망이 대체 어떻게 있을 수 있단 말인가?

그러나 그것은 니체나 비트겐슈타인의 말을 빌리면 정확하게 "문법의 환상"에 불과하다. 그것은 데카르트가 '생각한다'라는 것은 생각

---

14) M. Foucault, *Histoire de la sexualité: la volonté de savoir*, 이규현 역, 『성의 역사 1: 앎의 의지』, 나남, 1990, p.55; S. Kern, *Anatomy and Destiny*, 이성동 역, 『육체의 문화사』, 의암출판, 1996, p.191.
15) 이진경, 『근대적 주거공간의 탄생』, 소명출판, 2000, p.244.
16) 이를 통해 정신분석학처럼 성욕에 어떤 형태적 본성을 대응시키는 것이 부당하다는 것을 다른 방식으로 이해할 수 있을 것이다. 왜냐하면 그것은 모든 형태로부터 추상된 흐름 대신에 특정한 본성, 특정한 형태를 갖는 욕망에 추상적 욕망의 자리, 일반화된 욕망의 위상을 부여하기 때문이다.

하는 '누구'가 없다면 불가능하다고 하면서 '나'의 존재를 추론한 것처럼, '생각한다' '욕망한다' 등의 모든 동사에는 주어(subject)가 있어야 한다는 문법 규칙을 상기시키고 있는 것일 뿐이다. "비가 온다"에서 비는 오거나 오지 않는 어떤 주체가 아니다. 비가 오는 현상을 우리는 '비가 온다'고 지칭할 뿐이다. 다만 온다, 안 온다라는 동사 앞에 주어를 써야 한다는 문법의 규칙 때문에, 우리는 온다고 하려면 오는 주체가 있어야 한다고 생각하는 것이고, 오는 것은 '비'라는 주체가 오는 것이라고 생각하는 것이다.

물론 우리는 '화가의' 욕망, '자본가의' 욕망에 대해 말하지 않을 수 없다. 그것은 단지 문법의 환상만은 아니다. 왜냐하면 그림이라는 요소와 계열화되는 배치 안에서 발생하는 욕망은 다름 아닌 '화가의' 욕망이란 형태를 취할 수밖에 없고, 돈(이윤)과 결부된 배치 안에서 발생하는 욕망은 '자본가의' 욕망일 수밖에 없기 때문이다. 하지만 이 경우 '화가'나 '자본가'는 어떤 구체적인 주체가 아니라, '그림'이나 '이윤' 등의 (대상이라고 불리는) 요소들과 계열화되어 특정한 배치의 특이성을 표현하는 비인칭적 특이점들이다. 자본주의적 생산의 배치 안에서 자본가라는 특이점은 그 자리에 들어서는 자가 어떤 심성을 가진 어떤 사람인가와 무관하게 이윤의 증식을 욕망하게 하며 값싼 노동력과 좀더 높은 생산성을 욕망하게 한다.

배치 안에서 특이점의 위상을 표현하는 이 비인칭적 욕망은, '나'의 욕망으로 나타나든, '그'의 욕망으로 진행되든, 언제나 나·너·그가 **아니라 그 배치 안에 들어온 '어떤' 사람이 갖게 되는 욕망이다. 아니 그 배치 안에서는 '어떠한' 사람이라도 갖게 되는 욕망이다.** 그것은 어떤 사람이든 그 배치 안에 들어서는 한, 화폐의 무한한 증식을 욕망하게 하는 욕망이다. 이런 의미에서 그것은 인칭적 주체성과 무관하며 그것 이전에 존재하는 욕망이다. 부정형(不定形)의 비인칭적 욕망. 이런 의미에서 각각의 배치의 특이성은 **그에 고유한 비인칭적 욕망의 특이점들의 분포**로 다시 정의할 수 있다. 이는 모든 배치는 욕망의 배치라는 명제가 뜻하는 바를 더욱 분명하게 표시해 준다.

5. 영토성과 탈영토성

우리는 이처럼 특정한 욕망의 배치 안으로 들어간다. 그리고 그 배치 안에서 특정한 욕망을 갖는 '욕망의 주체'가 된다. 그 욕망은 나를 움직이고 나의 행동을, 사유를 밀고 간다. 하지만 그것은 항상-이미 '나의 욕망'으로서 발견된다. 즉 '욕망의 주체'인 나는 욕망을 '갖고' '자신의' 의지대로 행동하는 것으로 나타난다. '나'도, '고길동'이라는 어떤 개인도 자본의 배치 안에 들어가면 증식된 화폐를 추구하는 자본의 욕망에 따라 행동한다. 이를 "나의 욕망이 자본의 욕망으로 영토화된다"고 말한다. 이는 다른 어떠한 배치에 대해서도 마찬가지다. '나'의 욕망, '고길동'의 욕망은 그 배치의 특이성을 표시하는 그 비인칭적 욕망으로 영토화된다. 이처럼 모든 배치는 욕망의 흐름을 '영토화'하는 방식으로 작동하며, 이런 의미에서 모든 배치는 영토성을 갖는다고 말할 수 있다.

　이와 반대로 모든 배치는 '탈영토화의 첨점' 또한 갖는다. 예를 들어 자본주의 이전의 많은 사회들은 생산자와 생산수단인 토지, 공동체가 상이한 양상으로 계열화됨으로써 고유한 생산양식을 구성했다.[17] 가령 공동체를 통해 생산이 행해지는 경우, 생산자는 공동체를 통해 공유지 같은 생산수단을 사용하기도 하고, 토지의 점유라는 형식으로 생산수단에 긴박되는 방식을 통해 공동체에 소속되는 배치를 이루기도 한다. 이러한 생산의 배치에서는 한편으론 공동체가 생산자를 영토화하는 요인이면서 다른 한편으론 생산수단이 개인을 공동체에 영토화하는 요인으로 작용한다.

그런데 맑스가 『자본』 I권에서 잘 보여준 것처럼, 거기서 생산자들이 직접 점유하여 사용하는 생산수단(토지)을 탈취할 경우, 생산자는 토지뿐만 아니라 공동체 자체로부터도 탈영토화되게 된다. 이는 엔클로저 운동의 형태로 진행된 영국의 소위 '본원적 축적' 과정에서 사용된 방법인데, 이로써 직접 생산자는 토지로부터 탈영토화되어 '부랑자'로 떠돌게 되거나 아니면 자본가의 손에 집적된 화폐를 통해 새로운 생산의 배치로 재영토화된다.

좀 다른 경우로 예를 들면, '노동' 하지 않으려는 아프리카 식민지의 흑인들을 '노동' 하게 하기 위해 식민주의자들은 빵나무를 베어버리거나 공유지를 매입 내지 몰수했다.[18] 즉 공동체 소유의 형식을 취하는 공유지를 제거하여 공동체를 실질적으로 무력화함으로써, 다시 말해 생산자를 공동체와 공유지로부터 탈영토화함으로써, '노동' 하지 않고선 생존할 수 없는 조건을 만들었다. 이로써 식민주의자들은 식민지의

---

17) 『정치경제학 비판 요강』에서 맑스는 이를 '자본주의에 선행하는 〔생산〕 형태들' 이라는 제목으로 분류하여 제시한 바 있으며(K. Marx, *Grundrisse der Kritik der politischen Ökonomie*, 김호균 역, 『정치경제학 비판 요강』 II, 백의, 2000), 헝가리의 중국학자 퇴케이는 이를 생산자(A), 공동체(G), 생산수단(Pm)의 상이한 계열화를 통해 재정의함으로써 사회구성체를 유형화하려고 한 바 있다. 이에 대해서는 F. Tökei, 김민지 역, 『사회구성체론』, 이성과 현실, 1987 참조.

18) 폴라니, 『거대한 변환』, 204~205쪽.

흑인들을 자본가의 수중으로 재영토화할 수 있었다.

두 가지 경우 모두 공동의 생산수단인 토지를 탈취함으로써 생산자를 공동체와 토지로부터 탈영토화시킨다. 여기서 토지의 탈취는 기존의 배치를 해체하여 생산자나 생산수단을 다른 종류의 배치로 변환시키는 탈영토화의 지점을 형성한다. 맑스가 자본주의적 생산의 출발점이 되는 소위 '본원적 축적'이 직접 생산자를 생산수단으로부터 분리하는 폭력적 과정에 지나지 않았다고 할 때, 그것은 바로 이러한 생산자의 탈영토화 과정을 지칭하는 것이다.

반면 자본주의적 생산의 배치는 생산자와 생산수단을 화폐를 통해 상품화하여 자본으로, 생산자본으로 재영토화한다. 불변자본(c)이 생산수단을 자본으로 재영토화한 결과를 표시한다면, 가변자본(v)은 생산자를 자본으로 재영토화한 결과를 표시한다. 이로써 생산수단처럼 노동자 또한 자본의 일부가 된다. 노동자가 가변자본으로서 존속하고자 욕망하는 한, 혹은 좀더 나은 가변자본이 되고자 욕망하는 한, 그의 생산적 능력의 확장은 자본의 생산성 증가가 되고, 생산적 활동에 대한 그의 욕망은 자본의 생산적 증식을 위한 욕망이 된다.

반면 생산자가 자본에 의해 재영토화되는 그러한 관계를 벗어나기 시작하는 순간, 다시 말해 자신의 활동능력을 화폐화하기를 거부하고('노동거부'), 다른 활동의 방식을 구성하고자 욕망하는 순간, 자본주의적 생산의 배치에서 탈영토화되는 선이 그려지기 시작한다. 이처럼 새로운 선이 시작되는 지점을 '탈영토화의 첨점'이라고 부른다.

이러한 탈영토화가 언제나 거창하고 힘든 전복을 수반해야 하는 것은 아니다. 예컨대 돈을 벌기 위해 글을 쓰는 것을 '거부'하고, 쓰고 싶은 글을 쓰는 것은 바로 이런 탈영토화의 지대를 형성한다. 자본주의

사회에서 먹고살기 위해서는 돈을 벌어야 한다는 조건을 상기해야 한다 해도, 우리는 돈을 벌기 위해 글을 쓰는 것과 쓰고 싶어 쓴 글이 돈이 되는 것은 충분히 구별할 이유가 있다는 것을 알고 있다.

그런데 이러한 차이는 생각보다 크지 않을 수 있음을, 평생 그린 그림이 돈과는 별 인연이 없었던 반 고흐와 같은 경우는 하나의 극단일 뿐임을 알고 있다. 반 고흐 같은 재능이 없는 '보통사람들'을 생각해 보라고 할지도 모른다. 그렇다면 생존조건의 절박성이 줄어듦에 따라 돈을 벌기 위한 노동을 자신이 하고 싶은 활동으로 점차 바꾸어 가는 경우와, 버는 돈이 늘어나도 그에 따라 소비수준을 높이면서 언제나 돈이 모자라 돈을 버는 노동에서 결코 벗어날 수 없는 사람의 차이를 예로 들어도 좋을 것이다. 아마도 전자는 다른 종류의 욕망의 배치를 형성할 것이고, 후자는 자본주의적 배치 안에서 반복하여 재영토화될 것이다. 이 두 개의 선이 갈라지는 지점에서 양자의 '편차'는 언제나 아주 작은 것처럼 보인다. 그러나 그렇게 갈라진 두 선이 얼마나 다른 길로 멀어지는지는 잘 아는 사실이다.

이처럼 모든 배치는 영토성과 탈영토화의 첨점을 갖는다. 영토화가 하나의 배치가 구성되는 지점이자 그 배치 안으로 욕망의 흐름을 포섭하는 성분을 표시한다면, 탈영토화의 첨점은 하나의 배치가 분해되기 시작하는 지점을, 새로운 배치가 구성되는 지점을 표시한다. 그렇게 하여 하나의 배치는 다른 배치로 변환된다. 여기서 탈영토화의 선은 이전의 배치를 해체하는 첨점이다. 하지만 그것은 단순히 이전 배치를 파괴하는 '부정'(negation)의 방식으로 작동하기보다는 새로운 지점으로 이어지는 접속과 생성의 선, 새로운 고안과 창조의 선을 그리는 긍정의 방식으로 작동한다. 예컨대 인상주의자들의 새로운 스타일은 이전 스타일에 대한 '비판' 내지 부정을 통해 탄생한 것이 아니라 과학적 재현에 대한 새로운 방식을 **창안하고 창조함으로써** 탄생한 것이다. 심지어 투시법적 공간 자체를 해체한 피카소와 브라크의 '혁명' 조차 이전 스타일의 부정보다는 종종 '세잔에 대한 창조적 오해'라는 **긍정**의 형식으로 진행되었던 것은 잘 알려져 있다.

탈영토화의 선, 혹은 탈주선은 그 창조와 긍정의 성분이 강할수록 이전의 배치를 분해하겠다는 의도나 파괴 없이도 이전의 배치를 낡은 것으로 만들어 버린다. 해체와 부정은 많은 경우 새로운 배치의 창안이 야기한 결과를 통해 이전의 배치에 '사후적으로' 붙여지는 가치평가다. '탈주'가 부정이나 파괴가 아니라 긍정이고 창조라는 말은 정확하게 이런 의미에서다. 물론 탈주나 탈영토화가 단순한 부정과 해체의 양상으로 진행되는 경우도 있다. 기존에 존재하는 배치에 대한 경멸과 거부가 강한 반면에 새로운 창조적 선을 그리지 못할 때, 탈주선은 종종 멸망과 파괴의 정염으로 이어지기도 한다. 탈주선이 파괴와 죽음의 선을 그리는 것은 바로 이런 경우다. 바로 여기가 파시즘이나 테러리즘이 문제가 되는 지점이다. 탈주선만으로 '충분'하지 않은 것은, 반대로 탈주선을 그리려는 분열분석이 역으로 탈주선에 고유한 이런 위험에 더욱더 세심한 주의를 기울이는 것은, 바로 이런 이유에서다.

6. 욕망과 권력

여기서 우리는 두 가지 상반되는 욕망의 개념으로 나아가게 된다. 하나는 기존의 관계나 배치를 유지하고 지속하려는 욕망이고, 다른 하나는 그것을 변환시키거나 다른 배치를 창조하고 생산하려는 욕망이다. 여기서 지속하고 유지하려는 욕망이 그에 필요한 힘을 수반하고 있을 때, 그것은 통상 기존의 관계를 유지하고 재생산하려는 권력(pouvoir)이 된다. 이런 의미에서 '욕망의 배치'는 또한 권력이 작동하고 권력에 의해 유지되고 재생산되는 '권력의 배치'기도 하다. 하지만 권력은 주어진 배치 안에서 작동하는 욕망, 그것도 그것을 유지하고 재생산하려는 하나의 욕망인 한, 모든 배치는 권력의 배치기 이전에 욕망의 배치다.

권력과 욕망이 다르지 않다는 것을 명확하게 보여준 사람 중 하나는 카프카일 것이다. 카프카의 장편소설 『성』에서 '쭈어브뤼케' (Zurbrücke) 여인숙의 안주인은 관리 클람에게서 얻은 사진과 숄, 나이트 캡을 평생 중요한 보물이라도 되는 것처럼 소중하게 간직하고 산다. "클람이 신호를 보냈을 때, 내가 클람에게로 달려가는 것을 방해할 수 있는 남편이 어디에 있겠어요?"[19] K가 지적하듯, 평생을 클람의 그림자 아래서 살았고, 클람과의 관계로 인해 억척스레 일했으며, 장사를 번창시킬 수 있었다는 점에서, 클람은 그 여자로 하여금 무언가를 하도록, 자신의 삶을 무언가에 홀린 듯 열심히 살게 한 추동력인 동시에 그 여자의 심장에 자리잡고 그것을 잠식하고 있는 병(病)이었다.[20] 관청이나 관리, 서류에 대한 면장의 경의(敬意) 어린 태도도 그렇고, 클람의 편지에 도취되어 있는 면장의 부인도 그렇다. 이는 『소송』의 인물들에게서도 쉽게 발견할 수 있는 특징이다.

이런 점으로 인해 지배나 억압은 단지 권력을 '갖고 있는' 자들에 의해서만 행사되지 않으며, 반대로 피지배자 자신에 의해서, 피억압자

---

19) F. Kafka, *Das Schloss*, 박환덕 역, 『성』, 범우사, p.121.
20) 카프카, 위의 책, 122쪽.

자신에 의해 행사된다. 가령 『성』에서 올가의 동생인 아말리아는 성의 관리인 소르티니의 '요구'에 경멸어린 부정의 태도를 보여준다. 그리고 그 얘기는 프리다를 통해 마을 사람들에게 알려진다. 소르티니가 그런 아말리아에 대해 어떠한 생각을 했는지는 아무도 모르며, 실제로 어떤 공식적인 비난이나 선고, 혹은 위해가 가해진 적도 없다. 하지만 앞서의 사실만으로 아말리아의 아버지는 오랫동안 훌륭하고 자랑스럽게 일하던 소방대에서 쫓겨나고, 마을 사람들은 그에게 수선을 맡겼던 구두들을 모두 찾아가버리며, 가족 전체가 마을 사람들에게서 따돌림을 당한다. 권력자가 신호를 하기도 전에 그들은 스스로가 권력자, 억압자가 되어 자신의 이웃을 처참하게 몰락시킨다.[21]

이처럼 권력을 행사하고 지배하는 자들은 물론, 권력의 지배를 받는 자들 또한 권력을 욕망하며, 권력에 매료되어 있고, 그런 만큼 다른 피지배자들과 다른 자신의 입지를 찾아내려 하며, 스스로를 권력자와 동일시하려고 한다. 그런 한에서 그들은 권력이 없는 경우에도 이미 권력자인 것이다. 카프카는 나에게 가해지는 타인의 의지인 '권력'과, 타인에 대해 내가 가하려는 의지인 '욕망'이 서로 상반된다는 생각을 믿지 않는다. 반대로 권력이라고 불리는 것에서 욕망을 보는 만큼, 욕망이라고 불리는 것에서 권력을 본다.[22] 이런 의미에서 "욕망이 바로 권력인 것이다".[23]

---

21) 카프카, 앞의 책, 283~296쪽.
22) 이에 대한 좀더 자세한 논의는 이진경, 「카프카, 큐비즘적 서사공간과 욕망의 건축술」, 『들뢰즈와 문학기계』, 소명출판, 2002 참조.
23) G. Deleuze/F. Guattari, *Kafka : pour une littérature mineure*, 이진경 역, 『카프카 : 소수적인 문학을 위하여』, 동문선, 2001, 135쪽.

그런데 권력이란 개념이 등장하는 순간 아마 강제와 금지, 억압과 피억압 같은 단어들을 떠올렸을지도 모른다. 그러나 권력은 단지 강제와 금지의 형식으로만 작동하지는 않는다. 가령 자본의 '담지자'로서 자본가의 욕망은 강제와 금지가 아니라 자발적이고 '적극적인' 양상으로 작동한다. 푸코는 강제와 금지보다는 차라리 무언가를 할 수 있는 힘을 '생산'하는 방식으로 작동하는 권력의 양상을 세밀하게 포착하여 보여준다. 예컨대 귀족의 '혈통'과 대비되는 부르주아지의 '계급적 신체'를 생산했던, 근대의 성적 배치 안에서의 생체권력은 신체적이고 도덕적인 '건강성'을 생산하는 '긍정적' 형태로 작동했다.[24]

물론 통상적인 국가권력이나 학교 또는 공장의 훈육적인 권력처럼 강제와 금지의 형식으로 작동하는 권력이 있음은 분명하지만, 그런 권력조차 사실은 유용성과 정상성 등과 같은 긍정적 형식의 활동과 신체를 생산한다. 가령 학교에서 행사되는 권력은 학생들로 하여금 공부할 수 있는 '능력'을 생산하고 활동할 수 있는 '능력'을 생산하며, 숙련을 생산하는 노동 과정상의 생체권력은 강제와 훈육의 형식으로 진행될 때조차 유용하고 긍정적인 어떤 것을 '생산'한다는 것이다.

권력이 그 자체로 욕망이라고 정의함으로써 우리는 권력을 오직 강제와 금지의 부정적 형식에 가두는 데서 벗어날 수 있다. 권력의 문제를 '나'나 '우리'의 바깥에서 우리에게 가해지는 가해와 강제의 형식

---

24) 푸코, 『성의 역사』 1권, 136~144쪽. 여기서 푸코가 사용하는 '생산적' '긍정적' 등과 같은 말들은 앞서 우리가 욕망을 정의하고 그것의 작동양상을 설명하기 위해 사용하는 개념과 동일한 것이 아니다. 이는 권력에 대한 '가치평가'의 차이를 포함하는데, 푸코와 같은 '가치평가'는 이후 그를 일종의 '궁지'로 몰고 간다. 이에 대해서는 이 책에 실린 「권력의 미시정치학과 계급투쟁」의 152~156쪽과 164쪽 이하를 참조하라.

으로 보는 한, 사실은 우리 자신의 내부에 존재하고 있으며 내부에서 작동하고 있는 권력을, 우리의 욕망 자체가 이미 특정한 양상의 권력이라는 점을 보지 못하게 된다. 권력은 오직 '적'의 것이고, 그에게서 탈취하거나 그의 가해로부터 벗어나는 문제라고만 보는 것은 권력의 작용을 너무도 과소평가하는 것이다.

중요한 것은 유용성의 형태로, 혹은 당연시된 척도의 형태로, 혹은 익숙하게 몸에 밴 낡은 습속의 형태로 작동하는 권력, 혹은 권력과의 대결을 조직하면서 스스로 만들어내는 대칭적 양상의 권력을 포착하는 것이고, 그것과 싸우는 것이다. 『성』에서 아말리아의 가족을 처벌한 것은 '성'의 관리들이 아니라 그 권력의 지배 아래 길들어 살며 그 권력의 처벌이 혹시 자기에게 미칠까 두려워하여 맡겼던 구두를 찾아가고 알아서 소방대장에서 해임했던 바로 옆의 이웃들이었다. 그것은 또한 평생을 '성'의 용서를 구하기 위해 살던 구부러질 대로 구부러진 아말리아의 아버지 또한 동일하게 공유하고 있는 대칭적 권력이고 욕망이다. 적이 갖고 행사하는 권력보다 내 안에 있는, 욕망의 형태로 존재하는 이 대칭적 권력과 싸우는 것이 훨씬 더 힘들다는 것을 다시 지적할 필요가 있을까?

7. 욕망과 혁명

그러나 권력이란 배치와 결부된 상이한 두 가지 욕망 가운데 하나일 뿐이다. 기존의 배치를 유지하고 재생산하려는 욕망과 반대로 그것을 분해하여 변환시키려는 욕망이 있다. 이는 새로운 배치를 창조·생성하는 방식으로 그 배치에서 벗어나는 탈주선을 그리게 된다. 탈주선을 그리는 것은 기존의 관계, 기존의 배치, 혹은 기존의 체제를 유지하려는 권력의 선분(segment)들을 가로지르며 새로운 배치, 새로운 관계를 생산하고 구성하는 긍정적이고 창조적인 욕망이다. '혁명'이라는 개념이, 권력이 지배하고 유지하려는 배치를 전복하려는 것인 한, 탈주선을 그리는 것은 혁명이란 말로 표현되는 욕망과 정확하게 동일한 외연을 갖는다.

이로써 욕망의 문제는 권력과 혁명의 문제임이 분명해진다. 하지만 이는 단지 권력과 욕망의 이분법, 권력으로 요약되는 '억압하려는 욕망'과 억압을 깨부수려는 '혁명적인 욕망'의 이분법을 다시 도입하는 것은 아니다. 그 양자는 내재적 관계 속에서 서로가 쉽사리 다른 것이 된다는 점에서, 명료하고 뚜렷하게 구별되지 않는다. 중요한 것은 혁명적 욕망이 유지와 재생산을 욕망하게 되는 그 변환의 지점을 놓치지 않고 포착하는 것이며, 거기서 "자, 다시 한번" 하면서 새로이 혁명적 변이를 시도하는 것이다.

권력을 욕망의 문제로 본다는 것은 무엇을 의미하는가? 일단 스피노자가 제기한 적이 있고, 라이히가 다시 명확하게 제기했던 질문이 그것을 이해하는 데 아주 유효하다. 들뢰즈와 가타리가 '정치철학의 근본 문제'라고 불렀던[25] 그 질문은 대충 이런 것이다. "왜 사람들은 마치 그것이 구원이라도 되는 양 완고하게 자신의 예속을 위해서 싸우는가?" 예를 들어, 왜 대중들은 자본주의가 무너지면 자신의 삶이 더불어 파괴라도 되는 양 자본주의를 옹호하고, 왜 대중들은 자신의 목숨을 걸고서 자신을 착취하는 체제를 위한 전쟁을 지지하는 것인가? 통상적인 대답

---

25) G. Deleuze/F. Guattari, *Anti-Oedipus*, p.29.

은 "그들이 지배계급에게 속았기 때문"이라는 것이다. '허위'와 거짓이란 의미에서 이데올로기라는 개념이 그것을 설명하기 위해 사용된다.

그러나 독일에서 나치당이 대중들의 지지에 의해 집권하는 것을 지켜본 라이히는, 나치의 속임수니 대중을 몽롱하게 했느니 하는 대답이 공허하다고 하면서 이렇게 말한다. "히틀러의 성공을 이해하는 것은 바로 대중들이 **왜** 쉽게 속임을 당하고 몽롱해지고 정신이상의 상황에 빠져들 수 있었는가를 이해하는" 것이 문제라고. 즉 "왜 그토록 많은 사람들이 그들의 억압을 지지할 수 있었는가" 하는 것이 중요한 문제라는 것이다.[26] 욕망의 언표로 다시 말하면, "대중들은 순진하게 속고 있었던 것이 아니다. 어떤 점에서 보면, 특정한 조건 아래서 그들은 **파시즘을 원하고[욕망하고] 있었던** 것이다. 설명되어야 할 것은 바로 이런 대중의 도착적 욕망이다."[27]

이런 점에서 라이히는 차라리 '총통'과 대중 사이에, 나치당의 '욕망'과 대중의 욕망 사이에 분명한 동형성이 있음을 감지한다. "총통의 성격구조가 광범위한 집단의 구조와 조화를 이룰 수 있을 때만 총통은 역사를 만들 수 있다."[28] 다시 말해 대중은 라이히가 '권위주의적 성격구조'라고 부르는 '도착적 욕망'이 어떻게 만들어지고 유지되는가를 보아야 한다고 말하는 것이다. 그러한 욕망이란 혁명에 반하는 일상적 습속의 산물이다. "공산주의자라고 하더라도, 자신의 부인에 대한 당연한 억압, 안식일을 위한 점잖은 의복, 맵시있는 댄스스텝, 그리고 수많

---

26) W. Reich, *Die Massenpsychologie des Faschismus*, 황선길 역, 『파시즘의 대중심리』, 그린비, 2006, pp.73~75.
27) G. Deleuze/F. Guattari, *Anti-Oedipus*, p.29.
28) 라이히, 앞의 책, 75쪽.

은 진부한 것들(banalities)이 매일 반복될 경우, 이것들은 수많은 혁명적 대회와 팸플릿으로도 상쇄할 수 없을 정도로 커다란 반동적 영향력을 행사하게 된다." 즉 수많은 삐라나 선전물보다는 차라리 "노동자 부인이 연회를 위해 구입하는 '야회복' 속에 노동자의 [욕망의] 반동적 구조에 대한 더 많은 진실이 있다"는 것이다.[29]

요컨대 대중은 "반동적 부르주아지에게 속았기 때문"에 그들을 지지한 것이 아니라 **그들의 욕망을 욕망했기에, 그들의 지배를 욕망했기에** 그들을 지지했다는 것이다. 권력이란 이런 점에서 정확하게 욕망의 문제지 속임수와 진실의 문제가 아니다. 진실을 알고, 올바른 삶의 방식이 무언지 안다 해도 그와 전혀 다른 방향으로 욕망이 작동하고 그와 전혀 다른 방식의 보수적인 삶을 지속하는 경우를 따로 예로 들 필요가 있을까? 돈이 있을 때 이자 낳는 자본에 투여하거나 증권을 사거나 하는 데서, 정확하게 화폐의 자본주의적 사용에서 자유로운 맑스주의자나 노동운동가가 과연 얼마나 될까? 머리는, 의식 내지 '이데올로기'는 이미 강력한 맑스주의의 '진리'에 담근 지 오래되었지만, 몸이나 삶, 욕망 자체는 자본의 배치 혹은 화폐의 배치에서 결코 자유롭지 못한 사람이, 돈과 이념이 충돌하는 경우 어떻게 행동하리라는 것을 굳이 상상력을 덧붙여 설명할 필요가 있을까?

이로써 우리는 대중들의 행동, 아니 우리 자신의 행동은 '해야 한다'는 당위 이전에 '하고 싶다'는 욕망에 의해 규정된다는 것을, 욕망의 방향을 규정하고 유지하는 배치에 의해, 권력에 의해 규정된다는 것을 분명하게 이해할 수 있다. 욕망은 의식이 아니라 무의식이며, 상부

---

29) 라이히, 앞의 책, 115쪽.

구조가 아니라 토대라는 것은 바로 이런 의미에서다. 따라서 혁명이란 의식화를 통해, 혹은 '대자화'를 통해, 혹은 진실을 아는 것에 의해, 진리를 의무로 삼는 것에 의해 이뤄질 수 없다. 즉 혁명은 욕망 자체에 의거하며 특정한 욕망을 낳는 배치를 변혁하지 않고서는 불가능하다는 것이다. 아니, 이게 더 정확하다 : **혁명이란 욕망의 배치를 변환시키는 것이다.** 그것은 생산양식 내지 삶의 방식을 변혁하는 것이고, 삶의 양상을 규정하는 욕망의 배치를 변혁하는 것이며, 낡은 배치를 유지하고 재생산하려는 권력을 전복하는 것이다.

모든 것을 가치화하려는 욕망의 배치에서 탈주선을 그리는 것, 모든 종류의 활동적 성분의 '교류'를 오직 교환이라는 형식으로 환원하고 모든 교환을 오직 '양적 등가성' 안으로만 제한하려는 욕망의 배치에서 벗어나는 것, 어떤 것도 화폐화될 수 있는 한에서만 가치가 있다고 인정하고 어떤 활동도 화폐화될 수 있는 한에서만 가치가 있는 활동이라고 인정하는, 그렇기에 모든 것, 모든 활동을 화폐화하려는 욕망의 배치에서 벗어나는 탈영토화의 지대를 창조하는 것. 아마도 우리가 자본주의에서 꿈꾸는 혁명이란 바로 이런 탈주선을 통해 정의될 수 있는 게 아닐까? 코뮌주의란 이런 다양한 탈주선들이 그려냈으며, 또한 이후 그려내게 될, 그리고 반복하여 다른 양상으로 만들어지는 긍정적인 욕망의 배치들에 붙이는 이름이고, 그러한 배치의 형태를 추상함으로써 정의되는 '코뮌적 욕망'의 내재성의 구도다.

7

유목주의란 무엇이며, 무엇이 아닌가?

1. 방랑자와 유목민

왕가위의 영화 「동사서독」은 돌아다니고 방황하는 정착민의 군상을 냉정한 시선으로 보여주고 있다. 그 영화의 모든 인물들은 한결같이 떠도는 방랑자고, 일상적 삶에서 벗어난 탈주자며, 마을의 정착민들과 대비되는 위치에서 오고 간다. 하지만 그들 중 많은 사람은 그렇게 떠돌면서도 어느 한 곳에 붙박히듯 사로잡혀 있고 바윗덩이보다도 더 무거운 그 집착을 끝내 떨치지 못해 등에 진 채 방랑한다. 특히 주인공인 구양봉이 그렇다. 그는 실패한 사랑의 기억이라는 잊을 수 없는 과거의 상처에 여전히 사로잡힌 채 멈추어 있고, 그것을 감추려는 듯 오직 돈으로만 목숨을 사고 파는 해결사의 냉담함으로 자신의 마음을 가리고 있으며, "사막 가운데 살면서 사막 자체도 제대로 돌아본 적이 없"으며, 산 너머에는 무엇이 있을까 하던 예전의 궁금증조차 잃어버렸다는 점에서, 누구보다도 더 고착된 과거의 기억 주변을 맴도는, 그러면서 끊임없이 정착할 곳을 그리는 떠돌이다. 거기서 탈주선은 끊어져 있고,

유목은 중단되어 있다.

이런 점에서 유목의 공간 안에서 탈주자들을 다루고 있지만, 정반대로 그러한 공간조차 정착의 공간, 멈춤의 공간이 될 수 있다는 것을 보여주는 것으로 시작하고, 떠나도 떠나지 못하는, 상처에 고착된 사람을 보여주면서 끝나는 이 영화는, 머묾과 떠남이 공간의 속성도, 사람의 속성도 아니라는 것을 보여준다. 다시 말해 떠돌아다니는 자들도 멈추어 있는 자들일 수 있고, 반대로 멈추어 있는 자들도 떠돌아다니는 자들일 수 있다는 것이다. 앉아서 하는 유목, 떠돌며 하는 정착. 떠남과 머묾은 공간의 문제가 아닌 것이다. 정말로 중요한 것은 어디서든 새로 시작할 수 있고, 어디서든 변이할 수 있는 것이며, 새로운 삶을 생성할 수 있는 능력이며, 이를 위해 현재와 미래를 사로잡는 고착된 인연의 끈에서 자유로워지는 것이고, 그 끈을 풀어서 새로운 삶의 자원으로 변환시키는 것이다.

2. 정착과 유목

그렇다면 유목이란 무엇인가? 한 곳에 머물지 않고 떠돌아다니는 것이다. 반면 정착은 한 곳에 머무는 것이고, 유목과 반대되는 것이다. 따라서 이곳저곳을 떠돌아다니는 사람을 보면서, 혹은 여행을 즐기는 사람이나 빈번하게 이동하는 사람, 그래서 지역적 국지성을 벗어던지고 코스모폴리탄적인 보편성을 획득한 사람을 보면서 '유목민'이란 단어를 떠올리는 것은 어쩌면 지극히 자연스러운 것처럼 보인다. 또한 그런 사람들이 다수를 점하고, 그런 이동과 소통, 여행과 횡단이 대대적으로 일반화된 시대를 보면서, 유목주의라는 개념의 현실성을 상기시키는

것도 자연스러운 것처럼 보인다. 그러고 보면 글로벌리즘(globalism)이
나 지구촌화(globalization)에서 그런 유목주의의 강력한 징표를 찾는
것도 어느 정도는 이해할 수 있는 일이다.

그러나 그런 만큼 그런 것은 유목을 오해하는 가장 흔하고 통상적
이며 평범한 경우들일 뿐이다. 간단한 질문을 몇 개 던져 보자. 정착민
은 이동하지 않는가? 유목민은 머무르거나 멈추지 않는가? 세계 여행
을 하는, 오늘도 공항을 메우며 푸른 창공으로 날아오르는 저 수많은
사람들은 정말 유목민인가? 끊임없이 여행하고 이동하면서도 집 생각
을 떨치지 못하고, 가족의 안위에 대한 근심의 끈을 놓지 못하는 사람
들, 세계는 넓고 할 일은 많다고 3일이 멀새라 비행기를 타지만, 돈에
대한 걱정과 '성공'에 대한 집착을 단 한 순간도 놓아버리지 못하는 사
람들. 반면 평생을 좁은 연구실에 앉아서 에피쿠로스와 둔스 스코투스,
스피노자, 니체, 카프카, 캐롤, 로렌스, 그리고 노자와 도오켄을 넘나들
며 읽고 사유하는 철학자는 어떤가? 소림사 뒷산의 동굴에 앉아 9년을
면벽했다는 달마대사는 또 어떤가?

움직임과 멈춤, 이동과 정지는 정착과 유목에 대응되는, 그것을 정
의하는 개념이 아니다. 굳이 그 말들을 사용하자면, 정착민은 멈추기
위해 이동하는 사람들이고, 유목민은 이동하기 위해 멈추는 사람들이
다. 영토와 길 역시 정착과 유목에 대응하는 개념이 아니다. 왜냐하면
유목민 역시 영토를 가지며(몽고 제국의 그 광대한 영토를 보라!), 움직
이는 관습적인 경로를 갖기 때문이고, 정착민 역시 자신의 영토를 가지
며, 그 영토 사이를 이동하는 길, 아니 도로를 갖기 때문이다.

심지어 유목민은 한 곳에 머무른 채 이동하고 움직이는 사람들이
다. 다른 세계, 다른 사유, 다른 삶의 방식을 찾아서. 그래서 토인비는

유목민을 오히려 "움직이지 않는 사람들"이라고 정의했고, 들뢰즈/가타리는 그 정의가 지극히 올바르다고 공감하면서 이렇게 말하고 있다. "유목민은 물론 움직이지만 앉아 있으면서 움직이고, 움직이면서 앉아 있는다. …… 유목민은 어떻게 기다려야 하는지를 안다. 그들은 무한한 참을성을 가지고 있다."[1] 그래서 들뢰즈/가타리는 '앉아서 하는 유목'이란 개념을 즐겨 사용한다. 역으로 「동사서독」은 '돌아다니며 하는 정착'이란 개념 역시 충분히 유효하다는 것을 알려준다.

중요한 것은 유목민은 그때마다 하나의 영토로 영토화 내지 재영토화되지만, 이는 탈영토화에 종속되고 탈영토화하기 위해서만 그렇게 하는 반면, 정착민은 자신의 영토로 재영토화하는 한에서만 탈영토화를 수행한다는 점이다. 유목민 역시 관습적인 경로를 가지며, 특정한 장소들이 마치 점과도 같이 그 경로를 결정하지만, 그 점들은 유목민 자신이 결정하는 경로에, 그 선 안에 엄격하게 종속된다. 오아시스는, 놔두고 떠나기 위해서만 존재할 뿐이다. 반면에 정착민은 그러한 경로를 영토로서 점에 종속시키고, 점과 점 사이를 연결하는 경로를 도로로 만들어 버린다. 옆으로 샐 수 없는, 경직되고 폐쇄된 도로들. 그렇다면 "유목민은 이주민 같은 것이 결코 아니다"(II, 163)라고 했던 들뢰즈/가타리의 주장을 이해하는 것은 결코 어렵지 않다. 유목적 궤적과 정착적 도로가 같지 않다는 명제 역시 마찬가지다.

하지만 좀더 심각한 오해는 유목과 방랑을 혼동하는 것, 더구나 전 지구를 제 집처럼 드나들며 여행하고 그것을 하나의 촌으로 만드는 지

---

1) G. Deleuze/F. Guattari, *Mille Plateaux*, Minuit, 1980, p.472, 이진경/권혜원 외 역, 『천의 고원』 II, 연구공간 '너머' 자료실, 2000, 165쪽. 이후 이 책의 인용은 번역본의 권 수와 쪽수만으로 본문 중에 괄호로 표시한다.

구촌화와 혼동하는 것이다. 이런 혼동은 코스모폴리탄적 보편주의를 유목주의를 특징짓는 한 징표로 간주하는 혼동으로 이어지기 십상이다. 유목 내지 유목주의가 그런 식의 보편주의에 반(反)한다는 것을 안다면, 그래서 보편적 포괄성(globalité)에 대한 비판을 중요한 요소로 하고 있음을 안다면(II, 166, 285), 그러한 혼동은 유목주의에 대해 있을 수 있는 가장 끔찍한 오해라고 하겠다.

3. 유목주의와 전쟁기계

위에서 유목/유목민이 "무엇인지"(What is?)를 대략적으로 정의했는데, 그것은 무엇보다도 우선 유목과 정착을 구별하기 위한 것이었다. 이를 통해 우리는 유목이 무엇이 아닌가를 분명히 할 수 있었다. 그러나 이처럼 유목주의가 무엇이 아닌가를 안다고 해서 유목주의가 무엇인가를 알았다고 하기는 어렵다. 따라서 우리는 다시 처음의 질문으로, 하지만 니체의 지적에 따라 "무엇인가?" 대신 "어떤 것인가?"(Which one is?)로 대체된 질문으로 돌아가야 한다. "유목주의란 대체 어떤 것인가?"

들뢰즈와 가타리에 따르면, 먼저 유목주의는 '전쟁기계'와, 따라서 '전쟁'과 결부되어 있다. 국가장치에 반(反)하며 군사제도와 구별되는 한, "전쟁기계는 유목민의 발명품"이고, "유목민적 존재는 필연적으로 공간 속에서 전쟁기계의 조건들을 유효화"하기 때문이다(II, 163). 앞의 것은 "전쟁기계는 국가장치에 대해 외적이다"라는 주장과 더불어 유목주의에 관한 가장 기본적인 공리고, 뒤의 것은 이 공리에서 추론되는 중요한 명제 가운데 하나이다. 그런데 왜 유목주의는 '전쟁기계'와 '전쟁'에 대해서 말하는가?

유목은 다른 삶의 영토를 찾아, 다른 삶 자체를 찾아, 다른 사유, 다른 가치를 찾아 끊임없이 이동하는 것이고, 그에 필요한 한 어디로든 샐 수 있고 빠져나갈 수 있는 것이다. 그것은 지금 앉아 있는 자리에서 조차 "자유의 새로운 공간"[2]을 찾아 끊임없이 탈영토화하는 삶 그 자체다. 따라서 그것은 새로운 삶의 방식을 창조하고 새로운 사유와 가치를 창조하는 것이며, 그러한 삶에 부합하는 새로운 영토를 찾아내는 것이다. 유목은 창조와 생성(되기)이란 개념에 상관적인 구체적 개념이다.

반면 국가는 이와 전혀 다르게 작동한다. 그것은 어떤 것이든 규칙적이고 동일하게 반복되도록 고정하고 통합하며 '제도화' 한다. 그것은 그렇게 고정된 것에 '질서' 라는 이름을 붙이며, 그 질서를 당연시되는 도덕이나 가치, 규범, 의무와 권리의 형식으로 그 구성원에게 부과한다. 그리고 그러한 질서 아래 각각의 구성원이나 구성요소들(단체, 조직, 기관 등등)에 대해 '동일성' (정체성)을 부여한다. 물론 새로운 창조물이나 창안 역시 수용할 수 있지만, 그것은 국가장치가 구성한 질서 안에 적절한 위치로 재영토화될 수 있는 한에서고, 그 질서와 부합하는 의미로 포획되는 한에서며, 그러한 동일성을 유지하는 한에서다. 이런 점에서 국가장치란 '동일성' 이라는 철학적 개념에 상관적인 구체적 개념이다.

따라서 주어진 것들을 새로운 배치 속에서 끊임없이 탈영토화시키고, 새로운 삶의 방식과 새로운 가치로 기존의 것의 동일성을 뒤흔들고 전복하는 유목주의는, 이미 그 자체로 고정하고 통합하며 동일화하려

---

2) F. Guattari/A. Negri, *Les nouveaux espaces de liberté*, 이원영 역, 『자유의 새로운 공간』, 갈무리, 1995.

는 국가장치나 기존 체제에 반하는 '전쟁'인 셈이다. 유목이란 기존의 것을 파괴하는 것이 아니라 새로운 것을 창조하는 것이고, 그 창조에 의해 낡은 모든 것을 위협하고 파괴되도록 한다. 이런 점에서 유목민이 수행하는 전쟁은 파괴가 아니라 창조에 의해 수행되며, 어떠한 전투도 수반하지 않는 그런 전쟁이다. 요컨대 유목민은 창조하는 방식으로 '전쟁'하며, 따라서 유목민은 존재 그 자체가 국가장치에 대한 전쟁이고, 벤야민 식으로 말하면 '절대적 폭력'이다. 그래서 들뢰즈와 가타리는 이렇게 말한다. "전쟁은 반드시 전투를 자신의 목표로 하지는 않는다. 더욱 중요한 것은, 전쟁과 전투가 어떤 조건하에서 필연적으로 발생할 수 있다고 하더라도 전쟁기계가 필연적으로 전쟁을 자신의 목표로 하지는 않는다는 것이다"(II, 201). 마찬가지로 니체도 말했다. "좋은 전쟁에서는 화약냄새가 나지 않는다"[3] 그렇다면 전쟁기계란 이러한 창조하는 방식으로 행해지는 전쟁을 수행하는 모든 종류의 '기계'들을 지칭한다. 혁명을 꿈꾸는 징기스칸의 기마대나 레닌의 조직-기계뿐만 아니라, 홍길동의 활빈당도 혹은 카프카의 글쓰기-기계나 니체의 책-기계도, 뒤샹이나 베베른의 표현-기계도 모두 전쟁기계인 것이다. 유목민이, 새로운 가치의 창조자·새로운 삶의 창조자가 사용하고 그가 만들어내는 것 모두가 전쟁기계인 것이다.

철학사에 있어서 동일성의 철학에 대해 차이의 철학이, 존재(~임)의 철학에 대해 생성(~됨)의 철학이 수행했던 전투, 과학사에 있어서 국가적 과학(Royal science)에 대해 소수적(minor) 과학이 수행했던 전

---

3) 정확하게는 다음과 같다. "화약도 연기도 일지 않는 전쟁, 전투자세도 없고 연민도 없고 비틀어진 불구도 없는 전쟁"(『이 사람을 보라』, 청하, 1998, 257쪽), "이 책에서는 도덕에 관한 일련의 전투가 시작된다. 그러나 그것은 화약냄새가 나지 않는다"(같은 책, 263쪽).

투, 문학사에서 '대가'들의 다수적인(major) 문학에 대해 소수적인 문학이 수행했던 전투, 그리고 예술사의 영역에서 왕립예술에 대해 소수적인 예술이 수행한 전투 등, 이 모든 전투에서 우리는 훌륭하게 작동하고 있는 전쟁기계를 발견할 수 있다.

4. 유목주의의 공간

전쟁기계로 활주하는 유목민은 마치 소용돌이처럼 사방을 동시에 점하면서, 여러 방향을 동시에 향하면서 나아간다. 가령 유목민의 궤적은 정해진 경로를 가는 경우에조차 하나의 길을 그대로 밟아가지 않으며 언제든 옆으로 벗어나면서 간다. 그 궤적에 따라, 혹은 고유한 사정에 따라 가지 않던 길로 에둘러 갈 수도 있으며, 그 결과 때로는 유사한 환경을 갖는 전혀 다른 곳에 당도하기도 한다. 그것은 마치 물이 막히면 돌아가고 낮은 곳은 피하면서 흘러가듯이, 다양한 조건 속에서 삶의 흐름, 사람의 흐름이 흘러가는 대로 간다. 혹은 징기스칸의 기마병들처럼, 번개와 같은 속도로 적의 후방을 점함으로써 그 사이의 공간 전체를 한꺼번에 장악한다. 다시 말해 유목민은 여러 지점을 동시에 점하는 방식으로 나간다. 그래서 유목민의 과학은 일차적으로 흐름을 다루는 유체역학과 같은 것이었다.

　반면 정착민은 농사를 짓기 위해서든, 수해를 막기 위해서든 범람하는 물의 흐름을 결코 그대로 방치하지 못한다. 홈을 파고 수로를 만들어, 그 홈을 따라서만 흐름이 흐르게 한다. 사람들의 흐름도 마찬가지다. 반복적인 행로가 만드는 길의 형적(形迹)으로는 만족하지 못하여, 길에다 돌을 깔고 테두리를 둘러 도로로 만든다. 정착민은 공간에

울타리를 치고 홈을 파서 흐름의 범람을 막는다. 정해진 발원지, 정해진 목적지를 잇는 파이프나 수로, 도로를 만들고, 그 도로를 따라 이동한다. "정착적 공간은 벽, 울타리, 울타리 사이의 길들에 의해 홈패어진 반면, 유목적 공간은 매끄럽고, 궤적들에 의해 지워지고 자리를 바꾸는 '자질'들에 의해서만 표시된다"(II, 164).

정착민의 '홈 패인 공간'(espace strié)과 구분되는 이러한 유목민의 공간을 들뢰즈/가타리는 '매끄러운 공간'(espace lisse)이라고 부른다. 그런데 표상적 사유에 익숙한 사람들은 '홈패인 공간'이라는 말에서 선으로 이어지고 특정화된 공간을 떠올리고 '매끄러운 공간'이라는 말에서 데카르트 좌표로 표시되는 텅 빈 공간을 떠올린다. 하지만 모든 장소적 특이성(singularité)을 제거하고, 범람하는 흐름을 순서쌍으로 표시되는 점들 사이의 기하학적 선으로 환원하며, 좌표축에 표시된 거리로 표시되는 단일하고 동질적인 척도에 따라 계산되는 데카르트 공간이야말로 홈패인 공간의 전형적인 사례다. 다시 말해 매끄러운 공간이란, 데카르트 공간처럼 어떤 척도에 의해 분할되고 척도에 따라 움직임이 분배되는 그런 공간이 아니라, 리만(Riemann) 공간처럼 하나의 척도를 갖지 않으며 척도 자체가 장소에 따라 가변화되는 그런 공간이다. 그것은 어떤 움직임도 점에서 점으로 이어지는 선(이 경우 선은 '홈'이 된다)을 따라 측정되고 계산되며 조절되는 연장적(延長的)·좌표적인 공간이 아니라, 방향을 갖는 무수한 힘들이 전체를 동시에 채우는 벡터장과 같은 공간이다.

두 가지 공간의 이원성을 좀더 분명하게 대비하자면, 홈패인 공간이 두 점 사이에 선이 있는 것과 반대로, 매끄러운 공간은 두 선 사이에 점이 있다는 점에서 점에 대해 선이 우위를 점하는 공간이고, 홈패이고 척도적인 간격에 의해 닫힌 홈패인 공간과 달리 매끄럽고 방향성만 있는 열린 간격을 갖는 공간이라고 하겠다.

또 하나, 두 가지 공간 사이에 중요한 차이가 있다면, 홈패인 공간은 구획하고 계산할 수 있는 충분한 거리를 두는 원거리 공간이라면, 매끄러운 공간은 신체로 직접 달라붙어 직접적으로 감응(affect)하는 근거리 공간이다. 따라서 전자가 주로 시각이 특권을 점하는 광학적 공간이라면, 매끄러운 공간은 시각조차 촉각처럼 만지고 직접적으로 느끼고 감응하는 촉감적 공간이다. 필리핀의 해상부족은 바닷물의 온도와 물의 색깔, 물결의 흐름과 속도 등만으로 아무 좌표나 척도라는 매개 없이 이곳이 어디인지, 누구의 해초 '밭' 인지 직접적으로 안다. 에스키모는 아무런 척도도, 좌표도 없이 바람과 눈, 모래의 기복, 모래와 얼음의 촉감적 성질 등이 복합되어 만드는 특개성(特個性, haecceitas)[4]으로 위치를 안다. 대상을 지나치게 근거리에서 촬영하는 과잉접사는 광학적 시선의 흐름을 규제하는 투시법적 소실선의 홈을 짓이겨 시선이 동시에 사방으로 넘쳐 흐르게 하며, 그렇게 사방을 동시에 점하는 시선으로 하여금 대상을 만지게 한다. 이럼으로써 가령 손의 형태와 윤곽은 사라지고, 묘한 느낌의 구멍이 숭숭 뚫린 기이한 질감의 표면이 된다.

따라서 홈패인 공간과 매끄러운 공간은 포괄적인 것(le global)과 국지적인 것(le local)의 대립을 비틀어버린다. 투시법이 잘 보여주듯이, 원거리상의 광학적인 공간은 지평선이나 배경과 같은 '포괄하는 것' (l'englobant)이 지배적인 지위를 가지며, 그 위에 상대적인 윤곽이

---

4) 아일랜드 출신의 중세 철학자 둔스 스코투스(Duns Scotus)가 개체성을 파악할 때 사용한 개념으로, 이것을 다름 아닌 '이것' 이게 만드는 요인들을 지칭하며, 그래서 영어로 번역할 때 thisness(이것)로 번역한다.

나 형태가 등장한다. 절대적인 것은 중심이나 소실점처럼 특권화된 장소에만 할당된다. 그 점에서만은 시선이 모든 곳으로 향할 수 있다. 그런데 바로 그 이유에서 "이 특권적인 장소는 포괄적인(globale) 통합을 위협하는 어떤 것도 그 경계 밖으로 쫓아버리는 기능을 한다"(II, 285). 즉 소실선을 침범하는 것, 소실선의 흐름을 깨는 방향으로 누운 것은 치워버리고, 모로 세워진 건물은 군대 말로 '각이 나오게' 돌려놓아야 한다. 카피톨리네 광장을 사이에 두고 사다리꼴로 배치된 미켈란젤로의 건축물이 뒤페락이 그린 투시도에서 정확히 직각으로 '펴졌던' 것은 이런 이유에서였다. 방을 가득 채운 소실선들 사이에 사람들이나 가구들이 끼여 있고 갇혀 있는 클레의 '투시법적 방'은 특권화된 한 점으로 소실선을 모으며 포괄성의 여유 있는 지배공간의 실상을 잘 보여준다.

반면 매끄러운 공간은 촉감화된 공간이 그렇듯이 어쩌면 극도로 국지화된다. 그러나 바로 국지적 공간에서, 시선은 어디로든 향할 수 있는 절대적 위치(투시법에서는 소실점만이 갖는 특권적 위치)를, 그 공간 안 어디에서도 확보한다. 따라서 포괄적인 광학적 공간이, 특권적인 어느 점만이 모든 영역을 싸안는 포괄성을 가질 수 있다는 의미에서 '상대적인 포괄성'(global relatif)만을 갖는다면, 눈 가까이 달라붙어 국지적으로 제한된 촉감적 공간에서는 모든 지점이 동시에 어느 방향을 향해서든 움직일 수 있는 '절대적인 점'이 된다는 측면에서 '국지적 절대성'(absolu local)을 갖는다.[5]

---

5) 따라서 지구화(globalization)로 유목적 공간을 정의하려는 시도는 거의 정확히 정반대의 것을 말하고 있는 셈이다. 잘 알다시피 지금까지 진행되어 온 지구화는 자본이란 특권적 위치에 대해서만 모든 곳을 동시에 향할 수 있는 권력을 제공하고 그 권력의 선 안에 다른 모든 것을 가두고 포획하려는 그러한 포괄성의 작동방식을 정확하게 보여주기 때문이다.

들뢰즈/가타리는 이런 홈패인 공간과 매끄러운 공간의 모델을 다양한 영역에서 찾아내고 있다. 가령 두 종류의 평행적 요소에 의해 짜여지며, 적어도 한 쪽의 변은 한계지워지고 닫혀있는, 또한 앞면과 뒷면이 확실하게 구분되는 직물이 홈패인 공간에 해당된다면, 일종의 반(反)직물로서 실의 구별이 없이 섬유의 엉킴과 압축으로 얻은 유목민의 펠트는 매끄러운 공간에 해당된다. 이와 유사하게, 날실과 씨실로 짜여지는 뜨개질이 홈패인 공간을 이룬다면, 이질적인 직물을 아무 방향으로나 부가하면서 만들어가는 패치워크나 퀼트는 매끄러운 공간을 형성한다. 체스 내지 장기는 전선, 후방, 전투를 갖는 제도화되고 조절되며 코드화된 전쟁이고, 한 점에서 다른 한 점으로 이동하는 홈패인 공간에서 진행된다면, 바둑은 전선도 없고 대치나 후퇴도 없으며 심지어 전투조차 없을 수 있는, 오직 영토화와 탈영토화만이 있는 전쟁이고, 여러 방향으로 동시에 진행되고 막힌 벽을 범람하고 뚫고 들어가며 공간을 '전체'로 장악하는 매끄러운 공간에서 진행된다.

5. 유목주의는 무엇을 보증하는가?

정착민과 유목민을 가르는 차이는 이것만은 아니다. 특히 유목민의 예술과 관련해서 정착민의 구상적인 선과 대비될 뿐 아니라 기하학적 선과도 근본적으로 다른, 유목민의 추상적 선이 빠뜨릴 수 없는 또 하나의 큰 차이일 것이다. 그러나 여기서 그것을 상술하기보다는 차라리 유목 내지 유목주의 자체에 관한 좀더 근본적인 질문을 던지는 것이 더 나을 것 같다. "유목주의는 언제나 창조와 생성을 보증하는가?" 전쟁기계는, 매끄러운 공간은 우리를 동일성과 고착, 통제와 강압의 메커니즘들에서 구해내는 데 충분한가?

답은 짐작하겠지만 그렇지 않다는 것이다. 왜냐하면 매끄러운 공간은 홈패인 공간과 섞이고 겹쳐지며, 그것에 포섭되기 때문이고, 전쟁기계는 창조적 능력을 상실했을 때, 그리하여 전쟁 자체만을 목적으로 삼게 되었을 때, 모든 것을 파괴하며 죽음의 선으로 인도하기 때문이다. 가령 바다는 전형적인 매끄러운 공간이지만, 그렇기 때문에 반대로 가장 먼저 홈패임의 요구에 직면했다(II, 269). 위도와 경도의 두 축을 따라 격자들이 그려지고, 그 격자를 따라 그려지는 지도에 의해 바다는 좌표로 표시되는 홈패인 공간에 포개지게 된다. 그리고 바로 이것이 매끄러운 공간에 홈을 파는 방법의 모델이 되었다. 이 방법에 따라 이후 하늘도, 심지어 성층권도 홈패인 공간에 포개지게 된다. 반면 가장 홈패인 공간인 도시조차, 유목민으로 도시에 거주하는 것을 가능하게 함에 따라 매끄러운 공간을 만들어낸다. 또 전사들의 전쟁기계는 국가장치에 포획되어 군대가 되며, 이 경우 창조와 생성의 모든 계기를 상실하고 전쟁 자체만을, 혹은 전쟁의 '방지'를 목적으로 하는 파괴적 장치로 변환된다. 유목민의 경우도 마찬가지여서, 아틸라나 징기스칸과 정반대로 티무르는 유목에 반하는 환상적 전쟁기계를, 전쟁과 파괴를 일차적인 목표로 하는 그런 전쟁기계를 만들었고, 이를 위해 더욱더 거대하고 무거운 국가장치를 만들어야 했다(II, 204).

유목주의와 전쟁기계, 매끄러운 공간이 그 자체만으로 자유의 공간을, 해방의 공간을 보증하리라고 믿어선 안 된다. 그런 틈에 어느새 주류화와 안성성을 미끼로 정착적인 욕망이 유혹의 손을 내밀고, 치열한 전쟁 뒤에 지친 신체를 사로잡는 국가장치의 촉수가 다가오고, 매끄러운 공간을 포획하려는 홈패인 공간의 그물이 덮치기 때문이다. 또한 창조와 생성, 생산의 능력을 상실하는 순간, 전쟁기계는 탈주선을 죽음의 선으로 변형시키는 파괴기계가 되고, 유목은 불모적인 방황으로 되기 때문이다. 따라서 중요한 것은 전쟁기계를 작동시키고 매끄러운 공간을 만들면서도, 그 양자 사이의 이행과 결합을 놓치지 않는 것이고, 창조와 생성의 자유로운 공간, 해방적인 공간을 그 사이에서 만들어내는 것이다.

하지만 바로 그렇기 때문에 유목과 전쟁기계, 매끄러운 공간이 중요하다. 왜냐하면 비록 그것이 그 자체로 해방적인 것이 아님은 분명하지만, 바로 거기서 활동은 창조력을 가동하고 전쟁조차 창조의 형식으로 이루어지며 기왕의 목표조차 재구성하고 새로운 스타일을 창안하게 되기 때문이다. 탈주나 매끄러운 공간 그 자체로 충분한 것은 아니지만, 그것 없이는 어떠한 창조도, 어떠한 새로운 삶도 불가능하기 때문이다. 문제는 그 위에서 뛰는 것이고, 그것을 만들며 나아가는 것이며, 그것이 변환되고 포획되는 시기와 지점을 포착하고, 그러한 변환과 포획에 대처하여 새로운 삶과 활동을 창안하는 것이다. 탈주—유목—전쟁—혁명.

들뢰즈와 현대예술:
추상과 추상적 선의 개념에 관하여

1. 모방과 추상

미메시스 혹은 모방, 재현이란 개념 없이 예술을 이해할 수 있을까? 대부분의 서양 예술사가나 미학자들은 단연코 '노'라고 대답할 것이다. 미메시스라는 개념은, 그것이 인간의 의도에 자연을 동화시키는 것이든 아니면 자연의 요구에 인간의 의도를 동화시키는 것이든, 예술이라는 영역에서 인간과 자연의 관계를 설명하는 일반적인 개념이다. 리얼리즘과 '반영'이라는 개념으로 모든 예술을 설명하는 맑스주의 미학은 이러한 관점에서 원시예술로부터 현대예술에까지 하나의 유일한 전통을 수립한다. 그리고 거기서 벗어나는 요소들은 '부르주아 퇴폐주의'라고 비난한다. 한편 20세기의 가장 아방가르드한 음악과 함께 사유했던 아도르노조차도 '미메시스'(모방)라는 개념을 통해 예술을 이해하려하는 점은 근본적으로 다르지 않았다. 나아가 그는 이를 오디세우스와 사드를 통해 확장된 계몽의 개념으로 연결함으로써 좋든 싫든 계몽된 문명과 운명을 같이 하는 것으로 만들었다.

그렇지만 어떨까? 뱀의 배 한가운데를 둥그렇게 팽창시켜 거기다 곰의 얼굴을 그린다면 그것은 뱀을, 아니면 곰을 모방하는 것일까? 아니면 그것을 변형시키는 것일까? 사슴의 뿔을 둘둘 말아 나선형의 방석처럼 그린 몽골의 암각화는 사슴을 모방한 "위대한 리얼리즘 정신의 승리"일까?[1] 아니면 그것을 바꾸고 변형시킨 것일까?

우리는 이에 대해 위대한 리얼리즘 정신이 어떻게 대답하는지 잘 알고 있다. 저건 뱀의 몸과 곰의 머리를 모방한 거야. 저건 사슴 몸과 달팽이집을 모방한 거야 ……. 아마도 그것은 외계인의 UFO를 본다면 거기서도 접시나 솥을 모방한 위대한 리얼리즘 정신을 발견할 것이 분명하다.

물론 우리는 레오나르도 다빈치나 렘브란트가 대상을 정확히 재현하기 위해 숱한 스케치를 그렸으며 해부학을 공부했을 뿐 아니라 심지어 직접 시체를 해부하기도 했음을 잘 안다. 그러나 누구도 정확하기 이를 데 없는 해부도를 예술작품이라고 하지는 않는다. 레오나르도의 그림이 그 묘사의 정확성으로 인해 비로소 예술작품이 될 수 있었던 것도 아니다. 사실 재현으로 말하자면, 「수태고지」에 등장하는 천사는 대상을 정확하게 재현한 것인가? 숱하게 그려진 성모나 예수, 큐피드와 비너스는 어떤 대상을 정확하게 재현한 것인가?

이에 대해 들뢰즈는 이전의 대부분의 미학자나 예술사가와 반대로 대답한다. 예술은 대상을 모방하는 것이 아니라 그것을 변형시키고 '추

---

1) 가령 마이달은 몽골의 선사적 암각화에서 이런 '리얼리즘' 정신을 발견한다(마이달/츄르템, 김구산 역, 『몽고 문화사』, 동문선, 1991, 56쪽).

상' 하는 것에서 시작하고 성립한다고.[2] 그런 점에서 심지어 재현이란 관념을 갖고 있는 르네상스 내지 바로크 시대의 화가조차 단순히 대상을 모방하고 재현하는 것만은 아니며, 어떤 그림이 '위대한' 작품이 될 수 있는 것은 단순한 재현을 넘어서는 것을 통해서였다고. 아마 이런 생각은 금세기 초의 예술사가 보링거(W. Worringer)의 책에서도 발견할 수 있는 것이다. 보링거 역시 예술이란 대상을 모방하려는 모방충동이 아니라 대상을 변형하려는 추상충동에 의해 성립되었음을 주장한다.[3] 그래서 그는 사실적 재현의 정도를 통해 예술작품의 미적 범주를 설정하려는 태도를 서양의 고전시대에 출현한 미 개념을 제국적으로 확장하는 것이며, 유럽의 고전적 예술을 특권화하는 결과를 이미 함축하고 있다고 비판한다. 그리고 그러한 고전적 예술사가 서구의 수많은 예술작품조차 제대로 이해할 수 없는 편협한 것임을 주장한다.[4]

17세기 이래의 예술을 지칭하는 '바로크' 라는 말이나 12세기 전후의 건축과 미술을 지칭하는 '고딕' 이라는 말이 기괴하고 끔찍한 야만성을 함축한다는 사실, 그리고 뵐플린(H. Wölfflin)이 바로크를 예술사의 주류로 살려낸 20세기에 들어와서도 고딕을 고딕에 고유한 개념을 통해서 이해하는 예술사를 찾아보기 힘들었다는 사실을, 보링거는 이러한 이유에서 찾는 듯하다. 19세기 중반 비올레-르-뒤크(Viollet-le-Duc)의 시도가 있었지만, 그것은 '고전적인' 비례의 원리에 고딕성당을 두

---

2) G. Deleuze/F. Guattari, *Mille Plateaux*, 이진경 외 역, 『천의 고원』 II, 연구공간 '너머' 자료실, 2000, 287쪽 이하.

3) W. Worringer, *Abstraktion und Einfühlung*, 권원순 역, 『추상과 감정이입』, 계명대 출판부, 1982, 23쪽.

4) W. Worringer, *Formprobleme der Gotik*(1920), 中野勇 譯, 『ゴジック 美術形式論』, 岩崎美術社, 1968, 20~26쪽.

들겨 맞추려는 것이었다는 점에서, 미적 대상이 되기 위해 그것이 치러야 할 대가가 얼마나 컸던가를 보여주는 에피소드였을 뿐이다. 예술을 '비례'로 정의하는 알베르티 풍의 그 '고전적인' 정신은 석굴암이나 마야의 석상조차 예술품이 되기 위해선 훌륭한 비례성을 갖고 있음을 증명하라고 요구할지도 모른다.

이런 점에서 보링거의 입론은 예술사가 미학사의 오래된 전통 속에서 하나의 중요한 파열구를 만들어낸 것이 분명하다는 것을 보여준다. 이는 어느새 또다시 잊혀진 그의 입론을 새삼 강조하고 재검토할 충분한 이유가 된다. 그렇지만 무엇이 대체 대상을 변형하고 추상하게 하는가에 대해서 그가 말하는 것은 불안과 공포를 마치 원죄와도 같은 인간의 본성으로 간주하는 오래된 서구의 신학적 전통에 따르고 있는 듯하다. 즉 그는 이러한 변형과 추상충동을 대상 세계를 합리적으로 포착하지 못하는 무지와 불안, 공포의 산물로 설명한다.[5]

그러나 유머와 가벼움, 유쾌함과 기쁨을 미덕으로 여기는 들뢰즈 같은 니체주의자가 예술을 이런 종류의 충동으로 이해하길 기대한다면 바보짓일 게다. 그렇다면 예술이란 무엇인가? 예술을 통해서 무엇을 하고자 하는가? 여기서 그는 클레(P. Klee)의 입을 빌려 말한다. "예술이란 비가시적인 것을 가시화하는 것이다." 가령 미예(Millet, '밀레')가 "중요한 것은 농부가 들고 가는 것이 무엇인가가 아니라 그것이 갖고 있는 정확한 무게를 그리는 것이다"라고 할 때, 그리고 세잔(P. Cézanne)이 나름의 선과 형태, 색채를 통해서 사과의 무게를 그리려고 했을 때,[6] 그들은 볼 수 없는 것을 보여주려고 하는 것이다. 즉 눈에 보

---

5) 보링거, 『추상과 감정이입』, 27~31쪽.

이는 것의 정확한 재현이 아니라, 눈에 보이지 않는 것을 보여주기 위해 변형하고 추상하는 것, 그게 바로 예술이란 것이다.

2. '표현주의'와 표현주의

예술가가 작품으로 보여주려 하는 비가시적인 것, 그것을 들뢰즈는 '힘'이라 부른다. 이는 현대예술에서 특히 중심적인 것이 된다. 현대예술은 어떤 것도 대개는 이전에 지배적이던 질료와 형상이라는 고전적 범주를 깨고 돌파하여 새로운 창조의 장을 형성하기 때문이다. 그 창조의 장은 소재(재료)와 힘 간의 직접적인 관계를 형성한다.[7] 즉 예술작품이란 그것이 포획한 재료를 통해서 우주적인 힘을, 그 비가시적인 것을 가시화하는 것이다. 이를 들뢰즈는 스피노자의 개념을 빌려 '표현'이라 명명한다. 그래서 이러한 생각은 종종 '표현주의'(Expressionism)라고 불리기도 한다.[8]

그렇지만 '표현주의'라는 명칭은 또 다른 오해의 여지를 담고 있다. 알다시피 그것은 이미 20세기 초에 미술이나 음악, 혹은 문학이나 영화에서 나타났던 어떤 광범위한 '사조'의 이름으로 사용되었다. 그런데 들뢰즈는 주관적인 감정을 대상에 이입하여 그렇게 변형된 대상을 통해 표현하려는 음악이나 미술에서의 '표현주의'에 대해서는 분명한

---

6) 들뢰즈/가타리, 『천의 고원』 II, 122쪽.

7) 들뢰즈/가타리, 앞의 책, 122쪽.

8) 가령 스피노자에 대한 들뢰즈의 책은 원래 『스피노자와 표현의 문제』*Spinoza et le problème de l'expression*(이진경/권순모 역, 인간사랑, 2003)였지만, 이 책의 영역자는 제목을 『철학에서의 표현주의』*Expressionism in Philosophy*라고 바꾸어 달았다.

거리를 두고 있다. 왜냐하면 이런 식의 표현 내지 표현주의 개념은 보링거가 지적한 것처럼 추상적인 것이 아니라 유기적인 것과 결부되어 있기 때문이다.

보링거 책의 가장 훌륭한 부분은 추상적인 것과 유기적인 것을 대비시킨 부분이다. 유기적인 것은 표상된 무언가를 지칭하는 것이 아니라 무엇보다 우선 표상작용의 형식이며, 더욱이 표상작용을 주체와 결부시키는 감정이다(감정이입Einfühlung).[9]

유기적인 것은 무엇인가? 유기체란 각각의 부분들을 '생명'이라는 하나의 특권적인 중심을 위한 '기관'으로 기능하게 하는 통합체다. 유기체라는 관념 아래서 신체의 모든 부분은 그 특정한 기능을 하는 기관으로 고정된다.[10] 입은 먹는 기관, 위장은 소화기관, 항문은 배설기관 등등. 그러나 입이 이와 다른 방식으로 사용되는 경우는 없는가? 그것은 무언가를 먹을 뿐 아니라 배설하기도 하고, 말을 하며, 키스한다. 사회를 하나의 유기체로 보는 경우, 그것은 우리에게 그 사회에서 할당한 기능을 열심히 수행하는 기관이 될 것을 요구한다. 집에서는 가장으로서의 역할을, 학교에선 선생이나 학생으로서의 역할을.

반면 우리의 삶은 그 고정된 자리를 끊임없이 이탈하고 벗어나며 다른 것이 된다. 권력의 선분들을 가로지르는 사선 같은 횡단선들, 그것은 이렇게 고정된 모든 것에서 탈주하는 유목의 선이다. 들뢰즈가 베

---

9) 들뢰즈/가타리, 『천의 고원』 II, 290쪽.
10) 들뢰즈/가타리, 『천의 고원』 I, 167쪽 이하.

프랜시스 베이컨, 「조지 다이어의 세 연구」

이컨(F. Bacon)의 정육점에 매달린 고깃덩어리 같은 그림을 언급하며
'기관 없는 신체'를 말할 때,[11] 그는 기관화하여 유기적 통합체로 만드
는 유기적 선과 대결하고 있는 것이다. 비슷하게 그는 카프카(F. Kafka)
가 개나 원숭이, 딱정벌레나 쥐에 관한 소설을 쓸 때, 사실은 글을 쓰면
서 개가 되고 원숭이가 되며, 딱정벌레가 되고 쥐가 된다고 말할 때, 그
것은 인간이 동물이 되는 한 방법인 것이고, 주어진 '인간'의 자리에서,
주어진 '가족'의 자리에서 벗어나는 한 방법인 것이다.[12] 이를 그는 '출
구를 찾는 것'이라고 말한다. '탈주선'.

'표현주의'에서 감정이입은 인간이라는 유기체의 감정(sentiment)
을 대상에 부여하여 대상을 인간화한다. 뭉크의 유명한 그림에서 모든
선은 절규하는 여인의 얼굴로, 그 얼굴의 검은 구멍으로 끌려가고, 모
든 색은 그 구멍에서 나오는 공포와 두려움의 기호가 된다. 풍경 전체

---

11) G. Deleuze, *Logique de la sensation*, 하태환 역, 『감각의 논리』, 민음사, 1995, 38쪽
이하 및 74쪽 이하.
12) G. Deleuze/F. Guattari, *Kafka:pour une littérature mineure*, 이진경 역, 『카프카—
소수적인 문학을 위하여』, 동문선, 2000, 85~92쪽.

가 절규하는 인간의 얼굴이 된다. '표현주의'는 모든 풍경을 이처럼 '얼굴'로 만들어 버린다. 공포에 질린 얼굴, 두려움에 떠는 얼굴, 혹은 슬픔과 분노, 절망에 사로잡힌 얼굴 ……. 유기적인 선과 관련하여 "인간의 얼굴이 특별한 우선성을 갖는다"고 하는 말은, 적어도 이 경우 아주 강한 의미로 이해된다.

그러나 이런 감정이입이 모든 것을 인간화하는 유기적인 선으로 표현된다고 할 때, 그것은 결코 기하학적 선과 대립되는 것이 아니다. "직선적인 것, 기하학적인 것은 유기적인 것과 대립하지 않는다. 체적과 공간성에 종속되는 그리스의 유기적인 선은 그것들을 평면으로 환원하는 이집트의 기하학적인 선을 뒤잇고 있다. 대칭과 윤곽, 내부와 외부를 갖는 유기적인 것은 하나의 홈 패인 공간의 직선적인 좌표계에 귀속된다. 유기적 신체는 직선으로 연장되어 멀리 있는 것에 연장된다."[13] 이는 추상적인 선을 기하학적 선으로 귀속시켰던 보링거(『추상과 감정이입』)와 분명하게 달라지는 지점이다.

반면 추상적인 것은 직선적인 것이 아니라 대칭이나 비례 같은 통념적 형식을 깨는 방식으로 구불구불 구부러지는 곡선이고, 어떤 하나의 중심으로 귀착되지 않은 채 나름의 '출구'를 향해 뻗어나가는 유목적 선이며, 좌표계를 짜는 수평선과 수직선을 가로지르는 사선이며, 그럼으로써 비유기적인 생명의 힘을 표현하는 선이다. 여기서 인간의 얼굴은 어떤 우선적인 위치도 갖지 못한다. 그 대신 "머리는 리본처럼 풀리거나 감기고, 입은 나선형으로 말린다. …… 이렇게 흐르고, 소용돌이 치고, 지그재그로 움직이고, 꿈틀거리는 변화의 열광적인 선은 인간

---

13) 들뢰즈/가타리, 『천의 고원』 II, 290쪽.

이 조정하고 유기체가 제한하고 있는 생명의 힘을 …… [그 조정과 제한을 넘어] 해방시킨다."[14]

3. 추상적 선과 기하학

하지만 아마도 여기서 우리는 멈칫거리게 된다. 추상과 모방, 추상적 선과 유기적 선의 대립은 좋다. 직선이나 기하학적 선이 추상이 아니라 하는 것은 대체 어떤 이유에서인가? 여기서 우리는 '추상'에 관한 두 가지 상이한 개념을 다시 구별해야 한다. 하나는 상이한 것들 사이에 존재하는 어떤 공통된 '형식'이나 '구조'를 추출하는 것으로서 추상이다. 가령 분류학이 이런 식으로 공통성을 찾아 올라간다. 고양이와 호랑이의 공통성(고양이과), 개와 고양이의 공통성(식육목), 개와 인간의 공통성(포유강), 인간과 두꺼비의 공통성(척추동물문), 인간과 지렁이의 공통성(동물계) 하는 식으로. 소쉬르나 촘스키가 말하는 언어구조도 이런 식으로 수많은 언어에 공통된 것을 찾아내서 만들어진다.

이처럼 공통된 형식, 기초 내지 근거로 사용되는 공통된 명제를 추출하는 이런 식의 추상 개념이 가장 극단적으로 나타난 것은 수학적 공리주의에서였다. 공리주의란 모든 것들을, 그 기초가 되는 공리들로 환원하려는 태도를, 그것도 어떤 형식화된 문장으로 환원하려는 태도를 지칭한다. 유클리드 『기하학』이 이런 공리주의적 방법의 원본이 되었다는 것 또한 유명한 사실이다.

알다시피 기하학의 선이나 도형이 또한 이러하다. 이 얼굴 저 얼굴

---

14) 들뢰즈/가타리, 앞의 책, 290쪽.

에 공통된 형태, 얼굴과 태양에 공통된 형식, 그게 바로 원이다. 원은 그 찌그러진 모습을 콤파스를 돌려 정확하게 편 것이고, 둥글게 생긴 모든 것의 공통된 형식이다. 이런 점에서 기하학적 선이나 도형은 형상적 내지 형식적인 것이며, 형식의 추상을 통해 만들어진 것이다. 즉 그것은 형상이나 형태를 지우고 추상하는 것이 아니라 공통된 형상이나 형태를 찾아내기 위해 만들어진다. 직선이 곧은 것은 구불구불한 길들을 곧게 펴서 '이상적'(ideal) 형태로 만들었기 때문이고, 원의 정확한 곡선은 울퉁불퉁한 '둥근 모양'을 곧게 펴서 이상적 형태로 만든 것이다. 따라서 기하학적 선은 자유롭게 흐르고 구부러지는 유목적인 선이 아니라 두 점을 잇는 곧은 선, 점들을 연결하는 하나의 고정된 선이다. 거기서 벗어나는 선은 '잘못' 그려진 선이고, 거기서 벗어나는 선은 진리의 이름으로 배제되고 소멸되어야 할 '오류'다.

플라톤의 이데아라는 개념은 바로 이를 모델로 하여 만들어진 것이다. 현실에는 존재하지 않는 완전한 형식, 그것이 바로 기하학을 모델로 한 이데아의 개념이다. 아리스토텔레스가 사용한 질료와 대비되는 '형상'이나 '형식'이란 말은 바로 이런 기하학에 기원을 갖는다. 그리스인들을 따라 르네상스 시대의 서양인들이 미를 비례로 정의하고 기하학적 구성으로 파악했던 것은 굳이 알베르티의 말들을 인용하지 않아도 잘 알고 있을 것이다.

이와 달리 주어진 형식을 변형시키거나 형식 자체로부터 벗어나는 추상이 있다. 몽골의 암각화에서 빙글빙글 돌며 말린 양의 뿔은 양의 뿔이 갖고 있는 어떤 형상이나 형식적 공통성과도 무관하다. 달팽이집처럼 말려 올라간 말의 입술, 네발 동물의 한쪽엔 새의 머리를 달고 뱀의 몸처럼 늘어난 꼬리의 끄트머리는 식물의 이파리처럼 만들어 버리

몽골 이호두를지 유적에 있는 '소용돌이 뿔의 반양' 암각화

고딕적 선의 운동 : 북방의 장식 버튼─동물문양(스웨덴)

고딕적 선의 운동 : 고대 북방의 청동 장식─동물문양(스웨덴)

파울 클레, 「투시법으로 그려진 방」, 1921년

는 유목민의 장식적 선은 주어진 형태의 변형으로서, 탈형식화를 이끄

는 선으로서 추상적 선을 보여준다. 혹은 보링거 말대로 자연에 반하여

끊임없이 구부러지는 선이 야기하는 기이하고 부자연스럽게 강제되는

고딕적 선의 운동은 우리의 의지에 따르지 않는, 우리의 의지나 생명보

다 강력한 무언가를 표현한다.[15] 이 또한 공통성의 합리적 추출이 아니

라 '선에 의한 공상'[16]을 통해 자연적인 세계의 형상을 변형시키는 추

상적 선이다. 들뢰즈가 홈 패인 공간과 매끄러운 공간을 대비하면서 매끄러운 공간의 특징으로 '추상적 선'에 대해 말할 때, 그는 바로 이런 유목적인 선, 모든 방향을 향해 풀려나가거나 감겨드는 이런 변형으로 서 추상적 선에 대해 말하고 있었다. "선이 탈주적인 유동성에 의해 기하학을 넘어서는 것과, 생명이 자기 자리를 넘어서 위치를 바꾸는 소용돌이에 의해 유기적인 것에서 벗어나는 것은 동시적이다."[17]

점에 종속되는 선이 아니라 점들을 포함하거나 통과하면서 자유로이 흐르는 선에 대해 말했던 것도 마찬가지였다. 소실선(ligne de fuite ; '탈주선')들을 오직 하나의 점으로 귀속시키는 투시법은 모든 선들을 오직 하나의 점으로, 화면상의 블랙홀과도 같은 소실점(point de fuite) 으로 종속시키는 홈 패인 공간을 구성한다. 그것이 자연주의적인 선이나 재현적인 형상이 지배하게 된 결정적 계기가 되었다는 것은 다시 말하지 않아도 좋을 것이다. 클레의 그림 「투시법으로 그려진 방」은 그 경직된 투시법적 소실선들 안에 갇힌 사람들의 형상을 통해, 소실점으로 귀속되는 선들의 권력을 보여주는 듯하다.

4. 추상화(抽象化)와 추상화(抽象畵)

이런 점에서 '모던'이란 말을 '근대'와 대비하여 '현대'라고 번역하게 만드는 현대미술의 역사가 바로 그 소실점의 제거와 소실선/탈주선들의 범람으로 요약되는 투시법의 해체에서 시작된다는 사실은 들뢰즈의

---

15) 보링거, 『고딕의 형식문제』, 55쪽.
16) 보링거, 위의 책, 54쪽.
17) 들뢰즈/가타리, 『천의 고원』 II, 291쪽.

입장에서 본다면 매우 중요하다. 그것은 오랜 동안 서구 미술을 사로잡고 있던 홈 패인 공간의 해체를 의미하며, 변형으로서 추상적 선이 해방되는 결정적 계기를 의미하기 때문이다.

그래서일까? 들뢰즈는 기하학과 대립되는 추상적 선의 개념을 현대예술이 제공한다고 본다. "추상적인 선은 기하학이나 직선적인 것으로는 정의될 수 없다. …… 현대예술에서 추상적이라고 말하는 것은 무엇인가? 그것은 어떠한 윤곽도 그리지 않고, 어떠한 형식도 제한하지 않는 …… 가변적인 방향의 선이다."[18]

그렇지만 다른 어디서도 그랬듯이, 이렇게 해방되어 자유롭게 풀려난 추상적 선을 다시 홈 패인 공간 안에 사로잡고 가두려는 메커니즘이 작동한다. 여기서 이제 기하학은 이전에 투시법의 소실점에 집중되어 있던 이 역할을 대신하는 특권적인 위치를 다시 차지한다.

몬드리안(P. Mondrian)이 '추상'의 개념을 설명하면서 그렸던 나무의 그림들은 이러한 양상을 분명하게 보여준다. 먼저 그는 자연적 형태에서 뻗어나가며 변형되는 추상의 과정을 보여준다. 거기서 나무는 춤추거나 강밀한 힘을 방사하는 추상적 선이 된다. 그렇지만 그것은 다시 공간을 분할하는 기하학적 도형의 형상에 따라 재분할되고 기하학적 추상에 다시 포획된다. 자연적 형태에서 해방된 추상적 선의 변형능력이 기하학의 홈 패인 공간 안에 다시 갇히는 것을 이보다 잘 보여줄 수는 없다. 이런 식으로 몬드리안은 변형으로서 '추상'을 기하학적 형

---

18) 들뢰즈/가타리, 『천의 고원』 II, 291쪽. 이러한 추상적 선의 개념은 그 극한이 어디일까? 아마도 들뢰즈는 폴록(Pollock)의 작품들이 그것일 거라고 생각하는 듯하다. 방금 말한 그 정의는 폴록의 작품들로부터 프리드(M. Fried)가 끌어낸 추상 개념의 요약임을 스스로 명시하기 때문이다(같은 책, 291쪽의 주 35).

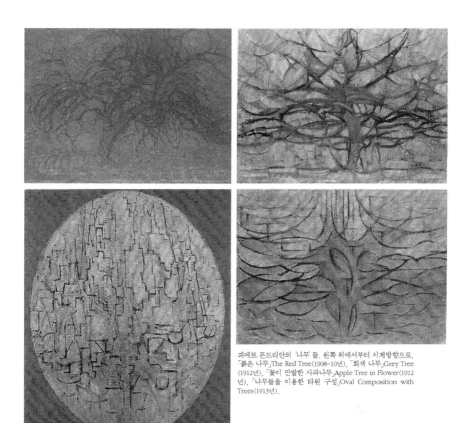

피에트 몬드리안의 '나무'들. 왼쪽 위에서부터 시계방향으로,
「붉은 나무」The Red Tree(1908~10년), 「회색 나무」Grey Tree
(1912년), 「꽃이 만발한 사과나무」Apple Tree in Flower(1912
년), 「나무들을 이용한 타원 구성」Oval Composition with
Trees(1913년).

상 안에, 직선과 사각형, 비례의 규칙 아래 다시 가둔다.

칸딘스키(W. Kandinsky)는 이를 약간 다른 양상으로 보여준다.
'즉흥'(Improvisation)이란 제목으로 그려진 일련의 그림들은 자연적
형태에서 벗어난 선과 공간의 자유로운 흐름을, 그 흐름이 만드는 힘을
종종 폭발할 듯한 강밀도로 표현한다. 그렇지만 자신의 그림을 넥타이
그림과 구별하려 하기 시작하면서, 그는 그 자유로운 선과 공간에 새로
이 '법칙'을 부과하게 된다. 『점, 선, 면』에서 운명 교향곡의 주제를 기

V. Symphonie Beethovens. (Die ersten Takte.)

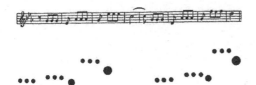

바실리 칸딘스키가 쓴 책 『점. 선. 면』에 나오는
베토벤 「운명 교향곡」의 1악장.

무용가의 사진과 바실리 칸딘스키가 그것을 묘사한 선.

파울 클레, 「고속도로와 샛길」, 1929년

하학적 도형으로 가시화하는 방식이나 무용수 팔루카(Paluca)의 춤추는 동작들을 기하학적 선으로 '추상' 했던 그의 '스케치' 는 법칙화의 강박을 따라 기하학적 선이 형태적 추상의 길로 자유로운 선의 흐름을 유도하고 결국 기하학적인 점, 선, 면에 가두게 되는 양상을 유치할 정도의 극명함으로 보여준다. 이는 기하학적 도형이나 선이 추상이 아닌 구상으로 귀착된다는 것을 잘 보여주는 사례일 것이다.

반면 클레는 정확한 기하학적 선과 정확하지 않은 비기하학적 선의 이러한 차이를 잘 알고 있었던 것으로 보인다. 그는 많은 경우 의도적으로 고정하고 가두는 경직된 선을 만들기 위해 기하학적 선으로 사람이나 형상을 그리며, 이를 자나 콤파스를 쓰지 않은 구불구불한 선과 대비시킨다. 「고속도로와 샛길」에서 이는 직선적인 선으로 홈이 패인 고속도로와 구불구불 흘러가며 끊임없이 옆으로 새는 샛길의 대비로 그려진다. 그런데 더욱더 의미심장하게 보이는 것은 자로 그린 직선으로 곧게 패인 그 길이 다른 방향으로 만들어지는 숱한 샛길들에 의해 잠식되어 있다는 점이다. 아니, 반대로 그 곧은 길은 그 많은 샛길들의 자유로운 펼쳐짐을 관통하고 포획하는 방식으로 만들어졌음을 보여주는 건지도 모른다.

여기에 우리는 그림과 문자(글자)의 관계를 하나 더 추가할 수 있을 것이다. 알다시피 글자 내지 문자는 그림으로 그려지는 것을 대신하고 그것을 추상하여 만들어진다. 들뢰즈는 그러한 문자의 출현이 제국적 국가의 탄생과 결부되어 있음을 상기시킨다. 반면 선사시대의 예술은 글자가 없었기에 더욱더 추상적이었다고 한다. "제국에서 그랬던 것처럼, 글이 추상적인 역할을 할 때, 이미 강등된 가치를 갖게 된 선은 필연적으로 구체화되거나 심지어 구상적인 것이 되는 경향이 있다."[19] 글자에게 추상을 일임하고 그림은 구체적인 것이 되는 것. 이처럼 추상적 선은 또 다른 추상으로서 글자와 대립한다.

그러나 이응노는 글자 내지 문자들을 다시 변형시킴으로써 "글자=추상;그림=구상"이라고 요약할 수 있는 이러한 근본적 이원성을 깨버린다. 그림의 추상으로서 한자는 이러한 또 한번의 추상을 통해 다시 '그림'이 된다. 그러나 그것은 이전의 애초의 기원적 형상이나 자연적 형태로 복귀하는 그런 종류의 그림이 아니라 추상적 문자에서도 한 걸음 더 나아간 추상적 선을 그린다. '문자추상'에서 추상은 글자를 변형

---

19) 들뢰즈/가타리, 『천의 고원』 II, 288쪽.

이응노, 「추상」, 1975년

시키는 추상적 선을 그리는 방법일 뿐이다. 추상이라는 '개념'으로 글자와 그림의 경계를 횡단함으로써 그는 추상이란 형상이나 형태와 더욱더 거리가 먼 '변형'임을 새로운 층위에서 보여주고 있다.

들뢰즈의 사상에서 모방이 아닌 변형으로서, 그리고 공통형식의 추출이 아닌 형식의 변형으로서 '추상'이란 개념은 매우 중요한 위치를 차지한다. 형식의 변형이 모든 종류의 형식화에서 벗어나는 탈형식화의 선을 그릴 때, 그것은 '일관성의 구도'에 도달한다. '일관성'(consistance)이란 이질적인 것들을 "하나로 묶는" 것이다. 아상블라주를 만드는 예술가처럼 여기저기서 끌어온 것을 새로운 구성물로 만들어내는 것, 그래서 각 부분의 이질성을 제거하지 않으면서도 새로운 구성물로서의 '일관성'을 만들어내는 것. 이런 점에서 들뢰즈는 '모방'을 싫어하는 것 이상으로 '혼성모방'(pastiche)을 경멸한다. 그것은 무언가를 다른 곳에서 가져온다는 이유 때문이 아니라, 그렇게 가져온 것을 원래의 것으로부터 충분히 탈영토화하지 못한 채 잡다하게 섞어두는 것이란 이유 때문이다.

일관성의 구도란 어떤 것을 모든 방향으로 접속가능한, 그래서 어떤 다른 것으로도 변형시킬 수 있는 입자적이고 원소적인 지점이고, 그런 만큼 어떠한 것도 구성할 수 있는 잠재적 상태란 의미에서 '구성의 구도'이기도 하다. 그것은 다가오는 모든 것을 향해 열려 있는 변형과 변이의 순수 잠재성 그 자체다. 추상을 통해, 탈형식화를 통해, 혹은 탈영토화를 통해 일관성의 구도에 도달할 수 있는 것은 바로 이런 이유 때문이다.

9

자본주의와 포획장치

들뢰즈와 가타리는 자본주의에 대한 맑스의 분석에 기초해 자본주의의 발생과 전개, 작동방식에 관한 새로운 개념들을 보여준다. 거기서 가장 중요한 것 중 하나가 바로 '포획'(capture)이라는 개념이다. 이 개념은 잉여가치와 착취라는 맑스의 개념을 더 밀고 나가, 잉여가치는 물론 자본주의나 가격기제가 존재하는 강한 의미의 시장에서 나타나는 '가치' 자체가 이미 착취 메커니즘임을 보여주는 것이다. 더불어 이들은 국가장치를 바로 이런 포획장치로 간주한다. 국가장치는 마법적인 포획의 극과 법적·사제적인 계약의 극으로 이루어진 포획장치라는 것이다.

하지만 이들이 말하는 포획은 단순한 '정치적' 혹은 '신화적'인 비판의 용어가 아니라 명확하게 경제학적 메커니즘에 대한 분석을 포함하는 이론적 개념이다. 이는 특히 '기계적 노예화'에 관한 이들의 분석[1]과 더불어 현대 자본주의에서 착취의 메커니즘에 대해 좀더 포괄적이

---

1) G. Deleuze/F. Guattari, *Mille Plateaux*, Minuit, 1980, pp.570~573, 이진경/권혜원 역, 『천의 고원』 II, 연구공간 '너머' 자료실, 246~248쪽. 이하에서는 번역본의 권수와 쪽수만을 본문 중에 괄호로 표시한다.

고 풍부한 이해를 제공한다. 이하에서는 이들이 『천의 고원』에서 고유하게 발전시킨 포획의 개념에 대해서, 특히 그것의 경제학적 메커니즘에 대해서 검토할 것이다. 아마도 포획에 대한 들뢰즈와 가타리의 개념은, 가타리는 물론 들뢰즈도 반복하여 자신이 맑스주의자임을 자처하고 있음에도 불구하고 그들을 단순한 '포스트주의자' 중 하나로 다루는 것이, 대개는 그들의 저작을 거의 읽지 않거나 이해하지 못한 사람들의 부당한 대우이며, 처사라는 것을 확연하게 보여줄 것이다. 동시에 그것은 그들이 자본주의 분석에서 단순히 맑스의 '유물론적' 분석을 차용하고 있는 수준이 아니라, 그것을 현대 자본주의의 주된 착취 양상을 포착할 수 있는 지점으로까지 밀고 나가고 있다는 것을 잘 보여준다.

하지만 여기서 포획에 대해 별도로 서술하려는 것은, 그들이 제시하는 그 개념이 경제학적 개념에 익숙지 않은 사람에겐 이해하기 어려운 데다, 실제로 그들이 제시하는 논리 또한 뜻밖에도 생략과 비약으로 인해 매우 거칠어 이해하기가 더욱더 힘들다는 생각 때문이다. 특히 화폐라는 스톡에 기초한 세금 포획의 경우, 화폐에 대한 개념에 치중되어 있을 뿐, 포획 양상에 대한 설명은——그 앞에 설명된 것과 비슷하리라고 생각해서인지—— 거의 없다고 해도 과언이 아니다. 그래서 이하에서는 우리가 할 수 있는 한, 저자들의 논리를 경제학적 개념으로 이해할 수 있는 것으로 바꾸는 데 충실하고자 할 것이다.

1. 포획이란 무엇인가?

포획이란 무엇인가? 이는 포획이 발생하는 지점이 어디인가를 봄으로써 포착할 수 있을 것이다. 가령 물건을 직접 사용하는 것은 물론, 상품이나 노동, 가치 등의 개념이 전제되지 않은 가장 원초적인 의미에서의 교환은 그 자체만으론 '착취'나 포획을 포함하지 않는다. 교환이 어떤 직접적인 이득을 주기 때문에 이뤄지는 것이라면, 이는 물건의 직접적인 사용과 근본적으로 다르지 않다고 할 수 있을 것이다. 그런데 교환을 통해 어떤 사용할 물건을 얻는 게 무의미할 때는 손에 남은 물건을 계속 갖고 있을 이유가 없다. 대개 버리고 말 것이다. 가령 김치를 갖고 있는데, 달라는 사람도 없고, 나도 더 먹을 일이 없다면, 그것을 비축할 이유는 없다는 것이다.

그런데 교환에서 아무런 추가 이득을 얻을 수 없음에도 불구하고 버리지 않고 비축한다면, 그때 비축되는 것을 '스톡'(Stock)[2]이라고 말할 수 있을 것이다. 그리고 아무런 효용이 없는데도 어떤 물건을 비축한다면, 그런 비축 자체가 직접적인 효용과는 무관한 어떤 이익이나 이유가 있음을 뜻한다. 이런 효용 없는 물건의 비축이 이익이나 욕망의 대상이 되게 만드는 것은 무엇일까? 그것은 비축되는 물건이 교환과는 다른 종류의 배치 안에 있음을 뜻한다. 이 배치의 이름을 '포획'이라고 한다. 그렇다면 포획이란 배치는 저 효용 없는 물건의 비축을 어떻게 이득이 되게 만드는가? 그 이득은 어떤 것이며, 어떻게 추출되는가? 여기서 포획에 대한 '경제학적' 질문이 성립된다. 그렇지만 우리는 먼저 '단순한' 교환의 배치에서 다시 시작해야 한다.

---

2) 여기서 스톡이란 말은 경제학에서 플로우(flow)와 대비되는 개념에서 따온 것이기는 하지만, 그것과는 다른 개념으로 사용된다. 그리고 이 단어를 '축적'이라고 번역하는 것은 잘못이다. 축적은 어큐뮬레이션(accumulation)의 번역어로, 전혀 다른 의미를 갖는 개념어이기 때문이다.

2. 교환과 스톡

우리에게 익숙한 '교환'이란 개념은 이미 상품과 가치라는 개념을 전제하고 있다. '가치'가 있다는 것은, 따라서 '가치'라는 개념을 전제하고 있다는 것은, 어떤 물건을 직접 소비하든 말든 남겨두어야 할 이유가 있음을 이미 전제하고 있다. 이는 그 물건이 이미 스톡으로 비축되어야 할 대상으로 정의되고 있음을 뜻하는 것이다. 이러한 관념으로는 스톡이 없는 상태, 스톡이 발생하지 않는 배치를 이해할 수 없으며, 그런 만큼 그것과 달리 스톡이 유의미하고 스톡이 항상 발생하는 배치를 충분히 이해할 수 없다. 그래서 포획을 다루기 위해선 "스톡, 노동, 상품 같은 관념에 준거하지 않으면서 상이한 원시집단들 간의 '교환'을 개념화하는 것이 가능할까?" 하는 질문으로 시작해야 한다.

여기서 들뢰즈와 가타리는 멩거(K. Menger)나 제번스(W. Jevons), 봄-바베르크(E. Böhm-Bawerk) 등이 창안한 '한계주의'의 논법을 끌어들이며 시작한다. 한계주의 논법에서는 개인적인 물품의 소비와 사용마저 어떤 선택이 끼여들면 '교환'이라고 부르기 때문에, 그리고 객관적인(따라서 비축할 이유가 충분한) 가치개념이 없기 때문에, 차라리 가장 추상적인 수준에서 교환을 다룰 수 있으므로 그것을 끌어들인다 (하지만 그들의 경제학 이론을 끌어들이는 것은 아니다. 오히려 반대로 그것은 빈약하기 짝이 없다고 비판하고 있으니, 특별히 경계의 눈으로 쳐다볼 필요는 없다).

알다시피 '한계주의'란 한계효용에 의해 재화의 가치를 규정하는 입론을 통칭한다. 먼저 '한계' 내지 '한계분'이라는 말은 있는 것에 더해지거나, 있는 것에서 감해지는 것을 뜻한다. 말 그대로 '한계', 즉 끄트머리에서 나타나는 변화를 표시하며, 한계효용이란 효용의 증가 내지 감소를 뜻한다. 가령 물을 마실 때, 처음 한 잔을 마실 때의 효용이 a1이라고 하면, 두 잔째 마실 때의 효용 a2는 a1보다 작을 게 분명한다. 세 잔째는 a2보다 더 작을 것이다. 한 네 잔쯤 되면 효용은 거의 없을 것이고, 그래도 계속해서 더 마셔야 한다면, 이때 물은 분명히 고통을 수반하게 될 것이다. 물고문이 시작되는 것이다. 이 경우 물의 효용은 0이 되거나 음수가 된다. 이처럼 하나 더 먹을 때(사용할 때) 효용이 늘거나 주는 부분을 한계효용이라고 한다. 그리고 먹는 양이 하나씩 늘어감에 따라 한계효용은 점점 줄어드는데, 이를 '한계효용 체감의 법칙'이라고 한다.

한계주의에서는 교환을 이러한 한계효용으로 설명한다. 내가 주려는 물건의 효용보다 교환해서 받을 물건의 효용이 더 크다면 교환이 이루어질 것이란 말이다. 예를 들어 A와 B라는 두 집단이 있는데, A는 쌀을 갖고 있고, B는 호미를 갖고 있다고 하자. 쌀을 많이 갖고 있는 A는 호미가 필요하다. 그러면 A는 쌀을 주고 호미를 얻으려 할 것이다. 마침 B도 쌀이 필요해서 호미를 주고 쌀을 얻으려고 한다. A에게 호미가 하나도 없다면, A는 많은 쌀을 주고서라도 호미를 얻으려 할 것이다. 하지만 호미 수가 늘어남에 따라 쌀이 아까운 생각이 들 거고, 점점 조금씩 주려고 할 것이다. 나중에 10개의 호미를 얻었다고 하고, 그것으로 호미는 더이상 필요없다고 하자. 그러면 이제 A는 호미를 얻기 위해 더이상 쌀을 주지 않으려고 할 것이다. 이것으로 교환은 '마지막'인 것이다. 이때 '마지막' 혹은 '한계'라는 것은 최종적인 것이 아니라 오히려 끝에서 두번째 것, 마지막 직전(avant-dernière)의 것이다. 즉 외관적인 교환이 교환자들에 대한 호소력을 상실하기 이전의 마지막 것이다. 그런 점에서 교환은 마지막 구매물(A에겐 호미)의 최종적 효용이 마지막 판매물(A의 쌀)의 효용보다 클 때까지 지속되고, 그런 한에서 그것들은 교환의 배치 안에 있게 된다.

만약 10개째 호미를 얻으면서 쌀 반 되를 주었다고 하자. 여기서 10개째의 호미와 쌀 반 되는 끝에서 두번째 지점을 표시할 것이다. 이 교환에서 A가 갖고 있는 쌀 한 되의 가치는 호미 2개라고 말할 수 있다 (호미의 가치는 역으로 쌀 반 되일 것이다). 왜냐하면 쌀 한 되에 호미 3개 이상을 주면 당연히 교환할 것이지만, 1개를 주겠다고 하면 교환하지 않을 것이고, 2개라면 교환할 것이기에, 쌀 한 되의 가치는 교환가능한 가장 작은 값인 2개(끝에서 두번째 것)라는 것이다. 지금 '값'이나 '가치'라는 말로 부른 한계효용은 이처럼 두 집단의 교환이라는 배치 안에서 결정된다. 이 배치 안에서는 쌀이 아무리 중요하고 소중한 것이라고 해도 한 되에 호미 2개의 가치를 가질 뿐이다.

이걸로 교환이 끝났다면(다른 교환 가능성은 없다고 가정하자), 이제 각자는 남은 것을 어떻게 처분해야 할까? A는 쌀로 밥을 하든 떡을 하든 사용해야 한다. B는? 쓸 일이 막막할 것이다. A와 B 각각에게 쌀과 호미는 짐이 되기 시작할 거고, 그것을 없애버리거나 비축할 것이다. 이처럼 교환이 더이상 아무런 이득이 되지 않을 때, 비로소 스톡의 비축이 시작된다. 씨앗으로 땅에 심기 위한 것이든, 다른 일에 쓰기 위한 것이든. "문턱은 외관상의 교환이 이제 더이상 이익이 없는 순간을 표시한다. 우리는 스톡의 비축이 시작되는 것은 바로 이 순간이라고 생각한다"(II, 228).

이처럼 교환이나 직접적인 소비 이외의 일(스톡의 비축)이 시작되는 것은, 교환과는 다른 배치로 들어간다는 것을 뜻한다. 물론 이후의 교환을 위해 저장을 하는 것은 교환의 배치 안에 있는 것이기에, 배치의 변화를 야기하지 않는다. 그것은 교환의 배치 안에서 '탄력성'을 크게 하는 행위일 뿐이다. 교환에 의한 이득이 사라진 연후에 발생하는 스톡의 저장은 그와 근본적으로 다르다. 그것은 차후에 교환하는 것이 불가능한 경우에도 각각의 집단이 비축하는 것을 뜻하기 때문이다.

그렇다면 소비의 효용도, 교환의 이득도 없는데 스톡으로 비축하는 이유는 무엇일까? 그것은 적어도 교환과는 다른 방식에서 획득할 어떤 이득이 있기 때문일 것이다. 땅에 뿌려서 증가된 수확을 얻으려는 것이든, 많은 사람들을 불러 그들 손에 들려주어 땅을 파헤치게 하려는 것이든 말이다. 이처럼 스톡의 비축은 교환과는 다른 방식으로 무언가 어떤 이득을 얻기 위해 행해진다. 그런데 그 이득이란 스톡을 소유한 자(그게 개인들이든 집합체든)에게 귀속될 것이다. 바로 여기가 '포획'이 이루어지는 지점이다. 따라서 스톡의 비축이란 포획의 배치를 표시하는 지점이라고 할 수 있다. 단, 기후나 만약의 사태를 대비한 비축은 앞서 말했듯이, 이러한 스톡의 비축보다는 차후의 소비나 교환을 위한 '저장'에 가깝다. 스톡이 되는 것은 다른 방식의 이득가능성, 다른 종류의 욕망가능성을 담지하고 있을 때이다.

3. 포획장치

스톡의 소유와 비축에 교환의 이득과는 다른 종류의 이득을 제공하는 것이 바로 포획이 가능하게 하는 배치, 포획장치의 배치이다. 그렇다면 포획은 어떻게 이루어지며, 포획장치는 어떻게 작동하는가? 단적으로 말하면, '직접적 비교'(comparaison)와 스톡의 소유에 기초한 '독점적 영유'(appropriation/Aneignung)가 바로 포획장치를 형성하고 작동하게 하는 방식이다.

여기서 논리적으로 일차적인 것은 '비교'이다. 다음의 문장은 이와 관련하여 포획의 논리를 요약해서 보여주고 있다.

"스톡 배치에서의 법칙은 공간적 공존의 법칙이고 상이한 영토들의 동시적 착취와 관련된다. 혹은 착취가 연속적일 때는 작동기간의 연속이 하나의 동일한 영토에 담지된다. 각 작동기간 혹은 착취기간의 틀 속에서 계열적 반복의 힘은 대칭의 권력, 반영의 권력, 전면적 비교에 의해 대체된다"(II, 228).

사실 '독점적 영유'는 스톡을 독점적으로 소유하고 있다는 사실을 근거로 하여 이루어지는 '영유'요 '탈취'니까, '착취'라는 개념만큼이나 포획이라는 개념을 이해하는 데 아무런 문제가 없다. 따라서 독창적이랄 것도 없다. 그러나 이들이 포획의 논리를 설명하는 데서 일차적 기능을 하는 것은 직접적 비교이고, 그것이 포획개념의 독창성을 구성한다. 그리고 그것이 일차적이기 때문에, 포획은 비대칭적이고 불공정한 강탈이 아닌, 공정한 대칭적 과정으로 나타나게 된다.

이들에 따르면 스톡은 세 가지 측면을 가진다. 먼저 영토와 대비되는 토지(씨앗을 포함해서)라는 스톡이 있다. 그리고 활동에 대비되는 노동이, 아니 정확하게 말하면 죽은 노동으로서 연장(노동수단)이 있고, 교환에 대비되는 화폐라는 스톡이 있다(II, 233). 그리고 각각의 스톡에 대해 지대, 이윤, 세금이라는 세 가지의 포획 양식이 대응한다. 들뢰즈와 가타리는 포획의 이 세 가지 형태를 맑스가 비판했던 '삼위일체의 정식'에 비유한다. 즉 지대·이윤·임금이 근대경제학에서 이야기하는 삼위일체 정식이었다면, 이들은 포획의 삼위일체 정식을 지대, 이윤,

세금이라는 세 가지 양식으로 보았다.[3] 그리고 이 세 가지 양식은 고대 제국의 경우에는 토지의 상급소유권을 갖고 있는 전제군주, 대규모 프로젝트를 추진하는 대개는 국가관리인 '기업가', 그리고 조세와 가격의 통제자라는 '인물'로 수렴되고, 자본주의라면 지주, 자본가, 조세 및 물가 통제권자라는 세 '인물'로 수렴된다. 이 인물은 "권력의 세 가지 자본화, '자본'의 세 가지 분절과 같은 것"이라고 한다(II, 233). 따라서 포획장치의 요소들을 다음과 같이 요약할 수 있을 것이다.

> 포획의 방식 : 직접적 비교와 독점적 영유
> 스톡의 세 측면 : 토지, 연장, 화폐
> 포획의 세 양식 : 지대, 이윤, 과세
> 권력의 세 측면(세 가지 자본화) : 지주, 자본가, 조세 및 물가 통제권자

이 요소들로 구성되는 복잡한 배치가 바로 '포획장치'라는 거대한 기계이다. 그리고 미리 포획장치를 구성하는 요소들과 작동방식들을 총괄적으로 요약하면 다음 페이지와 같이 도해할 수 있다(II, 233).

> (영토와 구별되는) 토지
> a) 토지들의 직접적 비교, 차액지대 ⎤ 지대
> b) 토지의 독점적 영유, 절대지대 ⎦ 토지 소유자

---

3) 이 부분의 번역은 수정되어야 한다. "그것[포획장치]은 세 가지 양식들로 기능하는데, 이는 스톡의 세 측면인 지대, 이윤, 과세에 상응한다"고 되어 있는데(II, 233), "그것은 스톡의 세 측면에 대응하는 세 가지 양식들—지대, 이윤, 과세—을 통해 기능한다"가 되어야 정확하다. 즉 스톡의 세 측면은 토지, 연장, 화폐이고, 그에 상응하는 포획의 양식이 지대, 이윤, 과세라는 것이다.

스톡 (활동과 구별되는) 노동

　　a) 활동의 직접적 비교, 노동　　　　⎱ 이윤

　　b) 노동의 직접적 영유, 잉여노동　　⎰ 기업가

(교환과 구별되는) 화폐

　　a) 교환대상의 직접적 비교, 상품　　⎱ 세금

　　b) 비교수단의 독점적 영유, 통화발행　⎰ 은행가

4. 지대의 포획

이제 각각의 스톡들이 어떻게 포획을 수행하는지 검토해 보자. 여기서 사용되는 포획의 논리에 '모델'을 제공하는 것은 맑스의 지대이론이다. 그러니 맑스의 지대론을 먼저 간략히 살펴보자.

　　맑스는 라살레가 기초한 독일 사회민주당 강령을 비판한 유명한 글(「고타 강령 비판」)에서 '모든 가치는 노동의 산물이다'라는 명제를 비판한 바 있다. 가령 상이한 토지에 같은 종의 씨앗을 같은 양 뿌리고, 동일한 시간 동안 동일한 노동을 투여했을 때조차도 그 토지의 토양이 어떠한가에 따라 아주 다른 결과의 수확을 하게 된다. 이때 두 토지에서 만들어지는 수확량의 차이는 무엇에서 기인한 것인가? 당연히 토양의 차이에 기인한다. 덧붙이자면 기후·바람·햇빛 등의 차이 또한 무관하지 않을 것이다. 경제학적이고 인간학적인 가치개념을 사용하는 경우에조차도, 그것은 단지 인간 노동의 산물일 뿐 아니라 자연의 산물이기도 하다는 것이다. 그런 점에서 "노동이 가치의 아버지라면 자연은 가치의 어머니"라고 맑스는 말한다.

이런 발상이 바로 지대에 관한 이론의 직접적 기초가 된다. 예를 들어 동일한 면적의 토지 A, B, C가 있다고 해보자. 여기에 같은 씨앗을 같은 양 뿌리고, 똑같은 노동을 투여해 농사를 짓는다고 하자. 그리고 그해 가을 각각의 토지에서 쌀이 10가마(A), 11가마(B), 12가마(C)가 나왔다고 가정하자. 동일한 크기의 토지에 동일한 노동의 양을 투여했지만 A보다 B에서는 1가마, C에서는 2가마가 더 생산된 것이다. 1가마, 2가마로 각각 표시되는 바로 이 차이가 토지와 자연에 의해 만들어진 것이다.

차액지대란 바로 이런 산출량의 차이와 관련되어 있다. 가령 10가마를 생산한 토지 A가 모든 토지 중에 가장 열등한 토지(최열등지)라고 하자. 그럼 B의 소유자는 A보다 1가마를 더 갖게 되고, C의 소유자는 2가마를 더 갖게 된다. 이는 각각 토지 B와 C를 소유하고 있다는 사실만으로 얻게 되는 것이다. 이것이 바로 차액지대다. 각각의 토지의 산출량과 최열등지의 산출량과의 차액이 바로 차액지대라는 것이다. 이는 투여한 노동과 무관하게 토지라는 스톡 덕분에 얻게 되는 이득이다. 토지라는 스톡에 대응되는 포획의 양태로서 지대는 이처럼 토지 상호 간의 직접적 비교를 통해서 차액(지대)의 형태로 획득된다.

이 경우 최열등지 A의 소유자는 아무런 지대도 얻지 못했다. 그런데 토지를 소유한 다른 지주들은 모두 일정 정도 지대를 획득했는데, 자신은 그러질 못했으니 지대가 없다는 사실을 그대로 받아들일 수 있을까? 사태를 좀더 명확히 하기 위해 이 토지들을 소유자가 직접 경작하지 않고 다른 사람에게 빌려주었다고 하자. 그런데 만약 지대를 토지의 추가적인 산출능력만큼만 정확하게 받는다고 하여, B의 지주에겐 1가마, C의 지주에겐 2가마를 주고, 최열등지인 A의 지주에겐 하나도

주지 않는다고 가정해 보자. A의 지주로선, "내가 미쳤어? 아무런 대가도 없이 토지를 빌려주게?" 라는 생각을 당연히 할 것이고, 자신이 토지의 소유자인 만큼 일정한 대가를 지대로서 받고자 요구할 것이다. 말 그대로 토지-스톡을 소유하고 있다는 사실만으로도(그게 최열등지라고 해도) 의당 지대를 요구할 것이다. 그래서 최소한 2가마는 지대로 받아야겠다고 한다고 하자. 토지가 누군가 소유할 수 있는 것이고, 그게 지주라면, 그래서 그가 2가마를 안 주면 토지를 빌려주지 않겠다고 하면, 농사를 지으려는 사람으로선 2가마를 안 줄 수가 없을 것이다.

바로 이것이, 지주가 토지를 독점적으로 소유하고 있다는 사실을 근거로 영유하는 지대인데, 이를 맑스는 '절대지대' 라고 부른다. 소유권이 절대적 권리로 되어 있는 사회에서 발생하는 지대란 의미로 이해하면 기억하기 쉬울 것이다. 그런데 그 경우 B의 지주는 1가마의 지대로 만족할 리 없을 것이다. "내 땅은 더 좋은 땅인데, 내가 왜 요것만 받아?" 당연히 A가 소유자로서 요구하는 2가마에, 토지의 질 때문에 추가로 발생한 지대 1가마를 더해 3가마를 받으려고 할 것이다. 마찬가지로 C는 소유에 따른 2가마의 지대에, 토지의 질에 따른 차액지대 2가마를 더해서 4가마를 받으려고 할 것이다. 즉 여기서 B가 받는 지대는 2가마(절대지대)+1가마(차액지대)=3가마고, C가 받는 지대는 2가마(절대지대)+2가마(차액지대)=4가마다.

이는 남에게 빌려준 것이 아니라 자신이 직접 경작한 경우에도 동일하게 적용된다. 다시 말해 지대란 이처럼 토지를 소유하고 있는 사실에서 발생하는 것이지, 그걸 빌려주는 사실에서 발생하는 게 아니다. 즉 지대라는 포획물(포획의 양태)은 토지라는 스톡을 보유함으로써 영유하는 것이다. 토지의 직접적 비교에 의한 이득의 영유, 토지의 독점적 소유에 의한 이득의 영유가 바로 토지라는 스톡과 관련된 두 가지 포획의 양태다.

그런데 여기서 절대지대가 없는 차액지대의 영유를 생각할 수 있을까? 그것은 불가능하다. 왜냐하면 토지를 빌려주는 경우에 분명하게 드러나듯이, 차액지대를 지주가 달라고 요구할 수 있는 것은 자신이 소유자라는 사실 없이는 불가능하기 때문이다. 토지의 독점적 영유권이 없으면 지대라는 것 자체가 정의될 수가 없다는 말이다. 따라서 논리적으로 우리는 차액지대를 통해서 토지-스톡의 포획에 접근했지만, 현실적으로는 절대지대가 차액지대의 필요조건이라고 할 수 있다. 즉 토지 소유에 의한 절대지대의 영유 없이, 차액지대를 비교하는 것은 현실적으로는 무의미한 짓이다. 따라서 이렇게 말해야 한다. 절대지대 없는 차액지대는 없으며, 차액지대는 절대지대를 전제한다. 이것을 들뢰즈와 가타리는 다음과 같이 요약하고 있다.

토지는 두 개의 탈영토화의 잠재성(potentialité)을 가진다. [첫째,] 토지의 질적 차이들은 서로 비교될 수 있으며, 이는 양적 관점에서 착취 가능한 토지의 부분들 간에 어떤 대응을 만들어내게 된다. [둘째,] 착취되는 토지들 전체는, 그것 외부의 황무지와 달리, 토지의 소유자들을 고정하는 독점이라는 관점에서 영유 가능하다. 두번째 잠재성은 첫번째 잠재성을 조건짓는다[필요조건이다]. 대지를 영토화함으로써 영토는 양자 모두를 격퇴했지만, 이제는 스톡 덕분에, 영토의 탈영토화에 의해 양자 모두 농업적 배치들 속에서 실행된다. 비교되고 영유되는 토지는 그들 외부에 위치한 수렴의 중심을 영토들로부터 되찾아낸다. 토지는 도시의 아이디어다(II, 229~230).

5. 이윤의 포획

다음으로 이윤이라는 포획의 양태를 살펴보도록 하자. 여기서는 노동이 바로 포획의 대상이란 점에서, 잉여가치로 착취를 개념화했던 맑스의 논지와 상응하는 부분이지만, 설명하는 방식이나 설명의 층위가 다르다. 맑스의 논지는 노동력의 상품화를 통해, 즉 노동력의 가치와 구매된 노동력을 사용해서 생산하는 가치의 차이가 잉여가치이고, 잉여가치는 이윤과 지대, 이자라는 현상적 형태를 취한다는 것이었다. 여기서는 노동의 비교와 노동의 독점적 영유로써 포획이 설명되고, 그것은 이윤과 동일한 층위에서 발생하는 '현상'의 층위에 자리잡고 있다.

여기서 포획의 조건이 되는 스톡은 '연장'인데, 맑스 식으로 표현하면 생산수단이 그것이다. 앞서 포획과 관련된 개념들을 요약하여 보여주는 도식에서 두번째 스톡을 '활동과 대비되는 노동'이라고 했는데, 이는 바로 '(스톡으로) 비축된 노동'이란 뜻이고, 맑스 식으로 말해서 '죽은 노동'이라고 할 수 있다.

사실 활동이란 자유로운 행동으로서, 그 자체로는 어떤 가치도 갖지 않으며(정확하게 말하면, 어떤 가치도 생산하지 않으며), 결과를 두고 비교할 수 있는 것도 아니다. 예를 들어 어떤 소설가가 글을 쓰는 활동에는, 때론 돈을 벌기 위해(원고료를 받기로 계약하고) 쓰는 경우도 있지만, 어떤 대가도 생각하지 않고 넘치는 표현욕을 적어나가는 경우도 있고, 어떤 단상을 적어가는 경우도 있으며, 사소한 메모를 하는 경우도, 사적인 일기를 쓰는 경우도 있을 것이다. 이 활동들은 그 자체로 각각 중요한 활동이고 어느 것이 다른 것보다 '가치 있다'고 무조건 말할 수 없다.

소박한 의미의 '비교' 또한 다양할 수 있어서, 때론 하루치의 소설을 쓰는 것보다 단상을 잠시 적는 게 더 중요한 경우도 있고, 때론 연인에게 편지를 쓰는 게 어떤 글을 쓰는 것보다 더 중요할 수도 있다. 그러나 이는 여기서 말하는 그런 '비교'가 아니다. 여기서 말하는 비교란 경제적인 의미에서 비교를 가능하게 해주는 '가치'라는 하나의 척도에 의해서 이루어지는 것이고, 그것에 의해 활동의 결과를 직접, 혹은 예상하여 양화하는 것이다. 거칠게 말해, 어떤 게 얼마나 더 돈이 되는가 하는 게 여기서 말하는 경제적 가치의 비교다. 따라서 '가치'라는 개념이 바로 포획방식으로 비교에 대응한다고 할 수 있다. 이 경제학적 가치란 사람들이 '가치 있다'고 하는 것들 가운데 '돈이 되는 것'만을 가려, '돈이 되는 정도'를 양화하여 계산한 것이다.

이제 앞서 말한 소설가의 활동은 '가치를 생산하는 활동'(생산적 활동)과 가치를 생산하지 않는 활동(비생산적 활동)으로 구분된다. 돈을 받을 수 있는 것을 산출하는 활동이 바로 가치를 생산하는 활동이요 생산적 활동이다. 이런 활동을 '노동'이라고 한다. 가령 노래방에서 노래하는 것이 '노동'이라고 생각하는 사람은 없을 것이다. 그건 생산하는 활동이, 노동이 아니다. 노는 활동이고, 비생산적 활동이며, 비노동이다. 그런데 만약 돈을 벌기 위해 무대에서 노래하는 합창단원의 노래라면 어떨까? 그건 분명히 생산적 활동이고 노동이다. 맑스도 비슷한 예를 들어 말한 적이 있다. 집에서 아이를 위해 의자를 만들어 주는 것은 생산적 활동(노동)이 아니지만, 공장에서 임금을 받으면서 의자를 만드는 것은 생산적 활동이요 노동이다. 집에서 하는 빨래는 노동이 아니지만, 세탁공장에서 하는 빨래는 노동이다.

맑스에 따르면 이런 구분은 그 활동이 잉여가치를 생산하는지 여부에 의해 구별된다고 했다.[4] 여기서 잉여가치를 생산하는가의 여부는 '자본가'에게 고용되어 있는가의 여부와 동일한 의미이고, 실제로는 '누군가'에게 고용되어 있는가, 다시 말해 누군가에게 돈을 받고 하는 가의 여부를 뜻하는 말이다. 하지만 '돈을 받고 일한다'는 것을 좀더 근본적으로 본다면, 활동 자체가 돈에 의해 비교가능한 무언가로, '가치를 갖는 무언가'로 된다는 사실을 뜻한다. 이처럼 '노동'이란 개념 자체에는 반드시 '가치'라는 개념과 '비교'라는 행위가 전제되어 있음을 알 수 있다. 그렇다면 이제 비축된 노동, 죽은 노동으로서 연장뿐만 아니라, 가치화(Verwertung)되어 비교가능한 것으로 된 활동으로서 '노동' 자체가 바로 '잉여가치를 생산하는 활동'으로서 포획과 결부되어 있다는 것을 잘 알 수 있다. 앞서 요약 도식에서 두번째 스톡란에 연장이 아니라 '노동'이라고 쓴 것은 이런 이유도 있는 것이다.

다음의 문장은 이런 맥락에서 쉽게 이해할 수 있을 것이다. "스톡은 활동들의 비교와 노동의 독점적 영유(잉여노동)라는 관점에서 노동이라는 또 하나의 상관물을 가진다. 다시 한번, 스톡으로 인해 '자유 행동'이라는 유형의 활동들은 노동이라고 불리는 공통적이고 동질적인 양에 종속되고, 비교되고, 연계된다. 노동은 스톡과 관련을 맺을 뿐만 아니라(그것이 스톡의 구성이든, 보존이나 재구성이든, 혹은 스톡의 활용이든), 노동 그 자체가 비축된 활동이다"(II, 230).

이제 비교가능한 활동으로서 '노동'에서 포획의 메커니즘을 보는 것은 쉽다. 앞서 차액지대를 설명한 논리를 그대로 적용할 수 있기 때문이다. 반복하자면 동일한 조건에서 동일한 '돈'을 주고 동일한 시간

---

4) K. Marx, *Theorien über Mehrwert*, 『잉여가치학설사』 1권, 아침, 1989.

을 노동하게 했을 때 A, B, C가 생산한 결과가 똑같을 순 없을 것이다. 가령 가장 적게 생산한 A가 (생산하는 데 사용한 재료, 도구의 감가상각비 등을 모두 제하고) 책상을 5개 만들 시간에 B는 6개를, C는 7개를 생산했다고 하면, B와 C를 고용한 사람은 비교만으로 A를 고용한 사람보다 각각 1개, 2개를 더 획득한 셈이다. 하지만 A를 고용한 사람이 5개 모두를 A에게 준다면 "고용할 이유가 뭔가?"라고 반문할 것이고, 따라서 그 중 2개를 자기가 이윤으로 갖겠다고 한다면, 나머지는 거기에 각각 1개, 2개를 더한 것을 이윤으로 포획할 수 있을 것이다.

여기서 앞의 것이 활동을 노동화함으로써 포획하는 것이라면, 뒤의 것은 돈을 준 고용자가 노동을 독점적으로 영유할 권리에 의해 포획하는 것이다. 그런데 사실 5개의 의자는 가장 '열등한' 노동력을 가진 노동자가 노동해 생산한 것이므로, 노동자가 가져야 마땅한 것이다. 고전 경제학자가 '노동의 가치'라고 표현했던 것, 맑스가 '노동이 추가로 생산한 것'이란 의미에서 '가치생산물'이라고 불렀던 것이 그것이다. 하지만 고용주는 자신의 독점적 영유권에 의해 2개를 착취한 것이고, 이런 의미에서 이는 분명히 '잉여가치'를 뜻한다. 의자 2개를 생산한 노동은 '잉여노동'이라는 것이다. 이는 '가치생산물'에서 공제되는 자본가의 몫이라는 점에서 맑스가 말하는 '잉여가치' 개념과 상응한다.

하지만 포획은 이러한 잉여가치의 착취에서 끝나지 않는다. 앞서 보았듯이 B와 C의 경우에는 A보다 추가로 생산한 분량인 의자 1개와 2개를 각각 더 빼앗긴 것이다. 이는 노동자 B, C의 직접적인 능력에 기인하는 경우도 있을 것이고, 자본가가 노동강도를 높이거나 노동의 방식을 바꿈으로써 나타나는 경우도 있을 것이다. 이 중 일부는 맑스가 말한 상대적 잉여가치에 속하겠지만(노동방식의 변화로 인한 생산성 증가의 산물인 경우), 다른 경우는 그에 포함되지 않다. 그것은 착취에 추가되는 이득이란 의미에서 일종의 과잉착취분을 표시한다.

여기에서 주목할 것은 노동의 포획은 단지 잉여가치의 착취뿐만이 아니라, 노동을 가치화함으로써 나타나는 '노동' 자체를 포함한다는 것이다. 뒤집어 말하면, 노동 자체가 바로 포획을 혹은 좀더 익숙한 단어를 쓰자면 '착취'를 뜻한다는 것이다. 따라서 '정당한 노동의 대가'를 모두 다 받는 경우에도 포획은 이루어지고 있는 것이고, 그런 점에서 일종의 '착취'는 그대로 남아 있다는 것이다. 다시 말해서 이는 '잉여가치'는 착취이지만, '가치'는 정당한 것으로 간주하는 우리의 통념을 비판하고 있는 셈이다. 잉여가치뿐만 아니라 가치 자체도 항상-이미 포획이요 착취라는 것이다.[5]

또 하나, 주의할 것이 있다. 앞서 지대에서도 보았지만 절대지대는 차액지대의 필요조건이고, 그것의 현실적 전제였다. 마찬가지로 독점적 영유권에 기초한 잉여노동의 포획이 없다면, 비교에 따른 차이를 고용주가 포획할 수 없다. 잉여노동이 노동의 현실적 필요조건이고, 현실적 전제라는 것이다. 즉 잉여노동 없는 노동은 없으며, 노동은 항상-이미 잉여노동을 전제하고 있다는 것이다. 그래서 이들은 이렇게 말한다.

노동이 잉여노동으로부터 선명하게 분리될 때조차, 양자는 독립적인 것으로 존재할 수 없다. 이른바 필요노동이란 것이 있고, 잉여노동이 있는 게 아니기 때문이다. 노동과 잉여노동은 엄격하게 동일한 것이다.

---

5) 이는 가치법칙은 착취법칙이라는 네그리의 테제와 매우 근접한 것처럼 보이다. 이에 대해서는 A. Negri, *Marx Beyond Marx*, 윤수종 역, 『맑스를 넘어선 맑스』, 새길, 1994 참조.

즉 노동은 활동들의 양적 비교에 적용되고, 잉여노동은 (이제 더이상 토지소유자가 아니라) 기업가에 의한 노동의 독점적 영유에 적용된다. 이미 보았듯 노동과 잉여노동이 구분되고 분리될 때조차, 잉여노동의 속성을 갖지 않는 노동은 없다. 잉여노동은 노동을 초과하는 노동이 아니다. 역으로 노동은 잉여노동으로부터 공제된 노동이고, 잉여노동을 전제하는 노동이다(II, 230).

6. 세금의 포획

세번째는 화폐라는 스톡을 통한 세금의 포획이다. 이는 교환 자체에서 발생하는 포획을 다룬다. 즉 노동이나 노동생산물의 직접적인 비교를 통해 포획이 이루어졌듯, 화폐를 통한 교환대상의 직접적 비교를 통해, 다시 말해 상품화를 통해서 포획이 이루어진다는 것이고, 비교수단인 화폐의 발행권을 독점적으로 영유하고 있다는 사실을 통해 또 다른 포획이 발생한다는 것이다. 하지만 이는 화폐란 단순히 상품의 교환수단이고 지불수단이라는 경제학적 통념에 머물러 있는 한 납득하기 힘든 얘기일 것이다.

이러한 화폐적 통념을 정당화하기 위해 빈번하게 인용되는 게 이른바 맑스의 '가치형태론'의 도식들이다. 그래서 화폐란 가장 단순한 물물교환, 그러한 물물교환의 확대, 그에 따른 일반적인 등가물의 발생을 순차적으로 따라가서, 결국 그 일반적 등가물이 금으로 되고, 금이 주화로 바뀌고, 주화가 지폐로 되는 것을 통해 탄생하는 것이라고들 말한다. 그리고 이것이 실제 역사적으로 진행된 과정이라고들 말한다.

그러나 물물교환이 발달해서 화폐가 만들어졌다는 주장은 역사적으로도 타당하지 않은 주장일 뿐만 아니라, 화폐가 존재할 때의 교환과 그렇지 않은 경우의 '단순한' 교환을 동일시하는 주장이란 점에서 논리적으로도 타당하지 않은 것이다. 일반적인 메커니즘으로서 가격기제가 존재하지 않는 경우의 교환은 그런 기제가 있는 경우의 교환과 전혀 다른 양상으로 진행된다. 이를테면 '거리'라는 공간적 격차를 이용한 상업적 이익(예컨대 원격지 무역의 특별이윤)은 하나의 가격기제 안에 존재하지 않는 시장 사이에서만 가능한 것이다.[6] 단일한 화폐가 통용되는 시장 안에서의 교환과 그렇지 않은 시장 사이에서 벌어지는 교환 역시 동일할 수 없을 것이다.

그런데 베버에 따르면, 화폐란 교환수단 이전에 채권/채무의 '지불수단'으로 먼저 탄생했다. "화폐는 '국정적(國定的) 지급수단'과 일반적 '교환수단'의 역할을 해왔다. 역사적으로 보면 이 두 기능 가운데 국정적 지급수단의 기능이 더 오래된 것이었다. 그리고 이 단계에서 화폐는 교환되지 않는 화폐였다. 교환되지 않는 화폐란 무엇인가? 교환이 없는 경제에서도 화폐는 하나의 경제로부터 다른 경제로, 교환에 기초를 두지 않고 지급될 수 있는 지급수단으로 필요할 수도 있음을 말한다. 예를 들면 조공이나 수장에게 보내는 증여물, 결혼시의 납폐(納幣), 신부 지참금, 살인벌금, 속죄금, 벌금 등은 전형적인 경우로, 지급수단으로 납입되는 것이다."[7]

---

6) 그래서 폴라니는 시장이란 개념조차 일반적인 가격기제가 있는 근대의 그것과, 그것이 없는 경우에 근본적으로 다르다는 것을 보여준다. 이러한 다양한 시장의 양상에 대해서는 K. Polanyi, *The Livelihood of Man*, 박현수 역, 『인간의 경제』 I, II, 풀빛, 1983 ; K. Polanyi, *The Great Transformation*, 박현수 역, 『거대한 변환』, 민음사, 1991 참조.

7) M. Weber, *Wirtschaftsgeschichte:Abriß der universalen Sozial-und Wirtschafts-geschichte*, 조기준 역, 『사회경제사』, 삼성출판사, 1988, 253쪽.

좀더 근본적으로, 화폐란 물물교환을 통해 발생할 수 없다는 것이다. 화폐란 누군가에 의해 표시된 '가치'를 지급하겠다는 보증이 없으면 성립되지 않기 때문이다. 그 누군가란 교환대상을 갖고 있는 모든 사람들이 따를 수밖에 없는 초월적 권력과 결부되어 있다. 요컨대 화폐란 국가에 의해 발행되고 국가에 의해 유통되는 것이지, 시장에서 자연발생적으로 발생하는 것이 아니란 것이다. 실제로 화폐가 만들어져 사용되었던 것은 국가 간 교환이라는 대외시장의 영역에서였고, 이 대외교역 시장은 대내시장과 본질적으로 다른 것이었다. "시장은 주로 경제의 내부에서 기능하는 제도가 아니고, 제도 밖에서 기능하는 제도다. 시장은 원격지 교역의 회동장소다. 본래의 국지적 시장은 거의 중요성이 없다. 더구나 원격지 시장도 국지시장도 본질적으로 비경쟁적이어서, 어떤 경우에도 지역적 교역, 이른바 국내적 시장을 창출하는 압력은 거의 없다."[8]

다른 한편 자국 내부에서 통용되는 화폐의 발행은 시장경제 발전의 산물이라기보다는 경제에 대한 통제권을 장악하려는 국가의 필요에서 비롯되었다고 할 수 있다. 예컨대 중국의 진이나 한 대 등 고대제국에서의 화폐 발행이 바로 그런 목적에서 비롯되었다고 한다.[9] 다른 사례이지만, 가령 10세기경 고려왕조는 최초의 화폐인 건원중보를 발행하지만, 상인들조차 이것에 대해 별다른 관심을 보이지 않아 유통수단으로서의 기능을 전혀 하지 못한 채 사장되고 말았다고 한다. "백성들이 돈을 사용하는 것이 유리함을 알게 된" 것은 숙종조인 12세기였다고

---

8) 폴라니, 『거대한 변환』, 79쪽.
9) 이성규, 『중국 고대제국 성립사 연구』, 일조각, 1984.

한다.[10] 이는 화폐가 시장에서 넘치는 교환의 열기에 의해 자연발생적으로 창출된 것이 아니라, 반대로 국가에 의해 발행되었지만 시기상조로 인해 시장에서 통용되지 못하는 경우가 있음을 보여주고 있다.

한편 국가가 발행한 정식 화폐가 아니라 단순한 '일반적 등가물'로, '일반적 교환수단'으로 기능하던 '화폐'가 사용되는 경우도 있었지만 이 경우 '화폐'는 하나의 영역 안에서도 결코 단일하지 않았다고 한다. "예를 들면 언제 어디서든 조개화폐로는 여자를 매수할 수 없었지만 가축으로는 매수할 수 있었으며, 이에 비해 작은 거래에서는 조개화폐가 사용됐다."[11] "고대 바빌로니아에서 화폐는 보편적 현상이었다. 그러나 그것은 [일반적 교환수단이 아니라] 특정 목적의 화폐였다. 즉 곡물은 임금, 지대, 조세 등의 지불에 널리 쓰인 대체물이었다. 은(銀)은 물물교환과 기본물자재정에 사용되는 일반적인 가치척도였다. …… 티브족(族)의 경우 …… 식량과 수공예품은 가장 낮은 서열[의 화폐]에 속했다. 가축, 노예, 청동제 봉이 그 위에 온다. 아내로서 소유할 수 있는 여자가 최상급에 해당된다."[12]

이처럼 다양한 화폐가 사용되고 있을 때, 국가는 어떻게 하나의 단일한 화폐체계를 수립할 수 있을 것인가?[13] 혹은 좀더 확장해서 말한다면, 화폐가 다양한 교환수단을 모두 포괄할 수 있는 단일한 척도로서 작동할 수 있는가? 예컨대 기사들이 쓰는 칼과 농부들이 쓰는 쟁기를 어떻게 비교할 수 있을까? 물론 화폐로 환산하면 비교할 수 있을 것이

---

10) 『북역(北譯) 고려사』 제2책, 사회과학원 고전연구실 편, 리민규/리의섭 역, 신서원, 1991, 33~34쪽.
11) 베버, 『사회경제사』, 254쪽.
12) 폴라니, 『인간의 경제』 I, 167쪽.

다. 그러나 그것은 화폐가 다른 질의 교환대상을 이미 동질화하여 비교 가능하게 하는 기능이 있음을 전제로 하고 있는 것이다. 거꾸로 문제는 바로 화폐는 대체 그토록 다른 질을 갖는 것들을 어떻게 동질화하여 비교가능한 것으로 만들 수 있었겠느냐는 것이다. 여기서 들뢰즈와 가타리의 대답은 국가의 세금이 바로 그것을 가능하게 했다는 것이다. 그들은 코린트 사회를 분석한 에두아르 빌(Edouard Will)의 책을 빌려 이야기한다. 거기서 화폐가 일반적 등가기능을 하게 되었던 것은 세금을 통해서였는데, 먼저 국가는 토지개혁을 하면서 부자들로부터 토지를 빼앗아 빈민들에게 나누어 주었다고 한다. 그리고 추방자들의 재산을 통해서 금속의 스톡이 비축되고, 이를 화폐로 만들어 빈민들에게 화폐를 주어 토지의 구 소유자에게 보상하도록 했다. 그리고 구 소유자들로 하여금 그 화폐로 세금을 지불하게 했다. 이렇게 하여 화폐는 국가의 손에서 빈민의 손으로, 구 토지소유자 손으로, 그리고 다시 국가의 손으로 되돌아오는 한번의 순환을 완수하고, 이를 통해 화폐와 재화, 용역 간의 등가물로서 위치를 획득하게 되었다는 것이다.

여기서 국가가 발행한 화폐가 유효하게 되는 것은 국가가 세금을 그것으로 받았기 때문이다. 그게 아니었다면 부자에게 지불된 금속들은 화폐로서, 토지를 보상해 주는 일반적 등가물로서 기능할 수 없었을

---

13) 고대 중국, 특히 전국 시대의 경우에는 지역에 따라 화폐가 주조되었고, 그에 따라 사적인 주조, 즉 사주(私鑄) 또한 적지 않았다고 한다. 하지만 한(漢) 대에 이르면서 국가화폐를 정착시키기 위해 사주를 근절시키려는 시도가 반복하여 행해졌고, 제국적 국가를 확립한 무제 때 이르면 주조권을 국가가 완전히 장악하였다고 한다. 이후 여러 가지 '개혁'과 곡절, 혼돈이 있었지만, 화폐주조권의 국가독점이라는 원칙은 지켜졌다고 한다(정하현, 「황제 지배체제의 성립과 전개」, 『강좌 중국사 I:고대 문명과 제국의 성립』, 지식산업사, 1990, 243쪽).

것이고, 그저 국가가 발행한 상징물에 머물렀을 것이다. 그러나 국가가 세금을 부과하고, 그것을 화폐로 받는 한, 화폐는 누구든 '받을 만한 물건'이 될 수 있으며, 이것이 화폐로 하여금 교환수단과 지급수단으로서의 '일반성'을 획득하게 해줄 수 있는 것이다. 이로 인해 교환수단은 국지성을 넘어서는 일반성을 획득할 수 있었던 거라는 것이다. 이런 점에서 세금이야말로 상이한 교환대상, 상이한 노동, 상이한 질들 간의 불가능해 보이는 등가성을 확립하게 하는 결정적인 요소였던 것이다.[14]

일단 화폐가 등가물로 작용하는 체제가 만들어지면, 화폐는 교환대상으로 만들어진 생산물에 대해 초월적 권력을 행사할 수 있게 된다. 화폐화할 수 없는 것은 무가치하게 되고 말 것이다. 그것은 팔 수 없는 물건, 그래서 직접 소비하지 않는다면 무가치한 물건을 뜻하는 것이다. 여기서 우리는 척도로서 화폐가 어떤 권력을 발휘하는지 어렵지 않게 이해할 수 있다. 아무리 열심히 일해서 멋진 의자를 만든다 해도 그것이 화폐의 세계에 들어갈 수 없다면 상품이 되지도 못하고, 또 유통될 수도 없다는 것이다. 화폐화될 수 있다는 것은 어떤 교환대상이 상품의 세계로 들어가기 위한 입장권이고, 모든 상품소유자들이 자신의 상품으로 꾸는 꿈이다. 그것은 니체 식으로 말하면, 상품들에겐 일종의 '피안의 세계'다. 상품 세계의 이데아, 바로 이것이 화폐다. 그런 점에서 어

---

14) 중국의 고대 제국에서 화폐의 유통에 중요한 역할을 한 것 또한 여러 가지 부(賦)를 화폐로 납부하게 한 것이었다고 한다. "수입의 측면에서 살펴볼 때, 국가는 제부(諸賦)를 화폐로 납부케 하여 화폐의 유통을 부양하였다. 부의 전납(錢納)은 전국부터 전한까지 화폐경제의 호황을 이루는 데 핵심적인 계기가 되었던 것인데, 이 밖에도 자벌(貲罰)의 전납, 염철의 전매와 균수(均輸), 평준법(平準法)을 통한 화폐의 구득도 수입측면에서 고려되어야 한다. …… 지출의 측면에서는 관리의 봉록, 상사(賞賜), 관용물자의 구입 등이 검토될 수 있겠다"(정하현, 앞의 책, 241~242쪽).

쩌면 화폐는 상품적 세계를 하나로 묶어줄 뿐만 아니라 통합자의 역할도 하고 있다. 또 실제로도 현실의 가치가 화폐에 복속되어 있다.[15]

화폐 발행자로서의 혹은 시장 관리자로서의 국가는 이제 상품화하려는 시도 자체에 세금을 부여한다. 시장에서 상품을 판매하고 영업행위를 하기 위해선 시장 입장료인 세금을 내야 한다. 어떤 것이든 영업을 하려는 자는 세무서에 신고해 영업허가를 받거나, 영업의사를 신고하여 이후 발생하는 이득에 대해, 아니 매매하는 상품의 양에 대해 일정한 세금을 내야 한다. 노동력을 상품화하려는 자 또한 상품을 다루려는 것인 한 세금을 내야 한다. 소득이 발생하는 모든 경우를 국가는 상품–시장을 통과한 것으로 간주하여 소득세를 부과한다. 이 모두가 바로 상품화 자체에 대해 부과되는 것이고, 상품화 자체를 대상으로 일정한 이득을 포획하는 것이다.

여기서 포획의 논리는 앞에서 말한 지대의 논리와 똑같지는 않다. 오히려 모든 종류의 상품에 일률적으로 부과하는 세금의 형태를 취하고 있다. 양화된 비교의 세계에 들어가는 모든 출입자에게 일방적으로 부과되는 것이다. 이를 좀더 확실하게 보여주는 것은 간접세이다. 이른바 '부가가치세'나 '소비세'처럼 상업행위자가 아니라 개별 상품 자체에 일률적으로 부과되는 간접세는 세금이 포획하는 것이 바로 상품화 자체라는 것을 잘 보여주기 때문이다. 그것은 상품화 자체와 항상 보조를 같이 하며 상품화 능력을 포획하는 메커니즘이다. 상품화하려는 자는, 그것을 판 결과로 얻은 이익이 얼마가 되든 상관없이 일단 먼저 누

---

15) 이에 대해서는 이진경, 「화폐와 허무주의:화폐의 권력에 관한 맑스의 이론」, 『진보평론』 4호 참조.

구나 내야 하는 세금, 바로 그것이 상품 내지 상품화 자체를 포획하는 포획의 양태인 것이다.

다른 한편 비교수단인 화폐 발행의 독점적 수단을 점유하고 있다는 사실로 인하여 이루어지는 포획은, 은행가와 거기서 화폐를 빌리려는 사람의 관계를 통해 이해할 수 있다. 가령 화폐를 가진 은행가의 입장에서는 무수한 사업가와 기업가, 자본가들이 어떤 상품—아이템을 들고 와 돈을 빌려달라고 했을 때, 자신이 독점적으로 점유하고 있는 화폐에 대한 일정량의 이득을 제공할 것을 요구한다. 이자가 그것이다. 이자란 이런 점에서 화폐 사용에 부과되는 '세금'의 일종인 셈이다. 하지만 이는 비교에 기인하는 포획이라기보다는 독점적 영유에 기초한 포획이라고 해야 적절할 것이다. 이것이 아마도 요약적 도식에서 세금이라는 포획의 양태 밑에 포획하여 이득을 취하는 자, 권력자의 이름을 '은행가'라고 적어둔 이유일 것이다.

또한 이와 독립적으로 국가는 화폐의 추가적 발행을 통한 이득을 포획할 수 있다. 가령 하나에 10,000원의 가격을 갖던 상품이, 화폐를 추가로 발행한다고 해서 즉각 값이 올라 11,000원 하는 일은 일어나지 않는다. 시간이 어느 정도 지나서 그 화폐들이 충분히 유통된 이후에야 화폐가치는 떨어지고 상품가격은 올라가게 된다. 따라서 그 사이에 추가로 발행된 화폐로 발행자인 국가는 이미 원하던 바를 충분히 포획한 것이고, 그 포획의 여파가 충분히 전파된 연후에야 비로소 물가는 오르게 된다. 그 사이에 상품소유자들은 판매를 하든 하지 않든 이미 일정한 분량을 포획당한 것이다. 물가가 오른다는 것은 상품소유자가 포획당한 것이 상품구매자인 소비자에게 전가된다는 것을 뜻한다.

이는 전쟁이나 사치 등의 이유로 화폐를 마구 발행했던 절대왕정

국가나, 아니면 경기 진작이나 재정적인 이유로 화폐를 발행하는 현대의 국가들이 거의 일상적으로 사용하고 있는 방법이다. 특히 화폐를 금으로 바꾸어 주겠다는 지급보증인 태환가능성을 포기한 이후 이러한 추가적 화폐의 발행은 급한 때면 쉽게 찾게 되는 정책수단이 되어버렸다. 다양한 양상의 인플레이션이 아니더라도 물가가 지속적으로 상승한다는 것은 모두 잘 아는 사실이다. 이는 세번째 형태의 포획이 항상적으로 이루어지고 있음을 뜻하는 것이다.

7. 포획장치의 추상기계

들뢰즈와 가타리는 베르나르 슈미트(Bernard Schmitt)의 모델을 들어서 화폐를 중심으로 한 포획장치의 작동방식을 설명하고 있다.[16] 포획의 메커니즘은 다음의 네 가지 항목으로 요약된다. 앞서 언급한 화폐의 발행과 결부된 이야기를 염두에 두고 본다면 보기보다는 이해하기 어렵지 않을 것이다.

① 미분할된, 영유되지도, 비교되지도 않은 흐름 A(화폐의 창조).
② 흐름은 분배되고 분할되지만, 생산자들은 아직 분배된 것을 소유로 획득하지 않는다(분배된 집합 B).

---

16) 슈미트는 맑스와 케인즈의 영향을 강하게 받은 스위스의 경제학자인데, 케인즈주의자가 흔히 그렇듯이 화폐문제에 관심을 집중하고 있다. 이탈리아인 알바로 첸치니(Alvaro Cencini)와 함께 작업하기도 했는데, 양자적 시간개념을 통해 포획을 설명하려 했다. 그래서인지 첸치니는 자신의 저작에 '양자이론적 접근'이란 부제를 달기도 했다(A. Cencini, *Money, Income and Time:A Quantum-Theoretical Approach*, Pinter Publishers, 1988).

③임금에서 구매력의 파생, 분배된 집합 B와 실물재화의 집합 C의 조응, 비교 확립.

④실물재화와 조응하는 비교 집합 B´, 그런데 B´ 〈 B

사실 여기서 하는 이야기의 핵심은 간단히 말하면 "실질임금은 항상 명목임금보다 작다"는 명제로 요약할 수 있다. 이유는 앞서 보았듯이 중앙은행의 화폐 발행이나 은행에서 신용의 창조 형태로 이루어지는 유통 화폐량의 증가로 인한 것이다. 하지만 포획은 받은 화폐를 사용할 때 발생하는 것이 아니라 화폐를 발행하거나 창조하는 순간에, 혹은 화폐를 지급하는 순간에 이미 발생한다는 것이다. 화폐를 추가로 발행하자마자 물가가 상승하지는 않지만, 사실은 바로 그때 이미 포획이 이루어진다는 것을 상기한다면, 이는 쉽게 이해할 수 있을 것이다.

"('부자'에 의한) 이 영유는 사후적으로 이루어지는 것이 아니다 : 그것은 명목임금에 포함되어 있는 동안 실질임금으로부터 빠져나간다. 영유는 '소유 없는 분배'와 '상응 및 비교에 의한 전환' 둘 사이에 있고, 둘 사이로 삽입된다"(II, 235).

재화의 흐름은 창조되고 분할되지만, 생산자들은 그 분배된 것을 아직 소유한 것이 아니다. 그들은 나중에, 물가가 오른 연후에 그것을 구매하게 된다. 따라서 분배받은 임금으로 구매할 수 있는 실물재화를 C라고 하면(이를 비교가능한 수치로 바꾼 것을 실질임금 B´라고 하자), 이는 애초에 주어진 명목임금 B보다 항상 작다는 것이다. 즉 B´ 〈 B라는 것이다.

"설사 구매력이 주어진 기간 동안 생산된 모든 대상에게 유용하다고 가정하더라도, 분배된 집합은 사용되거나 비교되는 집합보다 항상 크다. 이는 직접생산자가 단지 분배된 집합의 일부분만을 전환할 수 있음을 의미한다. 실질임금은 명목임금의 일부분일 뿐이다 ; 마찬가지로 '유용한' 노동은 노동의 일부분일 뿐이고, '활용된' 토지는 분배된 토지의 일부분일 뿐이다. 이윤, 잉여노동, 혹은 잉여생산물을 구성하는 이러한 차이 혹은 초과분을 포획이라고 부를 것이다 : 명목임금은 모든 것을 포괄하지만, 임금소득자는 그들이 재화로 전환하는 데 성공하는 소득만을 보유한다 : 그들은 기업이 빨아들이는 소득을 상실한다'"(II, 234~235).

여기서 독점적 영유와 직접적 비교라는 두 가지 포획의 방식은 복합되어 함께 작용하고 있다. 그리고 그 결과는 누구도 포획당한 것이 없는 채 포획이 이루어지는 포획의 마술성이 '공정성'의 규칙과 한치의 어긋남도 없이 이루어지고 있는 것이다.

"모든 것은 사실상 '빈민'에게 분배된다고 말할 수 있다. 그러나 빈민은 이 이상스러운 경주 과정에서 전환에 실패한 모든 것을 강탈당하게 된다. …… 슈미트가 말하듯이 도둑도 희생자도 존재하지 않는데, 왜냐하면 생산자는 자신이 가지지 못한 것, 그리고 획득할 기회가 없는 것을 상실할 뿐이기 때문이다"(II, 235). 슈미트의 이 도식은 부정은 있지만 수탈은 없는 포획의 마술적 성격을 보여주고 있다는 것이다.

8. 포획장치와 폭력

이러한 포획의 양상은 국가적 폭력의 마술적 성격과 매우 동형적인 양상을 보여준다. 즉 국가적 폭력은 포획과 마찬가지로 항상 처음에, 사전에 일어나기 때문에 폭력임을 정확하게 지적하기 힘들게 된다. 포획당하면서도 그것이 포획임을 지적하기 힘든 것처럼 말이다. 빼앗기는 줄도 모르는 채 빼앗기는 것, 그게 바로 포획의 마술적 성격이고, 폭력이 행사되지만 폭력인 줄 모르는 것, 그게 바로 국가적 폭력의 마술적 성격이다. 그래서 맑스가 이른바 '본원적 축적'이라는 것에 대해 서술했던 것을 상기시키며 이렇게 말한다. "반드시 국가를 통해 작동하는 폭력, 자본주의에 선행하는 폭력, '본원적 축적'을 구성하여 자본주의 생산양식 그 자체를 가능하게 만드는 폭력이 있다"(II, 236). 자본주의 생산양식 안에서 누가 도둑놈이고 누가 희생자인지를 말하기 어렵게 하는 것이 바로 이것이다.

하지만 들뢰즈와 가타리는 자본주의만 그런가 하고 다시 질문한다. 그래서 본원적 축적에 관한 맑스의 분석을 자본주의 이전의 생산양식, 애초에 스톡과 포획이 시작되었던 배치인 농경적 생산양식에 대해서까지 확대적용되어야 한다고 말한다. 농경적 생산양식에도 또한 이른바 '본원적 축적'이 있다고, 폭력을 수반하는 스톡의 본원적 축적이 있다고 말이다. 따라서 이렇게 일반화하여 말할 수 있다. "포획장치가 수립될 때마다 본원적 축적이 존재한다. 여기에는 아주 특별한 폭력이 수반된다. 폭력이 행사되는 대상을 창출하거나 창출하는 데 기여하는 그런 폭력이, 그 자체로 전제가 되는 그런 폭력이"(II, 236).

포획이란 일종의 국가적인 폭력을 통해서 어떤 것들을 스톡으로 전환시키고, 포획장치를 만들어 가는 것이다. 포획이 발생해서 국가장치가 구성되는 것이 아니라, 포획장치를 구성하는 국가장치가 항상 선행했던 것이다. 하지만 우리가 염두에 두어야 할 것은 이와 관련한 폭력의 상이한 체제가 있다는 점이다. 이것은 약간의 비교가 필요하다. 따라서 상이한 폭력의 체제를 구분해야 한다고 한다.

첫번째로 투쟁(lutte)이 있다. 원시적 폭력의 체제다. 한방 대 한방식의 폭력, 둘이 맞붙어 싸우는 식의 처절한 폭력이다.

두번째는 전쟁이다. 전쟁기계와 관련된 폭력의 체제다. 적어도 본질적으로 국가장치에 반하는 폭력의 동원과 자율화를 내포하는 것이다. 하지만 전쟁기계는 사실 전쟁을 목적으로 하지 않는다. 그것은 매끄러운 공간을 만들 뿐이고, 그것을 가로막는 한에서 국가장치의 폭력에 반하는 폭력을 행사할 뿐이다. 따라서 이는 사실 근본적으로 국가장치의 수립에 반하는 폭력이고, 국가장치의 수립 자체가 항상-이미 하나의 폭력인 한 폭력에 반하는 그런 폭력이다.

세번째는 범죄라는 폭력이다. 이것은 가질 '권리'가 없는 무언가를 소유하려는, 즉 포획할 '권리'가 없는 무언가를 포획하려 한다는 점에서 불법적인 폭력이다.

한편 네번째로 국가의 치안과 같은 합법적인 폭력 내지 포획이 있다. 이는 세번째와 정반대의 폭력이며, 준 적이 없었던 것을 빼앗는 폭력이다. 이것들은 포획할 권리를 구성하는 동시에 포획을 해버리는 것들이다. 애초에 빼앗을 권리를 만들어 가지고 시작하기에, 모든 빼앗는 행위를 스스로 정당화하는 폭력이고, 빼앗기 전부터 항상-이미 빼앗는 폭력이다. 그래서 그것은 '원초적(본원적)'이며, 단순한 '자연현상'으로 나타난다. 그 결과에 대해 국가는 어떤 책임도 지지 않는다. 단지 국가는 "우리는 폭력적인 것에 대해서만 폭력을 행사할 뿐이다"라고, "우리는 평화를 위해서 폭력을 행사할 뿐이다"라고 말하면서 폭력을 행사한다. 한 건의 테러를 응징하기 위해 엄청난 민중들을 죽이는 서대한 폭력과 전쟁이 '평화를 위한 권리'로, '폭력을 응징하고 그것을 방지하기 위한 정당한 조치'로 선언된다. 국가적 폭력이 마술적 포획의 극과 법-계약의 극 사이에 있다고 하는 말이나, 포획장치가 마술적 포획의 극과 법-계약의 극이라는 두 극을 갖는다는 말이 다르지 않다는 것은 바로 이런 의미에서이기도 할 것이다.

10

자본주의의 공리계와 그 외부

들뢰즈와 가타리는 『앙띠-오이디푸스』에서 자본주의란 하나의 '공리계'(axiomatique)를 이룬다고 말한 바 있다. 이러한 그들의 생각은 『천의 고원』에 이르면 포획에 대한 개념과 더불어 더욱더 치밀하게 펼쳐져서 나름의 자본주의 이론을 형성하게 된다. 그리고 나아가 이는 자본주의의 외부를 사유하고 실천하기 위한 정치학이라는 것을 명확하게 드러낸다.

이하에서는 자본주의 공리계에 대한 이들의 입론과 그 외부로서 '결정불가능한 명제', 그리고 그것의 현실적 조건으로서 '소수자'의 문제를 『천의 고원』에서 제시되고 있는 바에 따라 간략하게 검토할 것이다. 하지만 자본주의가 하나의 공리계를 이룬다는 사실을 납득하기 위해선 자본주의 발생에 관한 이들의 입론을 보아야 한다. 이는 국가에 관한 이론의 연속선상에 있는 것이지만, 이에 대해서 검토하는 것은 또 다른 주제가 되기에, 여기서는 자본주의의 발생에 관한 입론에서 자본주의 공리계 개념으로 이어지는 지점만을, 그리고 그 공리계의 외부에 대한 사유만을 검토할 것이다.

1. 자본주의의 발생

자본주의 내지 자본주의 국가는 어떻게 가능했던 것일까? "그것이 실현되기 위해서는 탈코드화된 흐름의 **전체적** 적분〔통합〕(integration)이, 선행의 장치들을 엎지르고 뒤엎는 **일반화된** 통접 전체가 있어야 한다"는 게 들뢰즈와 가타리의 대답이다. 국지적인 통접, 상례적인 통접, 이런 것들을 가지고는 안 된다는 것이다. '전체적'이고 '일반화된'이란 말을 특별히 강조할 필요가 있는 것은 이런 국지적 통접과 구별하기 위해서다. "이 새로운 사회적 주체성은 단지 탈코드화된 흐름들이 그들의 통접들을 넘쳐흐르고, 국가장치들이 더이상 돌이킬 수 없는 탈코드화 수준을 획득하는 한에서만 형성될 수 있다"는 것이다.[1]

『자본』I권의 '본원적 축적'에 관한 장에서 맑스는 자본주의란 한편으로는 '자유로운 노동자'의 축적이, 다른 한편으로는 '일반화된 부'의 축적이 결합할 때 비로소 시작될 수 있었음을 보여준다. 신분적인 코드로부터 해방되어 어떤 일이든, 또 누구를 위한 일이든 할 수 있으며, 가장 중요한 생산수단이었던 토지로부터 분리되어 다른 어떤 일이든 하지 않으면 안 되는 무산자들이 바로 전자다. 일반화된 부란, 영주의 토지든 지주의 토지든, 혹은 상인의 상품이든 수공업자의 생산물이든 어떤 것도 서로 교환되고 등치될 수 있는 부와 재화의 흐름이 되는 것을 뜻한다. "한편으로 노동의 흐름은 더이상 노예나 농노로 정의되어서는 안 되며, 벌거벗은 자유로운 노동자가 되어야 한다. 다른 한편으

---

1) G. Deleuze/F. Guattari, *Mille Plateaux*, Minuit, 1980, 이진경/권혜원 외 역, 『천의 고원』II, 연구공간 '너머' 자료실, 2000, 242쪽. 이후 이 책의 인용은 번역본의 권수와 쪽수만으로 본문 중에 괄호로 표시한다.

로 부는 화폐거래나 상인의 부 혹은 토지와 연관된 부로 정의되어선 안
되며 순수하게 동질적이고 독립적인 자본이 되어야 한다"(II, 242).

앞서 말한 부의 탈코드화된 흐름이란 영주의 봉토, 지주나 교회의
토지, 상인의 화폐와 상품처럼 상이한 지층에 속해 있는 부들이 서로
교환될 수 있고 서로 분할되어 뒤섞일 수 있는 것으로 동질화되는 것을
의미한다. 나아가 이러한 재화들이 단지 '일반화'되고 탈코드화되는 것
만으로는 충분하지 않다. 그것은 누군가에 의해서든 집적되어 누적되
어야 한다. "탈코드화된 흐름의 전체적 적분〔통합〕"이 있어야 한다는 것
은 바로 이런 의미에서다.

그런데 여기서 'integration'이란 말을 '통합'이라는 통상적 번역
말고 '적분'이라는 수학적 용어로 번역할 필요가 있다. 맑스는 자본을
'자기증식하는 화폐'라고 정의했고, 이를 G + ΔG라는 공식으로 요약
한 바 있다. 여기서 자본을 화폐와 구별해주는 것은 기왕의 G에 추가되
는 성분인 ΔG이다. 이것이 바로 자본에 고유한 힘과 권력을 정의해 주
는 성분이다. 이는 화폐에 부가되는 '미분적 성분'이라고 말할 수 있을
것이다. 반면 본원적 축적에 관한 장에서 맑스가 말하듯이 '일반화된
부의 집적'으로서 자본이란 다양하고 이질적인 부의 요소들을 '자본'
으로 동질화하고 일반화하여 하나의 부로 합친 것이다. 이런 의미에서
그것은 분명히 일반화된 부의 '적분/통합'이라고 말할 수 있다. 그것은
자본에 포함된 미분적 성분의 '적분'이란 의미에서, 그 집적량의 크기
에 상응하는 권력의 요소를 잠재적으로 내장하는 그런 통합이란 의미
또한 포함한다.

다시 자본주의 발생으로 돌아가면, 앞서 말한 두 가지 탈코드화된
흐름이 하나로 결합할 때 비로소 자본주의는 발생한다. "보편적 주체

및 대상 일반을 서로에게 제공하면서 자본주의를 구성하는 것은, 한 번의 타격 속에서의 추상적 통접이다. 자본주의는 동질화된 부의 흐름이 동질화된 노동의 흐름과 조우하여 그것과 결속될 때 형성된다"(II, 242). 여기서 '한 번의 타격'이라고 한 것은 본원적 축적에서 국가에 의해서 행해진 폭력을 지칭하는 것이다. 동질화된 부의 흐름과 동질화된 노동의 흐름이 하나로 결속하게 될 때 자본주의는 발생한다는 것이다. 이를 이들은 자신들이 말하는 "탈코드화된 흐름들의 일반적 공리계"의 발생과 동일한 의미라고 말한다. 이러한 두 가지 탈코드화된 흐름의 결속이 없는 한, 광범위한 부의 축적도, 탈코드화된 거대한 노동력도 자본주의의 발생으로 이어지지 못한다. 중세도시의 거대한 상업적 부나, 한국의 역사를 연구하면서 종종 말하는 이른바 '자본주의의 맹아'는 그것의 양적 크기가 아무리 커지고 그로 인해 직접 고용한 직공의 수나 상업적 영향력의 범위가 아무리 확대된다고 하더라도 그 자체만으론 자본주의를 준비하는 것이라고 말할 수 없는 것은 바로 이 때문이다.

이렇게 자본주의적 '결합'의 선이 그려지기 시작하면서 이제 사유재산은 그 자체로 직접적이고 무매개적인 권리가 된다. 재화와 소유자 간의 관계에 중요한 변화가 나타나게 되며, 이를 표현하는 새로운 법적 형식이 출현하게 된다.

이전의 제국적 고대국가나 황제 내지 왕이 통치하는 국가, 혹은 봉건국가에서는 소유는 언제나 국가나 왕, 혹은 영주나 공동체 등과 결부되어 코드화되어 있었으며, 따라서 그것을 점유하여 경작하고 이용하는 자가 소유권을 갖지는 못했다. 대개 토지의 소유권은 왕이나 영주들이 갖고, 직접 생산자인 농민들은 점유권 내지 사용권만을 가질 뿐이었다. 봉건적 지대는 대개 점유자인 생산자가 소유자인 영주나 왕에게 수

확량의 일정 부분을 바치는 것이었다. 그래서 통상 왕이나 영주 등 지배계급의 소유권을 '상급 소유권'이라고 하고, 농민들의 점유권을 '하급 소유권'이라고 하며, 하나의 토지에 대해 두 인물이 소유하는 이런 관계를 '이중소유권'이라고 부른다.[2] 따라서 법은 모든 사람에 대해 동일하게 적용된다고 언표하는 '보편성의 형식'을 취할 수 없었고, 다만 상례적인(topique) 경우에 준하는 것이 관례나 관습의 형태로 법적 규칙을 형성하게 되었던 것이다.

하지만 이중소유권이 해체되고 토지나 재화와 사람간의 직접적이고 일원적인 관계가 수립되면서 사태는 달라지게 된다. 법은 이제 원칙적으로는 모든 경우에 해당되며 모든 사람들에 대해 동일하게 적용되는 보편적 형식을 향해 나아가게 된다. 근대적 법은 로마의 상례적인 법과 달리 공리적인 형식을 취하게 된다. '공리'란 관련된 정리들 전체에 동등하고 동일하게 적용되는 최소한의 보편규칙이고, 다른 정리들이 기초해야 하는 그런 최상위 규칙이다. 하위법은 상위법에 따라야 하고, 그 상위법은 근대적 일물일권주의(一物一權主義)에 기초한 몇 가지 규칙을 통해 구성된다. 이런 식으로 법은 하나의 공리적 질서에 따라 만들어지고 배열되게 된다. 근대법의 기원으로 간주되는 프랑스 민법이 그것의 대표적인 경우일 것이다. 더불어 들뢰즈와 가타리는 공리적 법은 피지배계급에 대한 명령문의 형식이 아니라 객관적이고 서술적인 문장으로 쓰여지고, 완벽하고 포화된 합리적 체계를 형성하는 듯이 가장하며, 새로운 공리들이 추가될 수 있는 방식으로 만들어진다는 점을 지적하고 있다(II, 243).

---

2) 山岡亮一/木原正雄 편, 『봉건사회의 기본 법칙』, 김석민 역, 아침, 1987.

이 문턱에 이르면 경제가 '공적 형식'을 취할 뿐 아니라 정치나 기타의 심급에서 분리하여 독립되는 현상이 나타난다. 정치라든가 국가와 같은 것들을 매개로 하지 않고 직접적으로 소유자와 소유물 간의 관계가 설정되면서, 그 관계가 펼쳐지는 활동이 별개로 독립성을 갖게 되고, 그에 따라 정치로부터 분리된 영역이 되는 것이다. 시장은 '보이지 않는 손'에 의해 통제되기 때문에 정치의 개입 없이 훌륭하게 작동하니, 국가는 경제에 간섭하지 말고 "그냥 내버려 두라(Laissez faire!)"고 하는 자유방임주의와 애덤 스미스 식의 경제이론이 그것을 아주 잘 보여준다.

경제는 정치의 영토적 제한과 독립적으로 확대되는 탈영토화의 벡터를 내포하고 있었다. 그래서 맑스는 「공산당 선언」에서 "자본에게는 국경이 없다"고 말했고, 이 책 『천의 고원』은 "자본주의는 처음부터 국가에 고유한 탈영토화를 무한히 능가하는 탈영토화의 힘, 국가를 넘어서 탈영토화의 힘을 동원해 왔다(II, 243)"고 말한다. 이런 것은 국가를 넘어서는 탈영토화의 양상을 표현하는 것처럼 보인다. "모든 제한과 속박을 넘쳐 흐르는 보편적 코스모폴리탄적인 에너지", 혹은 세계적 공리계를, 그리고 "대외교환을 통해 국경을 가로질러 유통하고, 국가들의 통제를 벗어나고, 다국적인 전세계적 조직을 형성하고, 정부 결정들에 간섭받지 않는 사실상 초국가적 권력을 이루고 있는 소위 국적 없는 통화량(masse monétaire, 화폐대중)"(II, 243)이 그것이다. 주식시장과 외환시장 등의 '화폐시장'을 드나드는 이러한 거대한 국제금융자본이 얼마전 동남아 경제위기나 한국의 외환위기에 결정적 역할을 했다는 것은 잘 아는 바와 같다. 이런 의미에서 "자본주의는 국가 없이 지낼 수 있는 경제적 질서를 발전시킨다고 말할 수 있다"고 한다(II, 244).

그러나 국경을 "넘어선다는 것이 없어도 좋다는 것을 뜻하는 것은 아니다"(II, 244)고 말한다. 이미 본 것처럼 자본주의가 도시형태보다는 영토적 국가형태를 통해서 진전되었다는 점에서 자본주의의 과거는 영토적 국가와 긴밀하게 결부되어 있다. "맑스에 의해 서술된 근본적 메커니즘들의 기초(식민체제, 공공부채, 근대적 조세체계와 간접과세, 산업보호주의, 무역전쟁들)는 도시에서도 준비될 수 있었지만, 도시들은 그들이 국가들에 의해 영유되는 한도 내에서만 축적, 가속화, 집중의 메커니즘들로 기능한다"(II, 244). 지구촌화(globalisation) 같은 현상과 자유무역주의 체제의 강요는 미국이나 자본주의 선진국의 보호장벽과 나란히 진행되며, 더욱이 노동시장의 면에서 국경의 벽은 이전 어느 시대보다도 강하고 높은 것이 또한 그렇다. 따라서 "국가의 고유한 탈영토화는 자본의 탈영토화를 조절하고 보완적 재영토화를 제공한다"고 할 수 있을 것이다(II, 244).

이런 극단적인 경우에서 다시 벗어나, 일반적으로 자본주의에서는 국가에 대해 이렇게 말한다. "노동과 자본이 자유롭게 유통하는 생산자들의 집단들, 달리 말해 외부적 장애물이 없다는 원칙하에 자본의 동질성과 경쟁이 실행되는 생산자들의 집단들"이 "국가의 '유물론적' 결정요인"이지만, "자본주의는 그것이 유효하게 실행되기 위해서도 독립적 자본의 흐름의 수준에서처럼 노동의 흐름의 수준에서도 국가들의 새로운 힘과 새로운 법이 있는 것을 항상 필요로 했다"고 말이다(II, 244).

그래서 이들은 자본주의 공리계의 실현모델이 국민국가라고 말한다. 공리계와 실현모델에 대해서는 조금 뒤에 다시 말할 것이다. 어쨌든 국가 없는 자본주의가 아니라 세계화라는 탈영토화의 벡터를 작동시키고 있을 때조차도 자본주의는 '국민국가'라는 영토적 국가를 실현모델로 한다는 것이다. "국가가 자본주의 공리계의 실현모델이 되는 것은 그 모든 가능한 변종을 가진 국민국가 형태 속에서다"(II, 246). 여기서 '국민'(nation)은 이런 흐름들의 토대 위에서 구성되고, 그에 조응하는 영토와 인민에게 일관성을 부여하는 근대국가와 불가분이다. 그리고 토지와 산업적 토대를 형성하는 것이 대문자 자본(Capital)의 흐름이듯이, 인민을 형성하는 것은 벌거벗은 노동의 흐름이다. 국민은 바로 집단적 주체화의 작동이고 근대국가는 예속의 과정으로서 그것에 조응한다는 것이다.

2. 공리계와 실현모델

여기서 잠시 '실현모델'이란 말은 물론 '공리계'라는 말에 대해서 좀더 분명하게 설명할 필요가 있다. 다음 절에서 현대 자본주의와 혁명에 대한 자신들의 입장을 서술하면서 이들 개념을 자주 사용하기 때문이다.

　먼저 수학적인 의미에서 공리계란 알다시피 몇 개의 공리에 의거해 추론할 수 있는 정리들의 체계화된 집합이다. 공리계의 모델이 되었던 유클리드 기하학의 경우, 몇 개의 정의와 5개의 공리에 의거, 다양한 정리들을 추론하여 체계를 만든다. 여기서 공리들은 오랫동안 '자명하다'고 간주될 만큼 일반적인 그런 명제들이고, 공리계 안의 어디서나 유효하게 이용될 수 있는 명제들이다. 더불어 이 공리계에는 필요하다면 새로운 공리가 추가되거나 제거될 수 있고, 어떤 공리가 다른 것으로 대체될 수도 있다. 예컨대 유클리드 기하학에서 평행선 공리를 다른 것으로 바꿀 수도 있고, 집합론의 공리계에 연속체 가설이나 선택공리를 넣을 수도 있고 뺄 수도 있다. 정리와 달리 공리는 다른 공리들로부터 독립성을 갖고 있기 때문에 그렇다. 그리고 그런 식으로 공리가 추가되거나 대체되면 정리들의 내용은 전반적으로 달라지게 된다.

실현모델이란 말은 공리계를 형식화하는 경우에 필요한 것이다. 형식주의로 유명한 수학자 힐베르트(D. Hilbert)는 기하학이나 수학에서 직관적인 내용이 엄격한 수학적 추론에 방해가 된다고 생각했다. 그래서 점, 선, 면 등처럼 직관적 내용을 포함하는 단어나 교차한다, 평행하다 등과 같은 서술어들을 모두 내용이 배제된 형식적 기호로 바꾸려고 했다. 그래서 점, 선, 면 대신에 가령 x, y, z 등과 같은 기호를, 교차한다, 평행한다 대신에 A, B 등과 같은 기호를 사용한다. 그러면 기호들간의 형식적으로 정합적인 공리계가 구성될 수 있을 것이고, 그 추론에서 직관적인 내용 때문에 오류를 범할 가능성이 사라질 거라고 생각한 것이다.

그러나 이러한 기호들의 정합적 체계는 그 자체론 아무 내용이 없기 때문에, 그것을 사용하려면 적합한 단어로 다시 바꾸어야 한다. 그런데 힐베르트는 기호들의 형식적 관계가 모순이 없다면, x, y, z 자리에 점, 선, 면 대신에 책상, 의자, 컵을 대신 써넣어도 그 관계는 유효할 것이라고 믿었다. 물론 A, B를 적당한 다른 말로 바꾸어야겠지만 말이다. 그러나 알다시피 그렇게 될 경우 어이없는 문장들의 집합이 만들어진다. 가령 고래, 상어, 문어를 x, y, z 자리에 써넣고, A를 '~보다 길다', B를 '~보다 짧다'라고 대체한다면 어떨까? 기호들의 관계가 아무리 정합적이어도 이걸로 만들어진 문장이 자동적으로 정합적일 리 없다. 더구나 그 정합성은 이제 수학이 아니라 동물학에 의해 판단해야 할 문제가 된다. 어쨌든 형식화된 공리적 체계에서 기호를 적절한 단어로 바꾸어 넣는 것을 수학에서는 '해석'이라고 하고, 그렇게 만들어진

실제적인 모델을 공리계의 '실현모델'이라고 부른다.

자본주의를 하나의 공리계로 본다는 것은, 가령 교환의 공리(모든 상품은 등가교환된다), 소유의 공리(모든 재화는 한 사람의 소유자에게 귀속된다), 가치의 공리(모든 상품은 노동시간에 의해 정의되는 가치를 갖는다), 노동의 공리("일하지 않는 자는 먹지도 말라"), 시장의 공리(가격은 수요와 공급의 균형점에서 결정된다), 생산의 공리(최소한의 비용으로 최대한의 생산물을 생산하는 것이 가장 생산적이다) 등등의 공리들이 때론 이것들이, 때론 저것들이 모여서 구체적인 경제의 양상을 규정하고 만들어내는 체계로 보는 것을 뜻한다. '정치경제학'이나 통상 '경제학'이라고 불리는 부르주아 경제학은 대개 이런 공리계 안에서 가능한 수학적 모델들을 만드는 게임을 하고 있다. 생산부문이나 공장, 노동시장 등은 이런 공리계가 실제로 작동하는 일종의 '실현모델'인 셈이다. 국가가 실현모델로 봉사한다는 말도 이런 맥락에서 이해하면 될 것이다. 나중에 나올 것이지만, 공리계의 실현모델들은 각각의 체계 안에서, 필요와 조건에 따라 새로운 공리를 추가하거나 제거하는 방식의 가변성을 갖는다. 가령 사회민주주의가 자본주의의 통상적 공리계에서 실업의 공리(노동의 공리)를 바꾸거나 아니면 복지의 공리(국민들의 최소한의 생활은 국가가 보장해 주어야 한다)를 추가한 경우라면, 이른바 '신자유주의'는 케인즈주의적 체계에서 복지의 공리 등을 제거한 경우라고 할 것이다.

그런데 어떤 사회, 가령 자본주의를 하나의 공리계로 정의하는 것과, 코드화된 체계로 정의하는 것은 어떻게 다른가? 여기서 들뢰즈와 가타리는 공리계를 모든 종류의 코드나 초코드화, 재코드화와 분명히 구별하고 있다. "공리계란, 그 본성을 특정화하지 않은 채 아주 다양한 영역에서 동시에 직접적으로 실현되는 순수하게 기능적인 요소나 관계를 그 자체로 다루는 것이다. 반면 코드란, 그 영역이 상대적[제한적]이며, 질을 갖는[양화되지 않은] 요소들 간의 특정화된 관계를 언표하며, 초월적이고 간접적인 방식으로만 상위의 형식적 통일성에 도달(초코드화)할 수 있을 뿐이다."(II, 244)

앞서 자본주의라는 공리계에 대해 했던 말을 다시 상기한다면, 여기서 공리계에 대해 하고 있는 말은 대체로 이해할 수 있을 것이다. 이와 대비하여 가령 중세 도시에서는 상업이나 교환조차 공리계처럼 일반화되지 않았다. 즉 상인들은 원격지 무역에 대해서는 초과이윤을 크게 붙였고, 상인 간의 거래나 수공업자와의 거래에서는 대체로 시장의 공리에 따랐지만, 농민들에게는 초과이윤을 붙여서 팔았고 그들의 생산물은 가치 이하로 싸게 구입했다. 이 경우 상이한 교환의 코드들이 각각의 영역에서 상인들이 맺는 특정화된 관계를 표시해 주고 있다. 혹은 같은 사회라도 학교와 공장, 교회, 방송국 등은 상이한 코드들을 갖고 있다. 여기서도 코드들은 각 영역의 특정한 관계에 따라 만들어지고, 그렇기에 그 영역에선 아무리 일차적인 규칙도 그곳을 벗어나면 적용되지 않는다.

한편 공리계 역시 단일한 공리가 다양한 영역에서 공통된 규칙으로, 초월적 규칙으로 군림하고 있다는 점에서 '초코드화'의 일종이라고도 할 수 있다.[3] 어른이나 아이나, 내국인이나 외국인이나, 농촌이나 도시나, 취업자나 실업자나 동일하게 "일하지 않는 자는 먹지도 말라"는 노동의 공리를 적용한다는 것은 하나의 규칙이 초월적 코드의 자리를

---

3) 공리계가 모든 종류의 형식을 추상하는 추상기계와 다른 것은 바로 이 때문이다.

차지하고 있음을 잘 보여준다. 하지만 여기서 이 규칙은 어디서나 직접적으로 적용된다. 반면 코드화가 어떤 초월적인 규칙에 의해 규제될 때, 우리는 초코드화를 발견할 수 있다. 하지만 이것이 공리계의 초코드화와 다른 것은, 예를 들어 도시동맹체의 상인들이 조합규칙에 의해 어음과 이자에 관한 규칙을 정해서 그것을 조합에 속한 상인들에게 지키라고 요구하는 경우처럼, 특정 영역 안에서 조합이 제정하는 규칙에 의해 그에 속한 상인들에게 강제되는 간접적이고 초월적인 방식으로 작동한다는 점이다.

앞에서 자본주의의 공리계와 실현모델에 대해 잠시 언급한 바 있다. 그런데 실현모델은 그것이 동일한 공리계의 실현모델이라도 때로는 동형성을 갖기도 하지만 때론 이형성을 갖기도 하고, 다형성을 갖기도 한다. 가령 상품자본, 생산자본, 화폐자본은 상이한 질을 갖고 상이한 방식으로 다루어진다. 예를 들어, 화폐자본과 달리 상품자본은 물건이 팔리지 않는 공황 같은 때는 파괴되거나 바닷속에 던져지게 되고, 생산자본은 불황시에는 굴러가지 않는 고철더미가 되기도 한다. 하지만 거꾸로 바로 그런 모습에서 자본으로서의 동형성을 발견할 수도 있을 것이다. 창고에 쌓인 물건을 남을 주는 게 아니라 바다에 처넣는 것은 "팔아야 하고 증식해야 한다"는 상품과 자본의 공리 때문이고, 공장이 놀게 되는 것 자체는 "돈으로 증식되어 돌아올 수 없다면 생산하지 않는다"는 자본의 공리 때문이다. 이처럼 상이한 질을 갖고 상이하게 다루어지지만 이들은 모두 자본으로서 동형성을 갖는다. "실현모델들이 가변적이라 하더라도 그들이 유효하게 실행하는 공리계와 관련해서는 동형적이다"(II, 245)는 말은 이런 맥락에서 이해할 수 있을 것이다.

그런데 공리계가 다형성은 물론 이형성조차 포괄할 능력을 갖는다는 것은 가령 시장이나 국가와 관련해서 이렇게 말할 수 있다. 첫째, '세계체제론'을 주장하는 사람들이 자주 말하듯이, 넓은 의미에서 하나의 세계시장만이 존재한다고 할 때, 그리고 세계시장을 통해서 국가들이 관계할 때, 그리고 그 세계시장이 자본주의적인 세계시장이라고 할때, 심지어 자본주의의 공리계와 이형성을 갖고 있는 사회주의 국가조차도 동형적이라는 것이다(II, 245). 왜냐하면 사회주의도 자본주의적인 세계시장 안에서 교역과 무역을 하는 한, 물물교환을 하거나 사회주의적 분배원리에 따라 거래할 수는 없기 때문이다. 당연히 사회주의 국가도 그 안에서는 상품으로 내놓고 이윤을 극대화하려는 원리에 따라거래를 하게 된다. 부분적이겠지만, 생산조차 이러한 목적에 의해 이뤄지게 되기도 할 것이다. 따라서 자본주의적 세계시장에서 작동하는 공리계는 사회주의라는 이형적 체제조차도 포괄한다고 할 수 있다.

둘째로, 일반적인 생산관계로서의 자본은 매우 용이하게 비자본주의적 생산양식의 구체적 부문들을 포괄하고 통합할 수 있다(II, 245). 이는 이전에 종속이론이나 이른바 '생산양식 접합이론' 등에서 많이 지적했던 것이다. 노예적인 노동방식으로 운영되는 브라질의 플랜테이션 농장이나, 십장이 노동자를 모으고 관리하면서 자본과 계약하여 일하는 도시의 이른바 '비공식부문', 아니면 아예 미국의 노골적이고 극한적인 노예제 등이 자본주의와 나란히 공존하면서 자본에 의해 초과착취 당하고 있다. 이렇게 상이한 종류의 비자본주의적인 생산양식을 포괄하고 통합할 수 있다는 점에서 자본주의는 '다형적이다'라고 할 수있게 된다. 이는 비자본주의적 요소를 착취하여 이윤을 극대화하려는 자본의 공리에 따른 것이다.

관료적인 사회주의 국가들은 그러나 자본의 증식을 위해서 자유주의와 무역을 하는 것이 아니기 때문에 근본적으로 자본주의와 다르다고 할 수 있다. 오히려 그것은 공리계를 넘어서는 능력을 만들기 위한 목적을 갖고 있다. 결국은 자본주의를 넘어서는 사회주의의 경제적 능력을 극대화시키려는 목적이 있다는 것이다. 물론 교역을 위해서는 자본주의적인 공리계 속으로 들어가는 것이 불가피하지만, 그럼에도 불구하고 자본주의와는 전혀 다른 이질성이 있는 것이다. 하지만 그것조차 하나의 세계시장이라는 형태로 자본주의는 포괄한다. 물론 반대로 사회주의권이 그렇듯이, 자본주의적 공리계를 넘어서는 '역량' 의 집합을 형성하려는 목적에서 자본주의와 결합되는 경우도 이런 범위에 들어갈 수 있을 것이다("이것이 제공하는 기회를 우리는 왜 자꾸 묵시록적으로 사유하려는 것일까?" (II, 245)).

따라서 단일한 세계시장으로 인해 초래되는 불가피한 동형성으로 국가나 생산양식의 문제를 동일화하거나 호환적인 것으로 취급하는 것("어떤 것이든 그게 그거다")은 그 이형성과 다형성을 보지 못한다는 점에서 잘못된 것이라고 하겠다. 이른바 서구의 민주주의 국가를 특권화하거나(그것이 다른 지역에 수립하거나 지원하는 전제정과의 보완성을 생각해 보라), 전체주의라는 이유로 자본주의의 전체주의 국가와 사회주의의 그것을 동일시하는 것도 마찬가지 이유로 잘못된 것이다.

3. 자본주의 공리계

1) 결정불가능한 명제와 비가산집합

들뢰즈와 가타리가 보는 자본주의와 그 외부에 대해 검토하기 전에 두 개의 개념에 대해 미리 간략하게 설명해야 할 듯하다. 하나는 이 절의 마지막에 자리잡고 있는 '결정불가능한 명제'라는 개념이고, 다른 하나는 소수자와 관련하여 집중적으로 다루어지는 '가산집합 / 비가산집합'이라는 개념이다.

먼저 '결정불가능한 명제'. 이 개념은 1931년에 수학자인 괴델(K. Gödel)이 증명한 '불완전성의 정리'와 결부된 것이다. 그것은 완전성, 결정가능성이란 개념과 대칭적인 개념이다. 앞서 잠시 언급했던 수학자 힐베르트는 모든 수학을 형식적인(직관적 내용을 제거하여 기호로 대체된) 공리계로 정리할 것을 주장했다. 앞서 점, 선, 면 대신 책상, 의자, 컵으로 해도 좋도록 기호로 바꾸어 정리하려는 입장에 대해 이야기한 바 있다. 이를 '공리주의'라고 부른다. 그런데 칸토어(G. Cantor)의 무한집합론은 집합론 전체, 아니 수학 전체를 위기로 몰아넣을 역설의 출현으로 끝났다. 이 위기에 대처하기 위해 수학의 기초를 검토하는 이른바 '수학기초론'이 탄생했다. 논리주의, 형식주의, 직관주의의 세 개 파가 그 가장 중요한 진영을 형성했는데, 당시 수학계의 주류는 러셀(B. Russell)과 프레게(G. Frege), 화이트헤드(N. Whitehead) 등의 논리주의, 힐베르트의 형식주의였다.

특히 힐베르트는 수학의 기초를 확인하고 확고하게 하기 위해 형식적 공리계로 정돈된 수학적 체계의 진리성을 증명하는 일종의 메타수학적 방법을 제시했다. 공리계 자체의 '완전성'과 '무모순성'을 증명하는 것이 그것이다. 그런데 '완전성'이란 간단히 말하면 공리계 안의 어떤 명제도 공리들만으로 참인지 거짓인지를 '완전히' 결정할 수 있음을 뜻한다. 공리계 안의 모든 명제들의 참·거짓을 공리만으로 충분히 결정가능할 때, 그 공리계를 '완전하다'고 말한다. 역으로 말해, 공리들만으로 공리계 안의 어떤 명제가 참인지 거짓인지를 결정할 수 없을 때 그 공리계는 '불완전하다'고 하고, 바로 그 명제를 '결정불가능한 명제'라고 한다. 무모순성이란, 말 그대로 공리계 안에 있는 명제들 상호간에 모순이 없음을 뜻하고, 그때 그 공리계는 무모순이라고 말한다.

그런데 괴델은 형식적 공리화의 방법을 그대로 따라가면서 두 가지 명제를 증명했다. 하나는 "자연수론을 포함하는 모든 형식적 체계에는 결정불가능한 명제가 있다(즉 모든 형식적 공리계는 불완전하다)"는 것이고, 다른 하나는 "자연수론을 포함하는 모든 형식적 체계의 무모순성은 증명할 수 없다"는 것이다. 그래서 이를 괴델의 '불완전성의 정리'라고 부르는데, 이는 앞서 형식적 공리화의 방법이나 형식주의적 기초론 전체가 완전히 폭파되는 사건이었다.

결정불가능한 명제란 어떤 것인가? 가령 칸토어의 집합론에 포함된 것으로 '연속체 가설'이란 게 있다. 자연수의 집합의 수(농도)를 $\aleph_0$로 표시하고, 실수의 농도를 $2^\aleph$로 표시하는데, 칸토어는 이 두 수 사이에 다른 수가 없을 것이라고 생각했다. 그런데 아무리 해도 이를 증명하진 못해서 '가설'로 남겨두었는데, 나중에 미국의 수학자 폴 코헨(P. Cohen)은 집합론의 형식적 공리계에서 이 가설의 참·거짓을 결정할 수 없다는 것을 증명했다. 즉 연속체 가설은 집합론의 형식적 공리계에서 결정불가능한 명제라는 것을 증명한 것이다. 좀더 알기 쉬운 것으로, 유클리드 기하학에서 평행선 공리를 들 수 있다. 많은 사람들이 그 명제는 자명한 공리보다는 '정리'에 가깝다는 생각을 가졌고, 그래서 앞의 4개의 공리만으로 그걸 증명하려고 애를 썼다. 그러나 실제로는 누구도 그걸 증명하는 데 성공하지 못했다. 반대로 그 명제를 부정한 다른 명제(평행선이 많다, 평행선이 없다)를 추가해서 새로운 기하학이 만들어질 수 있다는 것이 발견되었고, 그렇게 만들어진 공리계가 유클리드 기하학이 무모순인 한 역시 무모순이라는 것이 증명되었다. 요컨대 유클리드의 4개의 공리들로 만들어지는 공리계에서 평행선의 공리는 '결정불가능한 명제'라는 것이다.

그런데 결정불가능한 명제는 사실 공리계의 어떤 공리로도 증명도 안 되지만 반박도 안 되기에 모든 공리와 독립적이다. 따라서 결정불가능한 명제를 새로운 공리로 추가하여 새로운 공리계를 구성하는 게 가능하다. 평행선 공리가 결정불가능하기에 그것을, 혹은 그것의 부정을 공리로 채택해서 새로운 기하학적 공리계를 만들 수 있다는 것이다. 그러나 괴델의 정리는, 그렇게 결정불가능한 명제를 새 공리로 채택하여 공리계를 만들면, 거기에는 또 다른 결정불가능한 명제가 있을 수 있음을 의미한다. 즉 아무리 공리를 추가하더라도 결정불가능한 명제는 또다시 나타난다. 이런 점에서 공리의 추가로 공리계가 포화상태에 이르는 경우는 없다는 것을 알 수 있다. 이는 나중에 '포화'에 대해 말할 때, 다시 나올 것이다.

이처럼 결정불가능한 명제는 공리계의 불완전성을 보여줄 뿐 아니라, 모든 공리계가 그 외부를 포함하고 있다는 것, 다시 말해 외부를 향해 열려 있다는 것을 보여준다. 어쩌면 공리계 안에서 탈주선을 봉쇄하는 것의 불가능성을 보여주는 것이라고 할 수도 있을 것이다. 새로운 결정불가능한 명제를 찾아내고, 그것을 추가하면 기존의 공리계를 새로운 것으로 변형시킬 수 있다는 것이다. 반대로 어떤 공리계에서도 '공리'란 결정불가능한 명제일 수 있음을 뜻하기에, 그것을 제거하는 것도 가능하다. 이 경우 빈약한 공리계가 만들어지거나 아니면 공리계의 구성이 불가능해질지도 모르는 일이다. 사실 제5공리를 바꾼 기하학은 들어봤지만, 그게 없는 기하학이 있다는 얘기는 못 들어보았으니 말이다. 거기다 공리를 하나 더 제거해 3개로 줄인다면 기하학이 불가능한 그런 상태가 될지도 모르겠다. 자본주의 공리계를 빈약하게 하거나 해체하는 것이 공리의 제거라는 이런 방법으로 가능할지 어떨지는 모르지만, 가능한 상상의 영역이 없진 않을 듯하다.

다음, 가산집합과 비가산집합이다. 가산집합이란 '셀 수 있는 집합'이다. 가령 자연수의 집합은 무한집합이지만 하나 하나 셀 수 있는 집합이다. 센다는 건 1, 2, 3, 4…… 번호를 붙이는 것이다. 따라서 자연수의 집합은 말 그대로 셀 수 있는 가산집합이다. 반면 '비가산집합'이란 '셀 수 없는 집합'이다. '셀 수 없는 집합'이란 1, 2, 3, 4…… 하고 번호를 하나씩 붙여가는 게 불가능한 집합이고, 따라서 자연수와 일대일 대응을 시키는 게 불가능한 집합이다. 칸토어는 정수의 집합이나 유리수의 집합이 가산집합이라는 것을 증명했다. 즉 정수의 수(농도)나 유리수의 수는 자연수와 같다는 것이다.

반면 실수의 농도는 자연수와 일대일 대응이 불가능하다는 것, 다시 말해 1, 2, 3, 4…… 하고 번호를 붙이는 게 불가능하다는 것 또한 칸토어는 증명했다. 다시 말해 실수의 집합은 비가산집합이라는 것이다. 그런데 비가산집합은 실수만 있을까? 아니다. 얼마든지 많이 있다. 실수보다 큰 비가산집합이 무한히 만들어질 수 있다. 이 방법은 나중에 소수자가 어째서 비가산집합인지 이해하는 데 필요하니 좀더 이야기할 필요가 있다.

먼저 유한집합에서 생각해 보자. 부분집합에서 원소의 수와 그것으로 만들 수 있는 부분집합의 수를 세는 방법을 보자. 예를 들어 {1, 2, 3, 4}라는 집합이 있다고 하자. 원소가 모두 4개다. 그럼 이 집합의 부분집합의 수는 모두 24개다. 통상 원소가 n개인 집합의 부분집합의 수는 2^n개다. 그런데 n이 1이상이면 언제나 $n < 2^n$이다. 즉 원래 집합의 원소의 수보다 부분집합의 수가 항상 많다. n이 클수록 그 차이는 더 커진다. 그런데 이는 무한집합인 경우에도 마찬가지임이 증명되어 있다. 그렇다면 가산집합인 자연수를 갖고 만들 수 있는 부분집합의 수는 분명히 자연수의 수보다 많을 것이다.[4] 따라서 그것은 비가산집합이다.

여기서 유심히 보아둘 것은 존재하는 어떤 요소(원소)들의 접속 내지 연결들을 통해 만들어지는 계열들의 수는 애초에 존재하던 요소들의 수보다 많다는 것이고, 극한적으로 확장하면 가산집합과 비가산집합의 차이와 같은 차이가 있다는 점이다. 즉 존재자들에 비해 존재자들의 접속을 통해 이루어지는 생성(되기)은 그 폭이 훨씬 더 다양하고 훨씬 더 많은 가능성들을 갖고 있다는 것이다. 다수자(majorité)가 어떤 척도적인 요소들의 집합이라면, 다수자가 구성요소들을 추가하여 수를 늘리는 것은 무한히 진행해도 가산집합을 넘지 않지만, 소수자는 그와 다른 요소들의 다양한 접속을 통해 정의되는 만큼, 무한히 진행할 경우 그 확장가능성은 가산집합에 담을 수 없다. 다수자가 가산집합임에 비해 소수자는 비가산집합이라는 말은 바로 이런 의미다.

2) 공리의 추가와 제거

들뢰즈와 가타리가 자본주의를 하나의 공리계로 본다는 것은 앞서 말한 바 있다. 그래서 예컨대 교환의 공리, 소유의 공리, 가치의 공리, 노동의 공리, 시장의 공리, 생산의 공리 등에 대해 나름대로 요약한 바 있

---

4) 자연수의 농도가 $\aleph_0$이고, 그것으로 만들어지는 부분집합의 수가 $2^{\aleph_0}$인데, 후자는 실수의 집합의 농도와 같음 또한 증명되어 있다.

다. 하지만 이것만은 아니다. 화폐의 발행이나 통화량 조절에 관한 '화폐의 공리', 이윤율과 이윤량에 의해 자본의 투자를 규제하는 '투자의 공리' 등등 더 많은 공리가 있을 수 있다. 수학적인 집합론을 공리계로 만드는 데도 17개 이상의 공리가 필요했는데, 자본주의야 말할 것도 없을 것이다.

그런데 앞서 말한 것처럼 자본주의의 공리계는 정치적·경제적 상황이나 계급투쟁, 전쟁 등의 조건에 따라 새로운 공리를 추가하거나 아니면 있던 공리를 제거하거나 하는 일이 비일비재하다. "자본주의 속에는 좀더 많은 공리들을 부단히 추가하려는 경향이 존재한다. 1차 대전이 종식된 후 세계 대불황과 러시아혁명이 결합된 영향은 자본주의로 하여금 공리들을 배가시키도록 강요하였고, 노동계급·실업·노동조합 조직·사회제도·국가의 역할·대외 및 국내시장들을 다루는 새로운 공리들을 발명하도록 강요했다. 케인즈 경제학과 뉴딜은 공리의 실험실이었다. 2차 대전 이후에도 새로운 공리들을 창조한 예로서 마샬 플랜, 원조 및 대부 형태들, 통화 체계〔통화제도〕의 변형 등이 있다"(II, 252).

새로운 공리를 하나 추가하면 공리계 전체는 크게 달라진다. 물론 자본주의의 기본적인 공리들이 그대로 존속하며 작동하고 있다는 점에서, 다시 말해 '자본주의라는 점에서' 별 차이가 없다고 말할 수도 있을 것이다. 근본주의적 입장에서 본다면 그렇다고 할 수 있다. 부분적인 개량이나 개선, 혹은 그것을 통한 위기의 타개책에 불과하다고 할 수도 있을 것이다. 그러나 노골적인 테일러주의적 축적체제와, 대량생산·대량소비를 짝으로 하는 포드주의적 축적체제는 "자본주의라는 점에서는 동일하지만" 그렇다고 이 양자가 동일하다는 사실만을 본다면 적어도 변화하는 현실에 대해 올바로 파악할 가능성이 없다는 건 분명하다. 그런 축적체제의 변환은 분명히 사람들의 삶을 바꿀 뿐만 아니라 계급적인 대립의 양상이나 전략의 변화를 반드시 수반할 것이기 때문이다.

여기서 구체적인 축적체제에 대해 분석하거나 언급할 여유는 없다. 다만 공리를 추가하려는 경향과 제거하려는 경향의 두 경향을 구별해서 분류하거나 대비하는 것 정도는 가능할 듯하다. 먼저 경제학적으로 볼 때, 국가가 시장에 적극적으로 개입하고 통화량이나 이자율, 유효수요의 창출 등을 위해 적극적으로 개입할 것을 주창하는 케인즈주의적 입장이 공리의 추가를 통해 자본주의의 고전적인 계급대립이나 불황 등에 대처하고자 하는 입장이라면, 반대로 보이지 않는 손인 시장기제의 작용을 강조하고 국가의 재정적인 개입을 반대하며, 실업이나 복지 문제에 대해 부정적인 태도를 갖고 있는 대처리즘이나 레이거노믹스 등등의 '신자유주의'는 기왕에 추가된 공리를 제거하는 방향으로 나아갈 것을 주창하는 입장이라고 할 수 있을 것이다.

다른 한편 들뢰즈와 가타리는 사회민주주의와 전체주의를 대비하여 설명하고 있다. "국가의 매우 일반적인 극인 '사회민주주의'는 투자 영역과 이윤의 원천의 영역과 관련하여 공리들을 추가하고 발명하는 경향에 의해 정의될 수 있다. …… 이 경우 [사회민주주의의 경우] 흐름들은 지휘하는 공리들의 배가(倍加)에 의해 지배된다. 반대의 경향 또한 자본주의의 일부다. 즉 공리들을 철회하고 제거하려는 경향이 그것이다. 이는 지배적 흐름을 조절하는 작은 수의 공리에만 의존하며, 다른 흐름들은 파생적이고 결과적인 지위만을 부여받거나(이들은 공리들 뒤에 도출되는 '정리들'로 정의된다), 혹은 정반대로 국가권력의 난폭한 개입을 배제하지 않는 길들여지지 않은 상태로 남아 있게 된다. 국가의 '전체주의적' 극은 이렇게 공리들의 수를 제한하는 경향을 체현하고,

대외 부문의 배타적 촉진에 의해 작동한다. 가령 자본의 대외적 원천에 대한 호소, 식량과 원자재의 수출을 목표로 하는 산업들의 발흥, 국내 시장의 붕괴가 그것이다. 전체주의 국가는 최대국가(maximum d'État) 가 아니라, 비릴리오의 정식을 따르면, 무정부적-자본주의라는 최소국 가(l'État minimum)다"(II, 252).

한편 파시즘은 전체주의와 약간 다르다고 한다. 그것은 국내시장 의 붕괴와 공리 수의 축소라는 점에서는 전체주의적 극과 일치하지만, 대외부문의 촉진을 대외자본이나 대외시장이 아니라 전쟁경제에 의지 한다는 점에서 다르며, 또한 국내시장에 대한 공리의 증식을 수반한다 는 점에서 케인즈주의와 근접하는 듯 보이지만, 이 증식은 "동어반복적 내지 허구적 증식, 제거에 의한 배가"라는 점에서 다르다는 것이다.

3) 공리계의 포화

알다시피 포화란 가득 찬 것이다. 더 넣을 수 없는 상태, 더 넣으면 황소 흉내내던 개구리 배처럼 "뻥!" 터져버릴 듯한 상태, 혹은 더 넣어도 녹 지 않는 '포화용액' 같은 상태 말이다. 여기서 포화는 자본주의의 포화 에 관한 것이다. 무얼 더 넣는가? 짐작하겠지만 새로운 공리를 추가하 는 것이다. 계급투쟁에 따른 것이든, 경제적 상황에 따른 것이든, 전쟁 이나 정치적 상황에 따른 것이든 새로 추가할 공리들이 나타나고, 그것 을 기존의 공리계에 추가해 넣는 것이다. 이 경우 더 넣을 수 없는 '포 화상태'가 자본주의에 있을 수 있는가? 즉 더 넣는 것이 개구리 배처럼 "뻥!" 하며 자본주의가 폭파되는 것으로 귀착될 수 있는가? 혹은 공리 의 추가로 자본주의와 다른 체제로 넘어가는 일이 있을 수 있는가?

답은 "그런 일은 없다!"는 것이다. 자본주의 공리계에 포화란 없다는 것이다. 마치 수학에서 형식적 공리계에 결정불가능한 명제를 공리로 추가해도, 새로운 결정불가능한 명제가 계속해서 나타나듯이, 자본주의 공리계 역시 공리를 더는 담을 수 없는 포화상태에는 이르지 않는다는 것이다. 즉 "자본주의에서 포화는 상대적"이란 것이다. 체계의 포화로 인해 자본주의가 도치/전복되는 일은 발생하지 않는다는 것이다. 공리를 아무리 추가해도 얼마든지 추가될 여지가 있어서, 가령 사회민주주의적인 체제에 몇몇 공리를 더 추가한다고 해도 사회주의적 내지는 공산주의적인 체제로 갈 수는 없다는 것이다.

들뢰즈와 가타리는 이런 발상을 '이윤율 저하경향'과 그 상쇄요인에 관한 맑스의 서술에서 찾아낸다. 자본의 유기적 구성이 커지면 이윤율은 저하하지만, 그것을 상쇄하는 요인이 있기에 낮은 이윤율로 인해 리카도가 예견했던 불행한 사태, 즉 생산이 중단되는 사태는 발생하지 않는다고 한다. 요컨대 이윤율 저하경향은 자본주의적 생산의 극한을 표시하는 법칙이지만, 그것은 상쇄요인을 통해 끊임없이 그 극한을 바꾸고 치환하는 방식으로 존속한다는 것이다.

> 자본주의는 정녕 하나의 공리계지만, 그것은 내재적(immanent) 법칙 이외에는 아무런 법칙들도 갖지 않는다. 우리는 자본주의가 우주의 극한들, 자원과 에너지의 극단적 극한과 직면한다고 믿는 것 같다. 그러나 자본주의가 직면하는 것은 자기 자신의 극한들(현존 자본의 주기적 감가)이 전부다. 즉 자본주의가 철회하고 치환하는 것은 자기 자신의 극한들(좀더 높은 이윤율을 가지는 새로운 산업에서 새로운 자본의 형성)이 전부다. 자본주의는 자기 자신의 극한들과 직면하고 동시에 그것들을 치환하고, 그것을 더욱 멀리 갖다 놓는다(II, 253).

여기서 "공리들의 숫자를 제한하려는 전체주의적 경향이 극한들 속에서의 직면에 상응한다면, 반대로 사회민주주의적 경향은 극한들의 치환에 상응한다"(II, 253)고 한다. 공리를 제한하려는 경향으로 인해 자본주의는 계급투쟁 등에 부닥치고, 그로 인해 공리의 추가를 통해 해결하는 경향이 역으로 생겨난다. 이는 자본주의의 극한을 더 멀리 갖다 놓는 것으로 귀착된다. 어쨌든 이런 점에서 이 양자는 서로 연계된 보완적 운동을 구성한다고 할 수 있겠다.

이러한 이야기는 자본주의의 제도 안에서 새로운 법이나 아니면 멀리 나가는 경우 새로운 공리를 추가하려는, 이전의 소위 '개량주의' 이래 근자의 '유로코뮤니즘' 내지 '민주적 사회주의' 등에 이르기까지 반복되어 나타났던 사회민주주의적 경향들에 대한 비판으로도 읽힐 수 있을 듯하다. 공리의 추가를 통해서 사회주의 내지 공산주의로 이행할 수 있다는 이들의 입론을, 로자 룩셈부르크는 벽돌을 하나씩 '제거' 해서 자본주의라는 거대한 건물을 허물려는 무망한 시도라고 비판했다면, 들뢰즈와 가타리는 공리의 '추가'를 통해 자본주의를 포화상태로 밀고 가려는 무망한 시도라고 비판하는 것인 셈이다.

그러나 이런 얘기가 공리를 추가 내지 제거하려는 투쟁이 무의미하다는 것을 뜻하거나 그에 대해 무관심한 자세를 취하는 것을 뜻하는 것은 결코 아니다. "공리 수준에서의 투쟁에 무관심한 자세를 취하는 것은 잘못일 것이다. …… 자본주의 공리계의 부단한 재조정, 달리 말해 추가(새로운 공리들을 언표하는 것)와 제거(배타적 공리들을 창조하는 것)는 그저 기술-관료들에게 일임해선 안 될 투쟁의 대상인 것이다. 사실 모든 면에서 노동자의 투쟁들은 파생적 명제들을 내포하는 자본주의 기업들의 틀을 넘어선다(débordent)"(II, 253). 공리의 추가나 제거로 자본주의가 전복되는 건 아니라 해도, 그것을 위한 투쟁은 언제나 자본주의적 기업의 틀을 넘쳐흐르게 마련이고, 이로 인해 '뜻밖의' 사태로 진행될 수 있다는 것이다.

문제는 공리의 추가로 만족하고 자족하는 것이며, 노동자계급의 투쟁을 그런 한계 안에 제한하고 가두려는 것이지, 공리를 추가 내지 제거하려는 투쟁이 아니라는 것이다. 이는 이미 엥겔스가 영국 노동운동의 '노동귀족'화 경향(기술-관료제!)에서, 그리고 레닌이 경제투쟁의 근본적 한계에 대해서 누차 반복했던 강력한 비판에서도 그대로 나타나는 바다. 이 항목의 마지막 문장에서 이들은 다시 이렇게 말하고 있다. "〔대중운동의〕 생동하는 흐름들의 압력, 그들이 제기하고 부과하는 문제들의 압력은, 〔공리들의〕 전체주의적 축소들에 반하여 투쟁하기 위해서, 또 〔공리들의〕 추가를 추월하고 가속하며 그것들을 올바로 방향 짓기 위해서, 나아가 **기술관료적 왜곡을 방지하기 위해서** 공리계 속으로 행사되어야 한다"(II, 254).

한편 자본주의 안에서 추가되는 모든 공리는 자본주의가 당면한 위기의 극복에 기여한다는 의미에서 "자본주의의 만회"라고 볼 수도 있다. 개선을 위한 모든 투쟁, '좋은' 공리의 추가나 '나쁜' 공리의 제거를 위한 모든 운동을 냉소에 부치게 하는 이런 허무주의적 관념에 대해 이들은 확연하게 "나쁜 개념"이라고 선을 긋는다. 사실 이런 관점에서 보기 시작하면 어떤 투쟁도 자본주의의 발전에 기여할 수밖에 없고, 따라서 무용할 수밖에 없다. 예를 들어, 영국에서 오웬(R. Owen)이 주도했던 차티스트운동을 생각해 보자. 맑스 또한 『자본』 1권에서 자세하게 서술하고 있듯이, 그들은 노동시간의 단축을 위해서 싸웠고, 그 결과 12시간으로, 10시간으로 노동시간을 단축시킬 수 있었다. 그런데 아이러니하게도 이는 거꾸로 자본주의가 발전하는 계기가 된다. 노동시간의 법적인 단축으로 인해 노동시간을 늘려서 획득할 수 있는 착취의 가능성에 명확한 한계가 발생하게 되고, 절대적 잉여가치가 줄어드니까 자본가들은 좋든 싫든 이제 상대적 잉여가치를 착취하는 방식으로, 즉 노동생산성을 높이는 데 투자를 하게 된다. 그 결과 이른바 '외연적 생산'에서 '내포적 생산'으로 생산방식이 바뀌고, 그것은 새로이 자본주의가 발전하는 계기를 이루게 된다.

이를 앞서의 '만회'라는 개념으로 보면 "노동자들이 열심히 투쟁해서 노동시간을 줄여 자본주의를 발전시켰다"는 기묘한 결론으로 이어지게 된다. 그러나 이는 정확히 결과에 의해 과정을 설명하는 '목적론적 설명'이고, 헤겔이 잘 보여주듯이 이런 방식의 설명에 따르면 모든 것은 '목적'을 만드는 데 봉사하는 것(이른바 '이성의 책략')이 된다. 노동운동은 자본주의 발전을 '위한' 것이 되고, 맑스주의도 자본주의 발전을 '위한' 것이 되며, 러시아 혁명 또한 자본주의 발전을 '위한' 것이 되며, 사회주의체제의 붕괴 역시 자본주의 발전을 '위한' 것이 된다.

하지만 이런 식의 설명은 금세 뒤바뀔 수도 있다. 목적을 바꾸어버리면 되기 때문이다. 제국주의 전쟁은 1917년 러시아 혁명을 가능하게 했기에 사회주의 혁명을 '위한' 것이 되고, 자본가 계급의 착취는 노동자계급을 자극하여 혁명으로 나서게 했기에 사회주의 혁명을 '위한' 것이 되고, 자본의 축적도, 본원적 축적도 모두 사회주의 혁명을 '위한' 것이 된다. 목적론은, 목적으로 주어진 것에서 벗어난 그 어떤 외부도 허용하지 않으며, 따라서 모든 것을 그 하나의 목적을 위해 봉사한 것으로 만들 수 있기 때문이다. 모든 종류의 결과론적이고 목적론적 설명이 헛된 것임을 다시 말할 필요가 있을까?

4. 자본주의 공리계의 외부

1) 소수자와 비가산집합

들뢰즈와 가타리는 이미 소수성과 소수자에 대해 누차 강조한 바 있다. 이는 생성의 차원에서 변이와 변혁의 과정을 파악하려는 입장과 긴밀하게 결부된 것이다. 이미 이들은 문학에서 소수성에 대해 별도의 책을 쓴 바 있지만,[5] 이제 『천의 고원』에서는 소수적인 문학을 넘어서 소수자의 정치학을 형성한다. "우리의 시대는 소수자의 시대가 되고 있다" (II, 259). 소수자란 수가 적은 사람이 아니란 것은 이미 누차 말했던 것이다. 그것은 다수자의 척도적 규정에서 벗어난 자들이고, 이런저런 공리로부터 편차 내지 격차를 갖고 분리되는 자들이다. 간단히 말해 소수자란 다수자에서 벗어난 자들, 다수자가 아닌 자들이다. 백인이 지구상의 다수자라면, '비백인' 내지 백인에서 벗어나려는 자들은 모두 소수자다.

가령 다수자는 "35세 이상의 내국인 남성 숙련노동자" 등과 같은 몇 가지 중심적인 규정의 나열로 정의된다. 이 기준에 따르면 소수자는 35세 미만인 자 모두, 외국인 노동자 모두, 여성 모두, 비노동자 모두, 비숙련 노동자 모두이다. 누구는 이 요건들 가운데 하나를, 누구는 여러 개를 갖고 있을 것이다. 어쨌든 분명한 건, 다수자는 몇 가지 규정을 모두 갖고 있는 자들이고, 각각의 규정이 표시하는 여러 집합들의 공통부분(교집합)에 속하는 자들이다. 예를 들어 미국에서 '백인'이라는 범

---

5) G. Deleuze/F. Guattari, *Kafka: pour une littérature mineure*, 이진경 역, 『카프카: 소수적인 문학을 위하여』, 동문선, 2001.

위에 들어가는 사람을 가려내는 건 결코 쉽지 않다. 왜냐하면 겉보기엔 분명 백인이지만, 사실은 아시아인이나 히스패닉과의 혼혈이거나 아니면 3대조 할아버지가 흑인이었다거나 등등과 같은 일이 비일비재하기 때문이다. 그래서 순수한 백인 혈통임을 입증하기 위해서는 몇 대조 이상 거슬러 올라갈 때, 양가 부모가 모두 백인이어야 한다는 식의 규정이 있다고 한다. 백인 자격을 얻기란 이토록 어려운 것이다! 반면 비백인이란 거기서 벗어나는 조건들이 결합되는 모든 경우에 해당된다.

백인이라고 하는 것은 사실은 이런 다수적 규정들 전체를 모두 가져야만 하기 때문에, 어느 하나라도 빠져나가면 이 사람들은 기본적으로 소수자가 될 수밖에 없게 될 것이다. 다시 말해서 백인들을 규정하는 집합들이 쭉 몇 개 있었을 때 이것에서 벗어나는 어떤 것들의 조합만으로도 소수자는 정의될 수 있다. 이런 것들로 만들어지는 부분집합 전체가 소수자들을 정의해 줄 수 있는 영역이 되는 것이다. 앞서 가산집합과 비가산집합 개념에 대해 설명했듯이, 어떤 규정에 따라 원소를 나열할 수 있을 때, 그것은 가산집합이다. 따라서 '백인'이란 집합은 아무리 많아도, 그래서 무한히 많다고까지 하는 경우에도 어떤 규정에 따라 원소를 나열할 수 있는(셀 수 있는) 가산집합일 뿐이다. 반면 비백인이란 그 모든 규정에 부정어를 붙인 뒤, 그것들로 만들 수 있는 모든 부분집합 전체이다. 따라서 그것은 원소를 나열하거나 셀 수 없는 집합, 비가산집합이다.

예를 들어 지구에 사는 생물 가운데 인간은 명백히 '다수자'다. 인간중심주의(humanism)를 떠올릴 것도 없다. 모든 동물이나 식물, 광물이 인간을 위하여 있다고 간주하여 마음대로 사용하며, 한 사람의 인간을 위해선 수없이 많은 동물을 죽여도 정당한 것으로 간주된다. 16세기에 아메리카 인디언으로 인해 촉발된 이른바 '인간' 논쟁은, 인간으로 규정되는 않는다면, 아무리 인간과 비슷하게 생겼다고 해도 '노예'로 사용하는 것이 정당하다는 생각이 전면에 드러나 있다. 그런데 인간이란 종의 '수'는 어떤가? 40억이니 얼마니 하는데, 심지어 무한히 많다고 해도 인간이란 규정에 맞는 개체들을 하나씩 나열하며 수를 셀 수 있을 것이다. 그러나 인간에 대한 소수자인 '비인간'은 어떤가? 수를 세려면 고양이도 넣어야지, 파리도 넣어야지, 뱀도 넣어야지, 은행나무도 넣어야지 등등 한이 없다. 물론 넣어야 할 개체의 명단이 확실하게 제한되면 혹시 수를 세는 게 가능할 수도 있다. 그러나 일단 '인간'이 아닌 것의 명단 자체가 분명히 제한될 가능성이 없다. 확정된다고 해도, 가령 상이한 것들이 섞여서 만들어지는 새로운 개체가 얼마든지 있을 수 있다(부분집합들). 따라서 '비인간'이라는 규정은 마치 수학에서 '실수의 집합'과 같은 연속체처럼, 수를 셀 수 있을 가능성이 없다. 정확하게 비가산집합이다.

어디든 동질성을 통해서 정의되는 다수자는 가산적이다. 반면 이질성과 혼혈성에 의해 정의되는 것은 모든 규정의 가능한 혼합 전체를 포괄하기에, 모든 규정의 가능한 부분집합 전체를 포함하게 되어 비가산집합을 형성한다. 즉 소수자는 접속과 생성으로 인한 다양화/배가(multiplication)에 의해서 구성되는 것이고, 다수자의 요건을 변형시키고 그것의 변이체를 만듦으로써 구성되는 것이다. 따라서 그것은 변이와 탈주의 선 위에 있는 만큼 비가산적이라고 할 수 있다. 이런 점에서 소수자는 예기치 않은 생성/되기를 향해 열려 있는 존재라고 할 수 있는 것이고, 그렇기 때문에 "비록 소수자는 단일한 성원으로 구성될 때조차 비가산적인 것의 능력을 행사한다"고 할 수 있는 것이다(II,

260~261). 거꾸로, 오히려 바로 그렇기 때문에 소수자의 능력은 비가산적인 능력, 예측하지 못했던 새로운 선을 생성하는 능력에 의해 측정된다고도 말할 수 있겠다. 즉 어떤 소수자의 능력이란 새로운 생성의 선들에 의해, 이질적인 것들을 새로이 접속하는 능력에 의해서 정의된다는 것이다.

이는 소수자들의 투쟁이 다수자들의 지배를, 혹은 공리계의 한계를 넘어선다는 것을 뜻하는 것으로 보인다. 그래서 들뢰즈와 가타리는 투표, 낙태, 직업을 위한 여성들의 투쟁, 지역자치를 위한 투쟁 등처럼 공리적 수준에서 벌어지는 모든 소수자들의 투쟁이 결정적이라고 말하고 있다. 나아가 이 투쟁들은 공존하는 또 다른 전투의 지표임을 보여주는 징표들을 언제나 갖고 있다고 하면서 다음과 같이 쓰고 있다. "사람들이 자신들의 문제를 스스로 정식화하겠다고 요구할 때, 그리고 최소한 좀더 일반적인 해결책을 찾아낼 수 있는 특수한 조건들을 결정하겠다고 요구할 때, 아무리 〔투쟁의〕 요구가 온건하더라도, 그것은 공리계가 더이상 수용할 수 없는 하나의 점을 보여준다"(II, 261).

이런 점에서 '자율주의'(autonomia)의 문제가 중요해진다. 자신의 문제를 자기 스스로 찾아내고, 자신의 힘으로 그것을 풀어가고자 하는 것, 공동의 규율을 자기 스스로 만들어가고 그것으로써 삶을 자기 스스로 만들어가는 것, 그리하여 자본주의적 공리계와 다른 종류의 삶의 방식, 그런 삶의 지대들을 만들어가는 운동을 자율주의라고 정의한다면, 이는 분명히 자본주의 공리계의 틀을 이미 충분히 넘어서는 그런 지점들을 만들어내고 그것을 촉발하며 증식되도록 할 것이다.

물론 늘 그렇듯이 이런 생각에는 '무정부주의'라는 통상적 비난이 따라다니기 십상이다. '무정부주의'라는 비판에 대해, 역으로 그것은 새로운 다수자로서, 새로운 권력자로서 사회의 중심에 자리잡겠다는 그런 발상이라고 비난하진 말자. 그러나 통상 무정부주의에 대한 비판에 나란히 쫓아다니는 무정부 상태 대(對) 질서/조직의 대립이나 집권화 대 분권화의 대립은 별로 중요한 문제가 아니다. "중요한 것은 가산집합들의 공리계에 맞서는 비가산 집합들에 관한 문제의 개념 내지 계산이다. 그런 계산은 자기 자신의 구성들·조직들·심지어 중앙집권화조차도 가질 수 있다"(II, 261). 즉 소수자운동에서도 중요한 것은 집권화냐 분권화냐가 아니라, 그런 비가산집합적인 생성을 계속 만들어 낼 수 있는가의 여부라는 것이다. 그리고 바로 여기서 중요한 것은 그것이 "국가나 공리적 과정을 통해 진행되는 것이 아니라 소수자의 순수한 생성을 통해 진행"되어야 한다는 것이다. 아마도 어떤 일반적 권리나 시민적 권리와 같은 개념들로 소수자운동을 담아낼 수 없는 것은 아마도 이런 이유 때문일 것이다. 소수자 운동이 '시민' 운동이 되기 어려운 것도 바로 이런 이유 때문일 것이다.

2) 결정불가능한 명제, 혹은 공리계의 외부

자본주의는 자신의 모델로 복무하는 가산집합 속에서 실행됨과 동시에, 그 모델들을 가로지르고 혼란시키는 비가산집합들을 필연적으로 만들어 낸다. 물론 자본주의 공리계 안에 어떤 소수자 문제를 '통합' 하여, 그 안에서 '처리' 할 수도 있을 것이다. 그러나 그것은 그렇게 통합된 것 안에서 또 다른 소수자를 발생시킨다. 통합하려는 선을 가로지르거나 빗겨가는 또 다른 선들이 그어지기 때문이다. '비가산집합' 의 원소들이 수를 세며 붙이는 번호의 선을 빗겨가거나 가로지르듯이 말이다. "일반적으로 말해서 소수자들은 심지어 공리들, 법령들, 자치, 독립을 수반하더라도, 통합(intégration)에 의해서는 그들의 문제에 대한 해결책을 얻지 못한다"(II, 262).

혹은 아예 어떤 소수자를 '소멸' 내지 '절멸' 시킬 수도 있을 것이다. 그러나 기아를 해결하기 위한 단체들이 기아를 제거하는 만큼 그것을 배가시키는 것처럼, 소수자의 '소멸' 내지 '절멸' 은 또 다른 소수자를 만들어낸다. 굶는 민중을 모두 죽여버린다 해도 또 다시 굶은 민중이 생겨나는 것이 바로 자본축적의 일반적 법칙이니까 말이다(대체 자본주의 공리계 안에서 기아 문제의 해결이 어떻게 가능할 것인가? 그것은 자본주의의 가장 근본적인 공리 자체와 충돌하고 대립한다는 점을, 다시 말해 기아의 생산이 자본축적의 일반적 법칙이라는 것을 맑스는 『자본』에서 확실하게 증명한 바 있다).[6]

이처럼 '소멸' 이나 '통합' 을 통해 문제가 근본적으로 해결불가능한 것은 자본주의의 심층적인 법칙 때문이다. 자본축적의 일반법칙처럼 자본주의 공리계에서는 결코 제거할 수 없는 공리들, 혹은 그 공리계 안에서 필연적으로 만들어지는 뜻밖의 선들 때문이다. "자본주의는 자신의 극한들을 끊임없이 설정했다간 다시 〔더 먼 곳에〕 재설정하곤 하지만, 그 공리계로부터 벗어나 모든 방향으로 향하는 흐름들을 촉발함으로써만 그렇게 한다. **자본주의는 오로지 그 모델들을 가로지르고 혼란시키는 비가산적인 집합들을 구성하는 가운데서만 자신의 모델들로 봉사하는 가산적인 집합들 속에서 실행된다.** 자본주의는 탈영토화되고 탈코드화된 흐름들을 더 멀리 나가게 하지 않고서는, 그것들을 재영토화하여 모델들로 결속시키는 공리계를 벗어나게 하지 않고서는, 새로운 '대지'

---

6) K. Marx, *Das Kapital*, Bd. 1, 김수행 역, 『자본론』I(하), 비봉출판사, 1989, 794~796쪽.

(Terre)의 윤곽을 그리는 '접속' ──이 접속은 절멸을 위한 전쟁이나 전면적 공포로서의 평화가 아니라 오직 혁명적 운동(흐름들의 접속, 비가산집합의 구성, 모든 사람들의 소수자-되기)을 목적으로 하는 전쟁기계를 구성한다──으로 진입하게 하지 않고서는, 이 탈영토화되고 탈코드화된 흐름들의 '결속'을 실행하지 않는다"(II, 262~263).

이처럼 이들은 소수자와 소수자 운동에 대해서 매우 중요한 위치를 부여하고 있다. 소수자가 비가산집합이라는 것은 자본주의 공리계에서 그런 위치를 부여하는 데 결정적인 이유가 되고 있는 것이다. "소수자들이 혁명적이라면, 그 이유는 그들이 전세계적 공리계에 도전하는 심층의 운동을 가지고 오기 때문이다"(II, 262). 여기서 소수자라는 개념에 대해 약간 부연하자면, 소수자는 통상 거론되는 것처럼 주변인이 아니다. 배제되고 '소외된' 사람들로서 주변인은 다수자들의 요건을 갖지 못한 사람들이다. 여기에는 흑인도, 외국인 노동자도, 여성도, 빈민도 일차적으로는 모두 주변인일 수 있다. 주변인은 다수자의 요건을 갖지 못한 '상태'에 의해, 현재 상태에 의해 정의되는데, 대개는 '출세' 내지 '성공'의 형태로 다수자가 누리는 것을 얻고자 하기 십상이다.

반면 소수자란 자신이 결여한 권력이나 지위 등을 개인적으로, 혹은 제도적으로 얻고자 하는 것이 아니라 다수자를 정의하는 척도 자체를 거부하고 그와는 다른 방향의 삶을 생성해 가는 사람들이다. 남성이 향유하는 권력을 평등하게 나누어 가지려 하기보다는, 남성적 척도는 물론 그와 짝하는 여성들의 척도에서 벗어난 삶을 살고자 하는 여성들, 백인이 누리는 지위를 선망하거나 백인의 차별에 반하여 흑인 중심의 역차별을 만드는 게 아니라 흑백의 대립을 가로지르는 새로운 삶을 만들어내는 흑인들이 그 예라고 할 수 있다. 그래서 소수자란 생성/되기에 의해 정의된다고 하는 것이며, 그렇기에 소수자는 '비가산적 집합'을 이룬다고 하는 것이다. 여성들도 여성-되기를 해야 하고, 흑인들도 흑인-되기를 해야 한다는 말이 바로 그것이다.

그리고 이런 점에서 노동자 또한 소수자와 대립되는 범주가 아니다. 자본주의에서 노동자는 기본적으로 자본가와 대비되는 소수자이다. 노동운동은 분명히 그런 소수자 운동으로서 시작했던 것이다. 그러나 노동운동이 발전하면서 노동자 조직은 제도적으로 안정된 위치를 획득하게 되었고, 그런 한에서 또 하나의 다수적인 위치를 점하게 되었던 것이다. "35세 이상의 내국인 남성 숙련 노동자"와 같은 기준, 혹은 제도화된 노동조합에 속한 노동자 등은 또 하나의 다수적 위치를 확보한 결과 만들어진 다수자의 척도가 되었던 것이다. 하지만 그것은 그로부터 벗어난, 혹은 배제된 다른 노동자와 비노동자들을 소수자로 만들어낸다. 비숙련 노동자, 여성 노동자, 외국인 노동자, 35세 미만의 청년 노동자, 혹은 대규모 노동조합에 속하지 못한 노동자, 그리고 실업자를 비롯한 수많은 비노동자 등등이 새로운 소수자의 집합을 형성하게 된다. 엥겔스가 노동귀족에 대해 비판한 것도, 레닌이 경제주의나 노동조합주의에 대해 비판한 것도 따지고 보면 제도적이고 안정적인 지위를 확보했거나 그걸 확보하려는, 이미 '다수자'가 되어버린 노동자와 노동운동에 대한 비판이었던 것이고, 그런 의미에서 정확하게 소수적인 노동자, 소수적인 노동운동에 대한 문제설정과 묵시적으로 연결되어 있다고 할 수 있지 않을까? 노동운동이 민중운동의 '지도력'을 획득해야 한다고 하는 그들의 요구 또한 소수자 운동의 접속('연대' 내지 '동맹'이라고 해도 좋다)에서 노동운동이 주동적이고 능동적으로 개입하라는 요구는 아니었을까?

그래서일까? 들뢰즈와 가타리는 노동자와 소수자간의 관계에 대해서 이렇게 말하고 있다.

소수자의 능력. 특수성의 능력은 프롤레타리아 속에서 자신의 형상 내지 보편적 의식을 발견한다. 그러나 노동계급이 **획득된 지위에 의해서만 스스로를 정의하는 한,** 혹은 이론적으로 정복된 국가에 의해 정의되는 한, 그것은 단지 '자본'으로서, 자본의 일부(가변자본)로서 나타날 뿐이고, 자본의 계획/구도(plan)를 떠나지 못한다. 기껏해야 그 계획/구도는 관료적인 것이 될 뿐이다. 반대로 대중이 끊임없이 혁명적으로 되고 가산적인 집합들의 지배적 균형을 파괴하는 것은, 오직 자본의 구도를 떠남으로써고, 끊임없이 거기서 벗어나는 것에 의해서다(II, 262).

정확하게 두 가지가 명시되어 있다. 하나는 소수자와 프롤레타리아를 대립시키는 게 아니라 양자의 접속을 주장할 뿐 아니라 프롤레타리아가 바로 소수자들의 보편적 형상, 보편적 의식을 담지하고 있다는 것이다. 이는 프롤레타리아를 소수자로서 정의하고 있는 것이면서 동시에 소수자의 혁명적 연대에서 프롤레타리아의 위상에 대해 말하고 있는 것이다. 다른 하나는 그러기 위해서는 프롤레타리아가 획득된 지위에 의해 다수자가 된/되는 사태에서 벗어나야 하며, 그와 동일한 이유에서 국가권력의 획득과 새로운 지배계급이 되는 것(이것이야말로 스스로 가장 중심적인 다수자의 지위, 지배자의 지위를 점하겠다는 것을 뜻한다)에 의해 혁명을 정의하지 않아야 한다는 것이다. 그것은 자본의 구도, 자본의 평면에서 벗어나지 못하는 것이고, 또 다른 형태의 자본으로서 남게 된다는 것을 뜻하기 때문이다.

들뢰즈와 가타리는 다시 이렇게 말한다. "소수자의 중심문제는 자본주의를 분쇄하는 것이고, 사회주의를 다시 정의하는 것이며, 전쟁 외의 수단에 의해 세계적 전쟁기계에 반대할 수 있는 전쟁기계를 구성하는 것이다"(II, 262). "자본의 구도/평면을 벗어나는 것", 같은 말이지만 "가변자본으로서" '노동'하고 가치화된 활동을 하는 자로서의 위치에서 벗어나는 것이 그것과 긴밀히 연관되어 있을 것이다. 하지만 그 의미는 하나로 제한될 수 없을 것이다. 그들의 말대로 "'노동거부' 국가가 무엇이 될지 아는 것은 어려운 일"임이 분명하다. 그러나 그것은 그 방향이 모호하고 비현실적이어서가 아니라 비가산집합을 형성하는 소수적 생성의 선들이 워낙 많기 때문이고 예측불가능한 것들로 발산하는 광범위한 가능성을 포함하고 있기 때문이다. 다양한 소수적 운동, 소수자들의 횡단적 접속, 자본주의를 분쇄하기 위한 다양한 탈코드화된 흐름의 접속과 결속, 그것 앞에 열린 길이 그토록 많기 때문일 것이다.

이들은 다만 "자본주의적 공리의 자동화와 관료적 계획화"에 반대하면서 문제들 사이의 횡단적 접속에 의해 작동하는 다양한 구성의 다이어그램들이 있을 수 있음을 지적하고 있다(II, 263). 아마도 그 횡단과 접속의 드넓은 지대, 비가산적인 가능성의 지대에서 결정불가능한 명제들이, 자본주의 공리계의 외부들이 끊임없이 생성되길 기대하고 있는 것처럼 보인다. 하지만 여기서 결정불가능한 것이란 단지 결과의 불확실성이나 예측 불가능성을 뜻하는 건 아니다. 그건 차라리 탈주선을 따라 공리계로부터 끊임없이 이탈하는 흐름에 관한 것의 불가피한 공존에 관한 것이고, 공리계의 결속과 통합에 반하는 모든 혁명적 접속에 관한 것이다. 그렇기에 "결정불가능한 것은 무엇보다도 혁명적 결정의 싹과 장소"라고 할 수 있는 것이다.

들뢰즈와 가타리의 노마디즘과 동양적 사유[*]

정형철 많이 바쁘실 텐데도 이렇게 대화의 초대를 수락해 주셔서 고맙습니다. 이 선생님이 쓰신 것처럼 "삶을 통찰하는 눈으로 막힌 벽들을 부숴버리는 강밀한 질문"은 하지 못할지라도 "사유에 공연한 무게를 신

---

[*] 이 글은 필자의 책 『노마디즘』1, 2(휴머니스트, 2002)가 출간된 직후 잡지 「오늘의 문예비평」을 통해 진행된 서면 대담이다. 『노마디즘』은 들뢰즈/가타리의 『천의 고원』에 대해서 강의록 형식으로 쓴 책이다. 그것은 내가 읽은 들뢰즈/가타리의 사유를 기록한 것이며, 적어도 나에게는 그들과 내가 만나 섞이고 변형되는 지대를 만들려는 시도였다는 의미를 갖는다. 고맙게도 이 대담의 질문자인 정형철 교수(부산외국어대학교 영어과)는 그 책에서 들뢰즈/가타리의 '노마디즘'이 '동양적 사유'와 만나는 지점에 관심을 갖고 세심한 질문서를 작성해 보내주었다. 비록 그러한 주제가 들뢰즈/가타리의 사유나 그 책 전체를 대표하는 키워드라고 할 순 없다 해도, 그 책 안에 들어와 자리잡은 하나의 중요한 외부라는 점, 그리고 나로서는 그것을 그들이 끌어들인 것 이상으로 확대하여 그들의 사유 안에서 좀더 강력한 힘을 갖고 작동하게 하고자 했다는 점, 그리하여 그들의 사유가 변형을 겪으면서 다른-것이-되기 시작하는 지점이 되게 하고자 했다는 점은 분명 사실이다. 나아가 그것은 그들이 책-기계라는 개념을 통해 말하고자 했듯이, 철학에서 그 외부로 나아가는, 다시 말해 사유에서 삶으로 나아가는 고리요 '뗏목' 가운데 하나라는 점에서 그처럼 독자적으로 부각되어 다룰 만한 주제라고 생각했다. 질문자 덕분에 나로선 '노마디즘'과 동양적 사유가 만나고 헤어지는 지점에 대해 좀더 개진할 기회를 갖게 되었던 셈이다. 이런 이유에서 이 대담은 철학의 외부를 사유하려는 이 책에, 특히 들뢰즈/가타리의 사상을 다루는 부분의 마지막에 따로 추가해 남겨두고 싶었다. 역으로 그것은 들뢰즈/가타리가 말하는, 이 책에서 따로 다루어지지 않았던 몇 개의 개념들, 가령 '추상기계'니 '기관 없는 신체'니, 혹은 '일관성의 구도'니 하는 매우 중요한 개념들에 대한 '동양적' 해설의 형식으로 읽어도 좋을 것이다.

고서 어설프게 던지는 아카데믹한 형식적 질문"을 하지는 않아야 할 텐데 걱정이 됩니다. 워낙 그런 형식적 질문의 방식에만 익숙한 저는 아무래도 좋은 대화 상대가 되기에는 여러 면에서 부족합니다. 더구나 들뢰즈와 가타리의 난해한 개념들을 잘 이해하고 있는 것도 아닙니다. 그런데 어쩌면 아마 그렇기 때문에 편집동인들이 제게 이 일을 맡긴 것이라는 생각이 들기도 합니다. 선생님과의 대화(언어)를 "더듬거리게" 하여 새로운 종류의 대화(언어) 규칙을 만들어 보게 하려는, 그래서 "또 다른 변용의 촉발"을 유도하려는 의도가 아니었나 싶습니다. 이 선생님의 『노마디즘』은 들뢰즈와 가타리의 난해한 개념들에 대한 자상하고도 치밀한 해설서로서 지금까지 누구도 시도해 본 적이 없는 독특한 저서입니다. 물론 단순한 해설서라기보다는 노마디즘으로 수렴될 수 있는 다양한 주제들에 대한 연구서로서 그 자체로서도 가치를 인정받을 수 있는 저서입니다. 저는 2년 전에 들뢰즈/가타리의 개념들 가운데 몇 개와 『삼국유사』의 이야기들을 관련지워 논문을 쓴 적이 있는데, 만약 그 무렵에 『노마디즘』이란 '매뉴얼'이 출판되었더라면 제가 들뢰즈/가타리의 '책-기계'를 아주 쉽게 제대로 사용하여 논문을 쓸 수 있었을 것입니다(이 선생님의 『노마디즘』이라는 '책-기계'에 대한 좋은 '매뉴얼'이 바로 들뢰즈/가타리의 『천의 고원』이기도 합니다만).

이진경 말씀 감사합니다. 평가가 너무 후한 건 아닌가 싶기도 하지만 말입니다. 그 책은 이미 아시다시피 들뢰즈/가타리와 10년 가까이 즐거운 우정을 나눈 결과이기도 하지만, 동시에 10년간 익숙해져 있던 땅을 떠나려는 마음이 담겨 있어서, 정든 땅을 떠나는 실향의 심정 또한 있는 건지도 모릅니다. 적지 않은 기간을 그들의 사유 속에 들어가 유영(遊泳)

한 셈인데, 덕분에 그들 식으로 사유의 흐름을 타고 사유의 결을 따라가는 데는 꽤 익숙해졌고, 그런 흐름에서 편안함을 느끼게도 되었지만, 이젠 거기서 나올 때가 되었다는 느낌에, 한편 반갑기도 하고 한편 아쉽기도 합니다. 그래서인지 자꾸만 뒤돌아보게 됩니다. 책의 부피, 그 갈피 사이에 담긴 시간의 인력 같은 것인지도 모르지요.

정형철 제가 한국의 풍류(風流)와 선풍(仙風)을 들뢰즈와 가타리의 개념들과 비교하면서 억지춘향으로 논문을 쓴 이후 언젠가는 이들의 개념들과 기(氣)·공(空)·무위(無爲) 등의 개념들을 좀더 자세히 비교해봐야겠다고 생각한 적이 있기 때문인지, 이번에 『노마디즘』을 읽으면서도 여러 고원들에서 선생님께서 언급하신 기(氣)·공(空)·무(無)·선(禪)·공안(公案) 그리고 무아(無我) 등과 추상기계, 기관 없는 신체, 일관성의 구도 등의 유사성에 대해 자연히 관심이 더 기울어졌습니다. 이 '저자와의 대화'의 제목을 제가 '들뢰즈와 가타리의 노마디즘과 동양적 사유'로 붙이고, 주로 동양적 사유와 연관된 몇 가지 질문들만 준비해 본 것도 그 때문입니다. 물론 여기서 '동양적'이란 것은 이 선생님 지적대로 지리적인 개념이 아니라 문화적·사회적 개념입니다만, 저는 그 두 사람이 지리적인 뜻에서의 동양, 더 구체적으로 한국·중국·일본과 같은 동아시아 지역과 이 지역에서 형성된 사상과 종교의 역사 등에 대해 어느 정도 관심을 가졌고, 어느 정도로 이해했는지 궁금합니다.

이진경 저는 사실 철학자나 사상가의 전기적인 사실에 대해서 별로 큰 관심이 없어서, 다른 사람들만큼이나 들뢰즈/가타리에 대해서도 책에 씌어진 것 이상은 잘 모릅니다. 더욱이 알튀세르나 라캉, 혹은 푸코처럼 자서전이나 전기도 나온 것이 없으니까 말입니다. 그렇지만 적어도 들뢰즈의 경우, 동양적인 사유에 대해 적지 않은 관심과 호의를 갖고 있었던 것은 분명합니다. 가령 『천의 고원』에는 도가나 불가의 개념들이 스쳐가듯 나타납니다. '앉은 그대로 리좀이 된 부처의 나무'라든가, 유가와 구별되는 도가의 '도'(道) 혹은 '선'(禪)에 대한 언급들, 일본의 선사인 도오켄(道元)을 인용하는 각주, 그리고 서양의 초월성과 대비되는 동양의 '내재성'에 대한 반복되는 언급들이 그것입니다. 들뢰즈에게 '내재성'이 얼마나 중요한 것인지를 안다면, 이러한 언급이 명시적으로 표시된 것 이상으로 훨씬 중요한 의미를 갖고 있음을 알 수 있습니다.

　이런 관심은 사실 60년대에도 있었던 것으로 보입니다. 프루스트에 대한 초기의 책에서 들뢰즈는 그리스적 전통에 대한 비판 속에서 유대적 전통을 하나의 출구로 생각했지만, 『의미의 논리』에 이르면 스토아적 전통과 나란히 '선'(禪)의 사유방법이 양식과 통념을 파괴하는 '역설'(이것은 그 책에서 제시된 사건의 철학이 나아갈 긍정적이고 적극적인 방향을 표시하는 개념이지요)의 가장 중요한 사례로서 언급됩니다. 하지만 이는 사실 부분적이었고, 선의 '공안' 내지 '화두'에 대한 이해 역시, 미안하지만 솔직히 말하면, 일종의 은유적 언어로 오해하는 데서 크게 벗어나지 못한 것 같습니다. 흥미로운 것은 거기서는 심층적인 것과 고상한 것을 추구한 것으로 브라흐만과 부처를 대응시키고, 그 어느 것도 아닌 것으로 선을 평가하는데, 이는 내용의 정당성과 무관하게 그 책의 논지에서 보면 가장 높은 점수를 주는 것입니다. 『천의 고원』에서는 '선'에 대해 아주 드물게, 드러나지 않게 언급하는데, 저는 그것이 차라리 선적인 언술 방식처럼 느껴졌습니다. 비록 그들이 선의 요체를 깨달았다고 말할 순 없다 해도 말입니다.

반면 그 책에서는 동양에 대해서 매우 적극적으로 빈번하게 언급하지만, 그 경우 동양은 도가나 유가의 중국도, 불가의 인도도 아닌 몽골의 유목민이었습니다. 내재성의 철학보다는 유목민의 정치학을 선택한 것이지요. 물론 이것이 내재성의 철학과 노마디즘의 정치학을 대립시키려는 것은 결코 아닙니다. 어쩌면 우리 자신이 별로 연결시키려고 해보지 못한 그 두 가지를 하나로 연결하려는 것이, 그 책의 암묵적 구도 가운데 하나인지도 모르겠습니다. 내재성의 사유에서 노마디즘을 보는 것, 그리고 노마디즘에서 내재성의 사유를 보는 것 말입니다.

그런데 저는 여기서 이들의 이런 생각과는 달리 동양 안에 존재하는 근본적인 차이를 보는 것이 중요하다는 생각을 했습니다. 흔히 '동양'이라는 말로 중국을 떠올리고, 그와 더불어 어느새 제국적 국가, 제국적 역사, 그리고 국가적 사유를 떠올리는 우리의 오래된 습관은, 이런 내재성의 사유나 노마디즘의 정치학이란 관점에서 본다면 가장 먼저 혁파해야 할 나쁜 습관이 분명하기 때문입니다. 그들이 서양과 대비하여 하나로 연결된 '동양'을 말할 때, 우리는 부지중에 하나로 연결되어 있는 동양 안에서 근본적인 이질성과 균열을 보아야 하지 않는가 하는 것입니다.

이런 점에서 본다면, 『삼국지』라는 국가주의적 소설과 『수호지』나 『서유기』 같은 유목적인 소설이 구별없이 하나의 '고전'이 되는 것, 나아가 어떤 고전보다도 『삼국지』가 특권적인, 동시에 대중적인 고전의 자리를 차지하고 동양의 고전을 거의 '대표'하다시피 하는 사태처럼 상징적인 것도 없을 겁니다. 그게 어쩌면 우리가 알고 있는 '동양'인 거지요. 그건 들뢰즈/가타리가 언급한 동양과 정반대인 동양이고, 사실은 그들이 초월성만큼이나 벗어나고자 했던 서양과 전혀 다르지 않은 동양이지요. 그리고 사실 내재성의 철학이나 노마디즘의 정치학이란 관점에서 본다면, 그것은 아(我)·타(他)를 구별할 줄 모르는 우행이지요. 어쩌면 우리는 '동양'에 대해 너무 모르고 있는 건지도 모릅니다. 19세기에 서양인들이, 자신과 구별되는 지리를 통해 정의한 개념에 그대로 머물러 있는 것이지요.

그래서 저는 그들이 유목을, 우리가 양을 모는 몽골인을 상상하며 떠올리는, 초원을 돌아다니는 '이주'나 '방목'이 아니라, 차라리 앉아 있어도 어디에도 머물지 않은 그런 삶의 방식이요 사유방식이라고 정의할 때, 그들이 동양적인 사유의 요체를 이해하고 있다고 믿게 되더군요. 그것은 적어도 겉으로 드러난 형상이나 역사, 혹은 이미지에 의해 동양이나 유목을 포착하려는 수위를 뛰어넘었다는 게 분명하지 않습니까? 덧붙여 이런 정의를 본다면, 그들이 유목민의 '역사'를 어떤 식으로 끌어들이든, 적어도 유목민에 대한 낭만적 공상에 머물러 있다고는 할 수 없다는 생각입니다.

정형철 저는 '동양적 사유의 이미지'라고 부를 수 있는 것이 있다고 봅니다. 예컨대 서양의 주류적 사상에서 발견되는 것이, 다양한 것들 속에서 추출해낼 수 있는 공통된 형식을 찾는 방식의 추상이나, 근거 혹은 본질적 실체로서의 기원에 대한 사유와 연관된 초월성이라면, 그것들과 대조적으로 모든 형식들로부터 탈형식화하는 방식의 추상과 내재성을 동양적 사유의 이미지의 특징이라고 할 수 있을 것입니다(물론 서구의 초월성와 동양의 내재성이라는 것이 이 선생님이 쓰신 대로 "대체적이고 전반적인 경향에 대한 명제"입니다만). 이런 점에서 보면 추상기계, 내재성의 장, 기관 없는 신체, 일관성의 구도라는 개념들의 창조를 통한 들뢰즈와 가타리의 노마디즘 혹은 유목적 사유와 윤리는 동양적 사유의 이미지에 의해 생성된 것이라고 말할 수도 있겠습니다. 다시 말하면 그들은 서양의 주류적 사상을 형성한 사유의 이미지에 대한 파괴 혹은 대항사유의 방식을 동양적 사유의 이미지에서 찾은 것이라고도 할수 있을 것 같습니다. 들뢰즈와 가타리가 '동양'을 "매끄러운 공간을 구성하는 가운데서만 존재하는 질적인 어떤 것" 혹은 바로 그 "매끄러운 공간"을 지칭하는 단어로 사용했다는 사실도 이 점을 암시하는 것으로 보입니다. 그렇기 때문인지는 모르지만, 저도 10여 년 전 우리말로도 번역된 『들뢰즈와 가타리』의 저자 로널드 보그의 강의를 수강할 때, 기관 없는 신체 개념에 대해 들으면서 공(空)을 떠올리게 되고 어느 정도 이해할 수 있을 것 같은 느낌을 가졌었는데, 반면에 보그는 그 개념이 무척 난해하다고 하더군요. 이 선생님도 언급하셨듯, 데리다도 그것을 이해할 수 없다고 말했다는데, 그 반면 이 선생님은 도(道) 혹은 공(空)과 연관지어 기관 없는 신체와 일관성의 구도에 대해 쉽게 이해할 수 있도록 설명하셨지요. 그런데 동양적 사유의 이미지도 서양적 사유의 이미지와 마찬가지로 결국 사유를 구속하는 이미지라는 점에서는 같은 것이 아닐까요? 다시 말하면 그와 같은 사유의 이미지가 없는, 사유의 이미지로부터 해방된 사유, 즉 '사유의 이미지'가 아닌 '이미지 없는 사유'가 노마디즘의 극한, 절대적 탈영토화일 것입니다. 들뢰즈가 아르토는 "이미지 없는 사유의 무서운 현현"을 추구했다고 말했는데, 결국 '이미지 없는 사유'는 예술작품을 통한 미적 체험이나 기도나 수행과 명상 혹은 공안(公案)을 통한 간화선(看話禪)과 같은 종교적 체험의 영역으로 나아가게 하는 것 같습니다만, 이 점에 대한 이 선생님의 의견을 듣고 싶습니다.

이진경 물론 동양적 '사유의 이미지'라고 할 수 있는 것이 있습니다. 그러나 그것은 모든 사유를 '인도'하여 좋은 방향(bon sens)으로 나아가게 하는 그런 것이고, 사유를 언제나 특정한 형태에 포개고 포획하는 그런 것입니다. 가령 '도'라는 개념마저 세상을 지배하는(!) 원리로 바꾸어 버리는 주자학적 사유에서 가장 포괄적이고 전형적으로 드러나는 것이며, 다양한 양상의 삶을 결국은 인간의 내부에 자리잡은 어떤 '도덕적 본질'로 환원하는 유가적 도덕에서 가장 통속적으로 드러나는 것이지요. 이런 점에서 서양적 사유의 이미지와 동양적 사유의 이미지를 대비하는 것은 적어도 들뢰즈와 가타리가 '동양'을 통해서 말하고자 했던 것과는 거리가 멀다고 생각합니다. 그들 자신이 분명하게 말하지요. "문제는 사유의 형식 자체"고 그런 형식이나 모델로 "모든 사유를 덮는 사유의 이미지"지요. 어떤 사유의 이미지를 다른 사유의 이미지로 대체하는 것은, 하나의 형식을 다른 하나의 형식으로 대체하는 것과 비슷합니다. 그것은 기존의 지배적인 것에서 사유를 탈영토화시키지만, 즉시 다른 형식이나 이미지에 재영토화되는 것이란 점에서 상대적 탈영토화에 지나지 않습니다.

이들이 유목적 사유에 대해 말하면서 '대항-사유'에 대해 말할 때, 그것은 또 하나의 사유의 이미지가 아니라 사유의 이미지 자체에 반하여 외부와의 직접적 관계를 실행하는 것이라고 하지요. 물론 들뢰즈의 경우 60년대 저작에서는 사유의 이미지를 앞서 말씀하신 방식으로 사용한 적이 있습니다. 프루스트에 대한 책이나 심지어 『차이와 반복』에서도 그렇습니다. 그러나 적어도 노마디즘이란 방향에서 동양의 사유에 대해 말할 때, 다시 말해 『천의 고원』에서는 결코 그렇게 말하지 않습니다. "사유의 외부성의 형식은 국가장치가 불어넣은 이미지에 대립하는 또 다른 이미지가 결코 아니다"라고 말합니다. 확실히 이런 의미에서 선생님 말씀대로 "동양적 사유의 이미지도 서양적 사유의 이미지와 마찬가지로 결국은 사유를 구속하는 이미지라는 점에서 같은 것"이라는 점에 들뢰즈/가타리는 동의할 겁니다. 저도 그 점에 관해선 마찬가지입니다. 하지만 바로 그것이 탈형식화하는 사유, 내재성의 사유, 외부의 사유가 사유의 이미지를 구성하는 것과 다르다는 이유기도 합니다. 사유의 또 다른 이미지에 따라 사유를 펼치는 게 아니라, 그런 이미지 자체를 넘어서 사유하는 것, 아마도 그것이 동양이라는 단어로 내재성의 사유에 대해 말할 때 그들이나 우리가 말하고자 하는 것이 아닌가 합니다. '이미지 없는 사유'란 바로 그것이겠지요.

저는 적어도 '도'니 '공'이니 하는 개념은 이 점에서 아주 탁월하게 모든 종류의 형식이나 형상, 이미지를 혁파하면서 내재성의 장을 연다고 생각합니다. 이는 '기관 없는 신체' 같은 개념조차, 형식을 부정하는 개념이면서도 '기관'이나 '신체' 같은 형식적인 표현과 '없는'이라는 부정적인 어법을 벗어나지 못한다는 점에서 결코 충분한 개념이 되지 못한다고 생각합니다. 바로 그 점이 '기관 없는 신체'에 대해 말하는 순간, 그것의 위험에 대한 경고로 일관하게 되는 이유기도 할 겁니다. 반면 "凡所有相 皆是虛妄 若見諸相非相 卽見如來"(무릇 상이 있는 것은 모두 허망하다. 만약 모든 상이 있는 것에서 상이 없음을 본다면 여래를 보리라)이라는 『금강경』의 역설적 명제는 어떤 종류의 형상이나 형식, 이미지에서도 벗어난 지점에서 비로소 '여래를 보리라'고 한다는 점에서 모든 종류의 사유의 이미지를 벗어날 것을 가르치고 있습니다. 『도덕경』의 유명한 첫 구절도 마찬가지입니다. 선생님 말씀대로 선가의 그 많은 '공안'(公案)들은 한결같이 상(相)을 떠나서, 형식이나 이미지를 떠나서 여래를 보는 법을 가르치지요.

하지만 그 경우 여래란 신도 아니고 어떤 초월자도 아닙니다. 지금 여기를 사는 모든 중생들 자신, 현재 여기를 사는 우리 자신들의 삶 바로 그 자체지요. 선가에서 여래나 부처를 도달해야 할 목표나 이미지로 만드는 것을 다양한 방식으로 격파하고 있는 것은 잘 알려져 있습니다. "卽心卽佛"을 가르치다가 "非心非佛"로 바꾸어 가르쳤던 마조(馬祖), 부처가 무어냐는 물음에 "뒷간 똥막대기"라고 대답했던 운문(雲門), 혹은 부처를 묻는 물음에 "차 한잔 하시게" 했던 조주(趙州) 등이 말했던 게 그것이겠지요(물론 그 깊은 의미를 이것으로 해결했다고 생각하진 않습니다만). 혹은 다른 방식으로 만물의 법성(法性)이란 본무(本無)인데, 이 본무란 유무의 상대적 개념이 아니라 유무 이전의 것이며, 본성이 본래 공함을 말하는 것이라고 하면서, 그것을 다시 연기적 조건(외부!)에 의해 생멸하는 것이란 점에서 연생(緣生)·연멸(緣滅)과 다르지 않다고 했던 승조(僧肇)의 말도 그것일 겁니다.

이 모든 것이 수행이나 명상과 관련된 것임을 누가 부정할 수 있겠습니까? 그렇지만 이 모든 것이 그저 수행이나 명상과 관련된 것일 뿐이라고 또 누가 말할 수 있겠습니까? 그것은 바로 우리의 일상적 삶 한순간 한순간에 실행되어야 할 삶의 기술이요, 삶의 방식이지요. 일상에서 그것을 할 수 있다면 무슨 수행이 따로 필요하겠으며, 무슨 명상이 따로 필요하겠습니까? 다만 그것이 안 되니까 그러기 위해 수행하고 명상하는 것이겠지요. 그래서 남악(南嶽) 회양(懷讓)은 부처가 되겠다고 좌선하고 앉아 있던 마조 옆에서 기왓장을 갈았던 거지요.

이런 점에서 종교적 체험이라는 말은, 굳이 틀렸다고 할 순 없음에도 불구하고, 사실 매우 불편하게 들립니다. 마치 '호모'라는 말이 '호모섹슈얼'의 줄인 말이란 점에서 동성애자들을 지시하는 '맞는' 단어 지만, 그들을 매우 불편하게 만드는 '나쁜' 단어인 것처럼 말입니다. 아 마도 이유는 종교적 체험이라고 말하는 순간, 우리의 삶이 '아닌', '피 안을 추구하는 행위'로 어느새 귀속되어 버리고 말기 때문이겠지요. 이 것은 적어도 붓다나 선사들이 가장 경계하고 혁파하고자 했던 태도 아 닐까요? 이런 점에서 레비-스트로스는 『슬픈 열대』의 마지막 두 장에서 이런 식의 사유는 오직 맑스주의만이 비교될 수 있는 가장 실천적 철학 이라고 아주 적절하게 지적하고 있습니다.

그 단어가 불편한 데는 또 하나의 이유가 있는데, 바로 '종교'라는 단어 때문입니다. 사실 글자대로 말하면 '최고의 가르침'이고, 내용은 삶에 대한 최고의 가르침이란 말이겠지요. 그리고 이것이 아마도 동양 에서 그 말이 사용된 맥락이겠지요. 그러나 그 말이 religion이란 단어 의 번역어로 사용되었고, 지금은 오히려 종교란 말에서 religion의 함 축을 떠올리게 된 것 또한 역사적인 사실입니다. 종교란 말이 기독교처 럼 초월적인 존재자를 신으로 떠받드는 그런 신앙을 함축하게 된 것은 이 때문일 것이고, 그래서 어느새 기독교의 이미지 속에 사로잡힌 하나 의 신앙으로 간주되는 자동적 과정을 내포하게 되었지요(불교가 종교인 가 아닌가를 두고 벌어진 논쟁은 이런 사실의 한 징표지요). 게다가 그런 기독교적 religion으로서의 종교란 과학에 반하는 것, 신비적인 것을 추구하는 미신이라는 이미지가 덮어씌워지면서, 어리석은 신앙을 뜻하 는 것이 되어 버렸습니다. 동양에서 근대의 역사, 그것은 이런 식으로 동양의 사유와 삶의 방식이 기독교와 과학이라는 두 개의 극이 쳐놓은 그물에 포획되어 망실된 그런 역사라고 해도 결코 지나친 말이 아닐 것 입니다. 그래서 저처럼 스스로 '합리적'이라고, 다시 말해 미신이나 신비주의와는 거리를 두려고 생각하는 사람들은 어느새 '종교'나 '종교적 체험', '기도와 명상' 등과 같은 단어에 무의식적으로 거리를 두는 습관을 갖게 되었을 겁니다.

정형철 저는 현상학적인, 세부적 기술(記述)이 요구되는 미적 체험과 같은 맥락에서 종교적 체험이라는 말을 쓴 셈입니다. 물론 다양한 형태의 종교들이 있고 그것들과 관련된 체험의 내용도 또한 다양하겠지만, 그 체험은 이선생님께서 암시하신 대로 대체로 '비합리적'이라는 지적을 받게 되는 것도 사실입니다. 이런 경우 흔히 '초합리적'이라는 말로 비켜가려고 하는 수가 있는데, "이미지 없는 사유"는 합리와 비합리의 구별 같은 것도 포함한 모든 분별지에서 벗어나 공(空)을 깨닫는 것과 비슷한 것이라고도 말할 수 있을 듯합니다.

"텅 빈 기관 없는 신체"도 "암적인 기관 없는 신체"도 아닌, 순수잠재성의 확장과 생성, 창조로서의 "충만한 기관 없는 신체"라고 들뢰즈와 가타리가 부르는 것은 분명히 공(空)과 비슷한 차원 혹은 상태에 대한 개념화인 것 같습니다. 한 겨울에 복사꽃나무 줄기를 칼로 베었을 때 그 속에는 복사꽃송이들이 전혀 없지만, 즉 무(無)이지만, 봄이 되면 피어나는 무한히 많은 복사꽃들이 이미 그곳에 가득 차 있다는 것, 그것이 공(空)이라고 하는 설명을 들은 적이 있는데, 따라서 공은 인연생기설과 연관되지 않습니까. 알려져 있는 것과 같이 산스크리트어로 '영'(零)을 뜻하는 순야타(sunyata), 즉 공(空)에 대해 용수(Nagarjuna)가 "공(空)에 의해 만물이 확립되고, 공(空) 없이는 아무것도 확립될 수 없다"는 식의 말을 했는데, 결국 이것은 현상계의 모든 것들이 인과율의 상호작용의 결과이고, 따라서 항구적이고 독립적인 안정된 정체성,

즉 자성과 본성은 없는 것이라는 점을, 즉 "접속하게 되는 이웃에 따라 본질이 달라진다"는 점에서 고정된 본질이란 없다는 것을 나타내는 개념일 것입니다(이와 같은 공 개념을 형성한 인도의 구체적인 사회적 조건에 대해 자세히 살펴볼 필요가 있을 것입니다만). 그런데 들뢰즈와 가타리가 기관 없는 신체와 일관성의 구도 개념을 통해 나타내고자 하는 것과 불가와 도가에서의 수행자들이 추구하는 절대적인 깨달음의 경지 혹은 득도를 결국 같은 것으로 보아도 되는지요?

이진경 글쎄요. 만약 그들이 절대적인 깨달음의 경지나 득도가 무언지를 안다면 아마 아니라고 말하진 않았을 듯합니다. 그렇지만 그렇다고 해서 기관 없는 신체나 일관성의 구도가 득도를 의미한다고 할 순 없을 듯합니다. 왜냐하면 일단 그것은 모든 것이 구성될 수 있는 절대적 추상화를 표시하는 개념이고, 이런 점에서 일정한 상응성을 갖지만, 그 개념을 통해 깨달음이나 득도를 말하려고 했다고 한다면 맥락이나 함축이 많이 달라진다는 느낌입니다. 게다가 그 책에서 그들이 일관성의 구도(기관 없는 신체는 부정적인 경우가 포함되어 있으며, 유일하게 긍정적인 것은 일관성의 구도로 이어지는 기관 없는 신체란 점에서 일관성의 구도가 유일하게 긍정적인 절대적 탈영토화의 궁극입니다)에 도달한 경우로 제시한 유일한 긍정적 사례는 현대음악에서 음의 '입자'들의 경우입니다. 이를 깨달음이나 득도, 혹은 '득음'과 같은 개념처럼 수행자들이 추구하는 어떤 경지라고 말할 수 있을까요? 이 경우에는 그보다는 차라리 '기'(氣) 같은 개념에 더 가까울 것처럼 보입니다. 많은 차이를 추가해야 하지만 말입니다.

　제가 일관성의 구도라는 개념을 설명하면서, 혹은 기관 없는 신체라는 개념을 설명하면서 기나 도, 공이란 개념을 사용했던 것은, 한국이나 동양인이라면 그것을 통해 쉽게 이해할 수 있으리란 생각에서 말했던 것이고, 결국은 모든 형식이 탈형식화된 것이란 점에서, 내재성의 장이란 점에서 유사성을 지적하기 위한 것이었지 일관성의 구도의 '예'라고 생각했던 것은 아니었습니다. 그런 점에서 일관성의 구도라는 개념이 '기'(氣)와 '심'(心)의 차이, 혹은 기와 공 같은 개념의 차이를 다룰 수 없으며 그저 뭉뚱그릴 수 있을 뿐이란 점에서, 그런 개념에 하나의 대응물을 찾아서 동일시할 수 없는 난점이 있다고 생각합니다.

노파심에 덧붙이자면, 복사꽃송이가 없지만 가득 들어 있는 복사꽃나무의 은유는 공 개념을 이해하는 데 약간 오해될 소지도 있을 듯합니다. 마치 피어날 어떤 것들이 미리 어떤 것 내부에 존재한다는 생각은, 연기적 조건에 따라 그 나무가 다른 것이 될 수도 있으며, 이런 점에서 나무의 자성은 없고 오직 그것이 접속하는 외부에 따라 어떤 것으로서 존재할 뿐이라는 연기 내지 공의 개념과 상충되는 듯해서 말입니다.

정형철 알겠습니다. 복사꽃 비유는 무(無)와 공(空)이 어떻게 다른가를 설명하는 자리에서 잠깐 이용한 방편에 지나지 않을 것입니다. 연기적 조건에 따라 복사꽃나무가 다른 것이 될 수 있지만, 그 다른 것이 복사꽃나무가 아니라고 말할 수도 없겠지요. 흔히 선(禪)문답이라고 하는 독특한 소통 혹은 인식의 방식을 저는 무척 흥미롭게 여깁니다.

이 선생님께서도 기호계의 다이어그램적 변환, 즉 "어떤 기호계를 절대적이고 긍정적인 탈영토화가 이루어지는 일관성의 구도 위로 나아가게 하는 것"을 설명하면서 선승들의 방(棒)과 할(喝)에 대해 언급했습니다. 즉 그것들이 표현형식의 지층들로부터 탈영토화된, 절대적인 일관성의 구도로 '폭발' 시키는 기능을 지닌다고 풀이합니다. 그런데 그와 같이 불교과 도교에서의 주요한 개념들을 들뢰즈와 가타리의 개념들을 이용하여 이해해 볼 수도 있겠고, 반대로 들뢰즈와 가타리의 개념들을 불교와 도교에서의 개념들을 빌려 설명해 볼 수도 있겠습니다만, 이 과정에서의 문제점이 있다면 무엇이라고 생각하시는지요. 다시 말하면 "서양음악이라는 지층에서 그것의 분절방식을 척도로 삼아 한국음악을 포착하는 시도"에 의해 특이성이 상실되는 것에 대해 비판하신 부분이 있는데, 마찬가지로 들뢰즈와 가타리의 개념들과 불교와 도교의 개념들 사이에서도 상호간의 그와 같은 포획에 의해 상실되는 특이성이 있을 것 같습니다만.

이진경 그렇습니다. 분명히 그런 식의 대응을 통해서 이해하는 방식은 잘해야 유사성에 의한 유추에 머물 뿐이지요. 그것은 이해에 도움은 되겠지만 각자의 개념이 갖는 특이성이 상실된다는 대가를 치러야 하지요. 그렇지만 음악에서 서양의 음계나 박자에 한국의 그것을 대응시키는 것과 다른 점은, 음악의 경우 그것은 지층화된 것 사이에서 일정한 대응성을 찾는 것이고, 대응이 수립되는 즉시 하나의 지층에 다른 지층이 포개지는 결과를 야기합니다. 반면 일관성의 구도라면, 그런 모든 지층에서 탈지층화된 것이란 점에서, 우리가 흔히 접하는 기나 도, 공 같은 개념과 비교할 수 있지 않을까요? 그것은 하나의 지층에 다른 지층을 대응시키고 포개는 게 아니라, 탈지층화라는 어떤 절대적 극의 방향이 동일하다는 것을 말하는 것이란 점에서 말입니다. 이 경우 하나의 지층이 다른 하나의 척도가 된다고 할 순 없습니다. 분절이 없고, 지층이나 형식이 없기에 '척도'라고 말할 게 없기 때문입니다. 따라서 척도에 의해 포획이 이루어지는 경우와는 아주 다른 경우가 될 것입니다. 말 그대로 방향을 표시하는 다이어그램이 동일한 방향을 표시한다는 말 이상이 아니니까요.

　반면 이해에 도움이 된다는 것 말고도, 이런 식의 비교를 통해서 얻을 수 있는 이득이 또 있습니다. 사실 이게 더 중요한 것일 텐데, 그건 아마도 이전에는 전혀 연결이 되지 않았고 그래서 포획하고 포개는 것 말고는 영향을 주고받기 힘들었던 것들을 함께 연결하거나 대조하여 각자의 방향에 대해서 다시 생각해 볼 수 있게 해준다는 점입니다. 가령 동양의 사유가 갖는 장점이 이 다이어그램적 표시판을 통해 드러나고 그것을 통해 동양이란 이름 아래 섞여 있던 내재적 사유와 초월적 사유 사이에 선을 뚜렷하게 그을 수 있으며, 역으로 서양의 철학이나 개념에 대해 우리가 사유하면서 경계해야 할 지점들을 분명하게 가시화할 수 있고, 그들이 산출한 개념들을 적절하게 변형시킬 방향을 쉽게 찾을 수 있습니다. 마치 산꼭대기에서 보면 봉우리들로 연결되는 능선과 계곡들의 방향과 모이는 지점이 분명하게 드러나듯이 말입니다.

　저는 오직 이런 방식의 비교를 통해서만 동양의 개념과 서양의 개념들은 적절하게 이용되고 섞이며 새로운 개념으로 변용될 수 있다고 생각합니다. 이미 동양은 동양으로, 서양은 서양으로 존재할 수 없습니다. 이는 철학이나 지식, 개념도 마찬가집니다. 섞일 수밖에 없으며, 반대로 적절한 혼합과 그에 따른 변형과 창안이 필요한 시기지요. 따라서 그런 혼합과 변형, 새로운 개념의 생성과 창안을 위한 표시판이 필요하며, 이질적인 개념들을 두들겨보고 맛을 보며 무엇과 어떻게 접속하거나 혼합할 수 있을지 검토할 어떤 '준거'가 필요합니다. 결코 '척도적이지 않은 준거' 말입니다(이게 통상적인 척도와 어떻게 다른지는 『노마디즘』10장에서 이미 설명했지요). 그런데 가령 통상적인 '비교철학'은 어떤 철학자의 개념과 다른 철학자의 개념을 비교하고 대응시킵니다. 가령 용수와 칸트를 비교한다든가, 라이프니츠와 주역을 비교한다든가 하는 식으로 말입니다. 물론 그것이 탈지층화의 방향 안에서, 가려는 방향을 잃지 않고 이루어진다면 성과적일 수 있습니다. 그러나 대부분은 어떤 개념이나 사고형태의 유사성과 차이를 비교한다는 점에서 지층간의 대응과 포개기에서 벗어나지 못하는 게 아닌가 싶습니다. 정말로 위험하거나, 아니면 무익한(성과가 없는!) 경우는 바로 이런 경우지요.

정형철 들뢰즈와 가타리는 의미화의 지층들로부터 얼굴을 돌려 일관성의 구도와 기관 없는 신체 쪽으로 이행하는 것, 즉 "가장 유리한 배치를 뒤엎는 것"이 문제라고 했습니다. 들뢰즈와 가타리의 개념들과 그것들에 대한 이 선생님의 해설을 정리하면, 추상기계가 지층에 의해 포획되지 않게 하고, 추상기계가 지층을 탈주시키게 하는 것, 의미화의 지층의 절대적 탈영토화를 향해 나아가는 것, 모든 "되기"를 향해 열린 절대적 극한, "모든 방향에서의 접속에 대해 열린, 그리하여 모든 종류의 양태가 될 수 있는 구도"인 일관성의 구도와 "강밀도의 연속체" 혹은 생산적 모태인 "강밀도 제로"로서의 기관 없는 신체에 도달하는 것, 즉 결코 도달할 수 없는 극한이지만 그것에 무한히 접근하는 것 등은 생성하는 잠재성 자체와 절대적 흐름 자체를 보는 일인데, 이 일은 돈오(頓悟)를 통해서도 가능하고 점수(漸修)를 요구하는 것일 수도 있겠습니다. 이와 같이 그것은 상당히 불교적인 인식과 유사한데, 들뢰즈와 가타리의 불교관에 대해 알고 싶습니다. 같은 맥락에서 잠재성의 장 전체가 되기, "만인-되기"로서의 무아(無我), 즉 이 선생님이 지향하시는

'절대적 코뮨주의'와 '절대적 상생'과 '주체도 대상도 없는 사랑'도 불교적인 실천이라고 할 수 있을 것 같은데, 이 선생님의 불교관에 대해서도 듣고 싶습니다.

이진경 들뢰즈/가타리에게 불교관이라고 할 것까지 뭐 있을까 싶네요. 다만 들뢰즈가 불교철학에 대해 갖는 관심과 호의, 그리고 굳이 말하자면 '입장'이라고 할 것에 대해선 아까 말씀드린 정도로 알고 있을 뿐이며, 돈오나 점수 같은 수행과 관련된 문제는 제가 읽은 한에선 언급한 적이 없습니다. 아마도 그런 문제에 대해선 어떤 적극적 관심이나 지식이 없지 않았나 싶습니다.

덧붙여 제 불교관에 대해서도 물으셨는데, 글쎄요, 저는 사실 관심이 많은 편이지만 불교관이라고 하니 딱히 뭐라고 말하기 난감하네요. 더구나 단지 불교에 대한 일반적인 생각이나 견해이 아니라, 불교상에서 수행에 관한 문제와 관련해서 말씀하시니 말입니다. 대략 되는 대로 말씀 드리자면, 저는 '주체의 죽음'이나 '인간의 죽음' 혹은 '신의 죽음'이라는 테마는 철저하게 사유하려 한다면 결국 '자아의 죽음'이라는 지점으로까지 나아갈 수밖에 없다고 생각하고, 그것은 종교란 개인적이고 신비적인 어떤 삶의 방식이나 사고방식을 의미한다는 식의 통념을 벗어던질 수만 있다면, 이질성의 철학이나 절대적인 긍정의 철학, 혹은 코뮨주의의 사유가 사실은 합류하는 핵심적인 지점이라는 생각입니다. 그리고 그런 '무아의 철학'을 가장 철저하게, 그리고 가장 심오하게 밀고나간 것이 불교철학이라는 점은 의문의 여지가 없으며, 그것이 거꾸로 저 같은 '반(反)종교적'이고 '반(反)신비적'인 '유물론자'가 불교에 관심을 가지게 된 이유이기도 합니다.

앞서 레비-스트로스의 말을 인용하기도 했지만, 불교철학이 맑스주의말고는 비교할 게 없는 철저한 실천철학이라는 점 또한 저는 전적으로 동의합니다. '수행'(修行)이라는 단어에서, 서양철학이나 과학, 종교의 영향 아래 덧씌워진 '개인주의적'이고 '내면적'이며 '신비적'인, 대개는 비난의 용어로 사용되는 그런 이미지보다는 "행(行)을 닦는다(修)"는 스피노자적인 윤리학이나 푸코나 들뢰즈 식의 미시정치학, 혹은 새로운 종류의 삶의 방식을 구성하려는 맑스적인 실천철학을 상기하는 것이 더 적절하다고 생각합니다.

이런 관점에서 본다면, 사실 '돈오'란 깨침을 향한 수행의 방법이 아니라 어떤 한 순간에 깨침이 발생하는 양상이고, 저 같은 사람으로선 사실 꿈도 꾸기 힘든 '사건'이지요. 돈오 이후의 삶에 대해서 여전히 행을 닦아야 하는지, 아니면 더이상 닦을 필요가 없는지 하는 문제 또한 저 같은 평범한 사람에겐 별 다른 관심사가 아닙니다. 점수에 대한 비판이 '깨달음'이라고 부르는 상태에 대한 새로운 정의를 포함한다는 점은 중요하겠지만, 저 같은 초보자나 평범한 중생들이야 '돈오'에 가든 못 가든 현실적인 지금 여기의 삶을, 행을 닦는 문제가 사실은 중요한 문제 아닌가 합니다.

그리고 이런 관점에서 제가 일삼아 수행을 하시는 분들께 배우고 싶은 것은 깨달음 이후에 어떻게 살아야 하는가 하는 문제가 아니라 깨달음 이전에 어떻게 살아야 하고 어떻게 행을 닦아야 하는가 하는 것입니다. 이 경우 화두 하나 들고서, 그 화두에 대한 의정(疑情)으로 은산철벽(銀山鐵壁)을 향해 매진하는 게 아니라, 안타깝게도 잘 일어나지도 않는 의정을 얻고자 달려가는 것이 좋은 방법인 것인지, 의정이 일어나지 않아도 그저 화두를 붙들고 있어야 하는 것인지, 그게 아니면 매일 현재의 삶과 행동 하나하나를 놓치지 않고 관찰하면서 깨어 있는 것이 좋은 방법인지, 저처럼 공부를 하거나 아니면 다른 활동을 하는 사람들은 항상 깨어 있기 위해선 어떤 방법을 사용하는 게 더 효과적인지 등과 같은 문제 말입니다.

하지만 안타깝게도 '대승'의 큰 수레를 타신 분들께서도 수행승 자신의 문제가 아닌 중생들의 행을 닦는 이런 문제에 대해서는 별 관심이 없는 듯하고, 그런 수행의 기회를 쉽게 발견하기도 어려운 것이 지금의 현실 아닌가 싶습니다. 그런 점에서 본다면 '윤회 즉 해탈'이라는 교리, 교학 상의 '대승'은 있는지 몰라도 승속을 넘어선 실천상의 '대승'이 과연 있는 것인지 하는 의구심을 떨칠 수 없습니다. 반면 지금까지 소승으로 비난 받던 남방의 불교가 훨씬 더 대중들에게 개방되어 있으며, 승속을 가르는 벽이 낮은 것처럼 보입니다. 나아가 승가의 벽을 넘어서 평범한 중생들의 일상을 닦는 수행의 방법으로 가르쳐지고 있다는 점에서 제게는 실천적인 대승의 모습으로 보이기도 합니다. 물론 조선 시대 이래 불교 자체가 겪은 역사, 그리고 일제 시대 이래의 역사가 고려되어야 한다고 해도, 적어도 지금이라면, 그래서 일상을 닦으려는 대중적인 흐름이 다시 형성되는 시기라면, "흔적을 남기지 않는" 산승(山僧)의 삶에 머물지 않는 적극적인 변화가 필요한 건 아닌가 싶습니다.

한 가지 덧붙이자면, 속세의 법도를 넘어서고자 출가하신 분들이 절 안에서 새로운 '가문'을 형성하고, 그 가문의 인맥과 이해관계에 따라 움직이며, 상좌들에겐 돌림자를 붙여 법명을 짓고, '효자'(孝子) 대신 '효상좌'(孝上座)를 칭송하는 식의 관계 또한 저처럼 탈주의 철학을 꿈꾸고 가족의 공업(共業), 가족의 족쇄에 대해 예민한 관심을 가진 사람에게는 매우 납득하기 힘든 면이 있다는 점입니다.

정형철 제도화된 종교 혹은 종교의 제도화가 야기하는 문제점들이 불교에도 있을 것입니다. 저는 수행과 득도의 과정에 대한 실존적인 이해와 실천이 중요하다고 봅니다. 선생님이 지적하신 대로 들뢰즈와 가타리는 추상기계와 일관성의 구도를 동일시하는 경우가 있는데, 이것은 추상기계와 일관성의 구도의 겹침 때문이기도 하겠지만, 수행 혹은 득도의 과정에 대한 들뢰즈와 가타리의 이해의 부족을 암시하는 것은 아닐까요? 다시 말하면 강밀도의 차이만 가질 뿐인 흐름으로서의 추상기계와 강밀도의 분포가 평평한 상태인, "모든 문턱을 넘나들 수 있는 능력의 극한"인 기관 없는 신체 내지 일관성의 구도는 각각 기(氣)와 공(空)과 유사한데, 들뢰즈와 가타리의 어법으로 말하여, 추상기계의 작동, 즉 "가장 유리한 배치를 뒤엎는 것"과 같은 행동은 깨달음과 깨침(혹은 깨짐)의 치열한 수행 혹은 득도의 과정을 통하지 않고서는 제대로 할 수 없는 것이 아닐까요? 배치, 즉 "상이한 지층들의 계열화를 통해 정의되는 사물의 상태"가 어떤 것일 때 "선분화된 것을 흐름의 양자로 변환시키는" 변이의 추상기계가 가장 잘 작동하게 되는 것일까요? 다시 말하면 "배치를 슬그머니 뒤집어서 일관성의 구도 쪽으로 넘어가게 하라"는 들뢰즈와 가타리의 권고는 구체적으로 어떻게 하라는 것으로 이해해야 하는지요.

이진경 '수행과 득도에 대한 이해의 부족'이란 말은, 만약 들뢰즈/가타리가 들었다면 어이없다는 표정을 지었을 수도 있지 않을까요? 그건 애초에 그들의 관심사가 아니었고, 관심을 가졌다고 해도 일관성의 구도라는 개념이나 내재성의 철학에 대한 관심에서였을 것이기 때문에, 그런 말은 피리 부는 사람에게 북을 못 친다고 하는 말처럼 들릴 수도 있을 테니 말입니다. 추상기계와 일관성의 구도를 동일시한다는 말도 어떨까 잘 모르겠습니다. 추상기계가 탈형식화하고 탈지층화하는 방식으로 작동하는 것인 한, 그것은 일관성의 구도로 이어진다고 할 수 있는데, 그렇다고 해도 저는 그들이 그 두 가지를 혼동하거나 뒤섞었다는 생각을 하지는 않습니다. 기관 없는 신체를 강밀도의 분포가 영인 상태라고 하지만, 그것은 강밀도의 분포가 고정되지 않은 질료적 흐름 그 자체를 뜻하는 것이지 '평평함'을, 모두가 고른 상태 자체를 요건으로 하는 것은 아닙니다.

추상기계와 구체적인 배치의 관계는, 구체적인 배치를 뛰어넘어 추상기계가 존재한다고 할 순 없으며 반대로 추상기계는 구체적 배치를 통해 작동한다는 점에서 서로 배타적인 것이 아닙니다. 이 점이 추상기계와 일관성의 구도가 다른 점이지요. 일관성의 구도는 어떤 배치에 속해 있는 것이 아니란 점에서 말입니다. 추상기계란 그런 점에서 배치와 일관성의 구도를 연결하는 지점에서 정의되고 있는 셈이지요. 따라서 추상기계는 수행이나 득도와 무관합니다. 가령 베토벤의 음악을 들으면, 그게 소나타 형식으로 된 것이든 푸가 형식으로 된 것이든, 혹은 교향곡이든 피아노 소나타든 '음, 이건 베토벤 음악이군' 하게 만드는 것이 베토벤-추상기계지요. 소나타 형식이나 푸가 형식 등과 같은 형식적 공통성과는 다른 방향에서 다양한 배치들의 '추상'이 이루어지는 것이지만, 그것은 배치를 통해서만 존재하고 작동합니다. 마찬가지로 바하-추상기계, 모차르트-추상기계에 대해서 말할 수 있겠지요. 배치의 문턱, 이런 저런 배치를 하나로 묶어주고, 다른 배치들의 묶음과 구별해 주는 문턱이 바로 추상기계지요. 이는 괴델-추상기계, 아인슈타인-추상기계 등에 대해서도 마찬가지로 말할 수 있습니다. 추상기계에 구체적인 날짜가 새겨져 있다는 건 이와 관련되어 있는 것이지요.

이런 관점에서 변이의 추상기계가 가장 잘 작동하는 것은 배치의 탈영토화 계수가 큰 경우라고 할 수 있을 겁니다. 배치를 구성하는 각각의 지점들이 탈영토화의 첨점이 될 수 있을 때, 혹은 어떤 항 하나를 추가하는 것만으로도 배치의 변이가 발생할 때, 변이의 추상기계는 가장 용이하게 작동할 겁니다. 변이의 추상기계란 스피노자 식으로 말하면 속도의 빠름과 느림, 강밀도의 강함과 약함 사이에서 발생하는 변화와 변이를 추상하여 그 리듬을 타는 것이고(이를 스피노자는 '공통개념'이라고 말합니다), 그런 방식으로 강밀도의 흐름을 타는 것입니다. 그럴 때, 리듬을 변화시키면서 새로운 흐름을 만들어내고 그것을 통해 새로운 상태, 새로운 배치의 문턱으로 쉽사리 진입할 수 있겠지요. 가령 베토벤이 소리의 강함과 약함, 빠름과 느림을 만들어내는 방식을 포착한다면, 어떤 곡을 베토벤 풍으로 편곡하는 일은 아주 쉬운 일이고 베토벤 풍의 작품을 쓰는 것도 어려운 일이 아닐 겁니다. 그것이 좀더 나아가 베토벤뿐만 아니라 고전적 시기의 서양음악 전반에 대해 그런 추상능력을 획득할 수 있다면 우리는 모차르트에서 베토벤으로, 슈만에서 브람스로 쉽게 넘나들 수 있게 되지요. 더 나아가 그런 추상기계의 작용지대가 조성음악을 넘어선 지점에 이르면, 그래서 어떤 종류의 소리도 구성할 수 있는 '일반화된 음향학적 구도'에 이르게 된다면, 소리에 관한 한 일관성의 구도에 도달했다고 말할 수 있겠지요. 배치를 슬그머니 뒤집어서 일관성의 구도 쪽으로 향하게 하라는 말은 일관성의 구도를 직접 성정하지 않더라도 이처럼 하나의 구체적 배치를 탈영토화하고 추상해서 다양한 배치를 넘나들 수 있는 방향으로 나아가라는 말로 이해하면 되지 않을까요?

정형철 알겠습니다. 얼굴을 해체하여 "탐사적인 머리"를 만드는 것에 대해 설명하면서 이 선생님이 "탐사적인 머리"라는 것이 "일체의 분별"과 "일체의 아상(我相)"을 떠나고 "애증을 떠난 마음으로 그 모두를 평온하게 해 줄 수 있는 지혜를 가진 '머리'"라고 쓰신 부분이 있습니다. 그것은 "고요한 평온함으로 표현되며, 만나는 모든 '이웃항'들에게 따뜻함과 평온함을 나누어줄 수 있는" 능력을 갖는 "충만한 신체"와 같이 수행을 통해 도달할 수 있는 경지라고 해야 할 텐데, 그와 같은 뜻에서의 "탐사적인 머리"와 "충만한 신체"의 추구를 저는 불교나 도교만이 아니라 그러한 종교들이 들어오기 이전부터 이 땅에 있었다고 하는 선풍(仙風)에서도 찾아볼 수 있다고 봅니다. 즉 최치원이 난랑비서에서 쓴 '접화군생'(接化群生)의 정신을 "탐사적인 머리"와 "충만한 신체"의 특성과 관련지워 살펴볼 수도 있을 것 같습니다.

들뢰즈와 가타리도, 이 선생님이 언급하신 대로, 도교의 양생술을 욕망과 쾌락의 단절의 예로, 즉 삶을 욕망의 내재적 장으로 만드는 예로 언급했지만, 우리가 동양적 사유로 불교와 도교를 함께 묶어서 단순화하는 것도 문제가 있을 것입니다. 도교 혹은 도가에서는 불교와 다른 욕망관을 보이는 것 같기도 합니다만, 들뢰즈와 가타리의 욕망관, 즉 욕망을 내재적인 기쁨을 위한 활동과 대상을 무한히 생산하는 의지로 보는 관점과 동양적 사유에서의 욕망관은 어떻게 비교할 수 있을까요? 물론 욕망을 어떻게 정의하는가에 따라 다르겠지만, '하고자 하는 것'인 의지로 욕망을 이해한다고 해도, 불교적 인식과 실천에서는 그것을 부정적인 것으로 보는 것이 아닌가 생각합니다만.

이진경 물론 내재적인 사유나 충만한 신체의 구성은 들뢰즈/가타리나

제가 언급한 사례들 말고도 많은 경우에서 찾아볼 수 있을 겁니다. 하지만 미안하게도 저는 최치원이나 '선풍'(仙風)이라고 말씀하신 것에 대해서 아는 것이 없습니다. 다만 그것이 예전에 신채호의 책에서 얼핏 보았던 것과 관련된 것이라면, 혹은 김지하 씨가 말하는 단군사상과 관련된 것이라면, 그것에 함축된 강력한 민족주의(초-민족주의라고 해야 할 듯합니다만)는 내재성의 사유와 화합되기 어려운 또 하나의 초월성, 사실은 근대의 민족주의나 개인주의 형태에서 반복해서 나타났던 그런 종류의 초월성을 함축한다는 점에서 동의하기 어렵습니다.

이런 식의 태도는 다른 곳에서도 심심찮게 찾아볼 수 있습니다. 일본의 경우에는 불교나 불교적 사상가들, 가령 니시다 기타로(西田幾太郎) 같은 사람이 유사한 경로를 밟습니다. 인식론 등에서는 불교적인 내재성의 사유를 펼치지만 그것이 역사철학과 만나는 지점에 이르면 갑자기 천황이 나타나고 일본 민족이 나타나며 역사가 그 초월자를 향해 귀속되는 그런 식의 철학이 출현하지요. 이런 점에서 불교와 도교를 하나로 묶어서 단순화하는 것도 문제지만, 불교를 구체적인 맥락과 무관하게 하나로 묶어서 단순화하는 것도 경계해야 할 이유가 있습니다. 동양적 사유라는 이름으로 동양에 기원을 둔 모든 것을 하나로 묶어서 다루는 것은 말할 것도 없습니다.

욕망이란 개념에 대해서 말씀하신 것은 아마도 불교에서 욕망에 대해 고통의 원천으로 보고 부정하려 한다는 점을 지적하신 것처럼 보입니다. 물론 그것은 사실입니다. 그렇지만 '욕'(欲)이란 개념은 단지 그런 감각적인 것, 대개는 쾌락과 결부된 그런 것만을 뜻하진 않습니다. 제가 알기에는 불교철학에서도, 혹은 도가철학에서도 욕망은 하고자 하는 의지를 말하며, 그런 욕망의 다양한 양상 가운데 감각적 쾌락이나 소유욕 등과 같은 욕망이, 다시 말해 좋아하는 것은 탐하는 욕망이, 혹은 싫어하는 것을 밀쳐내려는 욕망이 있는 것이지요. 그리고 이런 점에서 이는 욕망의 특정한 양태고, 대개는 결과에 귀착되는 욕망이며, 쾌락이나 소유, 분리 등과 같은 어떤 하나의 상태에 고정하려는 욕망이지요. '쾌락주의자'로 잘못 알려진 에피쿠로스의 경우에도 이런 종류의 쾌락이나 욕망은 오히려 그 후과로 인해 고통을 야기한다고 하여 그로부터 멀어질 것을 주장합니다. '아타락시아'라고 부르는, 일종의 '평정심'과 그것을 위한 자기절제가 바로 행복으로 인도하는 길이라고 본다는 점에서 도가나 불교철학에서 제시하는 것과 크게 다르지 않습니다. 들뢰즈/가타리의 생각도, 적어도 이런 문제에 한한다면, 이와 크게 다르지 않습니다.

다만 '욕망'이라는 개념에 대한 통상적이고 전통적인 어법이 주로 탐욕과 소유욕, 성욕 등을 떠올리게 하는 용법으로 사용되었고, 그런 점에서 그에 대해 비판한 것이 욕망 자체에 대해 부정적인 태도를 갖고 있는 것으로 오해하게 만들었지요. 이는 서양의 경우도 사정이 크게 다르지 않습니다. 에피쿠로스가 "노세 노세 젊어서 노세" 하면서 쾌락을 추구하는 쾌락주의자로 잘못 알려진 것도, 혹은 들뢰즈/가타리가 욕망과 욕망하는 기계에 대해 말한 것이 욕망의 생기론이니 욕망의 파시즘이니 하는 비난을 받았던 것도 모두 이런 사정을 단적으로 보여주는 사례일 겁니다.

정형철 구체적 맥락과 무관하게 단순화하거나 일반화하는 것의 위험에 대한 이 선생님의 지적을 잘 이해하겠습니다.

들뢰즈와 가타리는 어느 대담에서 노마디즘은 전쟁기계와 매끄러운 공간의 결합이라고 말했다고 합니다만, 이 두 개념에 대해 충분히 이해해야만 이 선생님의 『노마디즘』과 들뢰즈와 가타리의 『천의 고원』을 제대로 읽을 수 있다고 봅니다. 전쟁기계는 국가장치와 대립되고, 매끄러운 공간은 홈 패인 공간과 대립되는데, 들뢰즈와 가타리는 "매끄러운 공간만으로 홈 패인 공간을 이길 수 없고, 기관 없는 신체만으로 조직을 이길 수 없다. 어떤 것이 좋은 것인지는 결코 확실하지 않다"고 말합니다. 그렇다면 홈 패인 공간(국가장치, 정착, 세어진 수……)에서 감응의 공간, 촉각적 공간, 강도적인 공간인 매끄러운 공간(전쟁기계, 유목, 세는 수 ……)을 만드는 방법, "절대적 유목민"이 되는 방법으로서, 다수자의 척도를 거부하는 소수자 되기, 되기의 극한으로서의 "지각불가능하게 되기," "잠행자 되기"를 생각해 보게 됩니다. 저는 2년 전에 논문을 쓰면서 중국이나 우리나라에서의 은둔의 삶, 최치원의 경우에서도 보인 신선적 삶의 양식과 그것을 관련지워 본 적이 있고 지금 다시 보완해 보려고 합니다만, 이 선생님의 조언을 듣고 싶습니다.

이진경 '되기'는 어떤 하나의 상태에 멈추어 있는 게 아니라 상이한 두 상태 사이에서 진행됩니다. 특히 그것은 현재의 지배적인 상태—우리는 대개 그런 상태 속에 살게 되지요—와 그것이 아닌 다른 상태 사이에서 진행됩니다. 그것은 지배적인 상태, 지배적인 척도에서 벗어나 그렇지 않은 어떤 지점을 향해 가는 '도중'에 있는 셈이고, 이런 이유에서 모든 되기는 다수적인 것(지배적인 척도)에서 벗어나는 소수자-되기(소수화)라고 하는 것입니다.

따라서 어떤 되기의 선을 타기 시작했다면, 그것은 현재 지배적인 척도나 그것의 짝인 대립항, 혹은 그런저런 몰적인 집합성의 관점에서 포착되지 않는 것일 수밖에 없습니다. 중도에 있기 때문이고, 두 점 사이의 선 어딘가에서 끊임없이 이동하고 변화되기 때문이지요. 그렇기 때문에 되기는 본질적으로 비밀을, 지각불가능성을 내포합니다. 통상적인 눈이나 통상적인 관념, 통상적인 사고로는 포착할 수 없는 지대에 들어선 것이지요. 그렇지만 그런 것에 대해서 우리는 무언가 어떤 이름을 붙이거나 그것을 익숙한 어떤 관념으로 표시하게 되지요. 그래서 기이한 어떤 소리를 "저건 동물의 소리야"라든가, "저건 여자 소리야"라는 식으로 포착하게 되는 겁니다. 그것이 결코 동물의 소리를 흉내내는 게 아니고, 여자가 내는 소리가 아닌데도 말입니다.

지각불가능하게-되기란 이런 점에서 모든 되기의 본질적 성분이면서, 그런 되기의 극한이라고 할 수 있습니다. 되기를 더욱더 밀고 나가면 더욱더 지각불가능한 상태로 밀려가게 되고, 결국은 저게 무언지 알 수 없게 되거나, 아니면 눈 앞에서 진행되는 변화를 전혀 알아보지 못한 채 통상적인 관념으로 보게 된다는 점에서 말입니다.

잠행자들은 이런 사태를 일부러 추구해야 하는 자들입니다. 혁명-기계의 일부가 된 노동자나 활동가, 이들은 이전의 평범한 노동자나 지식인이란 상태와 그렇지 않은 어디를 연결하는 되기의 선 위에 있지만, 그것은 드러나선 안 되기에 그런 되기(변이)를 가리는 평범성의 형상을 유지해야 합니다. 그것은 경찰이나 적들의 눈에 안 보이는 곳, 산속이나 지하 어딘가에 숨는 것이 아니라 그들의 눈 앞에서, 그들의 몸 옆에서 활동하면서 그들의 눈에 보이지 않는 것입니다. 가장 탁월한 잠행자란 만인이 될 수 있는 사람, 만인-되기를 할 수 있는 사람이고, 만인으로서 그때그때 적들의 눈이 감시하는 가운데 활동하고 살아가는 사람입니다. 운동사에 등장하는 '지하운동가'란 적들이 보지 못하는 '지하'

라는 어떤 다른 영토로 피하거나 은둔한 사람이 아니라, 바로 그들의 눈 앞에서 활동하면서 눈에 띄지 않는 사람이지요.

따라서 지각불가능하게-되기나 잠행자-되기는 은둔이라는 개념과는 상응하지 않으며, 차라리 반대라고 하는 게 더 적절할 지도 모르겠습니다. 적막한 곳에 은둔하거나 산속에서 신선이 되는 것이 아니라, 대중의 한가운데서 대중과 함께 살아가는 것, 그러면서 되기의 선이 노출되지 않는 것이지요. 이러한 역설은 보르헤스가 '불사조 파'라는 비밀 종교집단을 다루면서도 말했던 것이지요. 최고의 비밀은 감추지 않아도 모르는 것이고, 모든 사람의 눈 앞에 드러내 놓아도 모르는 것이라면서 말입니다. 이는 에드거 앨런 포 또한 잘 알고 있었다고 보입니다. 「도둑맞은 편지」에서 가장 깊이 감추어야 할 편지를 감추는 가장 좋은 방법은 그것을 보아선 안 될 사람 눈 앞에 드러내 놓는 것이었고, 가장 눈에 안 띄는 곳은 가장 눈에 잘 띄는 곳이었지요.

저는 이 점이 도교의 '신선'이란 개념과 불교의 '부처'라는 개념이 가장 확연하게 구별되는 지점이 아닌가 싶습니다. 신선이란 속인들이 닿을 수 없는 산속에 비밀스레 은둔하는 존재지만, 부처는 깨달은 직후 사람들이 사는 곳으로 내려오며, 심지어 대승불교에서는 중생이 곧 부처라고까지 말하지요. 물론 수행을 위해 산속으로 들어가기도 하지만, 그것은 중생들과 함께 하면서 평정을 유지할 공력이 부족해서 그런 것이지, 그 자체가 목적은 결코 아니라고 하지요. 마치 산속에서 산승으로 숨어 사는 것이 깨달은 자의 징표라고 생각한다면, 이는 아마도 은둔적인 삶을 찬양하던 중국적인 전통에 의해 덧씌워진 것이 아닐까 생각합니다. 그렇지만 달마대사가 소림사 뒷산의 동굴에서 9년간 면벽했던 것조차 사실은 대중들을 불러모으고 자신의 말을 들어줄 '도래할 민중'을 끌어들이기 위해서였지요. 이는 달마가 면벽하기 전에는 양 무제를 비롯한 다양한 사람들을 만나 자신의 도를 전할 사람들을 찾고 있었다는 점만으로 충분히 알 수 있지요. 그것은 더 나은 사람을 선택하기 위한, 좀더 나은 자신의 청중을 선택하기 위한 방편이었던 것이고, 좀더 많은 사람들에게 법을 전파하기 위한 방편이었던 것이지요.

정형철 한국의 선(仙)사상을 연구한 분들은 한국의 선풍은 현세적 삶에서 홍익과 이화를 중시하는 것을 특징으로 한다고 합니다. 또 『해동전도록』이나 『청학집』 같은 책에 기록된 선인들의 행적은 이 선생님의 해설과 같은 방식의 지각불가능하게-되기, 잠행자-되기의 면모를 보이기도 하는 것 같습니다. 또한 저는 '은둔'의 의미를 좀더 적극적이고 생산적인 뜻으로, 들뢰즈/가타리와 '함께' 재해석해 볼 수도 있을 거라고 생각합니다.

　　들뢰즈는 다른 철학자들에 '대해서' 생각한다기보다 다른 철학자들과 '함께' 생각했다고 하는데, 이 선생님의 이번 저서는 참으로 들뢰즈/가타리와 함께 인간과 사회, 자연에 대한 다각도의 사유를 전개해나간 기록이라고 할 수 있겠습니다. 이 선생님은 "들뢰즈 풍으로 쓰게 되는 느낌"을 갖게 되었다고 하셨는데, 이 대화도 "들뢰즈 풍으로," 클리나멘 혹은 탈주선을 생성하는 자유롭고 즐거운 "놀이"가 되면 좋을 것 같습니다. 이 선생님의 저서를 읽으며 질문할 내용을 생각하고 있는 동안에도 저는 연일 이라크에서의 전투 장면들을, 그 "포연 '있는' 전쟁"을 보면서, 실제적인 노마드들의 구체적인 삶과 들뢰즈와 가타리의 지적인 노마디즘은 어떤 관계가 있는 것인가를 포함하여 이 구체적 현실에서 "들뢰즈 풍으로" 사는 방법에 대해서도 생각하게 되었습니다.

저의 영미문학비평 강의를 수강하는 대학원 박사과정 학생들 가운데, 석사학위 논문으로 들뢰즈의 사상과 미국영화를 연관지워 쓴 학생과 박사학위논문의 주제를 들뢰즈와 가타리의 개념들로 하려고 하는 학생이 있는데, 이 선생님의 이번 저서를 읽고 의문나는 점들을 적어오라고 했더니 몇 가지 질문을 써왔더군요. 제가 대신 이 선생님께 질문을 하겠다고 약속했으므로 이제 학생들의 질문 몇 가지를 제가 대신 하겠습니다(이 선생님을 대신하여 제가 대답하는 것보다는 이 선생님이 직접 해주시는 것이 훨씬 더 좋을 것이므로).

1990년대부터 우리나라에서 들뢰즈와 가타리에 대한 관심이 고조되어 그들이 공저한 『앙띠 오이디푸스』, 『카프카―소수문학을 위하여』, 『천의 고원』, 그리고 『철학이란 무엇인가』 등을 포함하여, 그들 각자가 쓴 책들도 다른 사람들이 쓴 연구서들과 함께, 거의 대부분이 우리말로 번역되었을 정도로 그 두 사람이 대단히 많은 사랑을 받은 셈인데, 이 현상을 어떻게 이해해야 하는지요. 즉 그것이 어떤 사회적, 문화적 동인에 의한 것인지에 대한 선생님의 분석을 듣고 싶습니다.

이진경 글쎄요. 철학자나 사상가들의 책이 번역되는 것은 여러 가지 각이한 사정에 따른 것이겠지요. 때론 관심있는 소수에 의한 것일 수도 있고, 때론 대중적인 관심에 의해 요청되어 진행된 것일 수도 있겠지요. 하지만 들뢰즈/가타리가 특별히 사랑받고 번역된, 한국에 고유한 이유가 따로 있는 것인지, 아니면 푸코나 알튀세르 같은 다른 철학자들의 책이 번역된 것과 마찬가지로 책들이 번역되고 소개되는 일반적인 경로를 따른 것인지는 저는 알지 못합니다. 다만 그런 사정에 어떤 '사회적·문화적 동인'이 있음이 사실이라고 가정한다면, 어떤 사람은 90년대 이후의 문화적 관심의 증대를 들기도 할 것이고, 어떤 사람은 서구에서의 유행을 들기도 할 것이며, 또 어떤 사람은 욕망의 긍정이라는 그들 사상의 고유성을 들 수도 있을 겁니다. 어느 것도 전적으로 맞는다고 하기 힘들지만, 어느 것도 전적으로 틀렸다고 하기 힘들겠지요. 저는 그런 식으로 말할 조건에 처해 있지 않으며, 그런 식의 질문을 해본 적도 없습니다. 다만 제 관심사를 말할 수 있을 뿐이지요. 번역이든 소개든, 제가 하고자 했던 것은 맑스주의적 관점에서 욕망과 혁명의 문제를 근본적으로 다시 사유하고자 했다는 점과 혁명을 국가권력의 대체로만이 아니라 일상적 삶 자체의 변혁으로 사유하고자 했다는 점이 다른 누구와도 다르게 분명했다는 점 때문이었고, 특히 가장 먼저 보았던 책인 『앙띠 오이디푸스』의 혁명적 열정에 감염되었기 때문이었습니다.

정형철 노마디즘 혹은 유목적 사유는 약호화, 정착, 구조, 조직화 등에 대한 거부를 뜻하고 친숙한 것들의 해체, "고정된 규준들에 대한 모험적인 게릴라전" 혹은 탈주선, 즉 주어진 관성적 운동과 기존의 선에서 이탈하려는 성분(클리나멘)을 통한 새로운 창조와 생성을 특징으로 하는데, 고흐의 예에서 나타났듯이, "그 자체로 긍정적이고 창조적인 선은 그럼에도 불구하고 선분적인 선들의 억압이나 무시, 외면이나 배제 등에 의해 '실패'로 귀착될 위험…… 그리하여 결국은 자살이나 죽음으로 이어질 위험"이 있는 것이라고 이 선생님이 설명하신 부분이 있습니다. 즉 창조적인 생성능력을 상실한 탈주선이 파괴와 죽음의 선이 되는 위험이 있음을 들뢰즈와 가타리가 지적했습니다만, 지극히 사적인 일이긴 하지만, 들뢰즈 자신의 자살을 그와 같은 탈주선의 고유한 위험과 관련지워 생각하는 것에 대해서는 어떻게 보십니까?

이진경 들뢰즈의 자살을 그런 식으로 설명하려면, 가령 그가 철학자 내지 사상가로서 창조적 능력이 고갈되었다거나, 혹은 '도래할 민중'을 유혹(!)하는 새로운 삶이나 새로운 사유를 만들어내지 못했다고 해야 합니다. 그게 아니면 그렇게 훌륭한 사유를 글로 써냈음에도 불구하고 니체나 고흐처럼 대중들로부터, 동시대인들로부터 외면당했다고 말할 수 있어야 합니다. 전자의 경우는 그의 이력에 대해 아는 사람이라면 누구도 수긍할 수 없습니다. 그는 죽음 직전에 이르기까지 끊임없이 글을 써댔고, 마지막에도 "맑스의 위대성"에 대한 책을 썼고 그 고된 '활동'에 신체가 지쳐서 고통스러워 했습니다. 게다가 그는 자신의 책이 창조적 사유로 가득차 있음을 다른 누구보다 잘 알고 있었을 겁니다.

후자의 경우는 더욱더 부적절합니다. 왜냐하면 에콜 노르말을 나오지 않은 관계로 1960년대까지는 푸코나 다른 사람과 비교해 볼 때 그다지 높이 인정받지 못했지만, 68~69년에『차이와 반복』과『의미의 논리』등이 출간된 이후에는 푸코 말을 빌리면 '프랑스의 유일한 철학적 두뇌'로 인정받았고,『앙띠 오이디푸스』는 68혁명을 이론화한 책으로 간주되어 스캔들이라고까지 할 수 있는 뜨거운 논쟁의 중심에 있었기 때문입니다. 푸코가 던졌던 "언젠가 금세기는 들뢰즈의 시대로 알려질 것이다"라는 수수께끼 같은 예언은 이러한 사정을 마치 미리 포착한 듯하기도 합니다. 1990년에 출간된『철학이란 무엇인가』는 "빵처럼 팔리는" 프랑스 철학책의 전통에 서게 됨으로써 잘 나가는 철학자로서의 명성이 오히려 인생의 말년에 더욱더 높아졌기 때문입니다.

왜 자살했을까? 제가 자주 받는 질문이기도 합니다만, 제가 그 이유를 어찌 알겠으며, 또 누가 대체 제대로 알겠습니까? 다만 그의 철학에 비추어 생각해 본다면, 아마도 무언가를 새로이 창조하고 만들어내기에는 너무 늙고 병든 신체를 그저 유지하는 데 급급해 하여 조금씩 조금씩 죽음에 끌려가느니보다는 차라리 다가온 죽음을 나서서 쉽게, 가볍게 선택한 것이라고 본다면 어떨까요? 유서 한 장, 유언 한 마디 남기지 않았다는 점이 이런 추측의 근거가 될 순 없을까요? 죽음, 그것은 신학자나 실존주의자들 말처럼 거창한 무엇도 아니고, 그리 두려워할 것도 아니란 점에서 차라리 죽음 앞에서 가벼워질 수 있었던 것은 아닐까요? 이마무라 쇼헤이의 영화 「나라야마 부시코」에서 나라야마를, 죽음을 스스로 선택하고, 그 앞에서 지게를 진 채 우는 아들에게 따귀를 붙이며 죽음 앞의 주저와 두려움을 야단치는 할매처럼 말입니다.

정형철 "서양의 형이상학은 모든 것의 원천이자 근거가 되는 본질적이고 불변적인 실체에 대해 사유하고 그것을 규명하려고 했다"고 하셨는데, 그 본질적이고 불변적인 실체와 들뢰즈와 가타리가 말하는 일관성의 구도의 차이점은 무엇입니까? 기관 없는 신체는 수양을 통해 마음으로 보는 개념인 것인지요? 추상기계는 어떤 방식으로 다양한 배치를 분류하고 작동시키는지요?

이진경 불변적인 본질이나 실체라는 개념을 상정하는 입론은 크게 두 가지로 나누어 볼 수 있을 듯합니다. 하나는 어떤 것의 불변적인 본질이나 본성이 있다는 입장입니다. 인간에겐 다른 것에겐 없는 인간만의 본질이 있다는 생각, 컴퓨터에는 컴퓨터만의 내적인 본질이 있다는 생각, 나무에는 나무의 내적인 본질이 있다는 생각 등이 그것입니다. 용수는 이를 '자성'(自性)이라고 명명했지요. 이런 식으로 모든 개체는 각각의 불변적인 본질이 있다는 생각이 실체론적 실체 개념의 첫번째 양상입니다. 다른 하나는 그런 본질의 존재이유를 찾아가는 것입니다. 그런 본질을 갖는 인간은 대체 어떻게 해서 존재하게 되었는가, 세계는 어떻게 하여 존재하게 되었는가, 혹은 변화나 운동은 어떻게 시작되었는가 등등으로 말입니다.

이런 질문에 대해 존재의 근거를 신이나 이데아 같은 초월자에서 찾는 식으로 대답해 왔다는 건 잘 아시는 바와 같습니다. 운동의 원인을, 스스로는 움직이지 않으면서 다른 것을 움직이게 한 것이라는 의미에서 '부동(不動)의 시동자(始動者)'라고 말했던 이는 아리스토텔레스였지요. 이 역시 또 다른 초월자의 하나지요. 하이데거는 이런 태도를 존재자의 존재근거를 존재가 아니라 신이나 이데아 같은 또 다른 존재자에서 찾는 것이라고 하며, 이런 식의 사유는 근본적으로 존재이유를 신에게서 찾는 신학적 사유라고 말한 적이 있습니다.

반면 들뢰즈/가타리가 말하는 일관성의 구도는 존재의 근거나 이유가 아니며, 어떤 불변적인 본질을 갖지도 않습니다. 그것은 사물이나 사람, 혹은 '기계'들의 밖에 있으면서 그것들을 만들거나 시동하는 초월자가 아니라, 다양한 기계나 사물들, 혹은 존재자들이 탈영토화되고 변이하는 변이의 장 전체를 지칭하며, 각각의 개체들에 내재된 탈영토화의 극한일 뿐입니다. 그것은 모든 것이 구성되는 구성의 구도지만, 그러한 구성은 일관성의 구도라는 초월자가 하는 게 아니라 그 안에서 개체들이 만나고 접속하며 그 접속하는 항을 달리하면서 진행되는 것입니다. 이런 점에서 일관성의 구도란 개체들에 불변적 본질이 있다는 생각과 반대로 각각의 개체는 어떤 이웃항과 만나는가에 따라 다른 '본성'을 갖는 다른 '기계'로 변이하며, 따라서 불변적인 본질은 없다는 생각을 함축합니다. 따라서 변화나 존재의 이유는 차라리 각각의 개체가 만나고 접속하는 이웃에서, 이웃관계에서 찾아야지 신이나 불변적인 어떤 초월자에서 찾아선 안 된다는 것이 일관성의 구도라는 개념에는 또한 함축되어 있습니다. 기관 없는 신체란 그런 변화하는 개체들의 질료적 흐름일 뿐이고, 일관성의 구도란 그런 변화의 내재적 장 전체라는 것입니다. 제가 내재성의 사유가 외부에 의한 사유라고 했던 것은 바로 이런 의미에서지요.

기관 없는 신체가 수양이나 마음으로 보는 것이란 말은 무슨 뜻인가요? 이미 『노마디즘』에서도, 그리고 조금 전에도 다시 반복해서 말했지만, 기관 없는 신체란 가장 넓은 의미에서는 질료적 흐름 자체고, 탈지층화 운동이 진행되는 방향입니다. 가령 글씨를 쓰기 위해선 손이 이전에 영토화되어 있던 것에서 탈영토화되어야 하는데, 이런 탈영토화 운동의 바탕에는 그런 탈영토화의 가능성을 제공하는 잠재적 능력으로서 기관 없는 신체가 작동하고 있다고 말할 수 있습니다. 마치 모든 지층이 지구라는 기관 없는 신체 없이는 불가능하고, 지층의 변환이 그것 없이는 불가능하듯이 말입니다. 이 경우 기관 없는 신체라는 개념은 도달해야 할 극한이라기보다는 말 그대로 질료라는 의미를 강조합니다.

이러한 점들로 알 수 잇듯이, 기관 없는 신체는 일차적으로 질료적 흐름을 변용시키는 '물질적' 영역에 관련된 것입니다. 그런데 탈지층화 운동이 기관을 제거하는 방식으로 진행되는 경우 암적인 기관 없는 신체나 텅 빈 기관 없는 신체가 출현하기도 합니다. 물론 어떻게 기관 없는 신체를 만들 것인가 하는 문제와 관련해서 요가 같은 신체적 변이를 위한 수행이나 아니면 간화선 같은 직접 마음의 '본성'을, 그것이 공함을 보는 수행이 있지만, 그것만이 기관 없는 신체를 만드는 방법은 아닙니다. 더욱이 그것은 들뢰즈/가타리의 직접적인 관심사가 아니었다는 점 또한 앞서 말씀드린 바와 같습니다.

추상기계가 배치들을 '분류'하고 작동하는 방식에 대해선 앞서 말씀드렸기 때문에 다시 반복하지 않아도 좋을 듯 합니다.

정형철 선생님은 지금 〈수유연구실＋연구공간 '너머'〉에서 활동하고 계시고, 이번 저서도 그곳에서 강의하신 내용을 토대로 한 것이라고 하셨는데, 〈수유연구실＋연구공간 '너머'〉에 대해 홈페이지를 통해서도 어느 정도 알 수 있기는 합니다만, 이 선생님과의 관계를 중심으로, 소개해 주시겠습니까? 이 선생님이 쓰신 대로 각자의 삶과 사유와 연구에서 유목주의를 실천하면서 "전문성이라는 이름으로 고착된 분과에 안주하는 연구"가 아닌 "뜻밖의 질문을 던지면서 다양한 영역을 횡단하며 새로운 '분과'를 창안하는 연구"를 진행하시는 분들, 또한 "안정된 직업에도, 분과적 전문성에도 별다른 관심없이 새로운 사유와 연구의 영토를 향해 달려가는" 분들이 〈수유연구실＋연구공간 '너머'〉에 많이 계실 것 같습니다만, 그 분들과 함께 선생님이 그곳에서 전쟁기계, 즉 "새로운 것을 창조하는 활동이나 사유, 글, 움직임, 창작 등 모든 자유로운 흐름에 상관적인 배치로 형성되고 작동되는 기계"를 어떻게 제작하고 계신지 소개해 주시면 고맙겠습니다.

이진경 저희 연구실이 지금 직접적인 목표로 내걸고 있는 것은 '연구자들의 코뮨'입니다. 저는 굳이 제도권에 대해 거부하려는 '부정적' 의식도 없지만 그렇다고 제도권을 개혁하는 데도 별 관심이 없습니다. 다만 공부하고 연구하려는 사람들이 자유롭게 자신이 하고 싶은 공부를 하는 것과, 그런 공부가 말 그대로 '공부'(중국어로 '쿵후'라고 읽지요), 다시 말해 일상적인 삶과 실천, 실행의 문제와 결합되는 것을 지향하며, 이를 위해, 혹은 이를 통해 공부하는 사람들이 '자유로운 개인들의 자발적 연합'이라고 말할 수 있는 관계를 구성하려고 하는 거지요.

따라서 삶이나 사유의 방향을 규제하는 분과나 전문성 같은 이름의 홈들을 흘러넘치는 것은 어쩌면 자연스럽과 당연한 것이겠지요. 더욱이 자신의 삶과 분리된 채 '학문'을 그저 '직업'으로서 추구한다는 의미에서 '전문가'가 되려 하기보다는 차라리 공부를 평생 좋아서 할 수 있는 것으로 삼으려 한다는 점에서 '아마추어'를 자처하기도 합니다. 이웃한 사람들의 관심이나 연구에 의해 끊임없이 변이를 촉발받고 그에 따라 변용되며, 그저 공부하고 활동하는 것만으로도 이웃한 타인들을 변용하고 촉발할 수 있는 관계를 추구합니다.

그것은 분명 지배적인 삶의 방식이나 가치에 대한 '포연 없는 전쟁'이지요. 이럼으로써 우리는 일단 우리 자신의 삶을 바꾸는 새로운 가치와 삶의 방식을 구성하고 창안하려는 것이며, 그것을 가로 막는 내부적 내지 외부적 장애를 넘어서려는 것이며, 그리하여 새로운 삶이 자유롭게 펼쳐질 수 있는 매끄러운 공간을 만들어내려는 것입니다. 이런 의미에서 말씀 하신 대로 노마디즘이나 긍정적인 의미의 전쟁기계라는 개념에 적절하게 부합한다고 생각합니다. 우리가 그 기계를 작동시키는 방식을 자세히 말씀드리기엔 여러 제약이 있으니, 관심이 있으신 분들께선 홈페이지나 강좌관련 리플렛, 혹은 세미나 안내 등을 참조하시길 부탁드립니다. 감사합니다.

정형철 정말 많은 도움을 주셨습니다. 고맙습니다.

부록

포스트모더니즘에 관하여

12

리요타르 혹은 포스트모더니즘의 죽음

1998년 4월 23일 조간 신문은 포스트모더니즘이란 말을 전세계적으로 유행시켰던 만큼 그 말과 거의 동일시되던 장 프랑수아 리요타르의 죽음을 우리에게 전해주었다. 유행의 물결을 따라 포스트모더니즘 또한 흘러가 버린 지금이어서일까? 리요타르의 죽음은 마치 포스트모더니즘 자체의 죽음을 알리는 부고처럼 들린다.

1924년 베르사이유에서 태어난 그는 소르본 대학에서 철학과 문학을 공부했는데, 그의 많은 동년배들이 그렇듯이 후설의 현상학에 크게 영향을 받았다. 실존주의가 풍미하던 1950년대의 프랑스는 헤겔(Hegel), 후설(Husserl), 하이데거(Heidegger)라는 이른바 3H가 지배하던 시기였다. 그래서 그가 쓴 첫번째 저작은 현상학에 대한 것이었다. 1959년까지 10년 간 고등학교 철학 교사를 했는데, 그 중 일부는 알제리에서 보냈으며, 알제리 해방운동의 열렬한 지지자였고, 알제리 문제에 대해 프랑스 정부의 정책에 저항하는 전투적 활동가였다. 1956년부터 1966년까지 그는 카스토리아스나 르포르 등과 함께 극좌적인 사회주의 잡지 「사회주의인가 야만인가」*Socilaisme ou barbarisme*와 사회주의 신문 「노동자 권력」Pouvoir ouvrier의 편집위원으로서 활동하였다. 이 그룹은 흔히 트로츠키주의적이라고 분류되기도 하지만, 그보다는 프랑스 공산당이 이끌던 주류 좌익에 대한 좌익적 비판 조직들 가운데 하나였다고 하는 게 더 적절해 보인다. 그런 만큼, 1968년 혁명의 진원지였던 낭테르 대학(현재 파리 10대학)의 강사였다는 사실을 접어 둔다고 해도, 그가 '프티 부르주아들의 관념적 급진성'의 소산이라고 공산당과 노동조합이 비난하던 68년 혁명에 적극 개입했던 것은 차라리 자연스러운 일이었던 셈이다. 68년 혁명은 그 성과의 하나로 뱅센(Vincennes) 실험대학을 탄생시켰는데, 나중에 생 드니(Saint Denis)의 파리 8대학과 통합된 이 대학에서 리요타르는 1989년 은퇴할 때까지 철학을 가르쳤다. 『담론, 형상』Discours, figure(1971)과 『리비도 경제』Economie libidinale(1974)로 박사학위를 받았고, 퀘벡정부대학협의회의 요청으로 쓰어진 『포스트모던의 조건』Postmodern Condition으로 포스트모더니즘을 새로운 지적·문화적 흐름으로 개념화함으로써 국제적인 명사가 되었다.

리요타르는 '스타' 급에 속하는 프랑스의 다른 많은 지식인들과 매우 많은 공통점을 가지고 있다. 카뮈나 데리다, 알튀세르처럼 알제리에서 탄생하지는 않았지만, 부르디외나 푸코처럼 알제리에서 '자신의' 지적 인생의 초반부를 보냈다. 그리고 이들 모두처럼 알제리를 통해 자신의 '외부'를, 즉 프랑스의 '외부'를 경험했고, 그 외부를 통해 자신의 내부를 보고 사유했다. 그것은 자부심 가득 찬 서구 문명의 외부를 체험하는 계기는 아니었을까? 그리고 그것은 아마도 그가 평생 뛰어넘고자 애쓰던 '보편주의'를 외부에서 다시 보게 하는 체험적 요인이 아니었을까?

비슷한 방향으로 그를 밀고 간 또 하나의 요인은, 역시 다른 프랑스 좌파 지식인들과 마찬가지로 68년의 경험이었다. 여기서 경험이라는 말은 최소한 이중적인 요인을 내포하는 것이었다.

첫째, 프랑스 공산당을 필두로 하는 전통적인 맑스주의자들의 폐쇄적·고답적 태도. 이는 사르트르의 열렬한 '앙가주망'(engagement)을 프랑스 공산당에 대한 평생에 걸친 짝사랑으로 만들었고, 알튀세르로 하여금 친구의 자살을 체험하도록 하였으며, 봉기한 학생과 노동자 대중들로 하여금 정부와 함께 공산당과 경직된 노동조합을 비판하게 만들었다. 공산당이나 전통적인 노동운동의 '전망'에서 벗어난 수많은 미시적인 흐름과 움직임 그리고 창조적 힘과 저항 등을 수용할 수 없다면, 그리하여 그것으로써 공산당이나 공산주의 자체를 갱신하고 변이시킬 수 없다면, 혁명이 대체 어떻게 가능할 것인가? 반대로 그것을 포착하고 그것의 힘을 혁명의 기초로 만들기 위해서는 어떻게 해야 할 것인가?──리요타르 역시 이런 문제의식을 공유하고 있었을 것이란 가정은 결코 부당한 것이 아니다.

둘째, 체코의 두브체크 개혁에 대한 소련의 강제 진압. 솔제니친의 소설로 (과잉)노출된 '수용소 군도' 등은 좌익적 지식인들로 하여금 기존의 사회주의 체제를 스탈린주의와 근본적으로 다르지 않은 것으로 보게 하였고, 이는 기존의 사회주의적 이념들에 대해서조차 전체주의라는 의혹을 갖게 했다. 금욕적 체제에 반해 욕망의 해방을 내세웠던 68혁명은 일부 좌파 지식인들로 하여금 전체주의의 일상적이고 미시적인 뿌리를 추적하고, 그것을 전복할 수 있는 새로운 운동을 독자적으로 사유하도록 자극했다면, 또 다른 일부 지식인들로 하여금 모든 좌익적 전망 자체를 기각하고 비판하는 알리바이를 제공했다. 들뢰즈/가타리와 푸코, 리요타르 등이 전자에 속한다면, '신철학'이란 이름으로 한때 '잘 나가던' 글뤽스만이나 앙리-레비는 후자에 속한다.

리요타르가 『담론, 형상』을 통해 '감각적인 것'에 덧씌웠던 회색의 베일을 벗겨내려 하고, 담론에 의한 규제와 재현 가능성이라는 요청을 따돌리는 '형상'(figure)을 되살리려 했던 것은 이러한 맥락에서 이해할 수 있는 것이다. 또한 '맑스와 프로이트로부터 표류'(*Dérive à partir de Marx et Freud*, 1973) 하면서 욕망 내지 '리비도의 경제'나 '충동적 장치'(*Des dispositif pulsionnels*, 1971)에 주목하려 했던 것 역시 68년 혁명을 위와 같은 방식으로 통과한 사유의 산물임을 이해하는 것도 그리 어려운 일이 아니다. 또한 후기 비트겐슈타인의 언어게임 개념을 따라 언어란 그것이 이용되는 상황과 맥락에 따라 동일한 기표의 의미조차 달라진다고 하면서 어떤 구조나 보편적 전체를 전제하는 것이 더 이상 불가능하게 되었다고 선언하는 것(*Just Gaming*, 1979; *Postmodern Condition*, 1979) 역시 이러한 맥락에서라면 충분히, 아니 이러한 맥락에서라야 비로소 이해될 수 있을 것이다.

그리고 바로 이런 맥락에서라면, 부분들이 가지는 고유성과 이질성을 어떤 보편적인 규칙이나 구조, 규범으로 환원하기를 거부하며, 반대로 그것들로 표현되기 힘들고, 그것들에 의해 표현되지 못하게 된 것들을 드러냄으로써 보편적인 규칙이나 규범에 대해 '논전'(*Différend*, 1983)을 벌이자고 주장하는 그의 정치학 내지 윤리학이 상대주의나 허무주의, 반합리주의, 낭만주의, 신보수주의라는 숱한 통상적 비난과 별로 관계가 없다는 것 또한 충분히 이해할 수 있을 것이다.

리요타르는 포스트모더니즘과 동일시된다. 포스트모더니즘이 급속히 부상하고 유행했던 만큼 그 역시 통념적인 이해과 통상적인 비난을 그 대가로 치러야 했다. 그리고 그 유행의 물결이 썰면서 포스트모더니즘은 근대주의자들이 붙여 놓은 그 비난의 옷을 입은 채 쓸려 나갔다. 그리하여 그 말을 전 세계의 지식 시장에 퍼뜨린 장본인이 죽은 지금, 포스트모더니즘은 죽었다고 해야 할지도 모른다. 그렇다. 그와 함께 그의 문제의식을 가리고 통속화했던 그 이름이나 옷들을 아낌없이 보내자. 그럼으로써 그것이 가리우고 있던 문제의 육체를 드러내고 새로이 빛나게 할 수 있다면 포스트모더니즘의 죽음은 그에게는 하나의 축복일지도 모르니까.

13

포스트모더니즘의 사회이론

1. 시뮬레이션된 세계 속으로

걸프전이 한창일 때, 대표적인 포스트모더니스트 중 하나인 장 보드리야르(Jean Baudrillard)는 그 전쟁이 시뮬레이션(simulation)이라고 주장해서 약간의 소란을 야기한 적이 있다. 직접 그 글을 읽은 것은 아니었지만, 아마도 그것은 미사일이 날아가고 전투기가 폭격을 하고 하는 것이 모두 다 모니터상에 나타난 계기를 통해 컴퓨터로 조작된다는 점에서, 그리고 그런 과정이 CNN TV로 생중계 방송되었다는 점에서 시뮬레이션 게임과 다를 바 없다는 주장처럼 생각되었다. 그가 말하는 시뮬레이션이란 "원본도 사실성도 없는 과잉실재(hyper-reality)를 모델을 통해 만들어내는 작업"[1]이었기에, 그것은 마치 실제 전쟁은 없고 상상적인 게임과 같은 전쟁의 모사물만이 있다는 주장처럼 들렸다. 그래

---

1) *J. Baudrillard, Simulacres et simulation*, 하태환 역, 『시뮬라시옹 : 포스트모던 사회문화론』, 민음사, 1992, 12쪽.

서 폭격과 미사일로 죽어가는 이라크 국민을 생각했던 모든 진지한 사람들은 그 '철없는' 발언에 한결같이 분노를 표시했다.

하지만 그의 말을 조금 진지하게 이해해 준다면, 이라크 전쟁은 그런 전쟁이 사실은 항상 진행되고 있다는 사실을 은폐하기 위해 유별난 전쟁으로 만들어진 것이라고 말할 수 있을 것이다. 마치 "디즈니랜드가 '실제의' 나라, '실제의' 미국 전체가 디즈니랜드라는 사실을 감추기 위해서 거기 [따로] 있듯이. 그리고 감옥이, 사회 전체가 감옥이라는 사실을 감추기 위해 거기 [따로] 있듯이".[2] 그리고 그것을 통해 미국의 지배에 저항하거나 거슬리는 자는 누구나 저렇게 되리라는 것을 믿게 하기 위한 시뮬레이션이라는 것으로 이해할 수 있을 것이다.

그 말의 진의야 알 수 없지만, 이전에는 공격을 하는 전쟁국이 전쟁의 규모와 참상을 은폐하고 감추려 했다면, 이 전쟁은 오히려 광고처럼 선전하고 전쟁의 과정을 중계방송하도록 했다는 점에서 다르다는 것은 사실이다. 그리고 그것은 TV나 라디오, 신문 등의 매체가 매일매일 우리의 '영웅'들을 곳곳에서 만들어내는 방식을 그대로 빼어 닮았다.

사회가 시뮬레이션들로 이루어지고, 그것을 통해 작동한다는 주장을 받아들이든 말든, 이러한 사실이 이전의 어떠한 시기와도 비교할 수 없이 공공연하고 광범위하며 막대한 영향력을 갖는다는 것은 분명하다. 우리는 야구에 별다른 흥미가 없어도, 많은 야구의 영웅들을 알고 있으며, 그 영웅들에 관한 기사와 방송, 행사가 벌어진다. 스타가 된 배우들의 예는 차라리 고전적이다. 아나운서와 DJ, 정치인은 물론 심지어 의사와 교수들까지도, 시뮬레이션을 통해 영웅이 되고, 그 시뮬레이션

---

2) 보드리야르, 앞의 책, 40쪽.

된 복제물을 또 다시 복제하는 과정이 반복된다.

　이런 현상은 포스트모더니즘이란 단어를 떠올리는 순간 가장 자주 떠올리게 되는 사례다. 이것도 아마 사실이든 아니든 신문이나 잡지, 책 등을 통해 시뮬레이션되고, 그 시뮬레이션이 또 새끼를 치고 하는 중첩된 시뮬레이션의 일부이기도 할 것 같다. 어쨌거나 이제는 포스트모던한 사회의 징후처럼 간주되는 이것들을 피하기 힘들며, 그만큼 포스트모던이라는 말도 피하기 힘들게 되었음은 확실하다. 하지만 현대의 다양한 시뮬레이션들이 그렇듯, 포스트모던 역시 시뮬레이션되고, 또 다시 시뮬레이션되며, 그럼으로써 그 적용의 폭은 점점 더 넓게 확장되어 가는 듯이 보인다. 그리고 그것을 두고 정치적인 보수주의 내지 반합리주의적이고 낭만적인 공론(空論)이라는 극단적 비난에서, 그것이야말로 우리 시대의 모든 새로움을 담고 있다는 적극적 찬사까지 교차되고 있다. 이제 누구도 "포스트모더니즘이란 무엇인가?"라는 질문을 피해가긴 힘들어진 것 같다.

2. '포스트모더니즘'

포스트모더니즘(postmodernism)이란 모더니즘이란 말에다 '뒤'나 '후'를 뜻하는 포스트(post)라는 접두어를 붙여 만든 말이다. 이 말은 1960~70년대 미국에서 문학과 건축 등의 예술관련 분야에서 만들어진 말인데, 말 그대로 모더니즘 이후에, 모더니즘과 상반되는 특징을 갖는 작품이나 작가, 혹은 취향이나 태도 등을 지칭하기 위해 사용되었다. 그 대립의 양상이 가장 두드러진 것은 건축에서였다.

　르 코르뷔지에(Le Corbusier)나 그로피우스(W. Gropius), 미스 반

데어 로에(Mies van der Rohe)를 대표로 하는 모더니즘 건축은 흔히 '기능주의'라고도 불리며, 국제적인 건축운동으로 진행되었기에 '국제주의 양식'이라고도 불린다. 이들은 19세기 후반 서양 건축을 주도한 신고전주의의 지극히 장식적인 건축을 거부하는 것으로 시작했다. 거기서 장식은 부르주아들의 높아진 지위와 과시욕을 표현하는 것으로 보였으며, 따라서 본질적으로 기생적일 뿐 아니라 건축물 자체에 관해서도 반기능적인 것으로 보였다.[3]

그것은 또한 미적으로도 퇴폐적이고 타락한 것으로 보였다. 이러한 입장에서 그들은 금욕적이고 유토피아적이고 합리주의적인 건축을 추구했다. 즉 기능적인 연관에 따라 전체적으로 강력한 통일성을 갖는 간결하고 명확한 건축을 하려고 했다. 이를 미스 반 데어 로에는 "더 적은 것이 더 많은 것이다"라는 말로 요약했다.

그러나 포스트모더니스트들은 이같이 엄격한 원칙이 시간이 지나면서 단조롭고 일률적인 건축물을 양산하게 되었다고 본다. 그것은 삶의 복합성을 지극히 단순한 하나의 형태로 환원시켰고, 과거의 양식과 지나치게 절연함으로써 과거와의 모든 연속성을 잃어버렸다는 것이다. 그래서 포스트모던 건축을 대표하는 사람 중 하나인 로버트 벤츄리(R. Ventury)는 앞서 미스 반 데어 로에의 말을 "더 적은 것은 더 지루한 것이다"라고 비틀어 버렸다.[4]

그들은 이제 과거를 다양한 방식으로 재해석하여 건물의 현재 속

---

3) M. Caliniscu, *Five Faces of Modernity*, 이영철 외 역, 『모더니티의 다섯 얼굴』, 시각과 언어, 1994(2판), 345쪽.
4) R. Ventury, *Complexity and Contradiction in Architecture*, 임창복 역, 『건축에서 복합성과 대립성』, 기문당. 1995, 33~34쪽.

으로 끌어들였고, 르네상스 시대 이후 즐겨 사용된 고전적 형태는 물론 리본과 같은 장식도 사용하기 시작했고, 지극히 다양한 내부 공간을 결합시키기도 했다. 이로 인해 상이한 시대의 건축 양식(코드)들이 뒤섞여 공존하게 된다. 이를 젱크스(Ch. Jencks)는 '이중 코드화' 라고 부르며, 이것이 현대 포스트모던 건축의 언어를 특징짓는다고 말한다.[5] 이로써 그들은 현대적 삶의 '복합성' 과 '모순' 을 건축물에 반영하고자 했다(벤츄리의 유명한 책 이름이 바로 『건축에서 복합성과 모순』*Complexity and Contradiction in Architecture*이다).

문학에서 포스트모더니즘 역시 모더니즘과 대립한다. 일찍이(1960년) 비평가 레빈(H. Levin)은 그것을 모더니즘의 난해한 지성주의에 반해 반지성주의로 특징지은 바 있으며, 포스트모더니즘이란 말을 정립하고 확산시켰던 핫산(I. Hassan)이나 피들러(L. Fidler)는 지식보다는 비전을, 논리보다는 환각을 중시하며, 에고에 대해서 이드를 중시하는 것으로 특징짓는다.[6] 그들은 조이스(J. Joyce)와 프루스트(M. Proust), 엘리어트(T. S. Elliot), 파운드(E. Pound), 카프카(F. Kafka) 등으로 대표되는 모더니즘이 그 가능성을 탕진하여 고갈되어 버렸다고 보며, 그것이 애초에 갖고 있던 저항정신이 대학의 제도 안으로 흡수되면서 소진되었다고 본다.

또한 그들은 아방가르드적인 경향을 갖던 유미주의적 태도가 전제하는 미적인 것과 비미적인 것의 구별을 거부하며, 이발소 그림이나 탐정소설, 공상과학소설과 같은 저속한 것(이를 흔히 키취kitsch라고 부른

---

5) Ch. Jencks, *The Language of Post-Modern Architecture*, 백석종 외 역, 『현대 포스트모던 건축의 언어』, 태림문화사, 1991, 6쪽.
6) 김욱동, 『포스트모더니즘의 이론 : 문학/ 예술/ 문화』, 민음사, 1992, 20~22쪽.

다)들을 끌어들이며, 다른 사람의 작품을 섞어 쓰는 혼성모방(pastiche)을 이용한다. 보르헤스(J. Borges)나 마르케스(G. Marquez), 에코(U. Eco), 로브그리예(A. Robbe-Grillet), 베케트(S. Beckette), 버로우즈(W. Burroughs) 등이 그런 범주에 드는 작가들이다.[7] 이는 미술이나 음악에서도 유사하게 나타난다. 마릴린 먼로로 성모나 모나리자 식의 성스러운 여인상을 대체해 버린 앤디 워홀(Andy Warhol)이 그런 경우다.

다른 한편 포스트모더니즘은 1960년대 프랑스에서 본격화된 철학적 흐름과 관련되어 있다. 구조주의와 포스트구조주의 등으로 흔히 분류되는 이 흐름은 근대철학이 서 있는 지반을 공격한다. 나중에 다시 말하겠지만, 이 흐름은 데카르트 이래 근대철학이 발 딛고 있던 '주체'라는 범주, '진리'라는 범주 등을 비판 내지 해체하며, 세계나 지식이 하나의 단일한 전체일 수 있다는 '총체성' 개념을 비판한다. 이러한 흐름의 문을 연 사람은 사회인류학자 레비-스트로스(C. Lévi-Strauss)였고, 라캉(J. Lacan), 알튀세르(L. Althusser), 푸코(M. Foucault), 들뢰즈(G. Deleuze)와 가타리(F. Guattari), 데리다(J. Derrida) 등이 이런 흐름을 형성한 사람들이다.

이후 리요타르(J.-F. Lyotard)는 이러한 흐름에서 더 나아가 포스트모더니즘이란 말을 적극적으로 사용하며 일반화시켰다. 보드리야르는 그런 말로 자신을 지칭하지는 않았지만 유사하게 포스트모더니즘의 대표적인 이론가로 간주된다. 이후 전세계적으로 확장된 일련의 철학적 흐름을 포스트모더니즘이란 이름으로 부르기도 한다. 그리고 여기서 좀더 거슬러 올라가 이들 철학이 기초하고 있는 니체와 하이데거(M.

---

7) 칼리니스쿠, 『모더니티의 다섯 얼굴』 참조.

Heidegger), 후기의 비트겐슈타인(L. Wittgenstein) 등도 역시 포스트
모더니스트로 분류되기도 한다.

그런데 단지 명칭의 문제를 넘어서는, 종종 많은 혼동을 야기하는
문제가 있다. 흔히 철학적 포스트모더니즘으로 분류되는 포스트구조주
의는, 근본적으로 근대철학 내지 근대사회에 대한 비판적인 문제설정
을 공유하고 있다. 예를 들어 철학적인 주체 범주나 '인간'이라는 범주
를 비판하거나, 혹은 그러한 주체가 근대에 이르러 나타난 사회적인
'주체'와 연관되어 있다고 보며, 근대적 주체를 만들어내는 일상적인
메커니즘을 드러내고 비판한다. 혹은 근대적 사유방식이나 삶의 방식
을 비판하거나 사물을 표상/재현하는 근대적 방식을 비판한다. 그런데
가령 프루스트나 조이스, 카프카가 그렇듯이, 문학적 모더니스트들 역
시 사실주의에서 전형적으로 나타나는 근대적인 표상 방식과 서술 방
식을 해체하려고 한다. 이 점에서 포스트구조주의의 문제의식은 기묘
하게도 문학적 모더니즘과 겹쳐 있다.[8] 이는 몇몇 포스트구조주의 철학
자들이 (베케트나 보르헤스는 물론) 프루스트나 카프카 등에 기대어 작
업하고 있다는 점에서도 확인된다(예컨대 들뢰즈와 가타리, 데리다 등).

그렇지만 포스트구조주의와 포스트모더니즘을 일반적으로 대비하
고 대립시키기에는 양자 사이에 있는 문제의식의 공통성이 없지 않다.
더구나 리요타르나 보드리야르는 포스트구조주의의 내부에서 포스트
모더니즘으로 명시적으로 이동한 철학자며, 맑스주의에서 포스트모더
니스트로 알려진 라클라우(E. Laclau)와 무페(Ch. Mouffe)는 데리다와

---

8) 물론 모더니즘이 갖는 이러한 특징이 건축에서도 동일한 것은 아니다. 거기서는 모더니즘
은 확실히 근대적 사고의 특징을 명확히 보여주고 있으며, 따라서 건축에서 모더니즘과
포스트모더니즘 사이의 관계는 문학에서와 동일하다고 보기 어렵다.

라캉에 의존하고 있다. 또 포스트모더니즘이란 말을 전세계적으로 확장한 데 결정적인 역할을 한 리요타르도 포스트모던은 모던(근대적인 것)과 대립하는 것이 아니라 그 일부라고 말한다.[9]

이런 사정 때문에 벨슈(W. Welsch)는 근대와 근대적 모던, 20세기의 모던, 포스트모던을 구별하자고 제안한다. 그리고 모던과 포스트모던과의 차이가 확연하게 구별되지 않지만, 포스트모던은 20세기 모던에 기초하며, 이 20세기 모던이야말로 모던과의 단절이라고 주장한다.[10] 그렇지만 이 경우 문학이나 미술에서 포스트모더니즘의 모더니즘 비판은 설자리를 잃게 되며, 건축에서는 적절하지 않게 된다.

그래서인지 혹자는 현실적으로 철학이나 사회이론에서 근대성 비판으로 특징지어지는 흐름을, 문학이나 예술, 문화에서의 포스트모더니즘과 구별하여 '포스트모더니티' 라는 말로 따로 부르자는 제안[11]을 하기도 한다. 양자의 문제설정이 포괄하는 폭과 수준이 다르고, 직접적으로 겨냥하는 대상이 다르기 때문이다. 이는, 그것이 문제를 해결하는 것은 아니지만, 나름대로 유용한 면이 없지 않다.

분명한 것은 포스트모더니즘을 단지 모더니즘의 스타일이나 특징에 대한 비판으로 제한한다면, 그것은 문학이나 예술에 한정된 타당성을 가질 뿐이라는 것이다. 그것으로 포스트모더니즘 전체를 포괄하는

---

9) 리요타르, 「포스트모더니즘이란 무엇인가?」, 김욱동 편, 『포스트모더니즘의 이해』, 문학과 지성사, 1990, 276~278쪽 참조. 그러나 이렇게 되면 포스트모더니즘이나 포스트구조주의에서 비판하고자 했던 바가 매우 취약한 것이 되어 버리고, 그것의 고유한 내용이 역사적으로 무화(無化)된다. 이제 포스트모던의 '기원' 은 근대의 낭만주의로, 중세의 아우구스티누스로, 급기야 고대의 아리스토텔레스로까지 소급되기에 이른다.
10) W. Welsch, 「근대, 모던, 포스트모던」, 김성기 외 역, 『모더니티란 무엇인가』, 민음사, 1994, 427쪽.
11) 김욱동, 『포스트모더니즘의 이론:문학/ 예술/ 문화』, 민음사, 1992, 38쪽.

것은 그것을 통해서 제기할 수 있는 문제의 폭을 지나치게 제한하는 결과를 낳을 수 있다. 오히려 그것을 "다양한 형태로 구현된 근대성에 관해 질문을 던질 수 있게 해주는 어떤 관점"[12]으로 확장해서 정의할 수 있다면, 포스트모더니즘이란 용어를 계속 사용하는 것은 나름의 새로운 적실성을 획득할 수 있을 것이다. 물론 그 경우 예컨대 문학에서의 모더니즘과 포스트모더니즘은 이러한 공통된 관점 위에서 만들어지는 어떤 경계로 이해되어야 한다.

3. 포스트모더니즘의 철학적 지반

포스트모더니즘에서 철학은 매우 근본적이고 중요한 위상을 갖는다. 그것이 근대성 자체에 대해 질문할 수 있으려면, 근대성의 일부를 이루는, 대개는 당연시되어 있는 사유의 지반에서 벗어나야 한다. 이로 인해 근대성에 대한 모든 질문은 근대적 사유방식을 겨냥하게 마련이고, 그것은 당연히 철학적으로 중요한 전제를 비판하게 된다. 그 가운데 특히 중요한 것은 '주체', '재현', '진리', '총체성'과 관련되어 있다.

1) 주체의 문제

근대철학은 물론 근대적 사유를 시작한, 이른바 '근대의 아버지'는 데카르트(R. Descartes)다. 데카르트가 이런 위치를 차지할 수 있었던 것은 무엇보다도 '나'라는 '주체'의 범주를 신으로부터 독립시켰기 때문이다. 기독교의 신이 지배하던 중세시대에 세계나 인간은 신이 창조한

---

12) 칼리니스쿠, 『모더니티의 다섯 얼굴』, 342쪽.

것이었다. 인간이든 세계든 신의 창조로 설명되었다. 신에서 시작하지 않고서 '나'에 대해서 말한다는 것은 불경스러운 것일 뿐만 아니라 불가능한 것이기도 했다.

그렇지만 갈릴레이(G. Galilei)는 세계의 운행을 연구했고, 자연의 운동을 설명할 수 있는 수학적인 공식을 찾아내려고 했다(이를 '자연의 수학화'라고 부른다). 그보다 약간 앞서 케플러(J. Kepler)는 태양계에서 항성의 운동을 세 가지 법칙으로 간단명료하게 설명한 바 있었다. 교회는 이런 새로운 이론을 신의 이름으로 '근거지우지' 못했다. 다시 말해 비록 자연과학자 자신이 그러한 지식이 신이 만든 이 우주의 질서와 조화를 보여준다고 생각했음에도 불구하고, 교회는 그것이 참인지 아닌지, 참이라면 어째서 참인지를 신의 이름으로 밝혀주지 못했다.

데카르트는 당시 첨단을 달리던 그 과학적 지식을 확실한 기초 위에 다시 세우려고 했다. 그러기 위해 그는 더없이 확실한 출발점을 찾으려고 했고, 이로 인해 모든 것을 의심하는 '방법론적 회의주의'를 채택한다. 나의 눈도, 나의 귀도, 나의 신체도, 나의 생각도 모두 믿을 수 없는 의심의 대상이 되었다. 하지만 아무리 의심을 해도 의심을 하는 '내'가 존재한다는 것은 의심할 수 없었다. 그래서 그는 말한다. "나는 생각한다, 고로 존재한다."

이처럼 '나'라는 주체(subject)의 존재야말로 어떠한 의심에도 흔들리지 않을 확고부동한 기초로 여겨졌다. 이제는 이 확실한 '나'로부터 확실한 지식의 근거를 찾으면 되었던 것이다. 데카르트가 보기에 그것은 오류 없이 사고할 수 있는 이성, 즉 수학적인 이성이었다. 다시 말해 모든 것을 수학화함으로써 확실성을 확보할 수 있다는 것이다. 따라서 자연의 운동을 수학화하려 했던 갈릴레이의 시도는 이제 확실한 기초 위에 놓이게 된 것이고, 이와 더불어 '나'는 신에게 의존하지 않는 주체의 자리에 서게 된 것이다.

그러나 포스트모더니스트의 선구자로 간주되는 니체는 이것을 '문법의 환상'이라고 비판한다. 예컨대 '비가 온다'는 문장에서 '온다'라는 동사는 '비'(雨)라는 주어(subject)를 가져야 한다. 여기서 마치 '비'라는 주체/주어가 있고, 그것이 올 수도 있고, 안 올 수도 있는 것 같은 환상이 생겨난다는 것이다. 실제로는 하늘에서 떨어지는(오는) 것을 '비'라고 부르는 것이며, '오는' 것이 곧 비(와 동일한 것)임에도 불구하고. 마찬가지로 '나는 생각한다'에서 동사 '생각한다'는 주어가 있어야 한다. 바로 여기서 생각하는 것이 분명하다면 생각하는 '나'가 있어야 한다는 문법의 환상이 생겨난다.[13]

정신분석학자인 라캉은, 소쉬르(F. Saussure)의 구조언어학을 빌려서 언어와 주체의 관계를 뒤집어 놓는다. 언어는 문법과 다양한 규칙들로 짜여진 구조를 갖고 있으며, 내가 말을 하려면 내 맘대로 하는 것이 아니라, 그 규칙에 따라서 해야 한다. 그 규칙을 벗어나면 말을 해도 알아듣지 못한다. 따라서 그가 보기엔 "내가 말하는 것이 아니라, 말이 나를 통해 행해지는" 것이다. 데카르트라면, 내가 하는 말이 맞건 틀리건, 말을 하는 나란 주체는 존재한다고 하겠지만, 라캉은 언어의 구조가 '나'라는 말하는 주체의 전제라고 말한다.

좀더 나아가 라캉은 프로이트(S. Freud)의 무의식 개념을 언어학과 결합하여, "무의식은 언어처럼 구조화되어 있다"고 말한다.[14] 당연

---

13) F. Nietzsche, *Jenseits von Gut und Böse*, 김훈 역, 『선악을 넘어서』, 청하출판사, 1982, 39쪽 이하 참조.

히 무의식은 우리의 의식에 우선한다. 즉 우리의 의식은 의식되지 않는 무의식에 기초하고 있다. 그런 무의식이 언어처럼 구조화되어 있다는 말은, 언어적인 질서에 따라 무의식이 진행된다는 것을 의미한다. 따라서 라캉은 데카르트의 문장을 뒤집어서 이렇게 말한다. "나는 존재하지 않는 곳에서 생각한다. 고로 나는 생각하지 않는 곳에 존재한다." 여기서 말하는 '존재하지 않는 곳'이란 아마도 언어구조일 것이고, '생각하지 않는 곳'이란 무의식일 것이다.

다른 한편 홉스(T. Hobbes)는 데카르트 철학을 사회과학으로 밀고 나가 근대적인 사회이론을 창시했다. 즉 그는 사회 내지 국가란 그것을 구성하는 요소들로 나뉘어져야(분석) 한다고 보았고, 더 나뉠 수 없는 확실한 요소에서 출발하여 이론적으로 구성되어야(종합) 한다고 생각했다. 그 출발점은 바로 '인간'이라는 주체였다.[15]

인간이라는 주체는 각자 자신의 자유로운 의지를 갖는다. 즉 자기가 하고 싶은 대로 하고자 한다. 그런데 그 즉시 서로의 의지가 충돌하여 전쟁과도 같은 커다란 혼란이 생겨버린다. 그대로 방치한다면 각자가 자기가 하고 싶은 바를 위해 남과 싸우게 되니, 이제 "인간은 서로에 대해 늑대가 된다". 이런 상태를 그는 '자연상태'라고 부른다. 그렇다면 질서를 전제하는 "사회란 대체 어떻게 가능한가?" 이것이 유명한 '홉스의 질문'이다.[16] 이 질문을 통해 이제 사회를 대상으로 하는 이론인 (근대적) 사회과학이 탄생한다. 이런 의미에서 근대 사회이론의 출발점에

---

14) J. Lacan, 권택영 편, 『욕망이론』, 문예출판사, 1994.
15) T. Hobbes, *Leviathan*, 한승조 역, 『리바이어던』, 삼성출판사. 1990.
16) 알다시피 그 답은 이 끔찍한 혼란을 피하기 위해 사람들은 어떤 한 사람(절대군주)에게 자신의 권리와 의지를 양도하고, 그의 통치를 받아들인다는 것이다.

는 '주체'라는 개념이 있었다고 말할 수 있다.

그렇지만 많은 비판에도 불구하고 종종 포스트구조주의적 사유의 선구자로 간주되는 맑스(K. Marx)라면 이 질문에 대해 다시 질문할 것이다. 그처럼 서로 동등한 의지와 권리를 가지고 서로 싸우는 '인간' 내지 '주체'가 대체 어떻게 가능했는가? 왜냐하면 귀족과 평민, 농노의 신분이 확연했던 그 이전 시대만 해도 사람들이 서로 동등한 권리나 의지를 갖는다는 것은 생각하기 힘들었기 때문이다. 맑스가 보기에 서로 동등한 권리를 갖는 이런 '시민'은 무엇보다도 우선 시장에서 형성된 것이다. 즉 서로가 동등한 권리를 갖고 계약에 의해 일이 성사되며, 경쟁으로 인해 서로가 서로에 대해 늑대가 되는 곳이 바로 시장이고, 이는 유럽의 중요한 도시들에서 14세기 이래 점차 발전해 온 것이 사실이기 때문이다. 다른 한편 그런 '인간'은 농민들을 토지에서 몰아내면서 신분으로부터도 해방시켰던, 이른바 '자본의 본원적 축적'이라고 불리는 가혹한 역사를 통해 만들어진 것이다.[17] 따라서 홉스가 '출발점'으로 당연시했던 '주체'나 '인간'이란 개념은 사실은 역사적 과정의 결과물이요 생산물이다. 확실한 출발점이라고 간주되던 주체 개념은 이제 해체된다.[18]

포스트구조주의의 가장 유명한 사상가 중 하나인 푸코는 좀 다른 방식으로 이 주체 개념을 해체한다. 홉스가 정상적인 사람들이라고 보았던 그 '인간' 내지 '주체', 혹은 데카르트가 생각했던 이성적 주체는, 광인이나 부랑자, 게으름뱅이, 가난뱅이, 범죄자 등을 '종합병원'이란

---

17) K. Marx, *Das Kapital*, Bd.1, 김영민 역, 『자본』 I, 이론과 실천, 1987.
18) L. Althusser, *Pour Marx*, 이종영 역, 『맑스를 위하여』, 백의, 1997.

이름의 수용소에 가두고, 그들을 사회로부터 배제함으로써 만들어진 '정상인'의 모습이요,[19] 나중에는 규율과 감시, 처벌 등을 통해 신체적으로 훈육된 '인간'이라는 것이다.[20]

여기서 맑스나 푸코에게 공통된 것은, 근대의 사회이론이 출발점으로 삼았던 '주체'가 반대로 '근대'(modern)라는 역사적 과정의 결과요 생산물이라는 것이다. 마치 데카르트의 '주체'가 문법이나 언어구조의 결과였던 것처럼. 따라서 그것은 근대라는 역사적 과정을 넘어서면서 동시에 극복하고 넘어서야 할 것이기도 하다.

2) 의미와 재현의 문제

전체는 아니라 해도 넓은 의미에서 포스트모더니즘 전반에 걸쳐 언어학 내지 기호학의 영향은 매우 커다란 것이었다. 그것은 라캉이나 데리다, 보드리야르처럼 직접적으로 기호학에 의존하는 입장은 아니어도, 기호학이 제기한 어떤 문제를 피해가기 어렵기 때문이다. 그것은 무엇보다도 의미와 재현의 문제다.

소박한 자연주의적 태도나, 그것에서 크게 벗어나지 않는 실증주의적 입장에서 기호란 대상——이를 '지시체'(referent)라고 한다——을 지시하는 것이고, 의미란 기호가 지시하는 그 대상이었다. 예를 들면 '워크맨'이라는 기호[記表]는 우리가 흔히 접하는 어떤 기계를 지시한다는 것이고(이때 이 기계가 '워크맨'이라는 기호의 지시체다), 바로 그 기계가 '워크맨'이란 단어의 의미라는 것이다. 또 기호들이 결합해서

---

19) M. Foucault, *Madness and Civilization*, Tavistock, 1967.
20) M. Foucault, *Surveiller et punir*, 박홍규 역, 『감시와 처벌』, 강원대 출판부, 1989.

이루어진 문장의 의미는 그 문장을 듣고 떠올리는 그림이라고 한다. 예를 들어 "그는 머리끝까지 화가 나서 내 워크맨을 집어던졌다"는 문장의 의미는, 여러분이 이 문장을 읽거나 듣고 떠올리는 그림—이를 '표상'(representation)이라고도 한다—이라는 것이다.

그러나 소쉬르는 이런 생각을 처음부터 뒤집어 놓았다. 즉 기호는 대상과 아무런 관련이 없이 자의적으로 사용된다는 것이다. 어떤 기계를 '워크맨'이라 부르든, '위코코'라 부르든, 아니면 '뚜르름'이라고 부르든 아무 상관이 없으며, 실제로 워크맨이라고 부르는 건 사회적인 관습이고 약속이라는 것이다. 이는 '의'나 '에서', '그런데', '위하여' 등의 단어를 떠올리면 더더욱 그렇다. 이를 소쉬르는 '기호의 자의성'이라고 부른다.[21] 기호의 의미[記意]는 그것이 지시하는 어떤 대상(지시체)이 아니라는 것이다. 오히려 기호의 사용에서 중요한 것은 기호들 간의 관계 속에서 어떤 기호와 다른 기호의 '차이'(difference)다. 예를 들어 프랑스어 mouton은 '양'이란 뜻이다. 이 말은 영국에 건너가 mutton이 되었는데, 이미 양을 뜻하는 sheep이 있었기 때문에 mutton은 주로 양고기를 뜻하는 것이 되었고, 대신 sheep은 살아있는 양을 뜻하는 것이 되었다.[22] 즉 같은 기호(기표)가 상이한 두 언어의 망 속에서 상이한 관계 속에 들어가기 때문에 그 의미가 달라진(different) 것이다.

언어에서 지시체가 사라지면서 문제는 새로운 국면에 접어든다. 이를 두고 라캉은 기의에 닿지 못하고 미끄러진다고 말하며,[23] 데리다

21) F. Saussure, *Cours de linguistique générale*, 최승언 역, 『일반 언어학 강의』, 민음사, 1990, 85쪽.
22) 소쉬르, 앞의 책, 238쪽.
23) J. Lacan, 권택영 편, 『욕망이론』, 문예출판사, 1994.

는 기표는 또 다른 기표의 무한한 연쇄를 낳기 때문에 기의는 무한히 지연된다고 말한다.[24] 예를 들어 '워크맨'의 의미는 '녹음과 재생이 가능한 휴대용 기계'다. 그러나 이는 또 다른 기표들일 뿐이며, 이는 '녹음', '재생', '휴대' '기계'가 무언지 말해야 한다. 이 단어들은 각각 또 다른 기표들을 낳는다. 거기서 나온 설명하는 말들 역시 또 다른 기표를 통해 설명되어야 한다. 기표는 언제나 이처럼 또 다른 기표의 물고 물리는 무한한 연쇄를 만들어내기 때문에 의미는 무한히 지연되고, 결국 기표는 기의에 이르지 못하고 미끄러진다는 것이다. 따라서 언어나 기호를 통해 대상을 재현한다는 것은 불가능하다는 결론에 이른다.

근대적 사유가 주체를 신에게서 독립시키는 데서 시작했다고 했는데, 이는 그와 짝이 되는 '대상'이라는 개념을 필요로 한다. 사유가 무언가를 생각하고, 말이 무언가를 말한다고 할 때, 이 '무언가'가 바로 대상인 것이다. 말의 의미가 지시체나 그림이라고 할 때, 그것은 어떤 대상을 말로써 '재현'한다는 것을 뜻한다. 그런데 방금 말했듯이 말이나 기호는 다른 말이나 기호와 연결되는 무한한 연쇄망을 이룰 뿐, 기의에 이르지 못하며, 지시체나 대상을 재현하지 못한다. 이로써 소박한 대상이나 재현, 그것을 통해 정의되는 의미 개념은 이제 해체되어 버린다. 의미란 서로 맞물려 있는 기호들의 조직된 질서 속에 있는 것이다.

3) 진리와 지식의 문제

대상의 재현 가능성이란 문제는 불가피하게 진리의 문제를 새로이 환기시킨다. 근대적인 사유 안에서 진리는 두 가지 방식으로 정의된다.

---

24) J. Derrida, *Positions*, 박성창 역, 『입장들』, 솔, 1992.

하나는 주체와 대상을 분할한 위에서, 대상과 일치하는 지식을 진리로 정의하는 것이다. 다른 하나는 수학을 모델로 하는 주체의 이성적 능력 안에서, 그 논리적인 정합성을 통해 진리를 정의하는 것이다.

전자는 진리임을, 즉 대상과 일치하는 지식인지를 확인하기 위해선 이미 진리를 기준으로 갖고 있어야 한다는 점에서, 혹은 지식과 대상의 일치를 확인해 줄 초월적 제3자가 있어야 한다는 점에서 궁지에 빠진다. 즉 내가 (지식의) 거울에 비친 내 얼굴이 실제로 나와 일치하는지 알려면, 이미 내 얼굴을 알고 있어야 하거나, 양자를 보고 일치한다고 해줄 확실하게 믿을 만한 제3자(예전에는 신이 이를 수행했다)가 있어야 한다는 것이다. 그런데 알다시피 내 얼굴에 관해 내가 아는 것은 처음부터 거울을 통해 얻은 것이란 점에서 참/거짓을 판단할 기준이 못 된다. 또한 근대철학은 신이란 3자 없이 주체와 대상이라는 이항으로 이루어져 있어서, 확인해 줄 제3항이 들어설 자리가 없다. 이는 근대철학자 전체를 따라다닌 불길한 예감이었다.[25] 상대성 이론은 절대적 기준이 되는 좌표계가 없으며, 좌표계 자체가 운동에 따라 변화한다는 점을 보여줌으로써, 양자역학은 위치와 에너지를 동시에 정확하게 측정하는 것은 불가능하다는 것을 보여줌으로써 이 불길한 예감을 현실화했다. 이는 기호학과 더불어 대상을 참되게 재현하는 것이 불가능하다는 것을 뜻했다.

다른 한편 논리적 정합성으로 진리를 구원해 줄 수학적 밧줄은 1931년 괴델의 정리로 인해 끊어졌다. 괴델은 산수처럼 자명해 보이는 어떠한 공리계도 그 공리만으로는 참/거짓을 증명할 수 없는 명제를 포

---

25) 이진경, 『철학과 굴뚝 청소부』, 그린비, 2002.

함하고 있음을 증명했고, 더불어 어떤 공리계도 무모순성을 증명할 수 없음을 증명했다.[26]

그렇다면 이제까지 과학이라 불리운 지식은 대체 무엇이며, 이제 지식에 대해서는 어떻게 다루어야 하는가? 지금까지 과학을 표방한 지식이 진리로 간주되어 온 것은 그것이 현실적으로 유효한 효과를 갖기 때문이며, 또 그런 한에서만 그렇다. 즉 진리이기에 유효한 것이 아니라, 유효한 한에서 진리인 것이다. 이런 유효성을 흔히 '진리 효과'라고 부른다. 예를 들어 뉴튼의 역학은 참이 아니지만, 현실 세계에서 그것이 표시하는 오류는 실제 효과에 비해 매우 작기 때문에 그 동안 과학으로 간주되어 왔고, 또 그런 한에서는 여전히 유효할 것이다. 반대로 유효하다고 간주될 조건이 있는 한 어떤 지식도 진리로 다루어질 수 있을 것이다. 물론 그 '확실성'은 지식마다 다르겠지만. 이는 현존하며 유효하게 작동하는 모든 지식을 다루는 새로운 방향을 보여준다. 여기서 진리의 문제는 어떤 지식의 효과와 확실성의 문제로 된다. 진리 내지 지식 문제를 확실성의 문제로 다루는 것으론 비트겐슈타인이 대표적이며, 효과의 차원에서 다루는 건 푸코가 대표적이다. 여기서 후자는 주체나 대상에 관한 앞의 논의와 긴밀하므로, 후자만을 간단히 보겠다.

푸코는 주체가 인식하고 지식을 갖는다는 생각을 전복한다. 반대로 그는 지식에 의해서 주체와 대상이 구성되고, 그것들이 서로 특정한 형태로 관계지워진다고 본다.[27] 예를 들어 정신병리학이란 지식(혹은 '담론')은 앞서 말했던 대감금을 통해, 그리고 거기서 광인을 다시 분류

26) 김용운/김용국, 『집합론의 기초』, 우성문화사, 1989.
27) M. Foucault, *L'Archéologie du savoir*, 이정우 역, 『지식의 고고학』, 민음사, 1992.

하여 감금했던 사건을 통해 형성되었다. 그것은 광인들을 효과적으로 다루기 위해 그들의 행동과 태도 등을 관찰하고 기록하는 것에서 시작했다. 그것을 분류하고 그 '원인'을 나름대로 서술함으로써 그들을 이제 병자로 다루게 되고, 그들을 다루는 기술을 치료라고 부르게 된다. 초기에 '의사'를 뽑는 기준은 인내심이 강하고 사람을 잘 다루는 능력이 있느냐였다고 한다.[28]

일단 이렇게 성립한 정신병리학은 이제 정상에서 벗어난다고 생각되는 사람들을 환자로, 그들이 보이는 증상들을 '치료'의 대상으로 정의하고, 그들을 치료하는 사람을 그 '치료'의 주체로 정의한다. 이제 정신병리학이 작용하는 공간(병원) 안에서는 몇 사람의 의사와 간호사 등을 제외하고는 아무도 말할 수 없으며, 말해도 들리지 않는다. 반면 환자의 항의나 저항을 철창 안에 가둠으로써, 혹은 때론 처참하게 때리고 무력화시킴으로써 제압하는 것은 '치료'의 일부가 된다. 치료된다는 것은 의사의 의지에 정확하게 부합하여 복종하는 것을 뜻한다. 이렇듯 푸코는 지식 안에서, 지식을 통해서 작용하는 권력을 발견한다. 권력은 효과적으로 작동하기 위해 (정신병리학 같은) 지식을 필요로 하고 만들어내며, 반대로 지식은 그 안에서 권력을 작동시킨다. 그래서 그는 양자를 지식-권력(savoir-pouvoir)이라는 하나의 단어로 만들어 버린다.

4) 총체성의 문제

근대적 사유는 보편성과 총체성, 단일성을 추구한다. 데카르트는 의심할 수 없는 확실성을 찾아낸 자신의 '방법'이 갈릴레이나 자연과학뿐만

---

28) M. Foucault, *Madness and Civilization*, Tavistock, 1967.

아니라 모든 지식의 보편적인 방법이 될 것이라고 생각했다. 해체의 위기에서 주체 개념을 살려낸 칸트 역시 모든 경험이 공통으로 기반하고 있는 기초를 찾아내려고 했고, 모든 행동이 공통으로 기반하고 있는 도덕의 기초를 찾아내려고 했다. 헤겔은 이 모든 것이 사회는 물론 인류 전체의 역사 전체를 하나로 묶어주는 총체성을 갖는다고 본다. 모든 개별적 현상을 만들어내고, 그것들에 단일성을 부여하는 하나의 중심, 그것이 보편성, 총체성, 단일성이라는 주제와 결부되어 있는 것이다.

포스트모더니즘의 가장 명시적인 선언문[29]은 바로 이 보편성과 총체성, 단일성을 겨냥하고 있다. 리요타르는 그러한 총체성과 보편성, 단일성이, 각각의 부분이 갖는 고유한 특성과 고유한 영역을 제거했으며, 그것을 하나의 거대한 전체 아래 억압했다고 본다. 그는 이제 이러한 총체성을 자임하는 담론, 보편성을 주장하는 지식이 더 이상 설 자리가 없어졌다고 한다. 그런 만큼 다양한 부분들을 자기 발 아래 거느리는 위계화된 전체도 제거되어야 한다고 본다.

여기서 그는 후기 비트겐슈타인의 언어철학을 끌어들인다. 비트겐슈타인은 사후 출판된 저서 『철학적 탐구』에서 언어란 어떤 단일한 규칙으로 환원되지 않으며, 차라리 다양한 삶의 형태에 따라 달라지는 다양한 언어게임들만이 존재한다고 말한다.[30] 예를 들어 학자로서 학회에서 사용하는 말들은, 바로 그 사람이 방송에 나와서 사용하는 말과 다르고, 동료들과 식당에서 사용하는 말들과 다르며, 집에서 사용하는 말

---

29) J.-F. Lyotard, *La condition postmoderne*, 이현복 역, 『포스트모던 조건』, 서광사, 1992.
30) L. Wittgenstein, *Philosophische Untersuchungen*, 이영철 역, 『철학적 탐구』, 서광사, 1994.

들과도 다르다. 어떤 단어는 방송이나 학회에선 사용되지 못하고 배제되며, 집이나 식당에서는 거의 듣기 힘든 단어들이 학회에선 사용된다. '물'이라는 동일한 단어조차, 방송이나 학회에선 그 분자구조가 어떻다고 설명하는 연구대상(H2O)을 의미하지만, 식당이나 집에선 '물을 갖다 달라'를 의미할 것이다. 죽음이란 단어는 의사가 병원에서 사용할 경우와, 시에서 사용되는 경우, 실연한 사람이 사용하는 경우, 하이데거 같은 철학자가 사용하는 경우 모두 전혀 다른 의미를 갖는다.

이처럼 하나의 단어가 뜻하는 의미조차 다르게 만드는 언어게임의 다양성은 문법으로도, 언어구조로도 환원되지 않는다. 확실성이나 정확성 역시 각각의 언어게임마다 다르게 정의된다.[31] 지금 시간을 묻는 말에 대해서 12시 10분이라고 말하는 것은, 극장 앞에서라면 충분히 정확하겠지만, 물리학 실험실에서는 너무도 부정확한 것이며, 모내는 논에서는 지나치게 충분하다. 내 손이 있는 것이 확실한가는 데카르트 같은 철학자로서는 믿을 수 없는 것이지만, 그림을 그리는 화가에겐 더없이 확실하며, 밥짓는 어머니에겐 어이없는 질문이다. 앞서 지식이나 담론에 대한 푸코의 연구를 참조한다면, 각각의 담론이 갖는 고유한 언행의 규칙이란 이러한 언어게임의 국지성, 전체로의 환원불가능성을 뜻하는 것이라고 말할 수 있을 것이다.

리요타르나 보통의 포스트모더니스트는 총체성과 보편성에 대한 이러한 비판을 다양성의 원리로 제시한다. 그것은 물론 이전에도 있었던 것이다. 그런 점에서 리요타르 말처럼 포스트모던은 모던과 단절하지 않는다. 그렇지만 이전에는 그 다양성을 하나의 척도로 굳이 통일시

---

31) 비트겐슈타인, 『철학적 탐구』, 73~74쪽.

키려는 기획이 있었던 것이고, 그런 점에서 다양성에 대한 억압이 지배적이었다면, 이제는 다양성이 명시적인 규칙 내지 의무가 되어야 한다는 것이 다르다고 말한다.[32] 덧붙이자면, 이러한 주장이 국지적인 통일성, 어떤 단어나 문장의 사용을 하나의 언어게임으로 성립하게 해주는 어떠한 규칙의 부재를 뜻하는 것은 아니란 것이다.

근대적 사유방식에 대한 포스트모더니즘의 이러한 비판은 사회에 대한 이론이나 예술에 대한 이론에서 변형된 형태로 다시 나타난다.

4. 포스트모더니즘과 현대 사회

포스트모더니즘은 일차적으로는 예술에, 다음으로는 지식에 대해 직접적으로 제기되었지만, 그것은 현대 사회를 보는 새로운 시각을 담고 있는 것이기도 했다. 여기서는 그것을 명확하게 이론화했던 보드리야르의 이론을 통해 간단히 살펴볼 것이다. 그의 이론의 초점은 소비 사회와 시뮬레이션 개념에 맞추어져 있다.

1) 소비의 사회

상식에 따르면, 혹은 정치경제학에 따르면 상품에는 사용가치와 교환가치가 있다. 예를 들어 전화기는 전화를 하는 데 사용될 수 있어야 한다. 이것이 사용가치다. 반면 흔히 값으로 매겨져 표시되는 가치가 있다. 3만원, 5만원, 20만원…… 이것이 교환가치다. 사용가치는 교환가치와 독립적이어서, 3만원짜리든, 5만원짜리든 별 차이 없이 비슷하다.

---

32) W. Welsch, 「근대, 모던, 포스트모던」, 김성기 외 역, 『모더니티란 무엇인가』, 민음사.

그렇다면 왜 어떤 사람은 3만원이면 충분한 물건을 20만원이나 주고 살까? 좀더 명확한 예를 들면, 같은 속옷도 어떤 사람은 한 벌에 만원 하는 것이면 충분한데, 다른 사람은 100만원짜리를 찾는다. 마찬가지 자동차인데, 누구는 500만원 하는 티코를 사고, 누구는 5000만원이 넘는 벤츠를 산다.

사용가치만 놓고 보자면, 이는 이해할 수 없는 일이다. 이미 1920년대에 미국의 사회학자 베블렌(T. Veblen)은 이를 유한계급의 '과시적 소비'라고 부른 바 있다. 즉 비싼 값은 자신의 신분과 위광을 과시하기 위해 지불하는 비용이라는 것이다. 보드리야르는 여기서 더 나아간다. 즉 상품의 사용가치가 아니라 입은 옷이 어떤 상표인지, 신은 신발이 얼마짜리인지가 실제로 상품을 소비하는 사람에게는 중요한 문제라는 것이다. 그것을 통해 남과 어떻게 다른지, 혹은 자신이 어떤 집단의 사람들과 같은지를 드러낸다. 이는 단지 유한계급에만 해당되는 것이 아니라, 소비가 자극되고 흘러넘치는 현대 사회에서는 언제 어디서나 모두에게 해당되는 것이라고 한다. 이것이 소비된 상품의 의미를 구성하고, 따라서 상품은 이제 사용가치가 아니라 의미를 낳는 기호적 가치를 가진다는 것이다. 따라서 그는 상품을 기호로 다루는 기호의 정치경제학이 필요하다고 역설한다.[33]

이런 관점에서 보면, 이제 상품들은 서로 간에 종횡으로 짜여진 의미들의 그물을 짠다. 마치 기호들이 의미들의 그물을 짜듯이. 이는 사람들 자신이 짜는 것이 아니라 상품들 자체 간에 짜여지는 것이다. 벤

---

33) J. Baudrillard, *Pour une critique de l'économie politique du signe*, 이규현 역, 『기호의 정치경제학 비판』, 문학과 지성사, 1992.

츠는 보통 자동차와는 비교할 수 없는 부와 지위를 의미하며, 고급 향수는 평범한 로션 냄새로는 쫓아갈 수 없는 격조 있는 유혹을 표시하며, 바하의 음반은 품위 있는 음악적 취미를 뜻한다. 그것은 이미 사람의 의지 외부에 있는, 자기 발로 서 있는 그물이며, 소비자는 단지 그에 적절한 어떤 것을 '선택'할 수 있을 뿐이다. 그리고 그 선택은 사회적으로 훈련되고 때로는 강제되기도 한다. 검푸른 작업복을 입고 피아노를 사는 사람이나, 평범한 월급쟁이 주제에 벤츠를 사는 사람은 별종이거나 '미친 놈'이다. 이런 훈련은 농촌인구를 산업노동에 적응시키기 위해 19세기 내내 이루어진 훈련의 20세기 판(版)이다. "소비 사회, 그것은 또한 소비를 학습하는 사회, 소비에 대해 사회적 훈련을 하는 사회이기도 하다."[34]

이러한 소비를 통해 사람들은 기호화된 상품들의 그물망에 내장된 사고와 행동 방식을 수용한다. 그리고 소비되는 다른 상품들을 보고서 그 의미를 읽을 수 있는 코드를 받아들인다. 이제 이런 방식의 소비와 향유는 의무가 되었다. "소비인(消費人)은 자신의 향유를 의무로 삼는 존재로, 향유와 만족을 꾀하는 존재로 간주된다."[35]

더 나아가 소비 대상의 중심에 이제 육체가 들어선다. 건강함과 아름다움은 개인의 절대적인 지상명령이 된다. 건강한 육체를 위해 건강식품, 의약품, 의료 자체가 일상사가 되고, 아름다운 육체를 위해 화장품과 의복이 삶의 울타리를 치게 되며, 날씬한 몸매를 위해 육체를 배려하고 억압하게 된다. 모델은 이런 육체를 위한 코드화된 '모델'을 보

---

34) J. Baudrillard, *La société de consommation*, 이상률 역, 『소비의 사회:그 신화와 구조』, 문예출판사, 1991, 106쪽.
35) 보드리야르, 앞의 책, 104쪽.

여준다. 성과 섹스는 소비되는 상품의 중심에 선다. 이젠 성 자체가 소비의 대상이 된다. 이처럼 코드화되고 의무화된 소비는 소비하는 사람을 개별화한다. "노동력의 박탈에 의한 착취는 사회적 노동이라고 하는 집단적 영역에 관계되기 때문에 어느 정도 단계부터는 사람들을 연대하게 한다. …… 소비자인 한에서 사람들은 다시 고립되고 뿔뿔이 떨어져서 기껏해야 서로 무관심한 군중이 될 뿐이다(가정에서 텔레비전을 보는 사람들, 경기장 및 영화관의 관중 등)."[36] 즉 소비는 개인적으로 행해지기에, 개인적인 만족이나 불만으로 끝나버린다. TV 프로그램에 대해 집단적으로 항의하는 사태를 생각하기 힘들다는 것이다.

소비의 사회와 상품의 기호화는 대략 전후의 서구 사회를 통해 관찰된 현대 사회의 초상화다. 그것은 생산이 지배하던 사회에서 소비가 지배하는 사회로, 상품의 사용가치에서 기호적 가치로의 전환이라는 점에서 근대(modern) 사회와 다른 특징을 보여준다. 이는 아마도 1929년에 시작된 세계적인 대공황과 결부된 것이 아닐까? 이전에 자본주의는 베버가 잘 보여준 것처럼, 프로테스탄티즘 윤리가 요구하는 욕망의 억제와 절약, 금욕 등을 요구했었다.[37] 그것을 통해 자본의 축적이 실제로 일어났는지 아닌지, 또 그것을 통해 노동자가 자신의 고통스런 처지를 하늘이 내리신 소명으로 알고 살아갔는지 아닌지는 분명하지 않다. 하지만 프로테스탄트가 지배적이었던 북부 독일은 물론, 그들의 종교개혁에 대항하여 새로이 개편된 카톨릭의 유럽에서 금욕적 생활은 삶의 규범이었음에 틀림없다. 이런 태도는 프로테스탄트의 이주로 역사

---

36) 보드리야르, 앞의 책, 113쪽.
37) M. Weber, *Die protestantische Ethik und der Geist des Kapitalismus*, 박성수 역, 『프로테스탄티즘의 윤리와 자본주의 정신』, 문예출판사, 1988.

를 '새로' 시작한 미국에선 더 심했다. 그들은 1920년대 들어오면 금주법까지 만들어 금욕을 강제했다.[38]

반면 알다시피 1920년대는 이미 포드주의적인 대량생산이 본격적으로 시작된 시기이기도 하다. 이는 상품이 엄청난 양으로 시장에 쏟아져 나오는 것을 뜻하는데, 바로 그 시기에 금주법까지 만들어 금욕과 절약, 절제를 강제했던 것이다. 당연하게도 쏟아져 나온 엄청난 상품은 팔리지 않고 쌓이게 되었고, 이로 인해 전례없는 대공황이 발생하게 된다. 이러한 사태의 문제를 포착한 부르주아지는 이제 욕망의 배치—쉽게 말하면 욕망의 조절방식—를 다른 방향으로 돌리게 된다. 그리고 소비 창출을 위한 조치가 다양하게 취해진다. 뉴딜(New Deal) 정책과 케인즈주의는 이러한 변화를 단적으로 보여주는 것이었다. 뉴딜은 단지 국가 재정을 다루는(deal) 새로운(new) 방식이었을 뿐만 아니라, 근본적으로는 사람들의 욕망을 다루는 새로운 방식이었던 것이다.

이제는 절약이나 금욕이 미덕이 아니라 소비가 미덕 내지 의무로 된다. 보드리야르는 이와 관련해 매우 시사적인 글을 인용하고 있다.

국고로부터 90억 달러를 돌려받은 소비자들은 200만 개의 소매점으로 풍부함을 구하여 쇄도하였다. …… 그들은 선풍기를 에어컨으로 바꾸는 것이 자신들의 힘으로 경제를 성장시키는 것임을 이해하였다. 500만 대의 소형 텔레비전과 150만 대의 전기육절기(電氣肉切機) 등을 구입함으로써 그들은 1954년의 호황(boom)을 보증하였다.[39]

---

38) 김진균, 「육체노동, 그 자본주의적 의미」, 『문화과학』, 제4호, 문화과학사, 1993.
39) 「타임」*Time*지의 기사; 보드리야르, 앞의 책, 109쪽에서 재인용.

유사한 발언이 아이젠하워 대통령의 입에서 나왔으며, 급기야 "절약은 반(反)미국적이다"는 말도 나오게 된다. 소비 사회라는 현상은 이렇듯 변화된 욕망의 배치 안에서 이해될 수 있을 것이다.

2) 시뮬레이션

매스 미디어 연구의 선구자인 맥루한(M. MacLuhan)은 "매체가 메시지다"라는 유명한 말을 남겼다. 매체에 담겨 있는 어떤 내용이 아니라 매체라는 형식 그 자체가 곧 메시지라는 것인데, 이는 매체 자체가 갖는 특성이 메시지를 이미 선결정한다는 것을 뜻한다. 크로넨버그(Cronenberg)는 자주 언급되는 컬트 영화 중 하나인 「비디오 드롬」에서, "화면이 망막이다"라는 말로 변형하여 사용한 바 있다. 이 영화 역시 TV나 매체에 깊숙이 침윤된 현대의 삶을, TV와 현실의 뒤섞임을 통해서 묘사하고 있는데, 이는 포스트모던한 사회의 중요한 특징 가운데 하나로 간주된다.

보드리야르는 맥루한의 명제를 더 멀리 밀고 간다. 그는 매체는 자신의 형식에 따라 작용하는 작동체라고 본다. 상품 생산이 지배적인 사회에서 교환가치의 작용 그 자체가 사람들의 관계를 돈과 계산이 지배하는 냉혹한 관계로 만들어 버리듯이, 매체의 작용 그 자체는 결코 중립적이지도, 혁명적이지도 않다고 말한다.[40] 따라서 매체가 작동하는 방식이 그에게는 중요한 문제가 된다.

대중매체는 응답을 거부하며, 응답이 이뤄질 수 없는 일방적인 방

---

40) J. Baudrillard, *Pour une critique de l'économie politique du signe*, 이규현 역, 『기호의 정치경제학 비판』, 문학과 지성사, 1992, 191쪽.

식으로 말하고 행한다. 메시지가 교환되는 게 아니라 일방적으로 전달된다. 신문이나 TV를 보면서 때론 어이없어 하고 때론 욕 하지만, 그런 생각이나 말은 종이나 브라운관에 부딪쳐 흩어지고, 침묵 속으로 빨려들어간다. 오직 가능한 것은 매체를 거부하거나 받아들이는 것이다.

그리고 그 메시지는 매체가 내장하고 있는 일정한 코드에 따라서 언제나 모델화된다. 아름다운 얼굴의 모델이 그 안에서 나오고, 바람직한 말투의 모델이 거기에서 나오며, 관심을 주어야 할 상품의 모델이 거기에서 나온다. 그 모델에 따라 사람들은 상품을 사고, 소비되는 상품의 의미를 읽는다. 또한 어떤 사건(청소년 범죄, 노동조합의 파업, 재벌 기업의 부도)이든 매체의 코드에 따라 모두 상투적인 모델로 변형된다. 그래서 우리는 말만 들어도 그 내용을 안다. 청소년 범죄는 결손 가정이나 문제 있는 가족의 탓이거나, 저질 만화나 성과 폭력으로 넘치는 못된 영화 등 유해환경의 탓이다. 지하철 노동조합의 파업은 당사자가 아닌 많은 사람의 불편을 야기하는 노동자의 항의다. 재벌 기업의 부도는 취약한 재무구조와 무리한 확장으로 인한 것으로 국민들에게 피해가 전가된다 등등. 여기서 각 사건이 갖는 그때그때의 특이성은 사라지고, 반복되는 동일한 모델만 남는다. 이러한 절차를 따라 실재계(實在界)는 정해진 코드가 된다.[41]

한편 이전에는 그다지 대수롭지 않았던, 그래서 그냥 흘려 보내던 일들이 매체를 통해 때론 정치적 의미를, 때론 사회적 파장을 갖는 '이벤트'(event)가 된다.[42]

---

41) 보드리야르, 『소비의 사회:그 신화와 구조』, 183쪽.
42) 보드리야르, 위의 책, 198쪽.

가령 잘 나가는 어느 야구선수의 귀국은, 야구에 아무 관심도 없는 나 역시 어느새 알게 되는 큰 이벤트가 된다. 이처럼 매체는 모든 일들을 하나의 이벤트로, 스펙터클(spectacle, 구경거리)로 만들어 버린다. 그리고 그것은 또 다른 구경거리로 새끼를 친다. 야구선수의 가족과 생활을 알려주는 잡지, 그가 출연하는 쇼, 그가 나와 컴퓨터를 파는 광고, 그를 앞세운 사인회, 이런 행사들의 문제점을 다룬 신문 등등. 하나의 스펙터클이 또 다른 스펙터클을 낳고, 하나의 기호가 다른 기호를 복제한다.[43]

매체의 코드에 따라 사건화되고 뻔한 모델에 따라 증식되는 이런 복제 속에서, 이젠 무엇이 실재고 무엇이 복제인지가 모호해진다. 더불어 무엇이 진짜고 무엇이 가짜인지도 모호해진다. 그 복제물과 스펙터클 밑에 정말 무언가가 있다고 믿는가? 스포츠 영웅을 다루는 저 요란한 스펙터클들에서 원본이 대체 어떤지는 아무도 관심을 갖지 않는다. 그것은 스펙터클에 상응하는 원본이 없음을 감춘다. 그렇지만 그것은 원본보다 훨씬 더 생생한 영웅을 만들어낸다. 그리고 그 스펙터클이 이제는 현실의 사람들을 움직인다. 사실 그 기호 뒤에 정말 훌륭한 영웅이 있는지 없는지엔 아무도 관심을 갖지 않는다. 시간이 지나서 그저 잊고 말면 그만인 것이다.

보드리야르에 의하면, 현대의 시뮬레이션은 이처럼 다른 스펙터클로부터 복제하는 복제를 통해, 원본보다도 훌륭한 저 원본 없는 복제를 통해 특징지어진다. 그것은 모델을 가지고, 그 모델에 따라 스펙터클을

---

43) G. Debord, *La société du spectacle*, 이경숙 역, 『스펙터클의 사회』, 현실문화연구, 1996.

만드는 것이다. 이렇게 만들어진, 원본보다 더 생생하고 실재보다 더 실재적인 스펙터클을 그는 '과잉실재'(hyper-reality)라고 부른다.[44] 그것은 실재 '저편으로 벗어나'(hyper) 있지만, 그래서 실재가 아니지만, 실재보다 더 실재적이라는 점에서 '과잉된'(hyper) 실재이고, 없는 것을 대신한다는 점에서 '지나친'(hyper) 실재이다. 전통적인 기호나 복제물은 무언가를 지시하고 무언가를 재현한다. 그러나 시뮬레이션이 만들어내는 과잉실재는 원본이 없다는 점에서, 더 나아가 시뮬레이션된 모델에 실재를 맞추려 한다는 점에서, 전통적인 기호와 근본적인 단절을 이룬다. 이런 점에서 보드리야르는 시뮬레이션과 그에 따라 만들어진 과잉실재가 흔히들 말하는 포스트모던한 사회의 특징을 이룬다고 보는 셈이다.

5. 포스트모더니즘과 예술

포스트모더니즘이 예술과 관련해 다루어진 것은 대개 스타일이나 방법 등을 통해서였다. 예를 들면 다른 사람들의 작품을 풍자적인 의도 없이 빌려다 쓰는 혼성모방(패스티쉬, pastiche), 저속한 싸구려 그림이나 물건(키취)을 작품에 적극적으로 사용하는 것, 과거의 것을 되살려 사용하는 것, 전위주의에 반대하여 평이하게 만드는 것 등등이 그것이다. 하지만 우리는 이를 재현의 문제와 저자(주체)의 문제와 관련해서 다시 정리해서 설명할 것이다.

---

44) J. Baudrillard, *Simulacres et simulation*, 하태환 역, 『시뮬라시옹 : 포스트모던 사회문화론』, 민음사, 1992, 12~13, 26~27쪽.

1) 숭고, 혹은 재현의 문제

리요타르는 포스트모더니즘의 문제를 '숭고'라는 문제와 관련시킨다. 그가 말하는 이 '숭고'라는 개념은 칸트의 『판단력 비판』에서 나온 것인데, 어떤 개념에 적합한 대상을 표상하지 못하는 경우에 일어나는 미적 현상이다. 이는 매우 강력하지만 동시에 모호한 감정이고, 즐거운 동시에 고통을 수반하는 감정이다.[45] 조국을 침략한 제국주의에 항거하여 싸우다 잡혀서 처형당하는 전사의 죽음, 죽은 아들 예수를 안고 비통해 하는 어머니 마리아의 눈물, 꿈과 희망에 가득차 인생을 향해 질주하려는 젊은 렘브란트(Rembrandt van Rijn)의 기상, 혹은 압도할 듯이 감싸며 둘러친 저 거대한 봉우리들 등은 이런 장엄 내지 숭고한 감정을 일으킨다. 그것은 때론 눈물을 흘릴 정도로 강한 감정이지만, 그것이 무엇 때문인지는 꼭집어 말하기 힘들다.

리요타르는 근대(모던) 예술을 이 숭고라는 개념으로 정의한다. 즉 "표상할 수 없는 것이 존재하고 있다는 사실을 보여주고자 하는 예술을 가리켜서 '모던'이라" 부르겠다는 것이다.[46] 예를 들어서 레오나르도 다빈치(Leonardo da Vinci)의 「모나리자」는 단지 한 여자의 얼굴이 아니라, 그 얼굴에 스며들어 존재하고 있는 어떤 성스러움을 보여주고자 하는 것이며, 그 얼굴의 미소로 신비하고 영원한 무엇인가를 상기시키려 하는 것이다. 바흐(J. S. Bach)의 「마태수난곡」이나 「b단조 미사」 역시 음들의 배열과 혼합을 통해서 신비하고 성스러운 무언가를 상기시키려 하며, 베토벤(L. Beethoven)의 5번 교향곡 「운명」이나 「에그몬트

---

45) J.-F. Lyotard, 「포스트모더니즘이란 무엇인가?」, 김욱동 편, 『포스트모더니즘의 이해』, 문학과 지성사, 1990, 274쪽.
46) 리요타르, 위의 책, 275쪽.

서곡」은 신이 아니라 인간의 말할 수 없는 그 어떤 것을 매우 강렬하게 드러내며, 반 고흐(van Gogh)의 불타는 벌판은 인간의 내면에서 불타는 그 무엇을 표현한다. 피카소(P.Picasso)는 복수(複數)의 시점에서 본 형태를 중첩시켜 그림으로써 공간의 본질에 대한 무언가를 보여주려 했으며, 뒤샹(M. Duchamps)은 소변기 앞에 「샘」이라고 써놓음으로써 기계화된 생산을 통해 잃어버린 무언가를 상기시키려 했다.

포스트모더니즘은 이런 내면의 빛이나 말할 수 없는 어떤 본질을 떠올리려는 시도에서 벗어난다. 앤디 워홀(Andy Warhol)로 대표되는 팝아트(pop art)는 그러한 숭고함 대신에 일상사 속에서 발견되는 평범함의 주변을 돈다. 성스럽거나 고상한 그 어떤 색조도 배제한 채, 코카콜라 병과 마릴린 먼로의 핀업 사진, 햄버거, 비누상자, 만화 등이 입체감마저 상실한 채, 작품이 된다. 앤디 워홀은 말한다. "현실은 매개물을 필요로 하지 않는다. 현실을 환경으로부터 떼어내 캔버스 위에 놓기만 하면 된다." 올덴부르크(Oldenburg)의 말은 매우 시사적이다. "마치 미술관에 들어가고 있는 것처럼, 나는 온갖 종류의 상점들 사이를 돌아다녔다. 쇼윈도와 판매대에 진열되어 있는 상품들이 귀중한 미술품처럼 보였다." 혹은 백남준처럼 부처마저도 공사장의 포크레인과 함께 TV 속에 들어앉힘으로써 숭고한 분위기를 제거해 버린다.

더불어 그들은 20세기 전반기의 모더니즘 예술처럼 상품화된 세계에 대한 전복을 꿈꾸지 않으며, 통속적 세계로부터 저주받는 것을 자처하지도 않는다. 그것은 이미 모더니즘이 제도 속에 자리잡은 이래 하나의 위선처럼 보였다. 반대로 그들은 저주받은 서명 대신에 서명 자체를 상품화하려고 하며, 그 상품화된 세계 속에 전적으로 편입되고자 한다. 따라서 그들은 모더니즘의 아방가르드주의를 벗어나며, 반대로 싸구려 복제물들(키취)을 동원하고 그것을 또 다시 복제한다. 즉 아름다움과 독창성의 미학에 대항하여 '시뮬레이션 미학'을 만든다.[47)]

"팝이 의미하는 것은 투시법과 이미지에 의한 상기(想起)작용의 종언, 증언으로서 예술의 종언, 창조적 행위의 종언, 그리고 역시 중요한 것으로서 예술에 의한 세계의 전복 및 저주의 종언이다."[48)] 확실히 이런 점에서 최근의 예술은 숭고함이라는 개념을 명시적으로 포기하고, 그 대신 일상성과 평범성을 택했다. 여기서 모더니즘과 그것은 확연하게 구분된다. 그러나 이에 대해 보드리야르는 그들이 주장하는 '평범함'이 숭고함이라는 범주의 현대판이 아니라면 도대체 무엇일 수 있겠는가라고 질문한다.[49)] 반대로 그것은 어쩌면 평범하고 일상적인 것들마저 예술의 신성한 과정 속으로, 또 다른 숭고함 속으로 밀어 넣는 역설에 빠지고 만다는 것이다.

이런 맥락에서 리요타르는 모더니즘과 포스트모더니즘의 관계에서 미묘한 긴장을 읽어낸다. 포스트모더니즘 역시 표상할 수 없는 것, 보여줄 수 없는 것을 보여주려는 한에서 그것은 분명 모더니즘의 일부다. 하지만 다른 것이 있다. 모더니즘이 보여줄 수 없는 것을 보여주려 했다면, 포스트모더니즘은 보여줄 수 없는 것을 보여주는 것이 불가능하다는 것을 보여주려고 했다는 점이다. 알기 쉽게 바꿔서 말하면 모더니즘은 감추어져 있는 신성한 어떤 것을 보여주려 했다면, 포스트모더니즘은 그것을 보여줄 수 없음을 보여주려 했다는 것이다. "즐기기 위해서가 아니라 표상 불가능성을 강력히 전달하기 위해서 새로운 표현

---

47) 보드리야르, 『소비의 사회 : 그 신화와 구조』, 157쪽.
48) 보드리야르, 위의 책, 166쪽.
49) 보드리야르, 같은 책, 169쪽.

방식을 탐색하는 것",[50] 따라서 포스트모더니즘은 '이후'(포스트)와 '이전'(모던)의 역설 속에서 이해되어야 한다.

2) 저자의 죽음

문학이나 예술은 물론 철학이나 각종 인문과학에서 저자라는 관념에 대한 근본적 비판이 포스트모더니즘을 특징짓는다. 이전에 비평은 작품이나 텍스트를 저자와 관련하여 다루었다. 이 작품은 어느 시기에 어떤 사회 역사적 조건을 배경으로 하고 있으며, 그때 저자는 어떤 사상에 영향을 받았고, 이 작품에서 저자의 의도는 무엇이었고 등등. 이를 입증하기 위해 그 당시 정치적 사건과 저자가 읽은 책들, 저자의 편지와 일기, 관련된 친구나 동료의 증언 등이 동원된다. 그리고 그가 쓴 다수의 작품들은 그의 사상이나 태도와 관련하여 통일성을 갖는 것으로 해석된다. 혹은 좀더 유연하게 받아들이면, 현재의 지평에서 작가가 작품에 담은 의미를 해석하고 이해하는 것이다.

　이러한 입장은 세부적인 차이가 있지만, 대개는 작품에 메시지를 담아 발신하는 발신자가 있고, 작품은 그 메시지가 담긴 매개체며, 수신자는 당시의 코드나 그것에 현재의 맥락을 섞어서 작품을 해석하고 그에 담긴 메시지를 수신한다는 전통적인 소통(communication) 이론의 모델에 입각해 있다. 즉 작품에서 작가의 메시지를 읽거나 해석해 내는 것이 중요하다는 것이다. 이에 대한 비판은 크게 세 가지 정도로 나누어 볼 수 있다. 하나는 레비-스트로스나 중기의 바르트(R. Barthes)로 대표되는 구조주의의 입장이고, 다른 하나는 데리다의 해체주의적

---

50) 리요타르, 「포스트모더니즘이란 무엇인가?」, 279쪽.

인 입장이며, 마지막은 푸코의 계보학적 비판이다.

구조주의는 작품을 기호들의 구조화된 망으로 본다. 단어나 문장, 음표들, 혹은 색채와 형태는 그것들 간의 내적인 구조로 짜여져 있다는 것이다. 따라서 어떤 문장이나 이미지의 의미나, 어떤 부분의 의미는 작가의 의도와는 아무런 상관이 없으며, 오히려 그것과 관련된 다른 문장들, 다른 이미지들, 그것을 조직하는 전체적인 구조 안에서 결정된다.[51] 그렇다면 작가라는 어떤 특권적인 주체가, 작품의 의미가 발생하고 그리로 귀결되는 어떤 특권적인 중심일 수 없다. 이제 비평은 작가에 대해 관심을 가질 이유가 없으며, 작품의 내적인 구조를 찾아내는 데 주력해야 한다. 마찬가지로 작품을 만드는 데서 중요한 것 역시 각 부분들의 내적인 구조다. 이런 의미에서 '저자의 죽음'이 선포된다.[52] 그것은 철학에서 일어난 주체의 해체와 동형적인 것이었다.

데리다의 비판은 더욱 근본적이고 급진적이다. 그가 보기에 어떤 작품도 독자를 전제한다. 그렇지만 어떤 독자도 작가가 의도한 대로 읽지만은 않는다. 그렇다고 저 치밀한 구조주의적 분석가들처럼 읽지도 못한다. 그러나 그것은 그들의 무능력 때문만은 아니다. 그것은 무엇보다도 우선 작품 내지 텍스트가 하나의 확고한 통일성을 갖지 못하며, 차라리 이질적인 것들로 분열되어 있기 때문이다. 또한 어떤 텍스트도 여백을 포함하는데 이 여백은 새로운 독서와 해석이 다양하게 생성될 수 있는 공간이기 때문이다. 나아가 어떤 텍스트도 다른 텍스트를 명시적으로 인용하거나 은밀히 혹은 자기도 모르는 사이에 끌어들이는 방

---

51) R. Jacobson and C. Lévi-Strauss, 「보들레르의 '고양이들'」, 『문학 속의 기호학』, 문학과 지성사, 1989.
52) R. Barthes, 「저자의 죽음」, 김희영 역, 『텍스트의 즐거움』, 동문선, 1997.

식으로 포함하고 있다. 독창적인 원본은 없으며, 텍스트들이 서로 결합된 텍스트들만이 있다는 것이다(이를 흔히 '상호텍스트성'이라고 부른다).[53] 따라서 어떤 텍스트에도 읽어내야 할 진정한 의미는 없으며, 차라리 중요한 것은 읽는 사람이 독자적으로 읽어내는 것이고, 더 나아가 특정한 해석을 반복하도록 강요하는 지배적인 해석에서 벗어나는 것이다. 발신자는 없으며, 오직 텍스트와 수신자만이 있을 뿐이다. 저자는 죽고 작품을 읽는 사람만이 남는다.

푸코는 일단 작품 내지 저작의 개념을 문제삼는다. 저자가 쓴 것은 모두 작품인가? 혹은 출판된 것만이 작품인가? 가령 사드가 감옥에 있는 동안 자신의 환상을 끄적거려 놓은 것은 작품인가? 니체의 수첩에 적은 아포리즘의 초안은 분명 작품일 것이다. 그렇지만 그 옆에 약속장소와 주소 등을 적어 놓았다면 그것도 작품인가?[54] 실제로 프로이트는 레오나르도 다빈치에 대한 글에서 그의 세탁표까지 추적하고 있는데,

---

53) 이것은 다른 사람의 작품을 명시적으로 혹은 암시적으로 끌어다 결합하여 사용하는 패스티쉬를 '정당화'하는 것 같다. 실제로 데리다는 「산포」란 논문을, 소설가 솔레르스(Ph. Sollers)의 글을 이탤릭으로 표시하고, 그 문장들 사이에 자신의 문장을 섞어서 씀으로써, 텍스트의 이질성과 상호텍스트성을 보여준다(J. Derrida, *Dissémination*, Chicago University Press, 1981). 또 『철학의 여백』 서문을 일부러 둘로 갈라 두 개의 이질적인 텍스트가 공존하는 양상을 보여준다(J. Derrida, *Margins of Philosophy*, Chicago University Press, 1982). 그렇지만 그의 이런 실험적인 글쓰기가 성공적일 수 있다면, 그것은 그렇게 쓴 글이 나름의 논지와 일관성을 갖고 있기 때문이 아닐까? 그것이 없다면 그것은 그저 횡설수설일 뿐이고, 아마도 화장실에 여러 사람이 낙서해 놓은 그 이질적인 글들의 복합체와 구별이 안 되었을지도 모르는 일이다. 에코(U. Eco)가 코난 도일 등을 빌려 만들어낸 소설(『장미의 이름』)에서도 그런 혼성모방과 복제가 그것의 가치를 훼손하지 않는 것은 거기서 흥미롭고 중요한 것을 발견할 수 있기 때문이고, 그 나름의 일관성을 갖기 때문일 것이다. 그렇다면 독창성의 부재가 아니라 독창성의 변형이, 통일성의 부재가 아니라 통일성의 변형이 있다고 해야 하는 게 아닐까?
54) M. Foucault, *Surveiller et punir*, 박홍규 역, 『감시와 처벌』, 강원대 출판부, 1989, 244~245쪽.

이 세탁표 역시 작품인가? 결국 이는 작가나 저자로부터 시작해서 작품을 정의하는 것이 얼마나 곤란한가를 보여준다.

　나아가 저자의 개념을 문제삼는데, 여기서 푸코가 문제삼는 방식은 많이 다르다. 즉 저자의 부재나 죽음을 선언하는 것이 아니라, 차라리 반대로 '저자의 탄생'을 문제삼는다. 즉 저자는 언제 어디서나 있었던 것은 아니며, 또한 언제 어디서나 동일한 위치를 갖는 것이 아니었다는 것이다. 중세의 많은 기사도 문학은 저자가 따로 없으며, 수많은 사람들의 손을 거치면서 수정되었다. 우리의 경우도 유사하여, 저자가 없이도 사람들 사이에 순환되었고, 사람들 사이에서 노래 불려졌다. 『아라비안 나이트』도 그렇다. 반대로 서양의 과학적 담론들은 저자의 이름이 표시될 때만 진리의 가치를 가졌다고 한다.[55] 반면 17~18세기를 거치면서 서양에선 일종의 역전이 발생한다. 과학에선 개인적인 저자의 이름들이 사라져가고, 반대로 문학에서는 익명이 용인되지 않게 된다.

　그리고 이때를 지나면서 저자라는 것은 습득하고 소유할 수 있는 권리(저작권)가 된다. 나아가 저자는 이제 자기 나름의 작품 세계를 갖는다. 바꿔 말해 그가 쓴 모든 텍스트는 그 작품 세계 안에서 이해되고 위치지워진다. 품격 있는 시인이 음탕한 도색소설을 썼다는 것은 믿을 수 없으며, 심지어 그게 사실이란 증거가 있어도 그것은 그의 작품에서 배제되어야 한다. 작품 세계는 작품을 형성하는 작품의 기원이자, 그 작품들이 통일성을 갖도록 하는 기능을 갖게 된다. 이를 푸코는 저자 기능이라고 부른다. 이 "저자 기능은 우리가 저자라고 부르는 어떤 이

---

55) 푸코, 『감시와 처벌』, 251쪽.

성적 실체를 확립하고자 하는 복잡한 조작의 결과"다.[56]

결국 푸코는 어떻게 해서 저자가 존재하고, 어떻게 해서 작품에 대한 배타적 권리를 가지며, 어떻게 해서 저자 기능이 작품의 통일성을 형성하는 중심으로 기능하게 되었는가를 질문하는 것이다. 이로써 저자에게 부여된 중심적 권위와 배타적 권리는 비판적으로 극복해야 할 역사적 산물이 된다. 이로써 푸코는 이제 저자를 죽여야 할 때가 되었다고 주장하는 셈이다. 보다시피 저자의 죽음이란 주체와 총체적 통일성, 진리의 문제 등이 동시에 응축되어 있는 문제다. 포스트모더니스트들이 내세우는 소설가 보르헤스는 예컨대『픽션들』에서 없는 저자를 만들어 인용하거나, 어떤 저자의 쓰여지지 않은 책을 인용하고, 있지도 않은 잡지를 인용하는 등의 허구(픽션)를 만들어냄으로써 저자 기능을 신랄하게 조롱한다.

6. 포스트모더니즘과 정치

어떠한 철학적 전환도 사람들의 삶에 영향을 미치며, 그것을 새로운 방향으로 이끌어가려고 시도한다. 칸트나 디드로의 계몽주의가 그랬고, 데카르트나 베이컨의 철학이 그랬으며, 에라스무스의 르네상스적 인문주의나, 더 거슬러 올라가 토마스 아퀴나스의 스콜라 철학이 그랬다.

---

56) 푸코,『감시와 처벌』, 252쪽. 이러한 조작은 기독교적 전통이 정통적인 텍스트를 선별하고 인정하던 방식에서 유래한 것이다. 성 제롬(St. Jérôme)은 4가지를 제시하는데, 여러 책 가운데 질이 떨어지는 것은 작품 목록에서 제외하고, 많은 작품들과 모순되는 작품이 있으면 제외하며, 다른 문체로 쓰여진 작품도 제외해야 하며, 저자 사후의 사건이나 인물을 언급하는 것은 나중에 삽입된 것으로 간주되어야 한다는 것이다(같은 책, 253쪽).

포스트모더니즘 역시 여기서 예외가 아니며, 오히려 그것이 예술에서 철학 및 이론 전반으로 확장되었던 배경에는 히틀러나 스탈린에 의한, 그리고 그 뒤에도 여전히 남아 있는 전체주의적 경험이 밑에 깔려 있다. 총체성에 대한 지나친 거부는 이와 직접적으로 결부되어 있다. 그런 만큼 정치나 운동에 대한 새로운 모색이 포스트모더니즘에서 중요한 주제다. 하지만 여기서도, 포스트모더니즘이란 말에 대한 극히 상이한 태도들 이상으로 각이한 입장들이 있다. 중요한 것 몇 가지를 간추려 보면 다음과 같다.

1) 저지와 내파

보드리야르는 포스트모더니즘을 통해서 나아갈 수 있는 하나의 극한적 지점을 보여준다. 그는 가치가 지배하는 교환, 가치를 소비하는 관계를, 그 이전의 상징적 교환과 대비한다. 상징적 교환이란 고대나 이른바 미개사회에서 벌어지는 교환으로, 받은 것보다 더 많은 것을 주는 포틀래취(potlach)나 경제적 기능과는 분리된 교환/제휴 관계를 가동시키는 쿨라(kula)와 같은 것이다. 여기서는 경제적 가치의 냉정한 계산이나 이미 위계적으로 의미화된 소비와는 달리, 사람들의 관계가 무언가를 서로 주고받았다는 것으로 충분한 그런 관계다.[57] 자본주의는 생산의 거울을 통해서 이런 관계를 모두 생산의 체계 안에서 경제적 기능으로 계산되는 것으로 바꾸어 버렸다. 그가 주목하는 곳은 이곳이다. 그는 이 생산의 거울을 깨버릴 것을 주장한다. 그리고 이를 위해 생산(production)에 반하는 유혹(seduction)의 전략을 제시한다. 유혹은 베

---

57) 보드리야르, 『기호의 정치경제학 비판』 참조.

일로 가리는 데서 나온다. 그 베일은 상징성이다. 생산의 거울은 이 베일을 벗김으로써 모든 것을 명확한 의미를 갖는 기호로 바꾸어 버린다. 유혹의 전략이란 그 의미의 명확성을 가리고, 그 의미를 생산하는 지배적인 코드(기호적 질서)를 변환시키려는 것이다.

그러나 복제가 복제를 시뮬레이션하는 과잉현실의 세계에 이르면 이런 전략은 더 이상 유효하지 않게 된다. TV는 사람들을 개별화시키고, 그들의 시선을 오직 TV만을 향하게 한다. 그리고 TV에서 나오는 정보가 세계에 대한 나의 지식을 구성하고, 대화는 그것을 소재로 하며, 거기서 나온 사건과 영웅을 모르면 무시하거나 바보가 되고, 어떤 말이 참인가 거짓인가는 매체에 나온 것을 기준으로 하게 된다. 이제는 TV가 진실을 만들며, TV가 바로 진실이다.[58] 매체에 의해 프로그램되고, 매체에 의해 시뮬레이션되는 진실. 그것은 분명히 조작적인 진실이다.

이 조작적 진실은 ……탐색하고 질문하는 테스트의 진실이고, 만져보고 자르는 레이저 광선의 진실이며, 구멍난 삶의 시퀀스를 간직하고 있는 모체들의 진실이고, 당신의 결합들을 명령하는 유전적 코드의 진실이며, 당신의 감각에 정보를 제공해 주는 세포들의 진실이다.[59]

급기야 TV 카메라가 옆에 있어도 없는 것처럼 생활할 수 있게 된다. 이젠 자신 스스로가 과잉실재인 것이다. 이런 점에서 그것은 모든 것이 코드화된 과잉실재의 일부가 된다. 이를 보드리야르는 '저지'의

---

58) 보드리야르, 『시뮬라시옹 : 포스트모던 사회문화론』, 68쪽.
59) 보드리야르, 위의 책, 69~70쪽.

단계라고 부른다.[60] 그것은 과잉실재가 실재를 대체해 버린 상황에서, 혹시라도 이 안에서 프로그램되지 않은 우발적인 사태를 방지하기 위한 전략이다. 여기서 유혹의 전략이, 베일을 씌워 의미를 바꾸고 그로써 코드를 뒤집으려는 전략이 어떻게 가능하겠는가! 이제 남은 것은 우리 모두 코드화하는 권력의 요구대로 그 과잉실재 속으로 달려가는 것이다. 하루에 16시간을 TV 보는 것. 혹은 TV를 보다 늦게 출근하고, 일하면서도 TV를 보고, 끝나면 즉시 TV를 향해 달려가는 것. TV 보는 데 방해되는 일은 아예 찾지도 않는 것. 이로써 생산 질서는 더 이상 유지되지 못하고 내부로부터 함몰하리라고 보드리야르는 말한다. 밖으로부터의 공격에 의해 폭파(explosion)되는 게 아니라, 안으로 몰려들어감으로써 내파(implosion)되는 것이다.[61]

이는 사람들의 삶을 생산과 상품, 소비로 한없이 흡수하는 자본주의와 권력에 대한 보드리야르의 반어적인 냉소요 섬뜩한 저주다. 그것은 이제 적극적으로 바꾸려는 어떤 노력도 소용없다는 결론에서 나오는 허무주의적 전략이다. 그는 이런 식으로 포스트모더니즘의 논리 한쪽 끝에는 저주스런 허무주의가 있음을 보여주려는 것일까?

2) 등가와 접합

서구에서 포스트모더니즘이 운동이론으로 적극 나아가는 것은 여성운동, 동성애자운동, 반인종주의 운동, 환경운동, 문화운동 등의 적극적 대두와 관련이 있다. 이전에는 이러한 운동은 노동운동에 비해 부차적

---

60) 보드리야르, 『시뮬라시옹 : 포스트모던 사회문화론』, 71쪽.
61) 보드리야르, 위의 책, 130쪽.

인 위치만을 부여받았고, 노동운동에 의해 지도되어야 한다고 생각했으며, 좌익정당을 중심으로 하나의 총체적인 운동으로 결합해야 한다고 생각했다. 그리고 노동운동과 상충하거나 갈등하는 사태가 생기면 당연히 노동운동에 그것이 맞추어져야 했다. 그러나 1960년대 말 이래 이들 운동은 노동운동이나 좌파정당의 실질적 무관심이나 위계화된 관계에서 벗어나 독자적인 행보를 걷기 시작했다. 전통적 노동운동이나 좌익정당은 이들 운동을 이끌거나 포섭할 능력이 없는 것으로 간주되었다. 이처럼 전통적인 사회운동의 배치에서 벗어난 이 운동들을, 이전의 노동운동 중심의 사회운동과 구별하여 흔히 '새로운 사회운동'이라고 부른다. 이들은 자신들의 운동이 갖는 고유성을 인정해 줄 것을 주장했다. 그것은 모든 운동이 노동운동을 중심으로 하나의 전체를 이루어야 한다는 총체성의 관점과 맞서는 것을 뜻했다.

이전에 맑스주의자였던 라클라우(E. Laclau)와 무페(Ch. Mouffe)는 이러한 입장을 라캉과 데리다의 이론을 이용해 이론화하였고, 사람들은 이들을 포스트맑스주의(post-Marxism)라고 불렀다. 그들은 전통적인 의미에서의 사회란 불가능하다고 주장했고, 담론 속으로 현실을 끌어들였으며, 이미 주어진 것으로 고정된 것은 없다고 했으며, 총체성이란 범주에 대해서는 적대적인 태도를 보여주었다.[62]

그것은 맑스주의에서 포스트모더니즘을 뜻하는 것으로 간주되었고, 맑스주의에서 이미 벗어난 것으로 간주되었다. 그들은 모든 사회적 실천이 담론(구성체) 안에서 일어난다고 본다. 의사나 환자의 실천은

---

62) E. Laclau/Ch. Mouffe, *Hegemony and Socialist Strategy*, 김성기 외 역, 『헤게모니와 사회변혁』, 터, 1990.

의학적 담론 안에서 정의되고 진행되며, 여성과 남성의 행동은 가족적 담론 안에서 이루어지며, 노동자의 계급투쟁은 사회주의적 담론 안에서, 민족운동은 민족주의적 담론 안에서 이루어진다는 것이다. 담론 안에서 이루어지는 이러한 실천은, 그에 고유한 사회적 관계를 구성하는 담론적 실천이다. 잠정적인 고정점 역할을 하는 적대를 통해 이러한 담론적 실천들 사이에 적대적인 분할이 발생하고, 그것을 축으로 하여 등가적인 접합이 이루어져야 한다고 한다. 이 경우 이전에는 적대를 두고 연대했던 어떤 세력은 이 경우 연대에 별 관심을 보이지 않을 수 있으며, 다른 집단은 오히려 큰 관심을 보이며 접합에 관여하게 된다. 물론 이 모든 과정은 우연에 의해 이루어진다.

예를 들어 어떤 조건에서는 환경문제를 둘러싸고 개발주의자와의 적대를 통해 노동운동과 환경운동의 접합이 이루어지는 반면, 다른 조건에서는 남성적 가부장주의에 대한 여성운동과 동성애운동의 접합이 이루어진다. 여기서 이 접합된 운동에 언제나 노동운동이 있었던 것은 아니고, 또 그래야 하는 것도 아니다. 또한 다른 운동이 노동운동의 입장에 종속되어서는 안 되며, 한 운동이 다른 운동에 종속되어서도 안 된다. 이런 접합에서 각각의 운동은 동등한(등가적인) 위치를 가져야 한다는 것이다. 그것은 등가화됨으로써 각자의 고유성이 서로간에 결합될 수 있다는 것을 뜻한다.

요컨대 라클라우와 무페는 등가와 접합이라는 개념을 통해 새로운 사회운동에 서로 동등한 위치를 부여하려 했고, 그것을 통해 각 운동이 갖는 고유성과 차이를 부각시키려 했으며, 동시에 그것을 종속시키는 어떤 특권적인 중심을 제거하려고 했다. 그러한 등가화된 운동들의, 시기마다 고유한 연대와 접합이 그들이 제시하는 민주주의 운동의 전략이다. 이로써 포스트모더니즘은 새로운 민주주의를 위한 이념이 될 수 있다고 말하는 셈이다. 자본과 노동이라는 특권적 적대와 노동운동이라는 특권적 운동이 사라지고, '등가'의 원리에 따라 모든 운동이 평등한 시민권을 획득한 민주주의.[63] 따라서 포스트모더니즘에서 기이하고 극단적인 태도를 예상하고 우려하는 사람들은 이제 안심할 필요가 있다. 그것은 앤디 워홀 말대로 '평범함'을 추구하는 것이고, 다만 그 평범함에 '새로움'의 단장을 하는 것에 불과하기 때문이다.

3) 횡단과 유목

포스트모더니즘이란 평에 대해 가장 못마땅해 하며 거부하는, 하지만 대개 그렇게 분류되는 사람이 있다면 그것은 아마도 들뢰즈와 가타리일 것이다. 사실 그들은 포스트모던하다고 간주되는 새로운 현상이나 예술에 대해 어떤 특별한 시선을 주지 않으며, 별달리 그것을 다루지도 않는다. 그들이 베케트 같은 이른바 '포스트모더니스트'들을 다루는 것은 카프카나 프루스트, 불레즈, 클레와 같은 이른바 '모더니스트'들을 다루는 방식과 그리 다르지 않으며, 차라리 그들의 관심은 후자에 더 가까이 있다.

---

63) 이는 하나의 중심적인 운동으로 모든 운동을 환원하던 태도에 대한 적절한 비판을 담고 있으며, 각각의 고유성을 인정한 위에서 어떻게 연대가 가능한가를 이론적으로 보여주고 있다. 그러나 여기서는 고정성과 총체성에 대한 비판이 단지 등가화와 연대 방식의 변화에 머물고 있으며, 각각의 운동이 어떻게 변화되어야 하는지, 특히 그토록 문제가 많은 노동운동은 대체 어떻게 변화되어야 하는지에 대해서 새로운 제안을 포함하진 못하고 있다. 더불어 접합의 문제를 전적으로 우연에 맡겨버림으로써, 연대의 문제 또한 수동적인 것으로 남겨두고 있다. 기존의 틀과 경계를 적극적으로 넘어서는 능동적 개념의 부재는, 아마도 현존하는 경계를 고정하려는 권력의 작동을 누락하고 있다는 이론적 공백 때문인 것처럼 보인다.

그렇다고 그들을 모더니스트라고 할 수 없는 것은, 그들이 근대성에 대한, 근대 사회와 근대적 권력에 대한 근본적인 비판을 수행하고 있으며, 그것을 전복하려고 꿈꾸고 있다는 점 때문이다. 하지만 이 점 역시 "시로써 혁명을 하겠다"던 랭보(A. Rimbaud)의 말처럼, 이른바 문학적 '모더니스트'들의 꿈 역시 그렇다고 할 때, '20세기 모더니즘'과 포스트모더니즘의 근친성을 주장한 벨슈의 말은 이 경우 특히 설득력이 있다. 즉 다양한 형태로 제시되는 근대성에 대해 다시 질문할 수 있는 어떤 관점을 가지고 있다는 것으로 '포스트모더니즘'을 재정의한다면, 이런 흐름과 연관해 그들을 다루는 것이 불가능한 것만은 아니다.

그들은 푸코와 유사하게 근대 사회에서 작동하고 있는 미시적 권력의 작용점을 다양한 영역에서──기호는 물론이고 심지어 리듬과 얼굴에서도──찾아낸다.[64] 그 권력은 욕망 내지 삶의 흐름이 가지고 있는, 무엇으로도 환원할 수 없는 고유한 특이성을 어떤 도식에 맞추어 통제가능한 질서로 바꾸며, 그것에 욕망이나 흐름을 고정하려 한다. 그것은 생산적인 힘(능력)과 의지(욕망)를 특정한 형태로 코드화하거나 특정한 영역으로 영토화한다. 예컨대 공부하고 싶다는 의지(욕망)는 기존의 대학이란 제도 안에서는 정치학, 경제학, 사회학, 철학 등의 분과(discipline)가 정의하는 주제와 연구 방법, 논문 스타일에 이르기까지 코드화되고, 분과영역이나 직업에 의해 영토화된다. 그러나 공부하려는 의지는 그러한 권력에 앞서는 것이고, 그에 선행하는 것이며, 따라서 코드화하고 영토화하려는 그런 힘에 안주하지 않는 한 거기서 벗어난다(탈주). 그것은 새로운 연구의 주제를 찾아내고, 그것을 위해 기존

---

64) G. Deleuze/F. Guattari, *Mille Plateaux*, Minuit, 1980.

의 분과를 가로지르면서(횡단) 화학과 분자생물학, 철학, 음악 등과 '접속' 하여 새로운 연구의 영역을 창출해낸다.

이런 과정은 기존의 코드와 영토에서 벗어난다는 점에서 탈코드화하고 탈영토화하는 운동이라고 부른다. 물론 이것은 또 다시 권력에 의해 재코드화되고 재영토화된다. 하지만 또 다시 탈코드화하고 탈영토화하는 운동이 시작되고…… 결국 인류의 역사에서 만들어진 모든 가치의 영역은 이처럼 탈영토화하고 재영토화하는 반복적인 운동에 의해 만들어진 것이다. 그것은 반복이지만, 새로운 것이 끊임없이 만들어지는 반복이란 점에서 동일한 것의 반복이 아니라 차이의 반복이다. 이를 그들은 니체를 따라 '영원회귀'라고 부른다.

이처럼 탈코드화하고 탈영토화하는 운동을, 특정한 코드와 영토에 '정착'시키고 고정시키려는 권력의 지대(地帶)를 횡단하면서 끊임없이 이동하며 새로운 영토를 생성해낸다는 점에서 '유목'(nomad)이라고 부른다. 그것은 단번에 전체를 해방시키는 혁명이 아니라, 권력이 작동하는 모든 지대, 그리하여 모든 것을 고식적인 형태로 고착시키려는 지배적 경향에서 벗어나 언제나 새로운 것을 창조하고 생산하는 긍정적 생성이다. 그것을 통해 권력에 길든 삶의 방식, 권력에 의해 코드화되고 영토화된 개인에서 벗어나, 횡단하며 접속하여 이루어지는 새로운 삶의 방식을 만들고자 하는 것이며, 개개인을 새로운 주체로 만들어내려는 것이다. 언제나 스스로를 넘어서는 사람. 그것은 각자가 '다른 것'이 되는 것이다. 니체는 그것을 '넘어서는 자'('초인')라고 불렀다.

하지만 그것은 결코 쉬운 일도 아니며, 사소한 일도 아니다. 언제나 정착을 요구하고, 언제나 정형화를 요구하는, 그것이 바로 나를 위하는 것이라는 친근한 유혹을 거절해야 하기 때문이다. 횡단이라는 전략이 기존의 제도화된 권력의 눈에 심히 거슬리는 위험한 발상이라면, 유목의 전략은 그 친근한 유혹을 뿌리친다는 점에서 황당하고 어이없는 발상으로 보일 것이다. 그것은 이미 정착을 유혹하는 권력의 눈이다. 결국 횡단과 유목은 포스트모더니즘 역시 정착할 영토가 아니라 벗어날 영토임을 주장한다는 점에서 포스트모더니즘을 벗어난 포스트모더니즘이다.

4) 아우토노미아

나중에 들뢰즈의 동료였던 가타리와 함께 책을 내기도 했던 네그리(A. Negri)는 이탈리아의 아우토노미아 운동과 긴밀히 관련됐던 맑스주의자다. 그는 포스트모더니즘이 자본과 노동 간의 적대가 없는 것처럼 함으로써 현대 자본주의를 신비화하고 있다고 비판하지만, 그것이 제기하는 현대 사회의 새 면모에 대해서는 적극 수용하면서, 새로운 정치학을 발전시켰다. 그는 자신의 입장을 '포스트모던한 세계에서 계급 적대의 관점'이라고 요약하는데, 데리다의 해체주의와 네그리의 아우토노미아를 '접합'하려고 하는 라이언은 이 역시 포스트모던 정치학의 하나로 보고 있다.[65]

네그리는 매체의 발달에 따른 정보 통신 혁명이, 공장 자동화와 더불어 생산과 노동은 물론 착취의 양상마저 바꾸고 있다고 본다. 정보 통신의 발달에 따라 이젠 공장의 벽을 넘어서 노동과 소통이 이루어질 수 있게 되는데, 자본은 이를 이용해 생산을 재조직화한다. 이제는 그

---

65) M. Ryan, *Politics and Culture*, 나병철/이경훈 역, 『포스트모더니즘 이후의 정치와 문화』, 갈무리, 1996.

자체로 가치를 갖게 된 정보와 소통을 직접 착취한다는 것이다. 예전에는 직접적인 생산영역인 공장이 착취의 영역이었다면, 이제는 그것이 유통마저 포함하는 전 사회적 영역으로 확장된다. 다시 말해 사회 전체가 공장이 된다. 이를 네그리는 '사회적 공장'이라고 부른다. 더불어 자본 역시 '사회적 자본'이 된다.[66]

이는 노동자의 개념에 커다란 변화를 가져온다. 자본의 착취가 생산은 물론 유통까지 포섭하게 되었기 때문에, 착취되는 노동자 역시 공장을 벗어나서 유통은 물론 가사노동을 하는 가정주부로까지 확장되게 된다. 이를 네그리는 '사회적 노동자'라고 부른다. 결국 사회적 노동이란 다양한 소통의 연결망을 통해 하나로 결합되는 사람들의 집단을 통하여 이루어진다는 것을 뜻한다. 이는 착취 영역의 확장이기 이전에, 노동이 생산적인 힘으로 전환되는 집합적 영역의 확장이고, 노동이 가지는 그 집합적 잠재력의 확장이다. 자본의 새로운 착취는 바로 이 새로운 잠재력의 착취인 것이다.[67]

공장 자동화나 소통적 노동의 새로운 집합적 단위로 인해 만들어지는 자율적이고 다양한 삶의 영역은 이렇듯 사회적 자본의 포섭과 착취로 인해 다시 단일한 적대로 환원된다. 포스트모더니즘이 적대의 차원을 제거함으로써 신비화한다는 것은 이런 맥락에서다. 즉 총체화되지 않는 자율성과 다양성의 가능성을 포스트모더니즘은 그 자체로 절대화하며, 그것을 다시금 착취의 대상으로 '총체화'하는 자본의 적대를 보지 못하고 있다는 것이다. 따라서 네그리의 전략은 각각의 집합적 노

---

66) A. Negri, *The Politics of Subversion*, Polity Press, 1989.
67) 윤수종, 「안또니오 네그리의 정치경제학 비판」, 『비판』 1호, 박종철출판사, 1997.

동자, 사회적 노동자가 자본의 포섭에서 벗어나 자율적인(아우토노미아는 이탈리아어로 '자율'이란 뜻이다) 집합적 주체로 스스로를 새로이 구성해야 하며, 자본의 실질적 포섭이 작동되는 다양한 분절을 횡단하면서 서로 접속하는 것이고, 자본의 가치증식이 아니라 집합적 주체 자신의 가치증식을 해야 한다는 것이다. 그것은 자본에 의한 노동, 화폐로 변환되는 노동의 외부에서 스스로 노동하는 것이고, 이런 점에서 노동이기를 그친 노동이다.[68]

혼히 아우토노미아로 지칭되는 네그리의 이러한 전략은 포스트모던한 조건 위에서 나오는 것이지만, 보통의 포스트모더니스트와는 어쩌면 매우 상반되는 방향을 지시하고 있다. 그것은 동시에 포스트모더니즘이 맑스주의에 대해 긋고 있는 부정의 경계선을 제거하면서, 양자의 피가 서로 섞이는 혼혈 내지 합금을 시도하고 있는 셈이다.

7. 결론?

지금까지 포스트모더니즘에 대해서, 철학적 지반과 사회이론, 예술과 정치에 이르는 매우 광범위한 영역을, 별다른 논평을 가능한 한 붙이지 않고 간략히 검토했다. 하지만 처음부터 말했듯이, 여기에서 포스트모더니즘이란 제목 아래 다루어진 많은 사람들이 사실은 그런 명칭을 자처하지 않았으며, 적지 않은 경우 그것을 비판하고 거부했다는 것이 사실이다. 그럼에도 불구하고 그들을 포스트모더니스트로 취급한 것은, 그것이 그들을 다루는 일반적인 방법이란 점에서 그렇다. 좋든 싫든, 그리고 옳

---

68) A. Negri, *Marx beyond Marx*, 윤수종 역, 『맑스를 넘어선 맑스』, 새길, 1994.

472 부록 : 포스트모더니즘에 관하여

든 그르든 그들은 그렇게 불리고 평가받고 있는 것이다. 그렇다면 그런 식으로 그들을 다루는 것은 그들을 다루는 하나의 방법인 것이다.

그러나 그렇게 다루기 시작하면, 그 경계선 안에 들어갈 수 있는 사람들이 매우 다양해진다는 것이 금방 드러난다. 예를 들어 푸코가 포스트모더니스트라면, 그와 사적으로나 사상적으로 매우 가까웠던 들뢰즈 역시 그 안에 포함시켜야 할 것이고(이는 보통 일어나는 일이다), 그 경우 들뢰즈와 함께 작업하고 함께 책을 썼던 가타리를 제외한다면 우스운 장난이 될 것이다. 그런데 가타리가 포함된다면 그와 함께 선언적인 책을 함께 썼으며,[69] 들뢰즈/가타리에 대해 강한 공감을 표시하고 있는[70] 네그리를 빼놓기가 불가능해진다. 실제로 네그리의 영향을 크게 받은 라이언이 이후 데리다와 함께 연구하면서 해체주의를 맑스주의에 도입했기 때문에,[71] 이는 전혀 부적절한 것이 아니다.

그런데 아마도 포스트모더니즘과 정치를 다루는 데서 극명하게 드러났듯이, 포스트모더니스트들을 특징짓는 정치적 태도는 보드리야르의 허무주의와 라클라우/무페의 새로운 민주주의, 들뢰즈/가타리의 유목에서 네그리의 아우토노미아에 이르는 지극히 넓은 스펙트럼을 가지며, 그 각각이 갖는 이질성의 폭은 그 스펙트럼 이상이다. 그것은 포스트모더니즘 외부에 혹은 그것이 등장하기 이전에 서구에 등장했던 정치적 사고의 폭 전체보다도 훨씬 넓다고 해야 한다. 자세히 다룰 수 없

---

69) F. Guattari/A. Negri, *Les nouveaux espaces de liberté*, 이원영 역, 『자유의 새로운 공간』, 갈무리, 1995.
70) 네그리, 「천의 고원에 관하여」, 서울사회과학연구소 편, 『탈주의 공간을 위하여』, 푸른숲, 1997.
71) M. Ryan, *Marxism and Deconstruction*, 나병철 외 역, 『해체론과 변증법』, 평민사, 1994.

었지만, 철학에서 함께 다루어진 사람들 역시 그에 못지 않은 이질성을 갖고 있으며, 예술에서는 더욱더 그렇다.[72]

따라서 그들을 철학적으로나 정치적으로 하나로 묶어서 '포스트모더니스트'라는 비난을 퍼붓거나 찬사를 바치는 것은 우스운 일이란 것이 분명하다. 다시 말해 우리는 그들을 이처럼 흔히들 그러하듯이 하나로 묶어서 다룸으로써, 무조건적인 비난이나 순진한 지지가 얼마나 어이없고 부적절한 것일 수 있는지를 보여줄 수 있었다고 생각한다. 그렇다면 그들의 의지에 반하여, 일상적인 용법에 따라 그들을 하나로 묶어서 다룬 것은 충분히 용서받을 수 있지 않을까?

이제 "포스트모더니즘은 불가능하다"거나 "포스트모더니즘은 없다"는 결론을 내려야 하는 것일까? 그것은 분명히 아니다. 매우 이질적인 것들이 하나의 말로 묶여 사용되는 것은 꼭 옳은 것은 아니라 해도 나름의 이유가 있는 법이다. 포스트모더니즘도 마찬가지다. 그것은 각자의 입장에서 추론되는 결과들이 매우 다름에도 불구하고, 그리고 그들 각자가 주목하는 지점이나 분석하는 방법이 다르고, 때로는 부닥치고 논쟁할 만큼 서 있는 지점이 다름에도 불구하고, 대부분 근대 내지 근대성, 혹은 근대주의에 대한 비판을 가능하게 해주는 어떤 관점이라는 것이다. 그것이 비록 포스트모더니스트를 정의하는 명확하고 뚜렷한 기준은 아니라 해도, 포스트모더니스트라고 불리는 사람들이 갖고 있는 일종의 '가족유사성'을 보여주는 것이라고 하겠다.

---

72) 그렇다면 이제 데리다 식으로 말해 포스트모더니즘은 '해체'되었다고 말할 수 있지 않을까? 물론 데리다가 어떤 통일성을 갖는 듯한 개념이나 이론의 내부에 존재하는 균열을 드러내는 식으로 해체를 진행했다면, 여기서는 반대로 포스트모더니즘이 내부가 지극히 이질적인 요소들로 구성되어 있다는 것을 보여줌으로써 가능했다는 점에서 다르지만.

탈근대적 사유의 정치학:근대정치 전복의 꿈

1. 포스트모더니즘과 탈근대적 정치

'탈근대적 정치'라는 말에서 가장 먼저 떠올리게 되는 두 가지 항목이 있다면, 하나는 '포스트모더니즘'이고 다른 하나는 '새로운 사회운동' 일 것이다. 이 두 단어는 또 다른 단어들의 두 가지 계열을 연상하도록 자극한다. ①포스트모더니즘-문학-혼성모방(pastiche)-키취(kitsch)- 대중문화-미디어-시뮬레이션-재현 불가능성-총체성의 소멸-보편적 거대이론의 불가능성- …… ; ②새로운 사회운동-낡은 사회운동 비 판-맑스주의 정치학 비판-포스트맑스주의-노동운동의 중심성 비판- 총체성 비판-미시적 영역들의 독자성-여성운동, 동성애운동, 환경운동 의 부상- ……

이러한 연상의 연쇄작용이 근거가 없는 것은 아니다. 그것은 (무엇 보다도 우선은) 미국의 포스트모더니스트들이 만들어 놓은 것이며, 한 국의 자칭 포스트모더니스트들이 반복하여 암송한 것이고, 근본적으로 는 프랑스의 '원조' 포스트모더니스트들이 스케치한 것이기 때문이다.[1] 혹은 그것은 '새로운 사회운동'의 이론가들이 자기 주장의 새로움을 부각시키기 위해 만들어 놓은 연쇄이며, 역시 한국의 포스트모더니스트들이 반복하여 암송했던 단어들이고, 근본적으로는 68년 혁명을 통해 확연하게 드러난 '구' 좌파의 오류가 그 근저에 있기 때문이다.[2] 정치적인 차원에서 말한다면, 연쇄적으로 연상되는 이 단어들은, 보편적인 인간해방이 가능하리라는 생각, 그것의 중심에 노동자계급이 있으며, 그들의 이익을 대변하는 당이라는 조직이 있다는 생각, 따라서 여타의 운동들은 이러한 중심적 영역과 중심적 운동의 지도에 따라야 한다는 거대한 생각을 겨누고 있다. 이런 의미에서 단어들의 이 두 가지 계열은 기존의 좌파 정치, 기존의 맑스주의적 사유에 대한 비판으로 간주된다.[3]

그러나 그것은 또한 그것이 손쉽게 부각시킬 수 있는 것으로 인해, 사실은 그런 단어들을 배태했던 것을, 근대적 사유와 정치를 넘어서려는 노력의 근본적 성격을 그만큼 쉽게 가리고 만다. 이제 자세히 보겠지만, 탈근대적 사유, 탈근대적 정치는 무엇보다도 우선 근대적 사유, 근대적 정치 혹은 근대적 사회질서의 전복에 관한 사유였다. 그런 점에서 그것은 자본주의라고 불리든, 다른 어떤 이름으로 불리든, 근대 사회를 '넘어서려는' 노력이었고, 기존의 것보다 좀더 근본적이라는 점에서 '새로운' 노력이었다. 그리고 그것이 맑스주의나 노동운동, 당을 겨

---

1) 강내희/정정호 편, 『포스트모더니즘론』, 터, 1989 ; 김욱동 편, 『포스트모더니즘의 이해』, 문학과 지성사, 1990.
2) 정수복 편, 『새로운 사회운동과 참여 민주의』, 문학과 지성사, 1993.
3) E. M. Wood, *The Retreat from Class*, 손호철 역, 『계급으로부터의 후퇴 : 포스트맑스주의와 분석맑스주의 비판』, 창작과 비평사, 1993 참조.

냥했던 것은, 기존의 좌파적 태도만으로는 그러한 근본적 '넘어섬'이 난망하며, 오히려 기존 좌파 자신이 그러한 근대적 틀 안에 머물러 있다는 문제의식에 기인한다.[4]

이는 미국이나 한국과 반대로 프랑스의 이른바 '포스트모더니스트' ——그들의 대부분은 이 명칭을 거부하며 비판한다——들이 대개 좌파, 아니 기존 공산당에 대해 좌익적 비판을 수행하던 극좌파 맑스주의자들이었다는 점에서 쉽게 확인된다. 미국을 경유하면서 포스트모더니즘이란 말을 전세계적인 유행으로 만든 장본인인 리요타르나, 그와 함께 대표적 포스트모더니스트로 간주되는 보드리야르가 그렇다. 약간 다르지만 들뢰즈와 함께 책을 썼던 가타리는 평생을 밀리땅(militant, 戰士)으로서 다양한 영역을 횡단하며 활동한 것으로 잘 알려져 있으며, 포스트모더니스트는 아니지만 탈근대적 사상가의 한 사람인 네그리는 아우토노미아(자율)라고 불리는 이탈리아 좌익 그룹의 유명한 지도자였다. 한편 70년대 이후 들뢰즈 역시 자신이 맑스주의자임을 명시적으로 반복하여 말하고 있고,[5] 해체주의자로 유명한 데리다 또한 자신이 맑스적인 사상가임을 주장하고 있다.[6] 사르트르 이후 가장 유명한 전투적 지식인이었던 푸코 역시 한때 프랑스 공산당에 가입했다가 탈퇴한 경력을 갖고 있다.

포스트모더니즘이 유행이던 시절에 이러한 사실을 부각시키는 것

---

4) M. Ryan, *Politics and Culture*, 나병철/이경훈 역, 『포스트모더니즘 이후의 정치와 문화』, 갈무리, 1996, 147쪽 이하 참조.

5) G. Deleuze, *Pourparler 1972~1990*, 김종호 역, 『대담 : 1972~1990』, 솔, 1993 ; 박철화 편역, 「부정과 긍정 : 질 들뢰즈의 생애」, 『세계의 문학』, 1996년 봄호, 민음사.

6) M. Sprinker, 「자크 데리다와의 대담」, 『이론』, 1993년 봄호:Eribon, 「자크 데리다의 마르크스 복권」, 『이론』, 7호, 1993년 겨울호.

은 매우 어려웠다. 왜냐하면 결국은 맑스주의 비판으로 귀착되고 마는 저 어설픈 단어들의 연쇄적 연상작용이 너무도 강했기 때문이다. 그로 인해 68혁명의 파도 위에서 탈근대적 정치를 사유하려던 노력을 충분히 배우는 것은 결코 쉽지 않았다. 지금, 이미 유행의 물결이 지나가, 포스트모더니즘의 전도사[7]조차 탈근대적인 사유를 '프랑스제 담론의 그늘'[8]이라고 비난하며 슬며시 빠져나가는 이 시기가 차라리 '탈근대적 정치'라는 철 지난 주제를 다루기에 더 적절하다고 생각하는 것은 이런 이유에서다.

탈근대적 내지 반근대적 사상은 명시적이든 묵시적이든 무엇보다도 정치의 문제와 관련된 것이라고 보아도 좋을 것이다. 주체나 진리 같은 철학적 주제를 다룰 때도, 공장이나 감옥, 병원 같은 제도를 다룰 때도, 혹은 성이나 미디어 같은 문화 현상을 다룰 때조차도 그것은 모두 정치의 문제와 관련된 것이다. 예컨대 푸코가 성과 성욕에 대해 말할 때,[9] 리요타르가 언어게임에 대해 말할 때,[10] 보드리야르가 소비사회나 시뮬레이션에 대해 말할 때,[11] 들뢰즈/가타리가 정신분열증이나 '얼굴'에 대해 말할 때,[12] 그들은 그것을 삶의 문제, 삶의 방식에 관한 문제, 삶의 방식을 전복하고 변환시키는 문제에 관해 말하고 있는 것이

7) 김성기, 『포스트모더니즘과 비판사회과학』, 문학과 지성사, 1991.
8) 김성기, 「불란서제 담론의 그늘」, 『패스트푸드점에 갇힌 문화비평』, 민음사, 1996.
9) M. Foucault, *La volonté du savoir*, 이규현 역, 『성의 역사』 1, 나남, 1990.
10) J.-F. Lyotard, *La condition postmoderne*, 이현복 역, 『포스트모던적 조건 : 정보 사회에서 지식의 위상』, 서광사, 1992.
11) J. Baudrillard, *La société de consommation*, 이상률 역, 『소비의 사회 : 그 신화와 구조』, 문예출판사, 1991; *Pour une critique de l'économie politique du signe*, 이규현 역, 『기호의 정치경제학 비판』, 문학과 지성사, 1992.
12) G. Deleuze/F. Guattari, *Mille Plateaux*, tr. by B. Massumi, *A Thousand Plateaus: Capitalism and Schizophrenia*, Uni. of Minnesota Press, 1987.

다. 반대로 탈근대적 사상에 관한 가장 흔한 오해와 단견은 정치를 다루는 것조차 예술이나 문화의 문제로 간주하는 것이다. 중요한 것은 정치를 문화화하는 것이 아니라 문화를 정치화하는 것이다.

따라서 요체는 새로운 삶의 방식, 새로운 사회적 관계를 만들어내는 정치적 실천이다. 요컨대 탈근대적 사상은 근본적으로 다양한 삶의 영역에서 작동하는 권력의 문제를 다루며, 그것의 변환 내지 전복을 사유하려는 것이다. 이런 의미에서 그것은 탈근대적 정치에 관한 사유며, 그런 만큼 정확하게도 근대정치에 대한 비판이고, 근대적 정치학에 대한 비판이다. 이와 동일한 이유로 이른바 '새로운 사회운동'의 정치학은 불충분하다. 중요한 것은 낡은 운동과 새로운 운동의 대비가 아니라, 낡은 운동이든 새로운 운동이든 운동하는 방식, 운동조직, 운동조직들 간의 관계들을 변환시키는 것이고, 그런 점에서 새로운 영역을 주목하는 것만큼이나 기존의 운동——특히나 노동운동——자체를 변혁하는 것이기 때문이다. 한마디로 탈근대적 사유는 삶과 운동을 근대정치의 한계를 넘어서 근본적으로 다시 사고하려는 노력이다.

2. 근대정치의 문제설정

홉스의 질문은 정치에 관한 근대적 관념을 이해하는 데 매우 적절한 통로를 제공해 준다. 그는 국가 내지 사회는 인간이라는 요소들로 구성된다고 보았고, 이런 이유에서 인간이란 개념을 출발점으로 삼는다.[13] 홉스가 출발점으로 삼는 인간은 자신의 의지, 자신의 욕구를 가진 존재였

---

13) T. Hobbes, *Leviathan*, 한승조 외 역, 『군주론/리바이어던』, 삼성출판사, 1982, 151쪽.

다. 그런데 사람들 간에 신분에 따른 등급의 차이가 있던 이전과 달리, 홉스는 그 모두가 동등하다고 보았다.

이는 아마도 14세기에 이르면서 본격적으로 발전하기 시작한 시장 경제와 무관하지 않을 것이다. 시장에서 거래하는 사람들은 적어도 형식상으로는 서로 동등한 계약의 당사자다. 이는 돈을 가진 상인이 장인이나 직공들에게 특정한 상품의 생산을 주문하는 선대제(先貸制)의 경우에도, 혹은 거대 상인과 소규모 상인의 거래에서도 마찬가지였다. 부와 권력에 따른 실질적인 불평등이 있는 경우에도, 양자는 동등한 입장에서 계약하고 그것을 이행하는 것으로 간주되었다.

그런데 홉스가 보기에는, 이처럼 사람들이 자신의 욕구와 의지를 가지며 그것들이 동등하다고 하자마자 곤란한 문제가 하나 발생한다. 사람들 각자가 하고자 하는 바가 다르고 욕구하는 바가 제각각이라면, 그것들 간에는 충돌과 대립이 불가피하다. 즉 그러한 욕구나 의지를 그대로 둔다면 인간은 서로간에 늑대가 되어 싸우게 될 것이다. "만인(萬人)에 대한 만인의 투쟁". 이처럼 무질서하고 혼돈스런 상태를 홉스는 '자연상태'라고 부른다. 그렇다면 질서란 대체 어떻게 가능할 것이며, 사회란 대체 어떻게 가능할 것인가? 이것이 바로 홉스의 질문이었다.

이 질문은 인간 개개인이 자유로운 의지를 갖는다는 생각, 그리고 그러한 자유의지들은 서로 동등하다는 생각에서 출발하기 때문에 나타나는 것이다. 즉 자유와 평등이라는 근대적 전제를 인간이라는 개념 안에 끌어들이기 때문에 나타나는 질문이다. 동시에 그것은 그러한 기초에서 출발하는 경우에 사회나 사회적 질서란 어떻게 가능한가를 묻는다는 점에서, 근대적인 사회 개념, 근대의 사회적 질서 개념에 대해 사유하게 하는 질문이다. 이런 점에서 그것은 근대적인 사회사상, 근대적인 정치사상의 출발점이 되는 질문이라고 하기에 충분하다. 즉 그것은 근대정치에 관한 사유가 집약되어 있다는 의미에서 근대정치의 문제설정이라고 말할 수 있다. 17~18세기에 화려하게 꽃피운 다양한 사회사상이나 정치사상은 모두 이 질문에 답하려는 시도들이라고 보아도 좋을 것이다.

홉스 자신은 이에 대해 어떻게 대답하는가? 간단히 말하면 "만인에 대한 만인의 투쟁"이라는 끔찍한 자연상태를 피하기 위하여 사람들은 자신들의 욕구와 의지를 군주에게 위임하기로 (계약)하고 그의 통치에 따른다는 것이 그의 대답이다. 로크나 루소 같은 계약론자가 이용하는 개념은 조금 다르기는 하지만 해결책의 중심에 위임/양도와 계약이란 개념이 있다는 점에서는 홉스와 공통적이다.[14] 루소의 경우에는 자연상태를 이처럼 악으로 가득한 사회로 정의하는 것이 잘못되었다는 점을 지적하고, 그 상태는 차라리 선이 없는 만큼 악도 없는 상태요, 지배당하려 하지 않는 만큼 지배하려는 욕망도 없는 상태라고 말한다.[15] 그것은 야생동물과 마찬가지로 살아가는 상태인 셈이다. 그런데 인간들의 수가 늘어나면서 그런 식으로 살아가기는 매우 곤란해지게 된다. 즉 자연상태와는 다른 질서를 도입할 필요가 생긴다. 여기서 사람들은 계약을 통해 새로운 관계, 새로운 질서, 새로운 법을 만들어낸다.[16] 자연상태와 대비되는 이러한 질서를 그는 '시민상태'라고 부른다. 사회란 이런 계약의 산물이라는 것이다. 이처럼 계약에 의해 탄생한 사회에서

---

14) J. J. Rousseau, *Du contrat social*, 이태일 외 역, 『사회계약론(외)』, 범우사, 1975.
15) E. Cassirer, *Die Philosophie der Aufklärung*, 박완규 역, 『계몽주의 철학』, 민음사, 1995, 346~347쪽.
16) J. Plamenatz, *Man and Society : Political & Social Theory*, 김홍명 역, 『정치사상사』 II, 풀빛, 1986, 12쪽.

인간은 계약된 법과 규칙에 의해 사회를 통치하도록 대표자에게 자신의 권리를 위임하고 양도한다. 바꿔 말하면 대표자들은 인민의 권리를 양도받아 그들의 의지를 대행한다. 자연법 이론 내지 자연권 이론은 홉스와 달리 질서지워진 자연상태, 자연법을 가정하지만, 국가를 비롯한 다양한 사회적 집단과 법을 계약에 의해 설명한다.[17] 따라서 자연상태와 계약상태를 구별하며, 계약상태는 양도 내지 위임과 대의, 대행이라는 관념으로 설명한다는 점에서 동일한 사고틀 안에 있다고 할 수 있다(입장 차이에도 불구하고 '계약'이란 관념이 자연상태와 대비되는 관계를 특징짓는 데 사용되고 있다는 사실은, 시장에서의 인간관계가 근대사회 내지 근대정치의 모델이 되었다는 것을 보여주는 것이라고 하겠다).

여기서 근대정치의 문제설정에 공통된 사고방식이나 개념을 요약할 수 있다. 첫째, 근대정치는 욕구의 주체, 의지의 주체, 주권의 주체, 권리의 주체라는 관념에서 출발한다. 모든 종류의 사람들을 동등한 수준에서 포괄하는 '인간'이라는 관념이 그것이다. 인간은 욕구를 갖는 자고, 권리를 소유하는 자며, 권력을 행사하는 자라는 의미에서 욕구, 권리, 권력의 '주체'다.

둘째, 여기서 추론되는 것인데, 권리나 권력은 그러한 주체가 소유하고 행사할 수 있는 어떤 것이라는 관념이다. 주권이나 자연적 권리는 각자의 인간이 소유하는 어떤 것이고, 권력 역시 그것의 사용을 위임받은 대표자가 소유하고 행사하는 어떤 것이다. 그리고 저항이나 혁명은 권리를 위임받아 권력을 소유한 대표자가 적절하지 못하게 그것을 사

---

17) G. Sabine/T. Thorson, *A History of Political Theory*, 성유보 외 역, 『정치사상사』 I, 한길사, 1983, 562~563쪽.

용하고 행사하는 경우, 그것을 다시 빼앗는 것이다. 그것은 다른 대표자에게 양도된다. 여기서 권리나 권력은 인간이라는 주체가 소유하거나 빼앗을 수 있는 '대상'으로 간주되고 있다.

셋째, 각자가 소유한 권리는 대표자들에게 위임·양도된다. 인민의 뜻을 대신하고 대의(代議)하는 이 대표자들은 그들의 의지를 대행하여 권력을 행사한다. 다시 말해 정치란 권리를 위임받는 대표자들에 의해 대의되고 대행된다.

넷째, 따라서 정치의 장(場), 정치적 권력이 사용되고 행사되며 그것을 둘러싼 투쟁이 벌어지는 영역은 일상적인 영역과 구별되는 별도의 영역을 갖는다. 예컨대 정치는 경제로부터 분리되고, 과학이나 지식에서 독립되며, 일상생활의 영역과 다른 세계를 형성한다. 뒤집어 말하면, 정치는 경제의 영역에 개입해선 안 되고, 과학이나 지식의 영역에 관여해선 안 되며, 일상생활의 영역은 정치로부터 보호되어야 한다. 이러한 생각을 이론적으로 명확하게 보여주었던 것은 애덤 스미스였다. 그는 경제적 장(場)인 시장은 '보이지 않는 손'에 의해 자동적으로 조절된다는 것을 보여줌으로써, 정치가 개입하지 않아도 질서가 가능함을 증명했다. 이를 근거로, 그는 정치는 경제에 개입해선 안 되며 경제는 경제로서 그대로 두어야 한다(Laissez-faire ; 프랑스어로 '내버려 두라'는 뜻이다)고 주장했다.[18] 자유방임주의라고 흔히 불리는 이런 입장은 홉스의 질문에 대해 대답하는 또 하나의 방식이었던 셈이다. 여기서 정치와 경제의 분리는 극단적인 양상을 취하며, 이후 경제는 물론 다른 영

---

18) A. Smith, *An Inquiry into the Nature and Cause of the Wealth of Nations*, 김수행 역, 『국부론』, 동아출판사, 1992.

역에 대해서도 자유주의의 일반적 원리가 된다.

다섯째, 이 대의적인 권력, 대행하는 권력은 인민들의 부분적인 의지, 특정한 집단의 의지가 아니라 인민 전체의 일반적인 의지, 보편적인 의지를 대의하고 대행해야 한다. 다시 말해 정치란 서로 이해관계나 의지가 상충되는 다양한 집단들을 통일하여 하나의 보편성, 총체성을 획득해야 한다. 뒤집어 말하면, 특수한 이해를 갖는 부분적인 집단들은 정치의 총체성을 위해서 자신의 특정한 의지를 양도하고 양보해야 한다.

정치나 제도, 국가, 권력 등에 대한 우리의 관념은 대개 이러한 사고방식을 공통의 전제로 하고 있다. 또한 정치를 저항과 전복이라는 차원에서 사유하는 경우 역시 대개는 이러한 근대의 공통된 관념에서 자유롭지 않았다. 이것이 근대에 대한 비판이 겨냥하는 지점이며, 바로 이 점이 좌파의 정치적 이론이나 운동에 대해서 그러한 비판이 주목하는 지점이다.

3. 근대정치에 대한 비판적 지점들

이러한 정치적 관념을 가장 직접적으로, 그리고 가장 포괄적으로 비판했던 것은 푸코였다. 푸코는 한편으로는 의학이나 정신의학, 인간과학, 범죄학 등 '담론'이라고 불리는 것을 대상으로, 다른 한편으로는 병원이나 수용소, 감옥 등 담론과는 다른 일종의 물질적 장치를 대상으로 권력이 사용하는 기술과 권력이 작동하는 양상을 추적한다.

먼저 권력의 문제임을 분명하게 보여주는 극한적 사례로서 정신의학과 정신병원을 보자. 푸코에 따르면 서양의 경우 16세기까지 광기(狂氣)는 삶의 방식 가운데 특이한 하나였고, 광인들은 보통 사람들과 뒤섞여 함께 살거나, 모여서 방랑을 하며 살았다. 햄릿의 이상한 행동은 광기 탓으로 간주되지만, 누구도 그를 감금하지 않았다. 돈키호테 역시 광인이며, 기행(奇行)을 반복하며 떠돌아다니지만, 누구도 그를 감금하려 하지 않았다. 그들은 종종 근심 내지 비웃음의 대상은 되었지만, 그들을 병자 내지 환자라고 하는 사람은 없었다.

반면 17세기에 이르면 광인들은 부랑자, 게으름뱅이, 거지, 범죄자 등과 함께 갇히게 된다. 그리고 19세기가 되면 부랑자나 게으름뱅이 등은 더이상 갇히지 않고 풀려나지만, 광인과 범죄자는 그대로 남는다.[19] 그들은 분리되어 범죄자는 감옥에 갇히고, 광인은 병원에 갇힌다. 그리고 광인들은 그 '증상'에 따라 여러 종류로 구분되고, 그들을 다루는 방법이 발전한다. 여기서 정신의학이 탄생한다. 이제 그들은 광인이 아니라 정신적인 어떤 질병을 가진 자, 즉 '환자'로 정의되고, 그들의 광기는 치료되어야 할 질병으로 정의되며, 그들을 다루는 사람은 그 병을 치료하는 '의사'로 정의된다. 의사가 환자로 간주되는 사람에게 취하는 모든 조치는 '치료'라고 불린다. 환자는 그것을 거부해선 안 된다. 그럴 경우 심지어 폭력과 강제를 사용해도 아무런 문제가 안 된다. 의사는 그들에 대해 치료라는 행위를 할 수 있는 주체고, 환자는 의사 앞에 불려나가 그 '치료'를 받아야 하는 대상인 것이다.

예컨대 말(馬)에 유별나게 집착하는, 그래서 사람보다 말에 대해 더 애정을 갖고 있는 아이가 있다면 그는 일종의 환자다. 그는 의사와 상담해야 하며, 의사가 지시하는 치료를 받아야 한다. 영화 「뻐꾸기 둥지 위로 날아간 새」에서 환자인지 아닌지 모호한 주인공은 '제멋대로'

---

19) M. Foucault, *Madness and Civilization*, Tavistock, 1967.

행동하다가 결국은 붙잡혀 강력한 '치료'를 받는다. 그리고 치료의 결과 그는 환자라는 말에 적절하도록 확실하게 미쳐 버린다.

그들이 갇혀 있는 병원에서 우리가 무슨 말을 하든, 그리고 아무리 강하게 외치든 그것은 들리지 않는다. 그들의 발언도 들리지 않는다. 거기서 말할 수 있는 자, 주체는 오직 의사뿐이다. 물론 의사라고 아무 말이나 할 수 있는 건 아니다. 정신병리학의 범위 안에서, 그것이 허용하는 제한된 개념과 말을 할 뿐이다. 또 양자 사이에서 어떤 행동을 능동적으로 취할 수 있는 것 역시 '치료'할 수 있는 주체인 의사뿐이다. 물론 이 역시 정신병리학이 제시하거나 허용하는 방식으로만 가능하다. 환자의 능동적 행동은 발작이요 증상으로 간주된다. 이를 확실하게 보장하기 위해 환자의 행동을 감시하고 통제하며 때로는 강제할 수 있는 병원의 배치가 작동한다. 의사, 간호사, 철창이 달린 '병실', 묶을 수 있는 침대, 무력화시키는 약. 여기서 푸코는 말할 수 있는 자와 말할 수 없는 자를 가르는 권력, 치료라는 능동적 행위를 하는 자와 그것을 받아들여야 하는 자를 가르는 권력을 발견한다. 또한 광인을 환자란 이름에 걸맞은 방식으로만 사고하고 행동하게 만드는 권력이, 더불어 의사를 정신병리학에서 규정하는 특정한 방식으로만 사고하고 행동하게 만드는 권력이 작동하고 있음을 발견한다.

이는 단지 정신병원이라는 극단적 경우에만 해당되는 것은 아니다. 푸코는 성(sexuality)이라는 일상적이고 일반적인 삶의 영역에서도 유사한 권력을 찾아낸다.[20] 19세기에 들어오면서 사람들의 성에 관련된 문헌들이 폭증한다. 대개는 의학자들이 쓴 의학적 문헌인데, 크라프

---

20) 푸코, 『성의 역사』 1.

트-에빙(Krafft-Ebing)이 쓴『성의 정신병리학』이 그 중 가장 유명하다. 이런 책들은 몇 가지 공통성을 갖고 있었다.

첫째, 여성의 육체와 성욕을 공격한다. 예컨대 여성의 성에 대한 권위자로 간주되던 액턴(W. Acton)은 조신하고 정상적인 여성은 강한 성욕을 갖지 않는다고 말하면서 강한 성욕을 가진 여성을 비정상적이고 조신하지 못한 여성으로 간주했다. 그러한 강한 성욕은 남편이나 아이들에게 매우 해로운 영향을 미친다고 말한다.

둘째, 어린이의 자위를 교육의 영역으로 정의하여, 감시하게 만들었다. 일찍이 18세기에 스위스 의사 티소(Tissot)는 어린이의 자위는 아이의 건전한 도덕적 생활은 물론 건강한 신체적 발육에도 매우 유해하다고 하는 논문을 발표해 유명해졌다. 이는 이후 대부분의 의사나 계몽가, 교육가들이 반복하는 견해가 된다. 19세기에는 어린이의 이런 성행위가 교육의 중요한 대상이 되고, 아이의 행동은 선생이나 부모의 세심한 관찰과 감시 아래 놓이게 된다.

셋째, 정상적이지 않은 성행위를 질병으로 정의하고 연구한다. 사디즘이나 마조히즘은 물론 노출증, 의복도착, 절편음란증(fetishism), 수간, 동성애, 자기단독성욕 등등의 성적인 행위들이 정신적인 '병'으로 정의된다. 성을 다룬 대부분의 책이 의학문헌이었다는 점은 이와 관련된 것이다. 이제 이전에는 '도착' 내지 '변태'라고 간주되던 특이한 성적 행위들이 '질병'으로서 정신의학의 대상이 된다.[21]

이럼으로써 여성들의 성욕과 신체, 아이들의 신체와 행동, 나아가

---

21) 이상에 대해서는 S. Kern, *The Culture of Time & Space*, Harvard University Press, 1996 참조.

성적인 행동과 신체 전체가 의학적 시선의 대상이 된다. 억제된 금욕적 성욕, 정상적인 성행위가 건강한 신체, 건전한 도덕의 요건이 된다. 비정상과 정상을 나누는 규칙들은 단지 의사의 시선뿐만 아니라, 성욕이 작동하는 내밀한 공간 안에서 부모의 시선, 남편의 시선, 부인의 시선을 통해 대상이 된 가족의 신체를 겨냥한다. "저 아이가 혹시 자위하고 있는 건 아닐까?" "저 사람이 혹시 '변태'는 아닐까?" 나아가 그것은 결국은 자기 자신의 신체를 겨냥한다. "혹시 저 사람이 나를 변태라고 생각하는 건 아닐까?" "(이런 상상을 하고 욕망하는) 내가 혹시 변태인 건 아닐까?" 이 시선을 통해 각자는 규범적이고 정상적인 주체, 건전하고 건강한 주체로 만들어진다. 요컨대 푸코가 근대적 권력장치에 대한 연구를 통해 드러내는 것은 권력이 작동하는 새로운 방식이다.

그것은 크게 세 가지로 구별된다. 첫째, 정신병원이나 수용소, 감옥 등이 그렇듯이, '인간' 내지 정상적인 '주체'를 정의하는 장치들이다. 이는 광인, 부랑자, 범죄자 등을 사회적 해충으로, 허용할 수 없는 타자로 정의함으로써 인간 내지 주체의 범위를 규정한다. 인간이 되기 위해선 그런 장치들이 그려주는 경계선 안에서 사고하고 행동해야 한다.

둘째, 개개인을 정상적인 인간, 주체로 만들어내는 장치들이다. 이는 개개인들로 하여금 정상적인 행동과 삶의 규칙들에 따라 행동하고 생각하게 만드는 규율들을 통해 작용한다. 감옥에서 이루어지는 '교정'(矯正), 정신병원에서 이루어지는 '치료', 수용소에서 행해지는 '노동' 등이 그것이다. 이는 또한 인간의 외부 아닌 내부적 세계에서도 마찬가지로 작동한다. 학교에서 이루어지는 교육, 공장에서 이루어지는 노동, 집에서 행해지는 '가정교육' 등이 그것이다.

셋째, 그러한 훈육적 활동을 자신이 필요해서 자신이 행하는 것이라는 동일시 기제. 훌륭한 교육은 내가 제대로 된 인간이 되는 데 필요해서 내가 선택한 것이고, 숙련된 노동은 내가 생활하는 데 필요해서 내가 선택한 것이며, 건강한 성적인 행동은 내 신체와 내 생활을 위해 내가 규제하는 것이다 등등.[22)]

여기서 신체와 생활, 사고와 행동을 특정한 방식으로 길들이고 훈육하는 권력이 작동하고 있다는 것은 분명하다. 미시적인 권력. 그런데 정치가 권력의 문제와 결부되어 있다면, 권력이 작동하고 있는 정신의학이나 성의학, 정신병원이나 가정, 나아가 감옥과 학교, 공장에서 푸코가 정치를 발견하는 것은 당연한 것이다. 이를 푸코는 '미시정치'(micro-politics)라고 부른다. 하지만 쉽게 알 수 있듯이, 여기서 푸코가 포착하는 권력과 정치의 개념은 앞서 보았던 근대적인 권력 내지 정치의 개념과 매우 다르다. 그것은 근대적인 정치 개념의 전제를 비판하고 공격한다.

첫째, 정치의 장은 일상생활의 장, 경제의 장, 과학의 장과 분리되지 않는다. 반대로 정확하게도 그 각각의 장마다 적절한 주체와 대상을 정의하고, 개개인을 그런 주체와 대상으로 생산하는 권력이 작동하고 있다. 예를 들어 의학이나 자연과학적 지식 역시 말할 수 있는 자와 없는 자, 말할 수 있는 것과 없는 것을 가르고, 특정한 방식으로만 보고 말하게 하는 권력이 작동한다. 권력은 모든 곳에 있다. 모든 곳은 권력의 벡터가 작용하는 정치적 장이다.

둘째, 인간이 권력을 소유하고 이용하는 주체라는 관념이 해체된

---

22) 이진경, 『맑스주의와 근대성 : 주체생산의 역사이론을 위하여』, 문화과학사, 1997, 150쪽 이하 참조.

다. 반대로 인간이란 그러한 권력이 작용함으로써 생산된다. 즉 특정한 방식으로 사고하고 행동하는 사람들에게 붙여지는 이름이 바로 인간이다. 그렇지 못한 자는 인간이 아니다. 예를 들어 17세기경에 유럽 전역에서 대대적으로 나타나는 부랑자들은 '사회적 해충'이지 인간이 아니다.[23] 혹은 광기를 갖고 있는, 언제 불지르거나 사람을 다치게 할지 모를 광인들은 인간이 아니다. 인간의 세계, 인간 사회의 질서를 위협하는 부랑자나 광인에게는 말할 권리, 행동할 권리가 없다. 그들로부터 인간을 구별하기 위해, 그리고 그들을 인간으로 만들기 위해 17세기 유럽 전역에서 대대적인 감금과 노역이 행해진다. 그들을 가둔 수용소는 한편으로는 인간의 범위가 어디인지를 표시하는 장치였으며, 다른 한편으로는 그 비인간들을 길들여 인간으로 생산해내는 장치였다.

공장, 학교, 감옥, 병원 역시 이 점에서 근본적으로 다르지 않다. 예컨대 정신병원에서 광인을 상대하는 사람들은 정신의학의 개념과 그것이 제공하는 개념, 기술을 통해서 '의사' 내지 '간호사'라는 주체로 생산된다. 아무리 맘씨 좋은 사람이라도 그가 정신병자를 상대하는 한, 정신의학이 제공하는 개념에 따라서 판단하고 그것이 제공하는 기술에 따라서 행동해야 한다. 그렇지 않으면 그는 '의사'나 '간호사'라는 주체가 되지 못하며, 주체로서 말하고 행동할 수 있는 자격을 박탈당한다. 학교는 교육과 훈육을 통해 사회적으로 적절한 주체를 생산한다. 공장은 개개인을 파편적인 동작의 반복을 하루종일 수행할 수 있는 근대적 노동자라는 주체로 생산한다.

셋째, 권력은 인간이나 어떤 '주체'가 소유하고 점유할 수 있는 어

---

23) M. Foucault, *Madness and Civilization*, p.50.

떤 '대상'이 아니다.[24] 반대로 각각의 장 안에서 개개인으로 하여금 특정한 방식으로 사고하고 행동하게 규제하고 강제하는 전략이나 기술이고, 그러한 행위의 반복을 통해 개개인을 그 장 안에서 정의된 주체로, 혹은 대상으로 생산하는 장치다. 예를 들면 19세기에 성을 대상으로 했던 정신의학에서 권력은 의사의 소유물이라기보다는 의사 없이도 가정에서, 침실에서 실행되는 전략과 기술을 통해 작동했다. 벤섬의 유명한 원형감옥은 감시자 없이도 작동하는 권력장치요 권력기술의 이상(理想)이었다. 그것은 지배/피지배와는 다른 차원에서 작동하며, 지배자 없이 작동한다. 「모던 타임즈」에서 찰리로 하여금 나사를 조이라고 말하고 강제하는 것은 옆에서 일하는 동료며, 물건을 실어나르는 콘베이어 벨트였다.

권력은 의사나 간호사가 소유하기 이전에 어떤 개인을 의사나 간호사로 생산한다. 그것은 소유되기 이전에 행사된다. 또한 의사나 간호사가 가진 권력은 사실 광인을 환자로 생산하는 데 작동하는 권력의 일부일 뿐이다. 그것은 의사나 간호사만큼이나 병원의 철창과 벽, 침대의 가죽끈, 의사가 사용하는 약 등을 통해서 작동하는 것이다.

4. 근대 국가와 권력

그렇다면 국가의 문제는 어떤가? 국가는 보통 근대 사회에서 정치의 특권적인 영역이었고, 권력의 문제는 국가적 권력의 문제로 다루어져 왔다. 푸코나 탈근대주의자들처럼 권력 내지 정치의 문제를 정의한다

---

24) M. Foucault, *Surveiller et punir*, 박홍규 역, 『감시와 처벌』, 강원대 출판부, 1989, 50쪽.

면, 국가는 오히려 그러한 정치적 영역에서 제외되는 아이러니가 나타나지 않는가? 국가는 비-정치의 영역인가? 거기에서 작동하는, 너무도 분명하게 가시적인 권력의 문제는 외면해도 좋은가?

확실히 국가권력, 국가적 정치를 도외시하고 정치의 문제를 사고한다는 것은 불가능하며, 그것이 결여된 정치적 사유는 취약하다. 그런데 흔히 알고 있듯이 탈근대주의가 탈국가적 정치와 동일시될 수 있는 것은 아니다. 물론 이는 논자에 따라 큰 차이가 있으며, 국가적 권력의 문제를 상대적으로 외면하는 사람 역시 없지 않지만, 대개는 기존에 강조되던 영역과 다른 지대를 정치의 문제로 부각시키면서 기존의 개념적 영역과 대립하기 때문에 나타나는 문제다.

푸코는 근대에 이르러 국가 권력의 작동방식에서 나타나는 새로운 측면을 주목한다. 그것은 통치(government)와 치안이라는 배치에 관한 것이다. 그에 따르면 "통치란 목적에 용이하게 이를 수 있도록 정리된, 사물들의 올바른 정렬이다." 이러한 통치는 그 자체의 확고한 대상을 갖고 있으며, 이러한 점에서 근대 이전의 군주권과 명백히 구분된다. "가령 통치는 가능한 최대량의 부가 산출되도록 보장해야 하며, 사람들이 충분한 생계수단을 제공받도록, 또한 인구가 증가할 수 있도록 보장해야 한다 등등. 특정한 최종 대상들의 모든 계열들이 있으며, 이것이 통치 그 자체의 목표가 된다. 다양한 이들 최종 대상들을 획득하기 위하여 사물들이 배치(disposition)되어야 한다."[25]

이를 위해 국가는 특정한 경제정책이나 조치를 취하기도 하고, 농

---

25) M. Foucault, "Governmentality", *The Foucault Effect: Studies in Governmentality*, The University of Chicago Press, 1992, pp.93~95.

업보조금을 지불하기도 하며, 인구통제를 위한 정책을 실시하기도 한다. 유아 사망률을 낮추기 위한 보조정책을 실시하기도 하며, 영세민에게 생활보조금을 주기도 한다. 정기적으로 통계를 수집해 관리하고, 그 통계를 통해 국소적인 여러 생활영역에 개입하고 관여할 자료를 마련하고 적절한 개입의 방법을 고려한다. 물론 억압을 가하고 국가적 폭력을 행사하는 경우가 그에 못지 않게 많지만, 새로운 통치의 영역은 점점 더 중요한 국가적 정치의 영역이 되었다. 이처럼 결국 '통치'란 미시적 대상을 국가적으로 관리하는 방식이라고 할 수 있으며, 달리 말하면 국가적 권력이 개별화된 주체를, 그리고 그들을 생산하는 권력을 포섭하는 메커니즘이라 할 수 있다.

이와 연관해서 '치안'(police)은 여타의 국가기구와 함께 국가를 이끄는 행정기구로서 등장했는데, 어떤 영토에서 사람들의 공존상태, 재산에 대한 관계, 생산물, 시장에서의 일 등 살아서 활동하는 사람들의 일과 그들의 질병 및 안전 등을 고려하여 활동한다. 요컨대 치안은 생활을 돌본다는 것이고, 그리하여 "치안의 진정한 대상은 인간"이라고 간주된다.[26] 이로써 국가적 권력은 개인들의 생활과 생존, 안전에 필수적인 것으로서 인정받게 되고, 역으로 치안은 사람들의 삶에 중앙집권화된 정치 행정권력이 효과적으로 개입할 수 있는 새로운 장을 연다.

통치나 치안이라는 이러한 배치를 통해 국가는 개인의 삶과 생활에 대해 개별적으로 책임을 지며 돌보아야 하는 사목적(司牧的) 위치를 확보하게 되며, 그 대가로 개인들의 삶을 국가적 권력 아래 포섭하고

---

26) M. Foucault, "Politics and the Reason", *Michel Foucault: Politics, Philosophy, Culture*, ed. by L. Kritzman, Routledge, 1988.

관리하게 된다. 이제 국가가 개인의 생활에 개입하는 것은 사목적인 위치로 인해 당연한 것으로서 정당화되며, 반대로 국가적 권력에 포섭되지 않으려는 개인은 '국가의 보호'를 받을 수 없다는 손해를 감수해야 한다. 동사무소나 여러 국가기구들은 국민들의 신상과 이력에 관한 다양한 자료를 개별적인 파일로 만들어 관리한다. 양들을 돌보는 사목과 유사하게도 개개인을 돌보는 방식으로 관리하고 개입하는 국가적 권력이 작동한다. 이는 다양한 미시적 영역에서 권력이 작동하는 과정에 국가가 개입하고 관리할 수 있는 고리들을 확보하는 방법이기도 하다.

이로써 통치적인 국가권력은 다른 영역들에서 작동하는 권력들에 대해 지속적으로 우위를 점하게 된다. 이를 **권력관계의 국가화**라고 할 수 있는데, 이는 권력관계가 한편으로는 국가의 통치적 권력에 집중되고 통합되었음을 뜻하며, 다른 한편으로는 각각의 권력관계가 국가적 제도의 형식 내지 그 후원 아래 정교화되고 합리화되었음을 뜻한다. 요컨대 푸코는 근대적인 국가권력이 **개별화하는 기술과 전체화하는 과정의 복합체**라고 말한다.[27]

이는 한편으로는 국가권력이 개개인을 국가에 대한 일종의 '채무자' 내지 의존자로 만들며, 다른 한편으로는 국가 자신을 일종의 '채권자'로 만드는 또 하나의 방식이라고도 볼 수 있다. 국가에 대한 조세는 단지 법적 의무의 형식일 뿐만 아니라, 이러한 '사목적인' 통치와 치안을 위해 필요한 경제적 형식이다. 또한 국가가 발행하고 보증하는 화폐는 국가의 관리와 통치 능력을 기초지우며, 또한 반대로 그 능력에 의

---

27) M. Foucault, "Deux Essais sur le sujet et le pouvoir", H. Dreyfus/P. Rabinow, *Michel Foucault : Un parcours philosophique*, Gallimard, 1984, p.304.

해 정당화된다. 하지만 인플레이션이 잘 보여주듯이, 화폐의 발행, 특히 불환지폐의 발행이 사회 전반에 대한 착취 내지 포획의 경제적 방법이라는 것은 분명하다. 이런 점에서 들뢰즈와 가타리는 국가장치를 '포획장치'라고 정의한다.[28] 또한 네그리는 1929년 대공황 이후 본격적으로 진행된 이러한 과정은 국가가 사회에 대한 전반적인 착취와 포획을 관리하고 통제하는 '경제적' 장치로 되었다고 말한다.[29]

케인즈주의 내지 적극적 개입 국가에 대해 '사회복지국가'라는 명칭을 부여하고, 국가의 경제적이고 사회적인 개입과 관여를 개인들의 생존에 필수적인 조건으로 개념화하기 시작했던 것은 네그리가 말한 그 시기 이후였지만, 이미 보았듯이 그 근본적인 장치는 오래 전에 통치와 치안, 사목적 국가라는 형태로 작동하고 있었던 셈이다. 그것은 나름의 가치에 따라 판단하고, 고유한 삶의 방식을 변이시키며 새로운 삶의 양상을 생성하려는 힘과 의지를 포획하고 포섭하는 장치인 것이다. 이런 점에서 푸코나 들뢰즈/가타리는 전쟁에 관한 클라우제비츠의 유명한 정의를 뒤집어 이렇게 말한다: "정치란 다른 수단에 의한 전쟁의 계속이다."[30] 이러한 개념을 통해 우리는 근대적인 정치 개념의 전제에 대한 탈근대주의적 비판을 이해할 수 있다.

먼저 주권의 위임과 양도에 따른 대의와 대행으로 정치를 정의하는 관념에 대한 비판. 근대비판가들에 따르면, 국가권력은 '국민'의 개별적인 생활을 고려하고 관리하는 방식으로 작동하는 경우에도 결코

---

28) G. Deleuze/F. Guattari, *A Thousand Plateaus*, p.437 이하.
29) A. Negri/M. Hardt, *Labor of Dionysus*, 이원영 역, 『디오니소스의 노동: 국가형태 비판』 1, 갈무리, 1996, 96~107쪽.
30) 푸코, 『성의 역사』 1, 107쪽 ; 들뢰즈/가타리, 앞의 책, pp.421, 467.

그들의 뜻을 대의하고 대행하지 않는다. 그러한 관리와 '고려'는 국가가 대중을 향해 방사(放射)하는 것이다. 그것은 미시적인 삶의 영역에서 발생할 수 있는 탈주적인 흐름을 포섭하고 포획하기 위한 것이고, 개개인을 채무자로 만들기 위한 기술이다. 그것은 각각의 영역에서 작동하는 권력관계를 국가적으로 관리하고 집중·통합하기 위한 전략의 산물이다. 국가권력이 개인들의 의지를 대의하고 대행하는 것이 아니라 반대로 개인들이 국가권력의 의지를 대행하고 실행한다.

예컨대 권리나 권력이 위임되고 대의될 수 있다는 홉스의 주장은, 전쟁 같은 자연상태를 담보로 전제적 권력을 정당화하는 논리적 게임에 지나지 않는다. 홉스는 권력을 둘러싸고 진행되는 전쟁을 개념화하는 것이 아니라, 반대로 전쟁이라는 끔찍한 이미지를 통해 국가를 개념화한다. 이로써 전제적인 국가권력에 중립적인 조정자, 불가피한 관리자의 이미지를 부여한다. 위임이나 대의는 논증된 것이 아니라 전쟁상태라는 협박을 통해 도입된 것이다.

둘째, 이러한 대의와 대행을 입증하는 개념적이고 현실적인 매개가 '다수성'을 통해 정의되는 일반의지 내지 '보편성' 개념이다. 그러나 보편성이나 일반의지가 다수성을 통해 표시되고 그것을 통해 대의와 대행이 가능하다는 것 또한 잘못된 생각이다. 다수성을 보편성으로 치환하기 위해 흔히 끌어들이는 것이 이해관계나 욕구의 통일성이다. 그러나 이른바 '국민적인' 보편적 이해관계란, 근대비판가들이 보기에는 통치권을 이미 가진 국가, 사목적 권력을 행사하는 국가에 의해 만들어진 것이다. 그것은 국가적 통치로부터 벗어날 경우 감수해야 할 손해의 짝(couple)이다. 근대국가에서 보편적인 것이 있다면, 화폐나 자본뿐이다. 그리고 그것은 삶을 장악하는 힘이 강력한 것만큼 사람들의 생각을 보편화하고, 사람들의 의지를 보편화한다. 이처럼 보편성이나 다수성은 이미 존재하는 어떤 척도, 어떤 가치, 어떤 견해(이른바 '여론')에 의해 만들어지는 것이지 그 반대가 아니다.[31] 이런 점에서 대의와 보편성은 개별화하는 동시에 전체화하는 권력이 작동시키는 범주지, 그것을 성립하게 해주는 범주는 아니다.

5. 사회운동과 근대정치

근대정치에 대한 탈근대주의자의 비판은 단지 근대 국가나 지배체제에 국한되지 않는다. 그것은 처음에 말했듯이 기존의 지배체제에 저항하고 그것을 전복하려는 사회운동 또한 겨냥하고 있다. 여기서 무엇보다도 문제가 되는 것은 기존의 맑스주의 정치학에 관한 것이다.

기존의 맑스주의적 이론 안에서 운동은 착취를 통해 정의되고, 운동의 보편성은 착취의 보편성을 통해 정의된다. 자본주의 사회에서 자본과 노동의 대립은 사회의 모든 영역들에 그 영향을 미친다. 가족제도와 가부장제, 여성의 억압, 주택문제, 환경문제 등등이 그것이다. 그런 만큼 그것은 자본주의적 생산양식의 전복을 통해서만 근본적으로 해결될 수 있다. 그런데 이러한 전반적 전복은 착취의 중심에 있으며 가장 착취당하는 계급인 프롤레타리아트를 통해서 가능하다. 프롤레타리아트는 자신의 해방을 통해 사회 전체를 해방시킬 수 있는 존재고, 이런 의미에서 보편적 계급이다. 뒤집어 말하면 모든 사회적 저항세력의 운동은 프롤레타리아 운동과 결합되고, 그것을 통해 총체화됨으로써만

---

31) G. Deleuze/F. Guattari, *A Thousand Plateaus*, p.105.

보편성을 획득할 수 있다는 것이다. 그러나 자본주의에서 노동자계급은 부르주아지의 일상적인 지배와 억압, 이데올로기적 통제 등으로 인해 자신의 저 보편적 이해를 올바로 인식할 수 없다. 이는 프롤레타리아트의 이해를 대변하고 그들의 의지를 대의하는 전위조직인 당에 의해 가능하다.

운동에 대한 이런 관념에서 쉽게 발견할 수 있는 것은 보편성과 총체성, 대의와 대행이라는 관념이다. 이러한 관념이 근대적 정치 개념의 근저에 있었던 것과 동일한 전제라는 것은 다시 말하지 않아도 쉽게 이해할 수 있을 것이다. 이는 단지 개념적인 문제만은 아니다. 탈근대적 사상가들이 주목하는 것은 차라리 현실적인 문제요 운동에 관한 문제다. 프롤레타리아트의 보편성과 총체성이라는 개념은 노동운동을 모든 사회운동의 중심에 설정하고, 그것에 여타 운동들을 통합할 수 있는 위상을 부여했다. 즉 어떠한 운동도 노동운동을 통해서만, 그것과 결합함으로써만 보편성을 획득할 수 있다는 것이다. 이는 사회운동의 전체적 통합성을 확장하는 의미를 갖지만, 동시에 각각의 운동이 갖는, 노동자계급의 이해로 환원될 수 없는 고유성을 무시하거나 '정당한' 사회운동에서 배제하는 효과를 갖기도 했다.[32] 예를 들어 동성애운동처럼 노동자계급이 지지하지 않았던 그러나 기존 체제에 대해 투쟁할 수밖에 없는 운동, 환경문제의 해결을 생산양식의 변혁으로 환원하거나 연기하길 거부하고 오히려 발전과 개발이라는 개념 전체에 대한 비판과 투쟁으로 정의하는 환경운동 등이 그렇다.

---

32) E. Laclau/Ch. Mouffe, *Hegemony and Socialist Strategy*, 김성기 외 역, 『헤게모니와 사회변혁』, 터, 1990.

또한 전위조직이나 당이라는 조직에 의해 노동자 계급의 이해가 대변되고 대의될 수 있다는 관념은, 그것을 올바로 인식할 수 없는 노동자들의 자생적 위치, 당에 의해 올바른 계급의식을 대중에게 주입한다는 명제 등과 결합되어 또 다른 문제를 낳는다. 노동자는 당이 대변하는 자신의 계급의식에 충실하게 따르는 것이 중요하며, 거기서 벗어나는 어떠한 저항이나 운동도 소부르주아적인 운동, 자생주의적인 운동으로 비판된다. 여기서도 노동자가 당이라는 전위조직의 의지와 뜻을 받아들이는 것이 대의와 대행의 실질적인 의미가 된다. 이런 점에서 당에 반대해 봉기를 일으켰던 노동자 대중이나 인민들이 비난받는 것은 당연한 것이 된다.

예를 들어 1953년 6월 17일 동베를린 노동자 봉기를 진압한 동독 공산당은 당과 정부를 실망시킨 인민을 비난하면서 다시 당의 신뢰를 회복할 것을 촉구한 전단을 뿌렸다. 이를 두고 브레히트(B. Brecht)는 다음과 같이 풍자한 바 있다. "〔그 전단에는〕 인민들이 어리석게도 / 정부의 신뢰를 잃어버렸으니 / 그것은 오직 2배의 노동을 통해서만 / 되찾을 수 있으리라고 씌어져 있었다. 그렇다면 차라리 / 정부가 인민을 해산해 버리고 / 다른 인민을 선출하는 것이 더욱 간단하지 않을까?"(「해결방법」). 사회주의에서 노동조합이나 대중조직을 당의 '전달벨트'로 정의했던 스탈린의 생각 역시 이와 연속선상에 있는 것이다.

한편 혁명이란 근본적으로 생산양식의 변혁이지만, 이는 일차적으로는 부르주아지로부터 기존의 국가권력을 탈취·장악하여 프롤레타리아트의 정권, 프롤레타리아트 독재를 수립하는 것을 통해 이루어진다. 다시 말해 부르주아지가 소유한 권력을 프롤레타리아트의 권력으로 대체하는 것이 핵심이다. 여기에서 우리는 앞서 보았던 근대적 정치 내지 권력 개념과 동일한 전제를 다시 발견할 수 있다. 우선 권력은 누군가에 의해, 즉 부르주아 계급이나 노동자 계급에 의해 소유되기도 하고 빼앗을 수도 있는 대상이라는 관념이 그것이다. 이것이 권력 내지 권리의 주체에 관한 근대적 관념과 짝을 이루고 있다는 점은 굳이 부연할 필요가 없을 것이다. 또한 정치 내지 권력의 문제를 다른 영역과 명확하게 구분되는 국가적 영역으로 국지화함으로써 일상적인 세계, 공장이나 학교, 혹은 경제나 문화 등의 영역에서 분리하고 있다는 점 또한 동일한 양상의 근대적 관념이다.

반면 탈근대적 사상가들은 공장이나 학교는 물론 사회운동 내지 혁명운동을 수행하는 당이나 노동조합 등의 조직에서 이루어지는 활동 자체가 권력과 결부되어 있다고 본다. 가령 사회주의 혁명 이후 공장에 본격적으로 도입되기 시작한 테일러주의는 자본주의에서 노동자들의 활동, 노동자들의 신체를 길들였던 것과 동일한 방식으로 사회주의 노동자들을 길들이리라는 것이다.[33] 미세하게 분할된 동작, 시간적 규율, 관리자의 통제에 따른 동작의 반복 등. 이는 주어진 것만을 자신의 일로 하며, 명령에 따라 일하고 행동하는 습속을 생산하리라는 것이다. 테일러주의는 자본주의적 공장에서 작동하던 규율권력과 동형적인 권력이 사회주의 공장에서도 작동하리란 것을 보여주는 하나의 사례일 뿐이다. 이러한 규율과 훈육, 강력하고 미세한 통제가 전위당 조직의 모델로 사용될 때, 조직활동 자체 역시 근대적 규율권력에 길든 활동가를 생산하리라는 것은 일찍이 로자 룩셈부르크가 지적한 바 있다.[34]

---

33) 이진경, 『맑스주의와 근대성 : 주체생산의 역사이론을 위하여』, 300~321쪽 참조.
34) 이진경, 위의 책 258쪽 이하 참조.

이처럼 권력 내지 그 권력이 작동하는 영역으로서 정치는 사회주의에서도 국가와 관련된 특정한 영역으로 국지화되지 않고, 모든 일상적인 영역에서 이루어진다. 이 광대한 영역에서 근대적인 방식으로 행동하고 사고하는 습속을 전복하지 못하는 한, 정권의 교체는 이전의 지배적인 권력관계를 근본적으로 변혁시키지 못한다. 오히려 반대로 이전과 동일한, 관료화된 조직, 근대적 규율에 길든 대중이나 활동가, 노동자가 지속적으로 생산될 것이다. 요컨대 권력을 부르주아지로부터 탈취하여 노동자계급이 점유·소유하는 것으로는 근본적인 의미에서 혁명을 정의하기 곤란하다는 것이다.

이런 관점에서 탈근대적 사상가들은 새로운 정치학을 구상하고 제안하는 셈이다. 이는 어떤 하나의 조직, 하나의 방향, 하나의 운동으로 다양한 운동들을 총체화하고 동질화하는 정치와 반대로, 차이를 차이로서 존재할 수 있게 하며, 이질성이 공존할 수 있게 하는 정치라는 점에서 흔히 '차이의 정치'라는 이름으로 불린다. 물론 이 이름 또한 그 안에 존재하는 입장들의 다기한 차이를 제거해선 곤란하다. 마지막으로 이 차이의 정치학들이 취하는 상이한 양상들에 대해, 몇 가지 중요한 입론들을 통해 검토해 보자.

6. 차이의 정치학들

논자에 따라 적지 않은 편차가 있음에도 불구하고, 탈근대적 정치학들이 명시적으로든 묵시적으로든 근대적 정치 관념에 대해 거리를 두고 비판한다는 것은 크게 보아 공통된 것이다. 이러한 비판은 철학적 개념으로 표현하자면 '타자'(the others)를 억압하는 동일자(the Same)의 논리, 차이(difference)를 제거하거나 억압 내지 봉합하는 '동일성 (identity)의 정치'를 겨냥하고 있다.

　다양한 영역에서 작동하는 미시적인 권력들은 배제되어야 할 어떤 것(타자)을 통해 정상성의 범위를 구획하며, 거기서 벗어나는 것은 어김없이 두터운 벽으로 둘러싸인 타자의 세계로 추방한다. 문둥이, 광인, 무신론자, 부랑자, 변태, 동성애자, 색광증 환자……. 그리고 그것은 각각의 영역 안에 존재하는 모든 활동이나 사고, 행동을 일정한 권력의 도식에 의해 동일화하며, 그것에 포섭되지 않는 행동, 그렇게 형성된 동일성에 거리를 두려는 자들을 추방한다. 그리고 그 미시적 권력들을 기초짓는 한편 그것을 집중화하고 전체화하는 국가권력은 그 동일성에 사회적 보편성의 위상을 부여하며, 그것을 다수적인 것으로 만들어낸다. 하버마스 같은 근대주의자들이 말하는 사회적 '합의'란 보편성을 복원하려는 말이다. 그가 애써 지키자고 말하는 규범이나 규칙, 법 등은 국가권력이 이른바 '사회적 합의'와 동일성을 다수성으로 만들어내는 장치의 일부일 뿐이다.[35]

　이와 대비해 탈근대적 정치학은 동일성으로 환원되지 않는 차이의 고유성을 강조한다. 다양한 사유와 활동의 흐름을 동일화시키려는 동일자의 논리, 동일화하는 권력에 반대하여 차이를 보호하거나 새로이 생성시키려 한다. 이런 점에서 이들이 제시하는 정치학을 '차이의 정치학'이라 부를 수 있을 것이다. 여기에도 입장의 차이가 있는데, 차이의 정치학으로 묶일 수 있는 입장들 가운데 대표적인 것 몇 가지를 보면

---

35) 이에 대한 비판은 M. Ryan, *Politics and Culture*, 나병철/이경훈 역, 『포스트모더니즘 이후의 정치와 문화』, 갈무리, 1996, 55쪽 이하 참조.

다음과 같다.

첫째, 차이의 승인으로서 차이의 정치학. 이 입장을 명시적으로 제
시한 것은 헤겔 연구로 알려진 해석학자 찰스 테일러(C. Taylor)다. 그
는 해석학자가 대개 그렇듯이 탈근대주의와는 전혀 상반되는 입장을
갖고 있기에 지금의 주제에서 벗어나 있지만, 차이의 정치학을 그들조
차 '승인'할 수밖에 없게 되었다는 점에서 징후적인 의미를 갖는다. 동
시에 이는 그들이 허용할 수 있는 차이 개념의 한계를 보여주는 것이기
도 하기에 간단히 다루어 볼 만하다. 해석학에서 말하는 차이는 무엇보
다도 한 사회 안에서는 시간적 차이고, 상이한 사회 간에는 지평의 차
이인데, 이는 모두 '전통'이라는 말로 요약된다. 전통이란 사회마다 다
르고(different) 사회 안에서도 시간적으로 달라서, 어떤 단일한 보편성
에 의해 비판하는 것은 불가능하다고 한다. 즉 역사적으로 형성된 어떤
전통을 혁명이나 사회주의 같은 초월적 기준에 의해 비판하거나 정당
화하는 것은 불가능하다는 것이다. 대표적인 해석학자인 가다머(H-G.
Gadamer)가 보수주의자로 분류되는 것은 이런 이유에서다.[36]

테일러는 조금 달라서 보편주의 아래서 억압되고 오인되는 차이적
요소들을 지적하고 인정한다. 흔히 그렇듯이 자신이 서 있는 문화와 전
통을 보편적인 것이라 착각하고, 그에 따라 다른 문화들을 비난하고 억
압하는 것은 잘못이다. 예를 들면 개를 먹는 한국의 문화를 야만적이라
고 비난하는 서구의 동물애호가들이 그렇고, '식인'의 의미를 이해하지
못한 채 그것을 비난하는 서구나 우리 역시 그렇다. 그는 이러한 문화

---

36) G. Warnke, *Gadamer:hermeneutics, tradition and reason*, 이한우 역, 『가다머의 철
학적 해석학』, 사상사, 1993.

적인 차이들이 차이로서 인정되고 승인되어야 한다고 주장한다. 그가 말하는 차이의 정치란 이처럼 "보편적으로 공유되지 않은 어떤 것을 승인하고 지위를 부여하도록 요구하는 것"이다.[37] 그런데 테일러는 보편주의적 태도를 거부하지만, 차이를 이처럼 승인하기 위해서는 모든 문화를 동등하게 존중하는 최소한의 신념적 토대가 공유되어야 한다고 본다. 또한 그는 "각각의 특수한 것을 승인함으로써 결국 우리는 보편적으로 존재하는 것을 인정하게 된다"고 말함으로써, 차이의 정치가 사실은 보편성에 관한 모종의 개념에 기대고 있음을 보여준다. 하지만 좀 더 근본적인 문제는 그가 말하는 **'차이'가 단지 인정 내지 승인에 의해 보존되어야 할 어떤 것**이라는 점에서 **보존**이라는 관념, 근본에서 보면 보수적이라고 할 관념 위에 서 있다는 점이다.[38]

둘째, 분쟁(différend)을 통한 차이의 정치. 이는 포스트모더니즘이란 말을 일반화하여 유행시켰다는 점에서 대표적인 포스트모더니스트 철학자 리요타르의 입장이다. 그는 비트겐슈타인을 끌어들여 『포스트모던 조건』에서 하나의 거대한 이론으로 통일되거나 총체화될 수 없는 국지적이고 다양한 '언어게임'에 대해 강조한 바 있다.[39]

비트겐슈타인에 따르면 어떤 말의 의미는 그것의 용법이다. 용법은 삶의 형식이나 상황에 따라 달라진다.[40] 예를 들어 말콤 엑스가 사전에서 찾은 'black'이라는 단어는 뉴욕의 슬럼 주변에서는 '검둥이'라

---

37) C. Taylor, "The Struggle for Recognition and Human Rights : Toward a Politics of Difference", 서울대 1996년 10월 2일 강연자료, 1996.

38) 고병권, 「투시주의와 차이의 정치」, 서울사회과학연구소 편, 『탈주의 공간을 위하여』, 푸른숲, 1997.

39) 리요타르, 『포스트모던적 조건 : 정보 사회에서 지식의 위상』.

40) 비트겐슈타인, 『철학적 탐구』.

는 경멸적인 의미를 갖지만, 화실에서는 단지 무채색으로 '검정색'을 의미하고, 신학적으로는 빛의 밝음과 대비되는 어둠이요 암흑이다. 즉 하나의 동일한 단어가 상이하게 사용되고, 그에 따라 상이한 의미를 갖는다. 말하는 어법이나 어조, 문장을 구성하는 규칙도 마찬가지다. 예컨대 강의실과 술집, 가정에서 동일한 어법, 동일한 어조로 동일한 문장을 만들어 사용하는 사람이 있다면, 그의 언어능력은 상당히 심각한 장애를 갖고 있다고 해야 한다. 공장에서 이루어지는 언어게임과 강의실에서 이루어지는 언어게임, 관청에서 이루어지는 언어게임은 어떤 단일한 보편적 원리나 규칙으로 환원될 수 없는 차이를 갖는다.

그러나 마치 표준어가 사투리들을 통합시키고 억압하듯이, 지배적인 규칙은 그렇지 못한 언어게임을 다양한 방식으로 억압한다. 그리고 그 지배적인 규칙에 따라 보편화하려고 한다. 이는 언어만이 아니라 입장이나 이해, 태도, 삶의 방식에 대해서도 마찬가지다. 그 결과 약자, 소수자들의 입장이나 삶의 방식은 억압되고 짓눌린다. 자본의 논리 아래 노동자의 목소리는 눌리고 묻힌다. 리요타르는 보편성의 이름으로 이뤄지는 이러한 통합과 총체화에 반대하여, 자신의 목소리, 자기의 삶의 방식, 자기의 입장을 드러내고 충돌하며 '분쟁'을 벌이자고 주장한다.[41] 특히 그가 중요하게 강조하는 것은 자본의 지배에 대해 저항하는 것이다.[42] 분쟁은 동일자에 억압된 타자의 목소리를 소리나게 하는 것이고, **총체성, 통일성에 가려진 차이를 드러내는 것**이다. 이런 점에서 분쟁의 전략은 차이를 드러내고 표현하는 차이의 정치를 추구하는 셈이다.

---

41) J.-F. Lyotard, *The Differend:Phrases in Dispute*, Uni. of Minnesota Press, 1988.
42) J. Wilke, 「시간과 문장 : 포스트모던에서의 기이한 출발」, 『포스트모더니즘의 도전』, 다민, 1992, 197쪽.

셋째, 탈주 혹은 차이의 생성으로서 차이의 정치. 이는 들뢰즈와 가타리가 취하는 입장이다. 니체에 따르면 '차이'는 무엇보다도 긍정과 생성이다. 끊임없이 새로운 것이 생성되는 것, 그것은 기존의 것이 끊임없이 다른 것으로 '변이'되는 것이다. 이런 점에서 **차이의 생성 내지 다른-것이-되기**로서 차이의 정치는 차이의 승인이나 인정과 다르고, 은폐되고 억압된 차이를 드러내는 것과도 다르다. 그것은 동일성을 강제하는 기존의 체제 안에서 **새로운 차이를 만들어내는 것**이다.

이처럼 지배적인 가치나 삶의 방식, 지배적인 권력으로부터 벗어나 새로운 변이, 다른 것, 차이를 만들어내는 것을 그들은 '탈주'라고 부른다. 하지만 그것은 지배적인 세계로부터 도피하는 부정적인 것이 아니라, 새로운 가치, 새로운 활동, 새로운 삶의 방식을 창조하는 긍정적인 것이다. 또한 이로써 지배적인 체제로부터 벗어나는 것이며, 그것을 통해서 기존의 체제를 변환시키는 것이다. 그것은 동일성에 사로잡히거나 정착하는 것이 아니라 끊임없이 다른 것이 되는 것이다. 이를 두고 그들은 '유목'(nomad)이라고 부른다.[43]

이는 단지 미시적인 영역에 국한되지 않는다. 반대로 그들은 미시적인 영역에서 이루어지는 모든 것이 자본주의라는 사회적 조건에 의해 규정되고 영향을 받는다고 본다. 예컨대 정신분열증이나 신경증은 물론 특정한 양상의 얼굴, 학교나 공장에서 반복적으로 길들여지는 시간적 리듬감조차 모두 자본주의가 만들어내는 신체적 무의식과 관련되어 있다고 본다.[44] 이 모든 것들에는 국가가 전제가 된다. 스톡(stock)

---

43) G. Deleuze/F. Guattari, *A Thousand Plateaus*, p.351 이하 참조.
44) F. Guattari, *La révolution moléculaire*, 윤수종 역, 『분자혁명』, 푸른숲, 1998.

과 잉여가치의 포획을 통해 발생하고 작동하는 국가장치는 그러한 경직된 선들로 구성된 거대 체제를 이룬다.[45]

국가장치의 반대편에는 '전쟁기계'가 있다. 여기서 왜 '전쟁'이나 '기계'라는 말을 쓰는지는 간단히 설명하기 곤란한데, 다만 전쟁기계는 자유로운 생성의 공간을 만들어내는 조직을 지칭하며, 국가적 포섭이나 국가화 경향에 반하여 활동하는 것이라고 말할 수 있다. 예컨대 혁명정당이나 자주관리 조직, 코뮨적인 조직 등이 그것이다. 이는 차이의 생성으로서 차이의 정치학이 구체적으로 작동하는 데 실질적으로 중심적인 조건이다.

넷째, 새로운 주체의 생성 혹은 '주체화'로서 차이의 정치. 이는 푸코나 네그리 같은 사람이 강조하는 것인데, 차이를 승인이나 드러냄의 문제가 아니라 생성하는 것의 문제라고 본다는 점에서는 들뢰즈/가타리와 유사하다. 다만 그것을 자본주의 내지 근대적 권력이 생산하는 것과는 다른(different) 주체성의 형성으로 이해한다.

네그리나 들뢰즈/가타리와 마찬가지로, 푸코에게 근대적 주체란 처음부터 있는 것이 아니라 근대적 권력이 신체적으로 작동한 결과 만들어지는 것이다. 그것은 정신의학이나 교육학, 범죄학 등과 같은 담론을 통해 이루어지는 것이기도 하지만, 동시에 병원이나 학교, 법정이나 감옥 등과 같은 '물질적' 장치들을 통해 이루어지는 것이기도 하다. 푸코는 이런 점에서 권력이 없다면 어떠한 주체도 없다고 생각한다. 그런데 근대적 체제에 특징적인 것은 체제가 정의하고 부과하는 '보편적' 권력 도식을 수용하고 그에 동일시하는 방식으로 주체가 생산된다는

---

45) 들뢰즈/가타리, 앞의 책, 437쪽 이하.

점이다. 이에 대해 푸코는 다른 종류의 주체화가 가능하며 필요하다고 본다. 근대적 주체, 그런 주체의 동일성에서 벗어나는 새로운 주체, 다른 방식으로 사고하고 행동하는 주체성을 생성하는 것.[46] 그러나 푸코도 말했듯이, 자기에 대한 배려는 언제나 타인에 대한 배려, 타자에 대한 배려를 통해서만 가능하다는 점에서, 그가 말하는 새로운 주체성이란 개인적인 것이라기보다는 집합적인 것, 코뮨적인 것에 가까운 것처럼 보인다.

네그리는 새로운 주체성을 코뮨적 주체성이라고 명시적으로 강조한다. 그는 정보와 통신, 자동화 등으로 인해 생산과 소통의 양상이 크게 달라지고 있다고 보는 점에서 포스트모더니스트와 유사하다. 그러나 그것이 가진 잠재력은 자본에 의해 공장을 넘어 전사회적 착취에 이용되고 있으며, 이는 새로운 자율성과 집합적 다양성을 자본주의적 총체성으로 포섭한다고 한다. 자본에 의한 포섭과 자본주의적 주체화를 가로질러 새로운 집합적 주체성을 생산하는 것, 코뮨적 주체성을 구성하는 것이 네그리의 중요한 전략이다.[47] 이는 자본주의적 주체성에 대비되는 것이지만, 자본주의가 생산하는 동일한 양상의 주체, 그런 주체의 통일성에서 벗어나 다른 종류의 주체성을 생성하려는 것이란 점에서 푸코와 유사성을 갖는다.

---

46) G. Deleuze, *Pourparler*, 김종호 역, 『대담:1972~1990』, 솔, 1993, 105쪽.
47) A. Negri, *The Politics of Subversion*, Polity Press, 1989 ; 윤수종, 「안또니오 네그리의 정치경제학 비판」, 『비판』, 1호, 박종철 출판사, 1997.

찾아보기